古代歷史文化研究輯刊

三一編

王明蓀 主編

第18冊

曖昧的歷程
——中國古代性別亞文化研究
（第一冊）

張 杰 著

國家圖書館出版品預行編目資料

曖昧的歷程——中國古代性別亞文化研究（第一冊）／張杰
著 -- 初版 -- 新北市：花木蘭文化事業有限公司，2024〔民
113〕
序 8+ 目 6+260 面；19×26 公分
（古代歷史文化研究輯刊 三一編；第 18 冊）
ISBN 978-626-344-670-0（精裝）
1.CST：同性戀 2.CST：性別研究 3.CST：社會生活
4.CST：歷史 5.CST：中國
618   112022534

ISBN-978-626-344-670-0

9 786263 446700

古代歷史文化研究輯刊
三一編 第十八冊   ISBN：978-626-344-670-0

曖昧的歷程
——中國古代性別亞文化研究（第一冊）

作　　者　張杰
主　　編　王明蓀
總 編 輯　杜潔祥
副總編輯　楊嘉樂
編輯主任　許郁翎
編　　輯　潘玟靜、蔡正宣　美術編輯　陳逸婷
出　　版　花木蘭文化事業有限公司
發 行 人　高小娟
聯絡地址　235 新北市中和區中安街七二號十三樓
　　　　　電話：02-2923-1455 ／傳真：02-2923-1452
網　　址　http://www.huamulan.tw 信箱 service@huamulans.com
印　　刷　普羅文化出版廣告事業
初　　版　2024 年 3 月
定　　價　三一編 37 冊（精裝）新台幣 110,000 元

版權所有・請勿翻印

曖昧的歷程
——中國古代性別亞文化研究
（第一冊）

張杰 著

作者簡介

張杰，男，1969 年出生，河北省霸州市人，河北大學中國近代史專業碩士。1995 年起在國家圖書館（原北京圖書館）古籍分館從事古籍整理、古籍諮詢工作。利用豐富的館藏文獻，數十年如一日進行古代同性戀史研究，於 2001、2008、2013 年在中州古籍出版社、雲南人民出版社、天津古籍出版社先後出版了《曖昧的歷程——中國古代同性戀史》、《趣味考據——中國古代同性戀圖考》、《斷袖文編——中國古代同性戀史料集成》三部著作，並在《中國社會歷史評論》、《文獻》、《文津學誌》等期刊發表有《金蘭契研究》、《〈弁而釵〉崇禎本的遞修與後印》、《〈迦陵先生填詞圖〉綜考》等二十餘篇相關論文。在古代同性戀史研究領域處於領先地位，《曖昧的歷程》尤屬奠基之作，具有廣泛的社會影響。

提　　要

　　本書是對中國古代同性戀進行全面系統的多角度研究，分為五章。第一章緒論，對古代男風同性戀的基本歷史、主要特色等進行概述。第二章歷史面貌，按照遠古、先秦、秦漢、三國兩晉南北朝、隋唐五代宋元、明、清的歷史順序，對相關史實做縱向的具體記述。第三章專題述論，對頗具古代特色的優伶、教徒、福建、女性、兩性人的同性戀進行專門研究。第四章文學表現，從文學角度觀察古代男風。第五章論文考據，從社會生活的各個層面觀察古代男風。

　　目前同性戀現象無論國內國外、大陸臺灣都是社會關注的熱點。本書在這方面進行了客觀的回顧式展現，讓讀者對相關歷史能有一個全景式觀察，從而可以更準確地對同性戀問題加以認知和評判。全書二百餘萬字，引用以古籍為主的各類文獻 1435 種。其對古代男風同性戀的反映是全方位、窮盡式的，既富學術性又具通俗性，適合於對古代同性戀有興趣的各類讀者。

　　與《歷程》舊版相比，增訂版不但對原有內容進行了修訂增補，而且還新增加了七十餘篇專題論文，涉及文學、藝術、政治、語言、醫學、社會生活、中西交流等多個方面。其價值，一是開拓了新的研究領域，如《明清時期西人視域裏的華俗男風》、《明清時期的男色疾病》等文章；二是為傳統研究提供了新的視角，如《〈詩經·秦風〉解》、《先秦男風背景下的屈原與楚懷王》等文章。另外，增訂版的插圖數量明顯增加，達到 500 幅，從而圖文並茂，對讀者更加具有吸引力。

代自序——何謂同性戀

　　拙著《曖昧的歷程》初版於 2001 年，此後陸續看到一些評論，認為用「同性戀」來指稱古代的男風男色是不恰當的，古代從來就沒有同性戀，也就不存在它的相應歷史。對此，我起初甚為驚詫，自己習以為然的現象竟然虛無、無需考慮的問題竟然還是一個問題。只好仔細考慮，果然確是問題，並且是根本性、原則性的大問題。因成此文，敬請探討。

　　同性戀的英文 Homosexuality 由希臘文前綴「相同」和拉丁文「性」組合而構成，它是 19 世紀後半期西方近代性學研究的產物。1869 年匈牙利作家科特伯尼（Karoly Kertbeny）首先使用此詞，德國性學家赫希菲爾德（Magnus Hirschfeld）使它在德語國家流行開來，而英國學者靄理士（Havelock Ellis）則將其引入了英語世界。在此之前，西方稱之為雞姦即 Sodomy、Buggery，或者寬泛地以反自然之罪、不可言之罪來代替。中國古代對同性戀不做如此嚴厲的價值批判，不過同樣也不把意思明確地說出，而是稱之為男風、男色，或以典故詞如分桃、龍陽、斷袖來代替。自從出現了「同性戀」，這一延自遠古的社會現象才有了科學性質的概念表達。在當代社會，同性戀已經不再讓人感覺陌生，人們不假思索地在隨時使用著這個詞。但有一點，在對此詞的使用上目前存在著一個概念獨佔的現象，這時，有些人雖然發生了同性性行為，卻不被認為是同性戀。他們果真不是嗎？何謂同性戀？下面本文從三個方面來做分析。

一、現代同性戀的概念定義

　　2003 年，復旦大學開設的《同性戀健康社會科學》是中國大陸第一門同

性戀主題課程。其後數年，多位授課專家都表達了同樣的一個意思，他們認為：「行為上的和心理上的是兩個概念，有的人只是行為上的，只是一個具有同性性行為的人。我認為一個人的性心理指向同性，這樣才能夠認為他是一個同性戀者。」「在防艾中，我們比較喜歡用 MSM（men who have sex with men，男男性接觸者）這個名詞。相對來說，MSM 不一定是同性戀者。」「我發現大量的青少年當中發生著同性性遊戲，都只能說是 MSM 即男男性行為，而不是同性戀，同性戀是一種性取向。另外，境遇當中他究竟是不是同性戀？不是，他不是一種性取向，只不過是同性性行為而已。」「他所需求的就是一種感官刺激，用性取向來給他戴帽子是不合適的。這種人就屬男同性性行為者，習慣的說法是男男性接觸者。」〔註 1〕

　　按照上述觀點，同性戀是指具有絕對同性性取向的男性或女性的行為交際方式，境遇型、青春型的同性性行為不能用此稱謂。筆者認為，這就是概念獨佔的具體表現。名詞是代表實體的符號，普遍存在著的各種實體現象應當有相應的名詞概念來表現，否則我們說話就會覺著囉嗦。如果需要把「他是一個人」說成為「他是一個能製造工具並使用工具進行勞動的高等動物」，我們之間的交流會是何其困難！所以名詞的作用就是將各種社會現象、自然現象簡潔化，以便於人與人之間的信息交換。不可否認，目前社會上尤其關注的是絕對型的同性戀，這樣的同性戀者是同性戀的發聲主體。不過同性戀的研究者、一般的社會大眾在考慮同性戀時能夠避開境遇、青春型的同性戀嗎？當然不能。但請注意，有學者會認為上面這句話是用詞不當，他們認為境遇型、青春型的「同性戀」是不存在的，那只能被稱為同性性行為。而若如此，這時就出現了一個表達上的困難：「同性戀」這 3 個字的組合很簡捷，是一個精練易讀的名詞用語。而「同性性行為」固然也是一個名詞，但它不簡潔，實際用起來會覺著很不方便，誰會說「他在部隊裏是一個同性性行為者」、「他倆年輕時具有同性性行為的關係」？口語裏這樣講顯然很拗口，學術文章當中倒還可以用，但學術研究講求嚴謹，沒有一位同性戀研究專家會對同性性行為視而不見，如此一來，他就應當被稱為「同性戀和同性性行為」研究專家，他的論文、論著當中就會四處出現「同性戀和同性性行為」這一複合名詞，這時不但讀者無法卒讀，恐怕專家自己也早已經不耐其煩了。而就社會、政府和公眾而言，他們在許多情況下其實關注的就是性行為，並不管同性戀是「真」還是

〔註 1〕《同性戀健康干預》，第 71、151、388、415 頁。

「假」。前些年美國軍隊曾經執行一項著名的「不問不說」（Don't Ask, Don't Tell）政策，禁止公開性取向的同性戀者在軍中服役。何謂公開？該軍人的同性性行為只要被人知道就算公開了。這時美國軍方不會費力去考慮此人是絕對型同性戀還是因欲望積聚而偶一為之，直接會以退伍處理的。這就是美軍的「同性戀」政策，沒有人會說「同性戀和同性性行為」政策。

　　「同性戀」使用上的概念獨佔不但會造成表述困難，更需注意的是，這會導致一種價值歧視。在將同性戀和同性性行為並列比較時，兩者之間存在著價值判斷上的差異：前者帶有感情色彩，行為雙方是相互依戀乃至愛戀；後者則沒有感情色彩，行為雙方只是在發洩積欲。也就是說，對於當事人來講同性戀的價值體驗要高於同性性行為。而在實際上，到底何為「性戀」、「性愛」？筆者認為，「性」的本質就是「戀」和「愛」，通常情況下有性就會有情。即便在一夜之交 419（For one night）行為當中，看似雙方第二天就變成了陌生的路人，但那一夜裏兩人卻是激「情」澎湃，簡直勝似異性的夫妻和同性的夫夫。在釋放積欲的同時，對對方身體、氣質的欣賞，寂寞感的暫時消減等感情活動都是「戀」的具體表現。更何況青春期少年夥伴之間，或者軍隊、船員裏的成年同性之間，他們不是 419 而是 4N9，這個「N」短則一月兩月，長則一年兩年。既然發生了身體上的性關係，雙方同時也就具有了心理上的戀關係，總會比一般的同性朋友要更加親密。所以，將同性戀與同性性行為並提並列，所顯示出的是「同性戀」的一種自我優越感，認為只有自己才配得上稱「戀」。這當然是一種概念獨佔，獨佔就是將本應共享的內容擅自據為己有。

　　當然，確實有一些所謂的異性戀直人（Straight）在發生了同性性行為之後信誓旦旦地講：「我可不是同性戀！」對此該怎樣理解？首先，目前同性戀在許多人的眼裏仍然不是一個正面詞彙，既發生了這種行為又對這種行為做負面理解的直人比絕對型的同性戀多了異性戀這樣一個擋箭牌，他當然要好好加以利用，以表明自己的主流性取向終究還是「健康而正常」的。同時，所謂「不是同性戀」的真實意思應是「不是絕對型的同性戀」，言者在此只是承認絕對同性戀是目前同性戀的主要代表，不是「同性戀」並非就不能「戀同性」。這一表述只是表達出了「不是」什麼，那麼不是同性戀的同性之戀「是」什麼？我們總要找到一個名詞來對這一現象進行概括。找來找去，最後的結果仍然只能是「同性戀」，再具體一些是與異性戀不相排斥的相對型同性戀，也即兼容型的雙性戀。當然，相對同性戀也可以稱之為相對異性戀。

二、同性戀的成因與分類

　　同性戀的成因與分類直接關乎其概念含義的確定。關於同性戀的成因，現代研究總體上可分為兩個方向，（1）對先天生物學原因的探討。有些自然科學家從基因、內分泌、大腦的組織結構等方面進行檢測，發現孿生兄弟同為同性戀的比例比較高，同性戀男子體內的睪丸酮水平比較低，而他們大腦中與性取向有關的組織不同於異性戀男子卻與女性較接近。雖然上述研究結果尚存諸多疑問，但多種社會調查都已證實，不少同性戀者在少年時代的普通生活環境裏不自覺之間就體會到了自己獨特的性取向，並且能夠保持終生不因外界影響而改變。通俗地講，有些人的同性戀是天生的，並且是絕對型的。顯然，這能證明生物學因素的客觀存在。（2）對後天社會學原因的探討。這包括特殊的家庭生活環境、青春期的特定性經歷、缺少異性存在的特定境遇等。人們比較容易地就會想到，男孩如果得到母親的過度溺愛，他可能對女性整體都懷有一種敬愛心理而難以產生性愛；他的初期性行為若是發生在同性之間，這會給他帶來難以磨滅的快感體驗，沉溺於中，樂不思蜀；而在軍隊、監獄、海船這樣的單性環境裏面，同性戀更是有其不得不然的發生理由。當然，同性愛戀的促發環境還有更宏觀的表現，例如在中國明清時期，禁慾主義的理學嚴密控制著社會生活的方方面面，兩性交往的渠道非常狹窄，這就使得同性交往變得緊密起來，這也可以說是一種境遇型的同性戀促發因素；再如在古希臘時代，兩性關係雖少限制，但緊密的同性關係當時是一種社會風氣，少年男子如果沒有成人伴侶，他會自覺羞慚，認為自己缺少魅力。古希臘的多數男性都會有過同性戀的體驗，可見他們所處的社會文化本身就是一種促進同性戀的寬鬆環境。

　　同性戀心理與行為的產生應當是多種條件因素綜合作用的結果，當然就具體個人而言起作用的主要因素會各有不同。這裡有一點需要注意，我們在考察相關各種分析時會看到一種傾向，即它們對於影響因素的複雜性缺乏強調，給人的印象是各自所談原因所產生的基本都是絕對型同性戀者。可實際情況並非如此簡單的，就絕對型而言，他可能主要決定於某種生物學因素，也可能是生物因素與社會因素相結合的結果，還可能主要是由強烈的社會環境因素促成的。而環境因素既然如此強大多變，這就說明它可以更多促成的其實是兼容型的雙性戀而非絕對型的同性戀。並且前者並非是被固定在性取向的一個點上，而是因所受外部影響的改變而有一個變化範圍，在不同的年齡階

段、不同的生活環境裏性取向可以發生某種程度的改變。

上世紀 40 年代，美國著名性學家金賽（Kinsey）通過對當時同性戀現象的深入實證研究，提出了性行為連續統的理論，他指出：「許多人的性行為並不是非此即彼。當然有絕對異性性行為者和絕對同性性行為者，但是人口中相當多的一部分是兩類性行為都有。」〔註2〕為了便於說明，金賽設計了一個從 0 到 6 的 7 級式等級量表，0 級為絕對異性性行為者，6 級為絕對同性性行為者，1 至 5 級則是屬於程度不同的雙性性行為者。金賽量表側重於反映性行為，不過從性戀的角度看，它表明同性戀確實可以簡單地分為絕對、相對兩種，相對型的同性戀在概念上等同於兼容型的雙性戀。從此量表還可以看出，雙性戀中同性戀的形式豐富多樣，既有傾向於同性的，也有傾向於異性的，還有同異大體對等的。這種多樣性豐富了同性戀的形態表現，將其排除在外，狹義「同性戀」的形象就顯得過於單一了。

簡言之，關於同性戀的產生原因我們大多都有所瞭解。筆者需要強調的是，這些內外因素所促成的性態是多樣且多變的，並非只有一種。尤其作為一個可變量，外部環境因素為同性戀的實際表現提供了多種可能。人群性態的這種複雜性是客觀現實，對它的充分認識是相關因應的基礎。

三、古代同性戀的概念定義

關於同性戀的概念獨佔，這不僅是一個現實問題，而且還是一個歷史問題。法國後現代主義思想家福柯（Michel Foucault）是現代著名的「同性戀」理論家，這裡之所以同性戀要加引號，是因為福氏對這一概念的內涵有著嚴格的限定。他認為：「雞姦——古代民法或教會法中的雞姦——是一種被禁止的行為，雞姦者只是法律主體。19 世紀的同性戀者成為了重要人物，他有自己的性格與生活方式，還有一種輕浮的體態和神秘的生理現象。我們不要忘記，在確立同性戀的心理學的、精神病學的和醫學的研究範圍時，人們不是通過一種性關係，而是借助性感受的某種特性、顛倒男女性別的某種方式來規定同性戀的。當同性戀從雞姦行為轉向了一種內心陰陽人、一種精神陰陽人時，它就成了性經驗的諸多表現之一。過去雞姦者只是個別的異端，而現在同性戀者則成了一個種類。」〔註3〕在此，福柯是將 19 世紀末 20 世紀初西方醫學與心理

〔註2〕《金賽性學報告》，第 189 頁。
〔註3〕《性經驗史》，第 28～29 頁。

學意義上的同性戀與中世紀法律意義上的雞姦進行比較。前者主要描述的是一種絕對型同性戀，他們有獨特而不變的心理特徵；後者的側重點則在其反自然的行為，是對上帝尊嚴的嚴重冒犯，就連異性之間的肛交也要包括在內。但因此中世紀就沒有同性戀嗎？筆者認為，古今不論任何時代、任何文化，絕對型同性戀都有其比例較小的存在，而相對型至少在理論上是可以具有較高占比的。在中世紀，雞姦者的「違性之罪」是主流社會著力打擊的目標，他們為了掩蔽自己的隱私必須結婚，於是絕對混了在相對當中而以相對為代表。在近代，出於研究的目的，形象清晰的絕對者成為了學界的關注重心；而隨著現代同性戀權利運動的興起，絕對同性戀者擺脫社會污名的意願最為強烈，行動最為有力，於是他們從相對者中顯露了出來，成為了同性戀整體的形象代表。所以古今區別確實是存在的，但這只是表面上的表現，古今本質上的一致才是同性戀的內在特徵。雖然特定此詞出現得很晚，但同性戀終究是古已有之的一種客觀社會現象。就像「人」的概念只有幾千年的歷史，遠古與當今的人類也確實差異明顯，但我們決不能因此就說幾千年前沒有人類。

在對中國歷史進行研究時可否使用「同性戀」也是一個問題。美國漢學家韓獻博（Bret Hinsch）在其 1990 年出版的《斷袖之情》中曾經指出：「古代漢語缺乏可與『同性戀』相比擬的名詞概念。漢語相關名詞不強調先天的性本質，而是著意於行為、傾向和喜好。換句話說，中國作者經常會講某人與誰『相似』，或他『做了』什麼，『喜歡』什麼，而不去講他『是』誰。中西之間無論抽象的概念還是實際的性實踐都是有區別的，因此我們在對待中國的相關情況時必須非常小心。」〔註4〕雖然如此，韓氏畢竟也用同性戀來對中國古代的男色男風進行表述。而既然認為古代沒有同性戀的身份認同，否認其存在的觀點主張我們也時常可見的。如謂：「許多現代歷史著作高頻率地使用『同性戀』、『同性愛』字眼，而這些字詞的概念卻是移植自西方現代的『同性戀』性取向概念。於是指稱古人有『同性戀』其實有的只說明了某種同性性行為，有的只描繪出色慾身份。不但會造成古今文字的脫誤，也可能已導致過當的推論。」〔註5〕「用現代的『同性戀』概念討論古代中國男人與男人之間的戀愛和性關係並不恰當。……『同性戀』是一種人種身份，強調『性』的傾

〔註4〕 *Passions of the Cut Sleeve*, p. 7.
〔註5〕 吳瑞元：《古代中國同性情慾歷史的研究回顧與幾個觀點的批評》，見《從酷兒空間到教育空間》，第 192 頁。

向。不過，古代的社會關注的主要是行動、癖好，而不是內在的性別本質或性意識。換言之，古人缺乏『同性戀』的自我認同，這些觀念上的差異是絕不可忽略的。」〔註6〕確實，在中國古代一個男子只要能娶妻成家，他的男色之好是可以相對受到寬容的，人們看到、想到的都是已經或將要結婚生子的順從主流道德規範的雙性戀。但絕對同性戀能夠沒有嗎？清代小說《連城璧》中，書生許季芳「把婦人看得冰冷，生性以南（男，男色）為命，與北（女，女色）為仇」。成年娶妻之後，他「夫婦之情甚是冷落，一月之內進房數次，其餘都在館中獨宿」〔註7〕。在另一部清代小說《杏花天》中，少年傅貞卿「恁龍陽（孌童小官）如漆投膠，遇女色倒窟拔蛇。常自言道：『我今無拘無束，終日遲歸晚回，包小官作龍陽，豈不快暢？何苦要這渾家（妻子）何事！』」〔註8〕許季芳和傅貞卿顯然都是典型的絕對同性戀，他們在內心當中對自己性取向的定位都是明確而堅定的，並因此對各自的婚姻生活都產生了破壞性的直接影響，這種內在的身份認定才是具有本質意義的。這樣的人物事例告訴我們，中國古代雙性戀的和諧依委那只是社會的總體感覺和同性戀者的對外表現，而其內裏自有複雜多面性。不但掩飾型的假雙性戀即絕對同性戀者深知自己的性身份，即便兼容型的真雙性戀即相對同性戀者也同樣明白自己性取向的特殊性。他們無論真假確實都表現出了對於異性戀的認同態度，那是由於在夫權社會裏他們有權漠視妻子的性愛要求，可以在異性婚姻當中實現自我利益的最大化。而就社會態度而言，雖然同性戀依順恭和，但主流異性戀文化也並非就看不出它的真面貌，並未將它真正接納進來，而是與其做有區割的。嚴厲的批評態度，如一首《男色》詩寫道：「配合原為正理，豈容顛倒陰陽？污他清白暗羞慚，自己聲名先喪。浪費錢財無算，戕生更自堪傷。請君回首看兒郎，果報昭昭不爽。」〔註9〕調侃式的詆侮，如蒲松齡《聊齋誌異》中的一篇笑判：「今某從下流而忘返，捨正路而不由。雲雨未興，輒爾上下其手；陰陽反背，居然表裏為奸。……宜斷其鑽刺之根，兼塞其送迎之路。」〔註10〕在對批評詆侮的默默感受當中，古代同性戀者更加明確了自己獨特的性身份。

〔註6〕《中國古代男色文學研究》，第12、146頁。
〔註7〕《連城璧》外編卷之五。
〔註8〕《杏花天》第一回。
〔註9〕《邪淫法戒圖說・戒淫冰言》。
〔註10〕《聊齋志異・卷三・黃九郎》。

四、總結

由以上分析可以看出，同性戀問題也是一個語言學的問題。兩千五百多年前孔夫子就已經指出：「名不正則言不順，言不順則事不成。故君子名之必可言也，言之必可行也。」〔註11〕名詞不僅僅是代表符號，它同時還包含著事實判斷和價值判斷，選擇使用時不可以不考慮周全。這其中的一個重要原則是不能將具有普遍意義的概念特殊化，強要限定它的內涵與外延。同性戀的古今之間、絕對與相對型之間存在著明顯區分，對這些區分的深入探究有助於理解當代同性戀權利的來之不易，但這決不能成為將「同性戀」予以特殊化的理由。它的字面含義很清楚，就是對於同性的性慾與愛戀，各種同性性行為以及小比例的單純同性性心理就是它的最大外延範圍。如果一定要將「同性戀」等同於 19 世紀以來的絕對型，筆者認為這是在書齋冥想，故作高深，不必要地將簡單問題複雜化了。

當然我們也應當看到，在現實社會當中絕對型同性戀是目前同性戀形象的代表，因此在諸多具體語境下此詞指的就是絕對型，如謂：「我是同性戀，我不想結婚。」而在進行列舉時，同性戀也可以與雙性戀並列來表示一為絕對一為相對，這並不會引起理解上的混亂。目前國際上通用 LGBTQ 來表示非異性戀的各種性樣態人群，L 即 Lesbian，女性同性戀；G 即 Gay，男性同性戀；B 即 Bisexuality，雙性戀；T 即 Transgender，跨性別人士；Q 即 Queer，酷兒，LGBT 等的統稱。另外就表達交流而言，同性戀這個詞理性有餘感性不足，過於直露，不大適合於口語對話。因此近年在中國兩岸四地，同志逐漸成為了同性戀的代稱，並且中國同志也很願意將發音簡潔明快的 Gay 直接取用過來。這兩個詞經常是指絕對同性戀，而在需要區分時，絕對同性戀者可以稱為純同志、純同、純 Gay、純的，相對同性戀者可以稱為雙同、雙的、雙。

最後再具體到拙著。本書當中上下數千年的相關史例、人物其實大多數都是雙性戀，名為《中國古代雙性戀史》也有道理。只是本書側重於雙性戀中的同性戀表現，故以《中國古代同性戀史》為名。鑒於「同性戀」概念獨佔現象的現實存在，筆者尤其要強調其普適性，雙性戀必須被納入進來，所謂的「同性性行為」必須被納入進來。本書是用雙性戀的廣譜視角來看待同性戀，認為有性即有愛。而古代如此，當今亦然。持此觀點，我們會更加全面地看清人類性態的多樣性與流動性，旁觀此書者未必真的就只能做局外之人。

〔註11〕《論語·子路》。

目

次

第七冊

第一章 緒 論

　　歷史並不僅由政治史、思想史組成，重大事件、重要思潮只能形成歷史的骨架，要使它豐滿起來，中間還必須填充以人眾的日常生活。社會史關注的正在這一方面，它的領域很廣，舉凡婚姻人口、風尚道德、市井交際、秘密結社等都在範圍之內。本書所涉及的僅是社會史的一個很小領域──同性戀史。第一章為緒論，是對基本情況、基本面貌的概括總論。

一、基本歷史

　　同性戀的發生並非僅靠自然的性本能，它是社會演變過程中出現的一種文化現象，是人類心理體驗日趨豐富的結果。根據人類學家的調查，在非洲、美洲和大洋洲的一些原始部落裏已經存在著同性戀活動，由此推斷，初民社會當中同性戀已經產生。下面把中國古代同性戀史按先秦、秦漢、三國兩晉南北朝、隋唐五代、宋元、明清這樣的順序做一簡要概述，第二章再行詳敘。

　　先秦時代是「外寵」時代。當時有關同性戀的記載主要涉及國君與其嬖幸，除去衛靈公與彌子瑕、魏王與龍陽君的著名事例外，還有宋景公與向魋、衛靈公與宋朝、楚宣王與安陵君、趙王與建信君等。另外，《左傳》哀公十一年曾載，在一次戰鬥中，魯國公子公為「與其嬖僮汪錡乘，皆死皆殯」，這一事例和鄂君繡被的故事則反映了當時公卿士大夫中的同性戀情況。

　　春秋時期被後世儒家指責為「春秋淫亂」，桑間濮上常有許多不合乎禮法規範的現象發生。如果對《詩經》中的一些詩歌用某種視角進行考察，則或隱或現似乎從其中也可以看出一些同性戀的跡象。

　　如《鄭風‧山有扶蘇》：

山有扶蘇，隰有荷華。

不見子都，乃見狂且。

《鄭風·狡童》：

彼狡童兮，不與我言兮。

維子之故，使我不能餐兮。

詩歌的特點是一詩可有多解，在作者的本意與解者的體會之間經常會有各種出入。上述兩首詩可以認為包含著一定的同性戀色彩。唐儒孔穎達在解釋《山有扶蘇》時曾謂：「子都謂美麗閑習者也。舉其見好醜為言，則是假外事為喻。故知此以人之好美色，不往睹美乃往睹惡，與忽〔註1〕之好善不任賢者，其意與好色者同。」〔註2〕此處的「外事」就具有比較明顯的同性戀含義。當然，主要還應把類似的幾首詩歌當作描寫男女愛戀的情詩對待，這是不容置疑的。

秦漢時期是「佞倖」時代。這一時代基本保持了先秦時代的特點，著名同性戀事件主要發生在帝王與他們的幸臣之間，如漢高祖與籍孺，文帝與鄧通，武帝與韓嫣、李延年，成帝與張放，哀帝與董賢等。上述幸臣中有宦者也有士人，他們都由於與皇帝的同性戀關係而獲得了政治、經濟上的巨大優遇。典型人物如靠吮癰手段以求固寵的鄧通曾被文帝「賜蜀嚴道銅山，得自鑄錢，鄧氏錢佈天下」〔註3〕。而斷袖故事的主角董賢，當其位列三公，身為大司馬時年僅22歲，哀帝乃至笑言要仿從堯之禪舜，以帝位相傳。由於佞倖不靠政績而是因色獲寵，所以他們受到了官僚士大夫階層的強烈反對，莫能有終者不乏其人。

《漢書》記載膠西于王劉端「有所愛幸少年，以為郎」〔註4〕，又說權臣霍光「愛幸監奴馮子都，常與計事」〔註5〕。《後漢書》謂權臣梁冀「愛監奴秦宮，官至太倉令」〔註6〕，又謂豪富之家「妖童美妾，填乎綺室；倡謳伎樂，列乎深堂」〔註7〕。上述記載是對當時社會上同性戀活動的反映。

魏晉南北朝時期戰亂頻仍，人生如朝露，社會當中逐漸形成了一種放達加放浪的風氣。從高門到寒士都好尚清玄，講求風度，竭力擺脫各種禮法規條

〔註1〕鄭昭公，名忽。

〔註2〕《毛詩正義》卷第四。

〔註3〕《史記·卷一百二十五·佞倖列傳》。

〔註4〕《漢書·卷五十三·膠西于王端傳》。

〔註5〕《漢書·卷六十八·霍光傳》。

〔註6〕《後漢書·卷三十四·梁冀傳》。

〔註7〕《後漢書·卷四十九·仲長統傳》。

的束縛。在這種大的環境背景下，同性戀活動在流行程度上有所提高。《宋書》謂：「自〔晉〕咸寧、太康之後，男寵大興，甚於女色，士大夫莫不尚之，天下皆相放效。」〔註8〕這是歷史上關於同性戀普及狀況的較早記載，可以略舉數例以做說明。

《宋書·張邵傳附張暢傳》：「暢愛弟子輯，臨終遺命，與輯合墳，時議非之。」

《南史·長沙宣武王懿傳附韶傳》：「〔蕭〕韶昔為幼童，庾信愛之，有斷袖之歡，衣食所資，皆信所給。」

《魏書·徒河慕容廆傳附慕容沖傳》：「〔苻〕堅之滅燕，沖姊清河公主年十四，有殊色，納之。沖年十二，亦有龍陽之姿，堅又幸之。」

《魏書·萬安國傳》：「萬安國，代人也。顯祖特親寵之，與同臥起，為立第宅，賞賜至鉅萬。」

這一時期其他的同性戀人物還有：魏明帝曹叡與曹肇，晉·桓玄與丁期，宋·王僧達與朱靈寶、王確，陳文帝陳蒨與韓子高，北魏宣武帝元恪與趙修、茹皓、陳掃靜、徐義恭，北齊武成帝高湛與和士開等。

隋唐五代時期的同性戀記載數量既少且皆係個案，例舉如下：

《資治通鑑·太宗貞觀十七年》記唐太宗長子李承乾為太子時，「私幸太常樂童稱心，與同臥起。上聞之，悉收稱心等殺之。太子思念稱心不已，朝夕奠祭，徘徊流涕」。

《續世說》卷九記唐玄宗時，「張暐、王琚、王毛仲皆鄧通、閎孺之流也。玄宗或時不見毛仲則悄然思之，見之則歡洽連宵」。

《舊五代史·馬殷傳附傳》注補：「有小吏謝廷擇者，本帳下廝養，有容貌，〔楚主馬〕希萼素寵嬖之。每筵會，皆命廷擇預座，諸官甚有在下者。」

對宋元時期男風面貌的記述在數量上也是不多，但卻反映出當時甚至已經出現了鬻賣色身的男妓。《清異錄》中載：「今京師鬻色戶將及萬計，至於男子舉體自貨，進退恬然，遂成蜂窠巷陌，又不止煙月作坊也。」〔註9〕《癸辛雜識》謂：「聞東都盛時，無賴男子亦用此以圖衣食。政和中始立法告捕，男子為娼者，杖一百，〔告者〕賞錢五十貫。吳俗此風尤盛，新門外乃其巢穴，皆傅脂粉，盛裝飾，呼謂亦如婦人，以之求食。其為首者號師巫、行頭，凡官

〔註8〕《宋書·卷三十四·五行五》。
〔註9〕《清異錄·卷上·蜂窠巷陌》。「今」指北宋初期。

府有不男之訟，則呼使驗之。敗壞風俗，莫甚於此。然未見有舉舊條以禁止之者，豈以其言之醜故耶？」〔註10〕

元雜劇《張生煮海》第三折中張生的家僮曾戲言：「不如我收拾了這幾件東西，一徑回到寺裏，尋那小行者打閨閨去也。」「打閨閨」為方言俗語，指進行同性性行為。

上述幾條引文反映了宋元時期同性戀在社會基層的存在狀況，由此可以想見當時男風的活動範圍與程度。

明清時期由於筆記、小說非常發達豐富等原因，從而成為中國古代史上對同性戀現象記載最詳盡的時期。上至帝王將相，下至販夫走卒都有豐富的例證以資查考。

明代皇帝中進行同性戀活動的有正德、萬曆、天啟等人。正德帝在其即位之初就「選內臣俊美者以充寵幸，名曰老兒當」〔註11〕，他的幸臣江彬則「出入豹房，〔與之〕同臥起」〔註12〕；萬曆帝曾「選垂髫內臣之慧且麗者十餘曹，給事御前，或承恩與上同臥起，內廷皆目之為十俊」〔註13〕。朝臣們對此甚感不安，大理寺評事雒于仁乃至在其疏奏中明確諫勸萬曆不要「寵十俊以啟幸門」，認為這是「病在戀色也」〔註14〕；《檮杌閒評》第二十三回寫天啟帝登基之後，「萬幾之暇，不近妃嬪，專與眾小內侍玩耍，日幸數人。太監王安屢諫不聽，只得私禁諸人，不得日要恩寵，有傷聖體」。

在涉及清代的一些筆記中，有關於乾隆、同治帝進行同性戀活動的傳聞。另外，道光帝、咸豐帝等也被在這方面有所記錄。

明清時期官吏因沉溺於男色而最惡名昭著的是嘉靖朝首輔嚴嵩之子嚴世蕃〔註15〕。據載：「有優者金鳳，少以色幸於分宜嚴東樓侍郎，東樓晝非金不食，夜非金不寢也。金既衰老，食貧里中。比有所謂《鳴鳳記》，而金復塗粉墨，身扮東樓矣。」〔註16〕而「光祿寺少卿白啟常者，至以粉墨塗面，供世蕃歡笑。家僮年，世蕃所昵，士大夫之無恥者競呼年別號稱為先生」〔註17〕。另

〔註10〕《癸辛雜識·後集·禁男娼》。
〔註11〕《萬曆野獲編·補遺卷一·老兒當》。
〔註12〕《明史·卷三百七·江彬傳》。
〔註13〕《萬曆野獲編·卷二十一·十俊》。
〔註14〕《明史·卷二百三十四·雒于仁傳》。
〔註15〕號東樓，曾任太常卿、工部左侍郎。
〔註16〕《見只編》卷中。
〔註17〕《罪惟錄·列傳卷之三十·嚴嵩傳》。

外，如《十二樓‧萃雅樓》曾寫嚴世蕃強奪某賈以為男寵，《海公大紅袍全傳》第五十一、五十二回曾寫嚴世蕃騙姦親王內侍、府署幕賓。上述各種記載形象地描繪出了一個驕縱恣肆的淫官形貌。當然，世蕃之得咎主要是由於他做官為人上其他方面的過惡。而有名士宦如袁中道、陳維崧、鄭燮、畢沅等，他們官品才情都甚出色，所以雖也好男風但卻並未因之受到多少相關譏詆。

　　當時對主僕之間、士人之間、市人之間以及僧人、道士等的同性戀活動都有許多反映，此不詳述。關於社會底層的同性戀狀況，《萬曆野獲編‧卷二十四‧男色之靡》中說：「罪囚久繫狴犴，稍給朝夕者，必求一人作偶。亦有同類為之講好，送入監房與偕臥起。又西北戍卒貧無夜合之資，每於隊伍中自相配合，其老而無匹者往往以兩足凹代之，雖可笑亦可恨矣。」另外，如《螢窗異草‧初編卷二‧白衣庵》中有對於乞丐，《品花寶鑒》第四十七、五十八等回中有對於剃頭徒弟同性戀活動的反映，男色面貌之一斑由此可見。至於娶男子為婦、以男色騙財、祭祀司男色之神、土地老爺也有男寵等情況，這些就都是同性戀的詭異表現了。

　　在明清時期，具有特色的同性戀現象是優伶之中一部分人的男色活動。關於這一時期的戲曲演出，其在以下幾個方面與同性戀有關：（1）男女不合演。這就使得旦角需要由男優扮演，而所謂狎優，主要是針對這種旦角的。《歧路燈》第九十五回中某官員就「素性好鬧戲旦，是個不避割袖之嫌的」。（2）商業性質的公演戲班中，男班占明顯優勢。如以北京戲業之發達，但有清一代女戲卻鳳毛麟角。明清時期，程朱理學對社會生活的影響相當強烈，婦女的社會活動能力大受限制，這是造成女班不興的重要原因。男班的畸形發達突出了其中存在的同性戀情形。（3）家班興盛。明清戲曲家班主要盛於明代中葉到清代中葉的江南地區，如申時行、阮大鋮、冒襄等人的所蓄都很有名。時人形容阮大鋮家優「講關目、講情理、講筋節。故所搬演本本出色、腳腳出色、折折出色、句句出色」〔註18〕。此類家優通常分屬男班和女班，其中，女優在身份上相當於主人的姬媵，而男優與主人也有時會存在性的關係。《豆棚閒話》第十則曾寫某官把家中男戲充作孌童，後來教戲之清客因與孌童有染，竟被此官送縣發配。（4）禁止官吏宿娼的規定在北京等地比較嚴格地得到了執行。唐宋時期，官吏可以公開享受官妓的侍奉。而在明清，官妓制度被取消，官吏宿娼受到禁斷，尤其天子腳下的北京更是如此。由於缺少了一項重要娛

〔註18〕張岱：《陶庵夢憶》卷八。

樂，「彼輩乃轉其柔情以向於伶人」〔註19〕，優藝業便愈益發展起來。對於高官名士來講，舞臺上的歌舞固然賞心悅目，舞臺下的美男同樣也值得留連。日久廝熟之後，斷袖分桃的事情就難免其有了。

在清代，北京的梨園聲色甲天下，士大夫中狎優風氣甚盛。時人曾記：「京師宴集，非優伶不歡，而甚鄙女妓。士有出入妓館者，眾皆訕之。結納雛伶，徵歌侑酒，則揚揚得意，自鳴於人，以為某郎負盛名，乃獨厚我。」〔註20〕晚清名士李慈銘謂士宦中「其惑者，至於遍徵斷袖，不擇艾猳，妍媸互淆，雌雄莫辨」〔註21〕。應當說，當時一部分優伶確實有把賣色所得作為其一定時期內的一種收入來源的傾向。不過從總體上講，戲曲伶人還是靠努力賣藝為生的，不能不負責任地誇大商業性同性戀的存在程度，例如把相公直指為男妓。為辨明此點，只需思考一下當時圍繞演劇而建立的一整套組織規章，就能得到許多啟發。

關於具體某班某部的情況，據《夢華瑣簿》記載：「樂部各有總寓，俗稱大下處，司事者曰管班。管班職掌分為三：曰掌銀錢，曰掌行頭，曰掌派戲。生旦別立下處，自稱曰堂名中人。堂名中人初入班，必納千緡或數百緡有差，曰班底。班底有整股，有半股。整股者四日得登場演劇一齣，半股者八日，曰轉子。」〔註22〕關於梨園界公共組織的情況，據戲曲史專家張次溪先生考察：「北京梨園子弟極重鄉誼，於是有會館、義莊諸設施，所以養生、送死、扶老、濟貧也。」〔註23〕這其中尤以精忠廟最為有名，它的職責主要可分為兩項。一為「傳辦」，即傳達宮廷官府的指令；一為「講廟」，即協調梨園內部事務，為藝人謀公益。可見，精忠廟組織具有比較完備的行業公會性質。如果優伶不靠賣藝就能生活，上述完備的組織機構也就不必建立了。時人曾針對性地指出：「漁隱向疑招邀小史者，皆具斷袖癖。入都後始知為村學究見解，不盡其然。」〔註24〕事實也確實如此。

辛亥一役，清室覆亡，古代意義上的同性戀也隨之走下了歷史舞臺。

〔註19〕鄭振鐸語，見《清代燕都梨園史料》（以下簡稱《梨園史料》），序第 7 頁。

〔註20〕黃鈞宰：《金壺七墨・遯墨卷二・伶人》。

〔註21〕《越縵堂日記》，光緒三年四月初七日。

〔註22〕見《梨園史料》，第 351 頁。

〔註23〕《燕歸來簃隨筆》，見《梨園史料》，第 1213 頁。

〔註24〕藝蘭生：《側帽餘譚》，見《梨園史料》，第 641 頁。「漁隱」即香溪漁隱，曾著《鳳城品花記》，以述自己與優伶的交往。

二、相關名詞

中國古代的同性戀名詞是相當豐富的，但它們的含義經常或者比較含蓄，或者比較寬泛，從而顯得缺乏直指性、確指性，這從一個側面反映了古代同性戀存在狀態的曖昧特徵。

（一）外寵

男外女內是中國的傳統觀念，《周易‧家人》就曾講：「女正位乎內，男正位乎外。」於是，外寵就成了男性受寵者的代稱。而其具體含義則有一個變化過程，在春秋戰國時期，外寵泛指國君的嬖臣，其中雖然不乏以身事君的同性戀者，但並非全部都是。《韓非子‧說疑》曾載：「內寵並后，外寵貳政，亂之道也。」「外寵貳政」指外寵靠著國君的寵幸而在政治上和正卿爭權，此處外寵的所指就比較寬泛。到了明清時期，這一概念逐漸具有了特定含義，並且所對應的主要不再是國君而是官僚豪貴。《醉醒石》第八回中某些大戶富豪「情分外寵，裏邊反不及」，意思就是說他們因同性戀而疏淡了與妻妾的關係。

以「外」構成的同性戀名詞還有好外、外嬖、外色、外事、外交、外癖、情外等。

（二）分桃

「分桃」和「龍陽」、「斷袖」一起構成了同性戀史上 3 個最著名的典故，事不詳述。由此形成的概念很多，它們一般都含蓄而確實地與同性戀相關，不像外寵、外嬖那樣有時含義模糊。彌子瑕獻餘桃於衛靈公的故事見《韓非子‧說難》，後世用「分桃」或「餘桃」作為同性戀的代稱，偶或用「彌子」指同性戀者。另外，「分桃之癖」可指對同性戀的偏嗜，「分桃之歡」可指同性戀的樂趣，「分桃之好」當「好」讀上聲時指同性戀關係，讀去聲時同於「分桃之癖」，而「分桃之寵」則指由同性戀而獲得的寵幸。

（三）龍陽

龍陽君泣魚固寵事見《戰國策‧魏策四》，由此產生出「泣魚」、「龍陽」、「龍陽君」、「龍陽之癖」、「龍陽之寵」等概念。其中，「龍陽」或「龍陽君」在代指同性戀者時比「彌子」要常見許多。

（四）斷袖

漢哀帝和董賢之間的斷袖故事見《漢書‧董賢傳》。「斷袖」、「斷袖之癖」、「斷袖之歡」、「斷袖之寵」等因之而出。另外，「分桃」和「斷袖」也可以並

提以指同性戀。南朝沈約在其《懺悔文》中就曾自述：「淇水上宮，誠無云幾。分桃斷袖，亦足稱多。」〔註25〕

（五）佞倖

在《史記・佞倖列傳》和《漢書・佞倖傳》中，佞倖特指以色事君的同性戀者，如鄧通、李延年、董賢之流。但在更廣泛的應用上，凡不通過仕途正路而以柔媚便辟獲寵者皆可稱之為佞倖。也就是說，這一概念並沒有專指性，它是否在指同性戀者需要針對具體內容進行具體分析。例如在《明史・佞倖列傳》中，此種人就是皇帝的一些爪牙、玩伴以及向皇帝獻房中之藥、長生之藥進行修醮扶鸞活動的僧人、道士等，他們當中的大多數與明帝並不存在性的關係。

類似於佞倖的名詞有嬖幸、嬖臣、佞臣、幸臣、寵臣、弄臣、變臣等。

（六）嬖人

佞倖、嬖臣等指的是君主的寵幸，而嬖人除可意同嬖臣外，一般是指官僚士大夫們的寵幸。例如《墨子・魯問》：「魯君之嬖人死，魯君（當為魯人）為之諱，魯人（當為魯君）因悅而用之。」《晉書・會稽文孝王道子傳》：「嬖人趙牙出自優倡，道子以牙為魏郡太守。」

嬖人指同性戀者的可能性要比嬖臣等大些。

（七）男色

指對同性具有吸引力的男性美色。語出《漢書・佞倖傳贊》：「柔曼之傾意，非獨女德，蓋亦有男色焉。」

（八）男寵

指充當被動角色的同性戀者。《萬曆野獲編・補遺卷三・周解元淳樸》記周解元「溺於男寵，竟以好外贏憊而歿」。

意近男寵的名詞有男妾、變寵等。

（九）男娼

《癸辛雜識》後集有「禁男娼」條，記有宋代某些男子賣淫的情況。

（十）男妓

《孽海花》第三十五回：「那時京師的風氣還是盛行男妓，名為相公。」

〔註25〕《沈隱侯集》卷一。

（十一）男閭

指男妓院。《紅樓夢抉隱》第一百二十回：「今夫至賤之類莫如優伶，而優伶之中莫如小旦。喬裝美女，非同鮑老登場；獻媚後庭，別闢男閭生面。」

（十二）男欲

指對同性戀的欲求。《天主聖教十誡・毋行邪淫》：「上古有名城五，城人甚惡，悉恣男欲。主惡厥臭，降硫火燼之。」

（十三）男淫

可以指同性戀行為。《萬曆野獲編・卷六・內庭結好》：「閩人呼男淫者為契弟兄。」

（十四）男風

指同性戀現象或同性戀活動。《豆棚閒話》第十則：「劉公平素極好男風，那幾個小子就是劉公的龍陽君。」

（十五）南風

意同男風，是由於讀音相同而以表示方向的「南」代替了表示性別的「男」。另外，僅僅「南」這一個字也可以作同性戀的代稱。相應地，「北」這一個字則可以代稱異性戀。

（十六）左風

古代認為男居左女居右，所謂「男左女右，古人通禮」〔註26〕。由此，左風意同男風。

（十七）翰林風

意同男風。此意產生於明代，與當時翰林當中同性戀者較多具有一定關係。

（十八）勇巴

男色的隱語。明人孫繼芳記：「京師士大夫一時好談男色，恬不為怪，諱之曰勇巴。」〔註27〕

（十九）打蓬蓬

指發生同性戀行為，為方言俗語，因地域不同尚有炒茹茹、竭先生等其

〔註26〕《醋葫蘆》第十四回。
〔註27〕《磯園稗史》卷之二。

他說法。見《石點頭》第十四卷。

（二十）頑童

可指同性戀者，語出《尚書‧商書‧伊訓》：「敢有恆舞於宮，酗歌於室，時謂巫風；敢有遠耆德，比頑童，時謂亂風。」「比頑童」的意思即玩弄男寵，但需指出的是，《伊訓》篇名義上是記商初賢相伊尹的教導，但實際卻是出現於晉代的偽古文。（圖1）因此，「比頑童」之事商代雖有，現在卻不能用這句話來對當時的情況進行表述。當然作偽也要有所依據，《國語‧鄭語》中曾有「今王惡角犀豐盈而近頑童窮固，去和取同。」「侏儒戚施，實御在側，近頑童也。」《左傳》僖公二十四年中曾有「與頑，用囂，奸之大者也」之類的言論，作偽者對此應是進行了參考。

《尚書》的真實面貌直到清代中葉才為學術界逐漸認清，在此之前的一千多年間，偽文是被當作真經來對待的，在社會上的地位很高。明朝以前，有關同性戀的文獻相對較少，那一時期用「頑童」指稱同性戀者的例子不易找到。自明以始，同性戀文獻大幅度增加，其中時有「比頑童」的提法，意思就是玩弄男寵。到了清代，雖然人們認識到《伊訓》篇是偽作，但約定俗成，「頑童」還是一個經常使用的詞彙。

（二十一）孌童

指貌美年少的男寵。南朝梁簡文帝蕭綱在其《孌童》詩中曾寫道：「孌童嬌麗質，踐董復超瑕。……足使燕姬妒，彌令鄭女嗟。」〔註28〕

意義相近於孌童，但或者不經常使用，或者專指性較差的名詞有俊童、幸童、嬖童、寵童、契童、妖童、狡童、冶童、姹童、團童、弄童、弄兒等。

（二十二）俊僕

明清時期，俊僕經常是指和家主存在同性戀關係的僕人，具有一定的專指性。他們由於受到特別的寵愛，因而有較多機會去和家主的妻妾女婢姦通，而有的主人甚至對此還加以縱容。由此，這樣的寵僕很自然地會成為被社會警視和指責的對象。在當時，「美婢俊僕，每能奪主之愛，侵嫡之權，殊當痛革」〔註29〕、「家無俊僕姣童，不惟省自己防閑，且免他人疑議」〔註30〕之類的言

〔註28〕《玉臺新詠》卷七。「董」指董賢，「瑕」指彌子瑕。
〔註29〕《禪真逸史》第二十一回。
〔註30〕《傳家寶‧三集卷之一‧吉徵》。

論是比較常見的。

意近俊僕的名詞有孌奴、寵奴、寵僕等。

（二十三）兄弟

在特定的上下文裏，語義曖昧的「兄弟」可指同性戀者。《金瓶梅詞話》第九十六回中寫到，西門慶的女婿陳經濟是土作頭兒侯林兒的性夥伴，眾匠人「看見經濟不上二十四五歲，生得眉目清俊。就知是侯林兒兄弟，都亂訝戲他」。相應地，「做兄弟」則可指為人性伴。《金瓶梅詞話》第十六回曾寫西門慶的一個夥計兼幫閒賁四「初時跟著人做兄弟兒來，次後投入大人家做家人，琵琶、簫管都會」。

（二十四）契兄、契弟

作為同性戀夥伴之間的相互稱呼，契兄、契弟在明清時期的福建等地有所使用。《萬曆野獲編・補遺卷三・契兄弟》記：「閩人酷重男色，無論貴賤妍媸，各以其類相結。長者為契兄，少者為契弟。其相愛者，年過而立尚寢處如伉儷。」

（二十五）契父、契兒

《萬曆野獲編・契兄弟》還記：「有稱契兒者，則壯夫好淫，輒以多貲聚姿首韶秀者，與講衾裯之好，以父自居，列諸少年於子舍，最為逆亂之尤。而酋豪則遂稱契父。」

（二十六）小官

明清時期，小官是對少年男子的親切稱謂，在下列說法中則一般是特指年青的同性戀者。

好小官。指喜歡以少年人為同性戀對象。《濃情快史》第七回：「只因老白好小官，把前妻活活氣死了。」

偷小官。指以誘引手段與少年人進行同性戀活動。《西湖二集》第十一卷：「男子偷了婦人、小官，並無蹤影可以查考，所以他敢於作怪放肆。」

騙小官、混小官、拐小官。意近偷小官。

拐做小官。指少年人被勾引成同性戀者。

小官出身。指少年時是同性戀者。《綠野仙蹤》第四十回：「谷大恩是個小官出身，幼年時與尤魅不清楚。如今雖各老大，到的還是知己。」

老小官。指曾為「小官」，年齡已大的同性戀者。

做小官。指為人男寵，具有一定的賣身色彩。《女開科傳》第五回：「既不識羞做了小官，自然樂與文人尋花問柳。要做小官的守著一個，萬萬不能，幾曾見貞節牌匾輪得著小官身上。」

「小官」前後如果沒有「好」、「做」、「出身」之類的詞彙，它是否在指同性戀者通常也可以從具體的上下文看出。《歡喜冤家》第十三回：「朱子貴又愛小朋友，相與了一個標緻小官，喚名張揚。年方一十七歲，生得似婦人一般令人可愛。」根據書中敘述，小官張揚是朱子貴的同性戀夥伴。

（二十七）大老官

可以指好小官之人。明末一首諷刺小官人賣身的小曲曾唱道：「一時間吃這碗飯，難推難卻。綽趣的多，使錢的少，也只是沒法。每日間清早起直忙到夜，大老官才放得手，二老官又拖到家。」〔註31〕

（二十八）小朋友

在特定上下文中意近小官。《宜春香質》雪集第二回記某大老官「有一毛病，好相處小朋友。有一得意小官，生得有幾分人才，時刻不離」。

（二十九）卵孫

意近小官，但被動、賣身的色彩更加明顯一些。《大明天下春‧卷之八‧江湖方語》：「卵孫：乃小官也。」《宜春香質》月集第一回：「二太子掌管一切卵孫、儒釋道三教情哥、江湖漂相、門子、小官做㞞職事。」

（三十）牽孫

《大明天下春‧卷之八‧江湖方語》：「牽孫：謂小官交朋友也。」

（三十一）卵生

《新刻江湖切要‧身體類》：「男風：卵生。」〔註32〕

（三十二）拿卵

《新刻江湖切要‧人事類》：「拐龍陽為拿卵。」〔註33〕

（三十三）㞞兒

明代陸容釋「㞞」曰：「㞞：杭人謂男之有女態者。」見《菽園雜記》卷

〔註31〕《掛枝兒‧謔部九卷‧小官人》。
〔註32〕見《中國秘語行話詞典》，第507頁。
〔註33〕見《中國秘語行話詞典》，第528頁。

十二。「畏兒」意近小官，被動、賣身的色彩明顯。《宜春香質》月集第三回：「今之畏兒越貪越爽利。」

（三十四）畏行

指畏兒生業。《宜春香質》雪集第一回寫某小官「久在畏行，不肯大醉，恐惹人厭」。

（三十五）旃羅含

明人李翊記：「釋名男色曰旃羅含。」〔註34〕沈德符記：「佛經中名男色為旃羅含。」〔註35〕

（三十六）小唱

在明清時期尤其明代的北京以及外地，小唱經常是指以唱曲為娛客手段的優伶同性戀者。明人沈德符謂：「京師自宣德顧佐疏後，嚴禁官妓，縉紳無以自娛，於是小唱盛行。」〔註36〕史玄謂：「唐宋有官妓侑觴，本朝唯許歌童答應，名為小唱。小唱在蓮子胡同，倚門與倡無異，其姝好者或乃過於倡。有耽之者，往往與託合歡之夢矣。」〔註37〕可以看出，小唱的男妓傾向是比較明顯的。

（三十七）小手

意近小唱。清初呂種玉記：「明代律有雞姦之條，然而有蓮子胡同之承應。今此風愈盛，至有開鋪者，京師謂之小唱，即小娼也，吳下謂之小手。遍天下皆然，非法之所能禁矣。」〔註38〕

（三十八）相公

在清代中後期的北京有時也在外地，相公是對戲優特別是旦角童優的稱呼。音轉後稱像姑或相姑，雅稱則為明僮。相公的居所曰下處，名之以某某堂。諸堂中生旦皆具，根據對光緒十二年《鞠臺集秀錄》所做的統計，該書所錄堂名共41個，堂主人中（含少主人）旦角26人，生角10人，旦角兼生角2人，角色不明者8人；徒弟中旦20人，生8人，丑3人，淨1人，旦兼

〔註34〕《戒庵老人漫筆》卷七。
〔註35〕《萬曆野獲編・卷二十四・男色之靡》。
〔註36〕《萬曆野獲編・卷二十四・小唱》。
〔註37〕《舊京遺事》。
〔註38〕《言鯖・卷上・比頑童》。

丑 1 人，角色不明者 6 人〔註39〕。這說明旦角優伶雖然相對更為人欣賞，但不能因此就認為只有旦角才可被稱作相公。在一定程度上，一部分相公中存在著賣色現象。不過把相公完全當作男妓看待則是不恰當的，至少相公賣色的程度要比小唱低些。

相公也稱私坊、兔子，他們的恩客被稱為老斗。

（三十九）拉縴者

可以指同性性交易中的皮條客。《燕蘭小譜》卷之五：「金陵富商某者，在京捐納別駕。初時愛玩玉器，無他好焉。不數月，於戲園相識二人，俗名拉縴者，招伶來寓，日引日多，家人以二鬼目之。於是富商豪情頓起，晝則歌樓酒館，夜則豪飲呼盧，每晚必留一旦在寓同宿。繼為娶親買屋，衣服器具皆備，一人不下千餘金。」

（四十）同單

《清稗類鈔·優伶類·何桂山有鐵喉之目》：「俗稱伶與伶相偶者謂之同單。單者，北人呼衾之謂也。」

（四十一）爐子

《燕歸來簃隨筆》：「北平人謔為人男寵者曰爐子。」〔註40〕

（四十二）鄧生

《切口大詞典·星相類》：「鄧生：男風也。」這是一個隱語，「鄧」指漢代的鄧通。

需要說明的是，上面有些名詞還可具有其他含義。

（一）外寵、外嬖、外事、外交等可以指女性或針對女性而言，這時的「外」相當於男女「外遇」中的「外」。如《萬曆野獲編·卷二十一·主上外嬖》：「趙宋最絕外嬖，至徽宗始有李師師、趙元奴，俱拜才人。」《株林野史》第六回：「吳氏暗怒道：『人有野花便不思家，花丈夫或有外交，所以他不睬我。』」

（二）嬖人可以指女性。《左傳》昭公七年：「衛襄公夫人姜氏無子，嬖人婤始生孟縶。」

（三）男色可以針對女性而言。《褚氏遺書·問子》：「今未笄之女，天癸

〔註39〕見《清代燕都梨園史料》，第 629～646 頁。
〔註40〕見《清代燕都梨園史料》，第 1249 頁。

始至，已近男色。」

（四）頑童經常是指頑皮的少年，主要在「比頑童」的意義上才指同性戀者。

（五）變童可以僅指貌美的少年特別是貌美的奴僕。如《客窗閒話・正集第四卷・和闐玉鼠》寫某官「命女僕變童較準洋表時鐘，守報時刻。」

（六）拐小官等可以用於女性對男性。《鬧花叢》第三回：「春梅道：『不可，倘若夫人得知，不說你要偷婆娘，倒說我來拐小官，這怎麼好！』安童一把拉住不放。」

（七）大老官經常用於對豪富的泛指，他們所沉溺的主要還是女色。

（八）小唱可以指歌唱較短文辭如小令、小調等的一種通俗文藝形式，在指從事此種歌唱活動的優伶時，只有在特定情境下才有特定所指，否則他們只是一般的藝人。

（九）相公作為對人的一種尊稱，曾在很長時代、很廣泛範圍內得到過使用。

總之，有些同性戀名詞可以具有非關同性戀的含義，這就需要對具體記載做具體分析，否則就可能出現理解上的差誤。

三、主要特色

討論中國古代同性戀的特色，首先需要回答同性戀在古代社會生活中是處於怎樣一種境況，亦即它是被如何對待的這一問題。筆者認為，中國古代對同性戀普遍是持傾向於中立的反對態度，並且這種態度具有較強的穩定性。

所謂反對態度主要體現在以下幾個方面。

（一）政治生活中的反對。這可以分階段加以敘述。在先秦時期，社會上存在著一個外寵階層，他們是國君生活娛樂中的陪伴，與國君具有親近的私人關係。《左傳》定公十年曾記宋景公時，他的嬖寵向魋受到了他人欺侮，景公的反應竟是悲切地「閉門而泣之，目盡腫」。雖然外寵並非專指同性戀者，但從其常與內寵並稱等方面來看，應當說是有一定程度的同性戀色彩的。在此所論外寵即是針對其中的同性戀者而言，如向魋、彌子瑕等。這些人靠奉獻色身而時常被國君賜與高官顯爵，正像司馬遷所指出的：「非獨女以色媚，而仕宦亦有之，昔以色幸者多矣。」〔註41〕由於外寵給國家政治生活造成了很大的

〔註41〕《史記・卷一百二十五・佞倖列傳》。「昔」指漢代以前。

混亂，因而難免會受到公卿士大夫階層的激烈譴責。當時這方面的言論是比較多的，如《左傳》閔公二年：「內寵並后，外寵二政，亂之本也」；《國語·晉語一》：「國君好艾（當為好外），大夫殆；好內，適子（嫡子）殆，社稷危」等。〔註42〕據記載：「燕簡公多嬖寵，欲去諸大夫而立其寵人。冬，燕大夫比以殺公之外嬖。公俱，奔齊。書曰：『北燕伯款出奔齊。』罪之也。」〔註43〕這一事件就很能說明卿士與外寵之間的矛盾衝突。西漢時期仍然保持著先秦時期的特點，當時的佞倖相近於其前的外寵。他們「進不繇道，位過其任」，結果是常常落得「莫能有終」〔註44〕的結局。著名事例如漢文帝死後，他的寵臣鄧通由富甲全國而「竟不得名一錢，寄死人家」〔註45〕。漢哀帝死後，他的寵臣董賢也隨即在惶恐中自殺身亡。東漢至南北朝時期，反對的情況繼續存在，只是相關記載時有缺略模糊之處。南北朝以後，帝王們收斂了在同性戀方面的活動，因斷袖之寵而在政治上興風作浪的佞倖之徒方才變得鮮見。

（二）同性戀文化作為社會生活中的一種非主流文化，其性對象選擇和性行為方式特殊，這種特殊性易被主流文化看成是對主流價值觀念的背離和蔑視，因而易被當作一種反主流文化而受到指責。古代雖無性變態之詞，但認為同性戀是變態行為的觀念則是存在的。漢代王嘉曾謂哀帝寵幸董賢的結果是「山崩地動，日食於三朝」，這些現象「皆陰侵陽之戒也」〔註46〕。可以想見，同性戀者經常受到各種譏笑、嘲諷乃至謾罵是不可避免的。特別是明清時期，這些或真或假、或明或暗的嘲弄往往給筆記小說以及戲劇等的作者們提供了顯示語言能力的很好機會，「陰陽反背」的變童龍陽們是「難免掩鼻之醜」〔註47〕的。

（三）同性戀可能對家庭制度的穩定造成一定威脅。其主要表現在於丈夫因耽迷男色會減少甚至放棄對妻子兒女所應負的倫理責任，從而使得家庭生活的質量下降。早在兩晉時期，社會上「男寵大興」的情形就曾導致「夫婦離絕，怨曠妒忌」〔註48〕的結果。再據《魏書》記載，北魏汝南王元悅因為

〔註42〕 《逸周書·武稱解》、《禮記·緇衣》、《左傳》桓公十八年、《韓非子·說疑》、《國語·魯語下》等處也有類似內容。
〔註43〕 《左傳》昭公三年。
〔註44〕 《漢書·卷九十三·佞倖傳贊》。
〔註45〕 《史記·卷一百二十五·佞倖列傳》。
〔註46〕 《漢書·卷八十六·王嘉傳》。
〔註47〕 《聊齋誌異·卷三·黃九郎》。
〔註48〕 《宋書·卷三十四·五行五》。

「絕房中，而更好男色」，竟至於「輕忿妃妾，至加捶撻」〔註49〕。其次，丈夫的男寵可能與家中婦女有私，從而穢聲遠播，引人厭惡。《情史·情外類·馮子都》中有一針對性的俗語即稱：「堂中無俊僕，必是好人家。」《邪淫法戒圖說·避嫌疑說》也指出：「禮別嫌疑，所以防淫也。古人同胞兄妹至八歲即異席而食，況其他耶？竊見近世人家，每有致犯淫穢，皆由防閒不密，內外不分，男女混雜，不避嫌疑。以至釀成醜事，敗壞門風，殊可恥也。故齊家之法，莫善於別嫌疑。邪人遠之，俊僕去之，子弟時時訓誨之，務杜其根而泯其萌。」再次，極少數人會因同性戀而拒不承擔社會賦予他們的建立家庭的基本義務。這方面的事例，如《小豆棚》卷十三曾寫某優為某士宦之男寵，他就終其一生跟隨士宦而未曾婚娶。鞏固家庭制度是中國傳統道德的一項核心內容，同性戀的上述表現因而會要受到負面評價。

　　（四）因為同性戀者的活動方式比較隱秘，總體上少為世人所瞭解，所以同性性犯罪，如情殺、強姦等比相對應的異性性犯罪更加聳人聽聞，易使人們把同性戀與詭異恣睢的病態行為相聯繫。尤其是一部分成年同性戀者可能對幼童進行同性戀方面的誘導，此種行徑當然會被認為是有害於青少年的心理發育的。清代紀昀在《閱微草堂筆記》卷十二中即曾提到若這樣「處心積慮，鑿赤子之天真，則恐干神怒。夫術取者，造物所忌，況此事而以術取哉！」

　　（五）人們可能會憂慮地感到，同性戀相對流行之時通常也是性規範普遍鬆弛之日。這時世風一般處於淫靡柔弱的狀態，社會成員會傾向於奉行享樂主義的生活方式，會淡化自身的社會責任感，從而使得社會凝聚力下降，不利於國家的健康發展，例如明代後期的社會現實就可以作為典型例證。明末醉西湖心月主人描述道：「男子生得標緻，便是惹賤的招頭。上古子都、宋朝，只為有了幾分姿色，做了千古男風的話柄。世至今日，一發不堪說了。未及十二三歲，不消人來調他，若有兩分俏意，便梳油頭，著豔服，說俏話，賣風騷，丟眼色，勾引孤老朋友。甚至獻豚請摶，有淫婦娼根所不屑為者，靦然為之，不以為恥。弄得一個世界，衣冠雖存，陰陽剝盡，妾婦載道，陰霾燭天。」〔註50〕為對此進行防範，人們會認為同性戀至少應受到一定程度的限制。

　　所謂傾向於中立的反對態度主要是指古代中國對同性戀的反對在法律制

〔註49〕《魏書·卷二十二·汝南王悅傳》。
〔註50〕《宜春香質》月集第一回。

裁、道德譴責等方面都並非極端嚴厲，尚且可謂比較寬容而言。這種態度與中世紀西方堅決反對的態度相對，為說明兩者之間的區別，可以把中西之間如下三個方面的差異進行一下對比。

（一）從經典結論的差異來看。儒家文化和基督教文化在古代中國和中世紀歐洲是分別居於統治地位的思想文化。在儒家經典裏，與同性戀問題有某些聯繫的只有《論語‧陽貨》中「巧言令色，鮮矣仁」，《論語‧季氏》中「損者三友。友便辟、友善柔、友便佞，損矣」，《孟子‧盡心下》中「惡佞，恐其亂義也」等泛指性教導，孔孟未曾對普通同性戀表明過徹底否定的觀點。宋代程朱理學興起後，儒家在行為規範上對社會成員的要求更加嚴格，而宋以後的同性戀活動也並未因此受到多少消弱。值得注意的是，明清時期因是朱熹故鄉而理學（朱子學、閩學）發達，有「海濱鄒魯」之稱的福建，該地男風竟一直甚盛。（圖2）作為對比，在基督教文化的經典《聖經》當中，有關同性戀的訓誡則明確指出：「若男人同男人同寢，如男之與女，做此醜事的兩人應一律處死，應自負血債。」以及：「男人放棄了與女人的順性之用，彼此慾火中燒。男人與男人行了醜事，就在各人身上受到了他們顛倒是非所應得的報應。」還有：「作變童的、好男色的，都不能承繼天主的國。」〔註51〕等。中世紀時代，教會神學家如托馬斯‧阿奎那等以《聖經》為依據對同性戀所做的批判是相當嚴厲的，此種行為無可置疑地被認定是一種極端的邪惡。

（二）從法規條例的差異來看。中國有關對同性戀實施懲處的明確記載最早出現於宋代。據《癸辛雜識‧禁男娼》所述，北宋末期男子為娼者要被「杖一百」，不過到南宋時這一規定又不再執行，則當時對普通同性戀者縱有處罰大致也是比「杖一百」還輕。在清代，《大清律例》卷三十三規定：「惡徒夥眾將良人子弟搶去強行雞姦者，為首者擬斬立決。如強姦十二歲以下十歲以上幼童者，擬斬監候。若止一人強行雞姦，並未傷人，擬絞監候。如傷人未死，擬斬監候。其強姦未成者，杖一百，流三千里。如和同雞姦者，照軍民相姦例，枷號一個月，杖一百。」從這段長長的引文可以看出，第一，清律主要懲治由對同性進行暴力性侵犯所造成的犯罪行為，而非同性戀本身，且量刑標準與有關異性性犯罪的標準大致相同。清律中對異性性犯罪的相關規定是：「凡和姦，杖八十。強姦者，絞。未成者，杖一百，流三千里。」「凡有輪姦之案，審實，俱照光棍例分別首從定擬。」「其強姦十二歲以下十歲以上幼女

〔註51〕《聖經》之《肋未紀》第二十章、《羅馬書》第一章、《格林多前書》第六章。

者，擬斬監候。」〔註52〕第二，清律對同性戀有在「和同雞姦」方面的規定，「和同雞姦」可以被理解為一般的同性戀活動，從而可以反映出國家對同性戀現象的反對傾向。不過，此條規定不但其中的處罰本身程度較輕，並且在司法實踐中和禁止官員之子孫宿娼、禁止設計誘買良家之子為優等規定一樣經常只是具文而已，實際的執行並不嚴格。而作為比較，在中世紀歐洲，普通同性戀者犯的卻是褻瀆上帝，違背自然的重罪，時常會被處以包括死刑在內的很重的刑罰。

（三）從道德差異來看。同性戀問題既是法律問題也是道德問題，而道德差異可以視法律差異為參考。也就是說，法規條例的寬嚴與否一般能夠表明道德輿論的寬嚴與否。從第（二）點可知，中西之間對同性戀的態度在道德評價方面也是有區別的。

所謂比較穩定的態度，其主要體現是中國古代同性戀的存在境況前後比較一致。而在歐洲，古典（希臘、羅馬）文化和基督教文化對同性戀的不同態度則曾導致同性戀的狀況面貌發生過明顯改變。不過在此有一個事實值得注意，即從史料實際來看，隋、唐等朝代的同性戀記載確實比較缺乏。由此推斷，一種傾向性的觀點認為隋唐等時期的男風比較衰落。在筆者看來，這一問題的關鍵之處在於必須首先弄清某些朝代同性戀史料之所以缺乏的具體原因。如果史料缺乏並不是由男風衰落引起的，那麼上述觀點最好不提，至少對所謂興盛衰落的幅度必須加以嚴格的限定。仔細考察一下應該看出，隋唐時期是自有一些特殊之處的。第一，正史中少有對同性戀的反映。這是因為某些正史作者對同性戀這種次要社會問題的瞭解和重視程度不夠，而且有人還認為對包括同性戀在內的明顯關涉到性的問題應當加以避諱。查閱史籍，不但《隋書》、《舊唐書》、《新唐書》，而且《後漢書》、《梁書》、《宋史》、《元史》、《明史》、《清史稿》等書中有關同性戀的記載都是缺乏的。第二，少見像明清的筆記小說那樣著重描摹平民日常人情百態的史料。隋唐筆記小說因年代較久遠、發展不成熟而本來就存世數量少，同時內容上又具有尚奇尚貴的特點。由於以上兩方面的原因，隋唐時期既未曾像其以前的朝代那樣主要由正史，也未曾像其以後的那樣主要由筆記小說使自身的同性戀問題得以較充分地反映，從而有關記載也就比較缺乏了。這種同性戀事件的缺乏並不是由反同性戀力量的特別強大引起的，我們並不能找到可以表明上述朝代曾對同性戀進行嚴厲

〔註52〕《大清律例》卷三十三。

懲處的史料。因此，即使在有限的意義上可以認為隋唐等朝的同性戀活動可能比較少，這也必須以認清以上朝代同性戀史料的缺乏原因為前提，必須明確隋唐時期的同性戀在面貌上與其前後時代是基本連貫的。

總之，中國古代同性戀的境況特色是社會對同性戀持比較穩定的傾向於中立的反對態度。古代男風大體是在世人疑惑的目光下，以一種曖昧的狀態存在於社會當中的。

關於在中國為什麼對同性戀恰是以如此方式對待而沒有更加嚴厲或更加寬容的原因。第一，傳統農業社會特別強調家庭秩序的穩定和價值觀念的統一，而同性戀卻對此可以成為一種破壞因素，所以社會極難以支持的態度對待同性戀。第二，根據史實來看，傳統社會對同性戀可以在傾向於中立的態度和堅決反對的態度之間進行選擇。如果某一社會存在有堅決反對同性戀的主流文化，例如中世紀歐洲的情況，則社會會對同性戀採取堅決反對的態度。如果不存在這種文化，例如中國古代的情況，則可能採取傾向於中立的反對態度。至於不同的主流文化為什麼對同性戀會做出不同的價值判斷，這主要是一種或然性選擇的結果，價值判斷的差異並非是由文化特性上的差異決定的。就歐洲情況而言，基督教是承襲了猶太教的傳統。在猶太教形成時期，猶太先民對自己周圍的其他「異民」表現出一種強烈的優越意識，自認為受到了上帝的特殊選護。既是特選，就要有特色。在當時的地中海東部地區，同性戀曾有比較興盛的存在，《舊約‧創世紀》即以索多瑪、哈摩辣諸城為例證，借上帝之口指出：「控告索多瑪和哈摩辣的聲音實在很大，他們的罪惡實在深重。」在這種情況下，如果在自己的教義中把雞姦同性戀判定為一種十惡不赦的醜行，確實能使本民族顯得道德純淨，別具一格。這就是說，如果從功能主義的角度分析猶太人對待同性戀的方式態度，則其重要目的是為了加強本民族與其他民族的區別，是發揮了一種區分符號的作用。在此，或然性也就表現得很為突出了。因為可以作為象徵符號的舉動是多種多樣的，對比雙方中的一方可以在各種行為模式中任意選擇出一種或多種加以實施，這樣，一方與另一方的差距就會拉開，一方就會由距離感受到自豪和滿足。符號舉動的選擇因種族民族的不同而有異，有的民族會是對某種社會習俗表示厭惡，有的會認為某種特定生物與自己同一，而還有的也可以確立某種食物禁忌。猶太人選擇的恰是痛恨同性戀，並把此種痛恨堅定不移地寫在了他們的「希伯來聖經」當中。而這就決定了對猶太教有諸多繼承的基督教對於同性戀的態度。在

《新約‧猶達書》中，傳播基督福音的宗徒繼續強調：「那些沒有保持自己尊位，而離棄自己居所的天使，主用永遠的鎖鏈把他們拘留在幽暗中，以等候那偉大日子的審判。同樣，索多瑪和哈摩辣及其附近的城市，因為也和他們一樣恣意行淫，隨從逆性的肉慾，至今受著永火的刑罰作為鑒戒。」在宗徒和教父們看來，索多瑪、哈摩辣等城的居民不但因男淫之慾當時已被上帝從現世消滅，當今正在地獄裏受著煎熬，而且等到將來末日來臨之際，亦即最後審判的日子，他們還要被重新提審一次，不得救贖而去遭受嚴厲的永刑。這是對同性戀多麼強烈的詛咒。

本來作為對古羅馬帝國頹放世風的一種反動，即使沒有基督教的傳入、傳播，歐洲中世紀文化也會是以禁慾斥性為一明顯特徵。只是如果那樣，在禁慾的內容當中未必會包括對同性戀的嚴厲禁止，而可能是走類似於宋元以後的中國所走的道路。

宋元以後，強調存天理、滅人慾，具有強烈禁慾色彩的理學日漸興起，對社會生活的控制愈來愈趨嚴密。理學在道德問題上著重強調的是異性戀方面，通過限制男女之間的交往以求道德的純淨。再具體一些就是降低婦女在兩性關係中的地位，於是貞操觀念得到加強，婦人改嫁變得可恥，而小腳金蓮卻得到了男人們的賞愛。所有這些已足可以顯示出道學家們的岸然道貌，結果同性戀問題就被放了過去，繼續保持它不被注意的邊緣狀態。而且道學的興起甚至在一定意義上對男風還有所促進。其原因，異性之間的關係既大受禁限，人們只好轉而去加強同性之間的交往。例如在社會的娛樂活動中，官妓逐漸被取消，女優日益在減少，男女優伶不能再同臺合演。這種情況下，官僚士大夫們也就不得不把他們的目光和欲求轉向於男性優伶，士優之間程度不同的斷袖之戀故而在明清時期有了較大的發展。對於類似現象，理學在理論上是不予支持的，但對現實實際也未曾多加干涉。

就角色特色而言，中國古代同性戀的特點是同性戀雙方的主動—被動關係相對比較明顯。古代同性戀者從相互關係的角度主要可分為三種類型。第一種，雙方身份地位不平等，由此，一方為主動者或者說支配者，另一方為被動者或者說服從者。第二種，身份雖然平等，但由於性格、年齡、身體等方面的差異，一方為主動者，另一方為被動者。第三種，各方面都比較平等，基本不存在主動—被動關係者。從史料上看，前兩種類型是被反映最充分的，例如在有關同性戀者的名詞中，除去契兄弟等少數幾個能夠表示關係平等者之外，其

他像龍陽、佞倖、孌童、男寵等都是在表示主動者──被動者的存在。根據對本章名詞部分所做的統計，可以表示前兩種類型同性戀者的名詞有五十多個，而可以表示第三種類型同性戀者的卻只有兩三個，這表明了古代社會對具有不平等關係同性戀者的特殊關注。古代經常把同性戀看成是陰陽混淆的反常行為，人們很容易用家庭中的夫妻模式去類比同性戀雙方，認為具有平等關係的同性戀者不易理解，從而傾向於強調並在一定程度上誇大了主動角色與被動角色之間的差距。不過強調和誇大的現象固然可能存在，但這種差距總體上也確實是大於現代同性戀的。

在考慮角色差異時，既要看到性關係中的主動與被動，更要看到社會關係中的主動與被動。社會關係可以視為身份、性格、年齡、財富等各種關係因素的總和。由於第一，社會關係的不平等是造成性關係不平等的重要原因。第二，社會關係不平等（在此指身份差距）的程度古高於今。第三，由第二點，性關係不平等的同性戀者在同性戀群體中所佔的比例古也高於今。第四，社會關係的不平等並不必然導致性關係的不平等，後種不平等的同性戀者總是少於前種不平等的同性戀者。所以，角色問題上的古今區別主要是由社會關係方面的原因決定的，此種關係中的不平等要比性關係中的不平等更加明顯。上面對同性戀者的分類就主要是著眼於社會關係上的主動與被動的。

由對第一種同性戀者類型的分析，大致可把同性戀史分為兩個時期。隋唐以前是主奴時期。這時的官僚地主當中多有世襲的豪門閥閱，社會的貴族化程度較高。上層階級的同性戀對象有許多是他們的家奴，如西漢的霍光與其家奴馮子都，東漢的梁冀與其家奴秦宮等。主奴雙方在各方面的差距顯然是非常懸殊的。以隋唐為過渡，直至清朝是主僕時期。這一時期由於庶族地主的興起，商業經濟的繁榮等原因，社會的平民化傾向日益明顯。表現在家內服役等方面，第一，身份高於奴婢的僕人、雇工人在家內服役者中逐漸佔有了相當比例。第二，奴婢在比例上有所下降，所受待遇則有所提高。第三，官員、商人、豪貴與他們的門子、夥計、幫閒之間在前者能夠控制後者方面與主人之於僕人有一些相似之處，大致可以近似地認為具有主僕關係。由於以上幾點，隋唐以後發生在一部分主僕之間的同性戀逐漸在這一時期的同性戀事件中佔有了一定比例。從這一角度出發，這時可被稱為主僕時期，該時期較主奴時期主動者與被動者之間的差距有所縮短。

就地域特色而言，同性戀一般在經濟文化發達地區相對比較活躍，例如

明清時期，京師和江南就一直是同性戀的多發之域。不過當時男色狀況有一個顯著特點，即福建地區尤為世人所關注。福建的同性戀事例較早是出現在五代十國時期，《新五代史》卷六十八曾記閩主王鏻「有嬖吏歸守明者，以色見幸，號歸郎」。閩主王延羲之甥為李仁遇，「以色嬖之，用以為相」。到了明清時期，筆記小說中只要有對該地區同性戀的反映，就經常會指出此地男色情況非同尋常。《萬曆野獲編》關於契兄弟的記載前面已經提及，其他像《連城璧》、《野叟曝言》等書都記有相關內容。這其中包括祭祀同性戀的保護神〔註53〕，為表示對戀人的忠心而自宮〔註54〕，為懷念死去的戀人而終身不娶依棺而居〔註55〕等情況。而地方文學《閩都別記》更是把福建男風的幾乎各個方面都詳盡而具體地展現在了人們面前。一直到清末，《二十年目睹之怪現狀》第八十二回還把同性戀說成是閩人的「慣家」風氣。

福建地區的這種男色現實說明即使在同樣的文化系統內，同性戀也會因地域相隔而在面貌上難免有所差異，從而表現出一定程度的地域特色。至於福建的特殊原因，這可能與航海業在當地比較發達有關。古時福建與日本、東南亞等地都有相當廣泛的貿易往來，而海船上一般都是禁留婦女，在這種缺少異性存在的環境裏，性發洩的對象就往往「以男寵代之」〔註56〕，同性戀的發生率是比較高的。據記載，明末大商寇鄭芝龍在他年青時就曾充當過類似的男寵角色〔註57〕。海上風習可能對陸上生活產生影響，而福建相對比較閉塞的交通及社會環境又使它的許多特點容易在內部保持，可以少隨外界影響而變動。

同性戀者當中雙性戀者佔有極大比例，這也是中國古代同性戀的一個特點。

先看一些著名人物的例子：

《孟子・萬章上》記：「彌子之妻與子路之妻，兄弟也。」可見分桃故事的主角彌子瑕和孔子的高徒子路是連襟關係。

據《史記》，與籍孺等存在同性戀關係的漢高祖劉邦一生生有 8 個兒子，

〔註53〕見《野叟曝言》第六十六回。
〔註54〕見《連城璧》外編卷之五。
〔註55〕見《夢厂雜著・卷四・張吉》。
〔註56〕《萬曆野獲編・補遺卷三・契兄弟》。
〔註57〕見本書第 637～638 頁。

他的皇后呂雉是中國歷史上少有的女性當權者。(圖3)

　　清代，書畫大家鄭燮(號板橋)在《板橋自敘》中曾明確宣稱自己「好色，尤多餘桃口齒及椒風弄兒之戲」〔註58〕。(圖4)可就是這樣一位深嗜餘桃之人卻不但有妻而且有妾，並且有了女兒更想兒子，這就需要他經常地去行「敦倫」之事了。在寄給自己四弟的家書中，時任山東范縣縣令的鄭板橋寫道：「余年將屆五十矣，而膝下僅有一女，望子情殷。思積些陰功，所以治盜主捕而不主殺，問供亦不尚嚴刑。內子現又有喜，大約八九月間生產，未識可有夢熊之兆否？」結果是：「內子於八月廿四日又生一女，弄璋無分，弄瓦空勞，殊令人索然氣沮也。」可畢竟上天不負苦心人，正妻生女，侍妾則終於生男。鄭板橋當然是欣喜莫名，《濰縣署中寄四弟墨》表現了他濃濃的愛子之情：「父母皆有愛子之心，而余之愛子，更甚於尋常萬倍。何則？蓋因予晚年得子，不得不鄭重視之。而麟兒猶時時患病，諒由先天不足之故。當其母懷孕時，胎氣極惡，眠食難安，為預防滑胎計，請醫調治，謂係不服水土。余遂決意遣歸饒氏，抵家後果然眠食如常。產後，余恐長途跋涉，與母子均有妨礙，未敢遽接來署，直至周歲始來。喂乳時代，兒體甚形肥胖，自四歲斷乳，兒體日漸瘦削，疾病常侵，求醫服藥，胃口愈敗，骨瘦如柴。茲據胡醫生云，本元不足之兒童，容易不服水土，欲其發育完全，只有移居產生地，不須服藥，身體自能強壯也。余回憶初生時之事實，胡氏之言，未必無因，由是決計使內子挈麟兒南歸，留饒氏在署照料。返里後教育之責，全賴我弟；內子僅司寒暖饑飽，尚恐不周，遑論教育。現擬三月初四日登程，約初十前後抵家。先此函達，餘待續聞。哥哥寄。」〔註59〕愛子則愛其母，鄭板橋雖「多餘桃口齒」，但他在一般的夫妻情分上還應當是過得去的。(圖5)

　　這些是帝王名人雙性戀的事例，普通人呢？《金瓶梅》寫有一個紈絝子弟陳經濟，他娶了西門慶的女兒西門大姐，想盡辦法和丈人的姜婢姦通。可當他落魄乏鈔時，卻也能毫無猶豫、甘之如飴地和道士、土作頭兒等發生雞姦關係，又用從道士處偷取的銀錢去包娼宿妓。由男入女，由女入男，全不覺得有什麼障礙。明人尺牘集《丰韻情書》中曾收兩封書信，第一封，許姓某生對孔姓某生能夠在男寵和女寵之間自由周旋表示難以理解，曰：「相如為一文君便害消渴瘦矣，仙郎之為文君者數輩，頭顱腰肢當作何狀？且也鍾愛龍陽君，平

〔註58〕《鄭板橋文集‧序跋碑記文》。
〔註59〕《鄭板橋全集‧板橋集外詩文‧附錄‧鄭板橋家書》。

分風月。倘亦有泣魚爭寵之事，仙郎將潛入後園花下，以拒眾文君乎？抑從藍田種玉，割斷龍陽愛耶？寡慾多子，此四字金丹，吾為仙郎藥之。」孔生回書道：「入則粉黛，出則龍陽，此屬之放浪子，孰謂謹厚者亦復為之耶？所語云云又大不然。截董賢之袖者，婕妤〔註60〕豈至無歡？啖彌子之桃者，南子〔註61〕未聞冷落。一天子一諸侯，何嘗無儲君無世子者。所惠金丹拜而受之曰：『某未達，不敢嘗。』敬復。」〔註62〕可見這位孔生對於將粉黛、龍陽兼得是具有充分心理接受能力的。

　　當然，絕對同性戀者的例子也是有的，但如果綜合各種史料記載，兩種類型在數量上畢竟不成比例，雙性戀者明顯為多。之所以如此，最主要的原因是中國傳統文化對家庭倫理的特別重視。在中國古代有 4 個支撐全部社會生活的基本概念，即政治上的仁和禮，家庭中的慈和孝，並且後面兩個概念又是前面兩個的基礎。儒家理論認為父慈子孝，然後才會君仁臣禮，君主以慈父治家的手段治國，理想的王道之政就能實現，社會就能夠和諧穩定，長治久安。既然作為政治基礎的家庭如此重要，則保證家庭延續的婚姻就更是重中之重了。由於存在這種強大的社會背景因素，一個男子若執意不婚，那就不僅是他個人的生活問題，不僅是他死後不能埋入祖墳，會成為無人祭祀的孤魂野鬼的問題，而且更被看成是對社會的不負責任。他也就注定要浮遊於社會的邊緣，難有什麼發展的機會。因此，即使是作表面文章，一個男人也要先以娶妻成家作為自立於世的前提。

　　不過也確實有這樣的情況：在外部壓力下成婚後，不少人會逐漸體味出男女之歡的妙處，從而慢慢淡化自己的同性戀情結，轉變為傾向於異性戀的雙性戀者乃至真正的異性戀者，所謂驀然回首，她在燈火闌珊處了。這在青少年同性戀者中並不鮮見，青少年的性心理具有較強可塑性，他們有的之所以成為了同性戀者，往往是由偶然的外部因素促成的。對於其中許多人，異性的吸引力實際上仍很強大。一旦有躬身實踐的機會，並且這種實踐又受到了社會的支持和鼓勵，他們經常就會做出樂此薄彼乃至棄彼的選擇。

　　另外，中國古代在傳統上對同性戀比較寬容，一個人只要能娶妻生子，則他私生活中的其他方面有時並不被嚴格追究，社會對男風采取的是一種模棱

〔註60〕董賢之妹亦受寵愛，被封為昭儀，「婕妤」不當。
〔註61〕衛靈公夫人。
〔註62〕《丰韻情書》卷二。

兩可的態度，借用《論語‧子張》中的一句話就是「大德不逾閑，小德出入可也」。由於存在環境的相對寬鬆，同性戀者與其周圍社會的對立和衝突也就相對不太激烈，彼此之間都不易走入極端，不至於相互特別地厭拒。這倒可以使眾多分桃斷袖之人以一種比較自然的方式接受異性戀，進行異性戀。而在堅決排斥同性戀的社會當中，同性戀者雖然更需要隱蔽自己，但也容易和異性戀文化產生更大的距離，強烈的壓抑或負罪感使他們對異性戀的接受就變得不那麼比較自然了。

四、同性戀者的產生

關於同性戀者的產生原因，目前的研究尚無定論。總的可分兩類，一類是從生物、生理學的角度進行研究，例如對遺傳基因、激素水平、大腦結構等進行分析，力圖發現同性戀者在這些方面的特異之處，從而說明他們的產生是由先天原因決定的。一類則從心理、社會學的角度進行研究，例如對生活環境、心理感受、特殊經歷等進行分析，力圖發現同性戀者在這些方面不同於常人，從而說明他們的產生是由後天原因決定的。筆者不懂生物學，不能對之多加討論，但願意表明一種理論上的基本態度：如果某一研究領域自然科學和社會科學都可以介入，後者必須對前者給予最充分的尊重。有許多事實已經說明，社會科學家如果自以為是，越俎代庖地考慮自然科學上的事情，忽視甚至否定自然科學對具體某些問題的研究可能，最終常會是報然失顏，自討無趣。並不是講所有問題都只能通過前一種方式進行解答，但在自然科學的研究沒有明確完成以前，社會科學的結論就是處於一種尚待肯定的地位，兩者之中，前者對問題的解決具有最終裁定權。關於同性戀者的產生原因，筆者個人傾向於用社會學理論進行分析，但只要生物學的研究存在，就不想否認它最後會做出確實解釋的可能。大致看，生物、生理學未必能夠發現只有什麼樣的人日後才會成為同性戀，但在確定什麼樣的人易於成為同性戀的問題上則很可能是有其研究領域的。

主要從社會學角度探討同性戀者的產生問題，筆者認為應考慮到如下各種情況。

第一，一般意義上的同性戀。這可以說明普通同性戀者是如何產生的，又可細分為：

（一）社會環境促成的同性戀。在同性戀氛圍較濃烈的環境裏，個人的同

性戀情結是比較容易形成的。社會環境中的同性戀促進因素包括一部分公眾對同性戀中立乃至支持的態度，周圍一些人的同性戀活動，以及書籍文獻中對同性戀現象中立乃至肯定的文字記載等。不同社會成員對於上述環境因素的反應會因人而有較大差異，大致可分為三種可能。首先，大多數人接收不到上述信息，或者雖然接收但不會接受，從而在異性戀文化的薰陶下成為異性戀者。其次，少數人會由此而對同性戀產生好感，但尚不至於產生同性戀心理。再次，極少數人會由此而直接成為同性戀者，這時他們雖然還沒有具體的同性戀對象，卻已經具備了同性戀的自我意識。

　　（二）他人誘導下的同性戀。在這種方式下，一方本已是同性戀者，他通過對另一方的百般引誘而使之成為自己的男寵或性伴侶。《弁而釵・情貞紀》中，翰林風某一見書生趙某而神移，為能與趙相處，風某不惜隱瞞自己的真實身份而去與趙同學。然後又是借酒挑逗，又是因病求憐。趙生本來對男風唯恐避之不及，曾賦詩明志：「色身原即是空身，孽海罡風怎認真。誰脫火輪登彼岸，抽身便是轉輪人。」可結果，最後他在風翰林的勾引下卻對同性戀樂此不疲，與風某結成了深切的骨肉之交。

　　（三）特殊境遇下的同性戀。明人沈德符曾舉例說：「宇內男色有出於不得已者數家。按院之身辭閨閣，閽黎之律禁姦通，塾師之客羈館舍，皆係託物比興，理勢所不免。」〔註63〕所謂特殊境遇是指缺少異性的存在而言，這時同性易被代替為性發洩的對象。清末民初李霖也謂：「《易》曰：『男女構精，萬物化生。』蓋孤陰不生，孤陽不長。故人類不可無男女，男女不能不構精，所以順天地之自然，敦人倫之正軌也。至分桃之愛、斷袖之癖，代有其人，不堪枚舉，要皆反常之事。閒嘗淵淵以思，究厥由來。殆溺情好色者流，貪慾無度，化生之本意全失，而不肖之邪淫遂起耳。何也？男女之感既動於中，或形隔勢阻，不遂所欲，而狂念既熾，不可制止，則不得不另籌一法以為聊勝於無之計。男女之間動多拘束，而男之與男、女之與女，飲食起居，晉接周旋，禮法之所不禁。於是見景生情，想入非非，始則尚屬嘗試，繼則漸覺可行，終則遂成習慣而樂此不疲矣。」〔註64〕

　　（四）利益驅使下的同性戀。在古代這方面的事例經常可見，例如對於奴僕來講，他們一旦成為主人的男寵，就會在主人心目中形成特別的形象，從

〔註63〕《萬曆野獲編・卷二十四，男色之靡》。
〔註64〕《燕南瑣憶》卷上。

而獲得一般奴僕得不到的優遇。而對於嬖幸寵臣，他們更會從帝王那裏獲取到政治上的好處。這種實際利益的引誘，可能提高一些人對同性戀的心理接受能力。

（五）無條件而產生的同性戀。這是指某些人本來對同性戀毫無瞭解，或者僅僅有最初步的認識，僅知社會上有同性戀的存在。但他們會逐漸或突然地對相熟或陌生同性發生性的興趣，對同性夥伴產生性的愛戀。從而在未受外界同性戀刺激的情況下，自動地就成為了一個同性戀者。即所謂：「人生在世，豈無好尚？意南而南，意北而北，任憑那慾魔注定。」〔註65〕在主要會產生異性戀的文化環境裏之所以能有這種同性戀者存在，這是由於在性取向上不同社會成員對於相同的各種環境因素的整合及感受方式並不會完全相同，或者直接從生物學角度進行考慮，有的人天生就是易於產生斷袖之心。就像《隨園詩話》中某公子所說，「人各有性情，樹各有枝葉」，於是有的人便「與為無鹽夫，寧作子都妾」〔註66〕對於這些「子都妾」，非但「無鹽夫」，即使「西施夫」他們也未必是願意去做的。

第二，特殊的同性戀，可又分為：

（一）易性症者中的同性戀。易性症者存在有性別同一性障礙，他們不能適應由生理原因決定的性別角色，而是渴望自己能夠以另一種性別生存於社會。生理因素、家庭教養上的異常以及其他一些特殊生活經歷等可以導致此症。中國古代在這方面的特別表現是明清時期某些伶人的女性化。由於旦角需要以男性扮演，此類角色在進行舞臺演出時會經常有身為異性的體驗。清代紀昀曾寫某伶自言其演劇經驗曰：「吾曹以此身為女，必並化其心為女，而後柔情媚態，見者意消。如男心一線猶存，則必有一線不似女，烏能爭蛾眉曼睩之寵哉？」〔註67〕對於多數旦角而言，他們雖然在特定環境中可能在言談舉止上有某些嬌柔表現，但一般是會基本保持通常的男性心理及行為特徵的。不過，極少數伶人卻會因對女性角色的極端體驗和偏嗜而成為真正的易性症者。《小豆棚》卷十三所寫為人男寵的某優，他在私處時就經常打扮成女性形象，並且

〔註65〕《女開科傳》第五回。「南」指同性戀，「北」指異性戀。
〔註66〕《隨園詩話》卷四。無鹽和子都分別是古代有名的醜女和美男。無鹽見《古列女傳》卷六，她「為人極醜無雙，臼頭深目，長指大節，卬鼻結喉，肥頂少髮，折腰出胸，皮膚若漆」。子都見《孟子·告子上》：「至於子都，天下莫不知其姣也，不知子都之姣者，無目者也。」
〔註67〕《閱微草堂筆記》卷十二。

還對人明言：「我賦男形，寔有女心，乾道變化，將不知其已也。」

易性症和同性戀具有互為因果的關係。即一方面，易性症者中的一部分人可能通過同性戀去尋求解脫，減緩自己因願望不能實現而遭受到的心理壓力，如《小豆棚》中的事例。同時在另一方面，充當被動角色的同性戀者中的某些人，他們原有的女性化傾向也可能隨著同性戀關係的加深而進一步轉化成易性症。例如《連城璧》外編中的一則故事寫尤某在成為許某的「妻子」後，他為了表示對許的依順就曾通過一些非常手段而使自己幾乎完全以許妻的面目出現，許死後又以母親的身份撫育幼子（係許與其原妻所生）成人。在尤某身上，同性戀對易性症的形成是具有強烈影響的。

作為區別，易性症同性戀者心理上希望能夠改變性別，行為上完全女性化，而普通同性戀者顯然並非如此。

（二）兩性人中的同性戀。見本書第 708～733 頁。

五、準同性戀

準同性戀也可謂之精神同情戀，是介於同性友誼和同性戀之間的一種特殊狀態。其特點是在親密關係上超乎朋友之情，但又極少或者說不含有性的成分。借用《聊齋誌異》中的一句話即是：「觀其容可以忘饑，聽其聲可以解頤，得此良友，時一談宴，則色授魂與尤勝於顛倒衣裳。」[註68] 這種曖昧關係固然是以當事雙方共同的興趣、愛好為基礎，但關鍵是由相互之間對風貌舉止、形容態度的欣賞所致。下面試對《紅樓夢》中的賈寶玉進行一些分析。

賈寶玉從小就生活在「花柳繁華地，溫柔富貴鄉」（第一回）。在這種環境當中，其身未曾墮落於徵歌選色的陷阱，其心也一直像美玉一樣純潔。由於周圍的人總是對他或則疼愛或則親愛，於是他也以一種近乎童真的愛去相處別人。表現在情戀問題上，賈寶玉奉行的是一種與所謂「皮膚淫濫」有別的「意淫」（第五回），把情與欲、靈與肉區分得很清楚。在他與眾多優美女性的親密交往中，基本上是不進行性方面的探索的，可以想見他與同性往還時更難會心涉及此。不過以寶玉的多情善感，他對於相契同性也並非完全地就別無它念。（圖 6）

當寶玉初見寧府秦可卿之弟秦鍾時，看到秦鍾「清眉秀目，粉面朱唇，身材俊俏，舉止風流。……只怯怯羞羞，有女兒之態」，於是寶玉「心中便如有

[註68]《聊齋誌異・卷一・嬌娜》。

所失，癡了半日，自己心中又起了呆意，自思道：『天下竟有這等人物，如此看來，我就成了泥豬癩狗了。』」（第七回）應知寶玉對於男女兩性本有其獨特的區分，按他的說法，「女兒是水作的骨肉，男人是泥作的骨肉。我見了女兒便覺清爽，見了男子便覺濁臭逼人」（第二回）。可此話應用到秦鍾身上則變得不再合適了。（圖7）於是，「不因俊俏難為友」，一見如故的賈、秦二人為能常相談聚很快就商定要共入家塾，即所謂「正為風流始讀書」（第七回）了。而賈府學塾卻是男風彌漫之地，就連為了女色竟至鬧出人命官司的薛蟠也在此動了分桃之念，以上學為名把幾個小學生買成了契弟。賈、秦來到之後，眾學童見他倆「都生的花朵一般的模樣，秦鍾腼腆溫柔，未語面先紅，寶玉情性體貼，話語綿纏。……也怨不得那起同窗人起了疑，背地裏你言我語，詬誶謠諑，布滿書房」。並且二人在學塾中又結交了兩位新知香憐和玉愛（此二人原是薛蟠契弟），「四人心中雖有情意，只未發跡，每日一入學中，四處各坐，卻八目勾留，或設言託意，或詠桑寓柳。不意偏又有幾個滑賊看出形景來，都在背後擠眉弄眼，或咳嗽揚聲，這也非只一日」。可見寶玉諸人在某種程度上已被認為有斷袖之嫌了，乃至由學童金榮的謠言竟引發了一場「起嫌疑頑童鬧學堂」〔註69〕的充滿男色氣氛的打鬥。事後金榮還理直氣壯地說：「秦鍾因仗著寶玉和他好，他就目中無人。他既是這樣，就該行些正經事，人也沒的說。他素日又和寶玉鬼鬼祟祟的，只當人都是瞎子，看不見。就是鬧出事來，我還怕什麼不成？」（第十回）

　　寶玉與秦鍾的關係中還有比較重要的一處發生在秦可卿病亡之後。當時兩人為喪事之故與王熙鳳暫住在水月庵中，寶玉在偶然間發現了秦鍾與庵尼智能偷情之事，於是他便笑言晚間要和秦鍾細細地算帳。「一時寬衣安歇的時節，鳳姐在裏間，秦鍾寶玉在外間。寶玉不知與秦鍾算何帳目，未見真切，未曾記得，此係疑案，不敢纂創。」（第十五回）作者既然強調這是疑案，讀者也就只好存疑而已。隨著不久之後秦鍾的忽然去世，寶玉對秦鍾模糊的感情便也成為了過去。不過寶玉並未忘掉這位舊日契友，後來他還在關心秦鍾的墳墓不要被雨水沖壞，並且派人去墳地致祭以聊託懷念之情。

　　賈寶玉的第二位朋友是小旦蔣玉菡〔註70〕。在他們初次見面時，寶玉「見他嫵媚溫柔，心中十分留戀」。（圖8）蔣玉菡「將繫小衣一條汗巾子解了下

〔註69〕第九回，回目或作「嗔頑童茗煙鬧書房」。
〔註70〕藝名琪官，在某些版本中玉菡作玉函。

來，遞與寶玉。寶玉喜不自勝，連忙接了，將自己一條松花綠的汗巾解了下來，遞與琪官」（第二十八回）。初見即如此親熱，其後也是常相往還。無怪乎後來賈政以「流蕩優伶，表贈私物」（第三十三回）的罪名把寶玉痛打一頓了。薛蟠則醋溜溜地說過：「怎麼不怨寶玉外頭招風惹草的那個樣子？」（第三十四回）

寶玉的第三位朋友是由世家而中落的柳湘蓮。「因他年紀又輕，生得又美，不知他身分的人，卻誤認作優伶一類」（第四十七回），薛蟠即曾對柳有過染指之心。賈、柳之間的關係很親密，不過書中少有這方面的具體敘述。（圖9至圖13）

在《紅樓夢》中，可稱作賈寶玉同性密友的就是秦鍾、蔣玉菡和柳湘蓮三人。寶玉與上述三人的友誼都是迅速結成的，都關鍵是欣賞他們的形容舉止。其中，賈寶玉和柳湘蓮的關係尚顯得相對一般，只可以表明寶玉對清明靈秀之人易於產生親近之感。而他與秦鍾、蔣玉菡之間由於有情交過密之嫌，應當說其中具有一定的準同性戀色彩。當然，鑒於寶玉心靈的純真，這種準同性戀可能還是比較初級的。

對準同性戀的典型描寫出現在清道光年間陳森所著《品花寶鑒》當中。該書故事發生在北京，以貴公子梅子玉和名優杜琴言之間的感情經歷為主線。他們未曾交往即已互相傾慕，謀面難得就相思成疾，日常居處則分別以琴和梅作為寄情之物。當杜琴言陪侍其義父遠去江西時，二人更是難以分離。梅子玉的送別詞中乃至寫出了「問今番，果然真到，海枯石爛？離別尋常隨處有，偏我魂消無算。……試宵宵，彼此將名喚。墨和淚，請君玩」（第四十八回）的文字。書中著力描寫梅之於杜的所謂「好色不淫」，體現出一種對準同性戀的偏喜。並且還借人物之口講出一些理論，如「惟好色不淫之人始有真情，若一涉淫褻，情就是從淫褻上生，不是性分中出來的」（第二十四回）之類。這部小說反映了當時存在於士宦和優伶之間的準同性戀面貌，可以說準同性戀在清代北京是有比較集中的表現的。

圖1　恒舞酣歌圖

《欽定書經圖說・商書》
圖中右上部的忸怩少男即是一頑童。

圖2　朱熹像

《晚笑堂畫傳》

朱熹是理學的集大成者，他認為：「人之一心，天理存則人慾亡，人慾勝則天理滅，未有天理、人慾夾雜者。」「學者須是革盡人慾，復盡天理，方始是學。」「聖賢千言萬語，只是教人明天理，滅人慾。」(《朱子語類》卷第十三、十二) 程朱理學並未特意去反對同性戀，但它普遍的禁慾理念對同性戀終究是一個阻滯因素。而同時，它對異性關係的嚴格禁限在某種程度上又促進了同性戀的發展。兩相抵消，宋元前後同性戀的發生頻率變化不大，不過宋元以後同性戀變得不那麼比較自然了，在曖昧程度上有所提高。

圖3　漢高祖像

《芥子園畫譜》第四集

圖4　鄭板橋像

《中國歷代名人畫像譜》第2冊，第190頁

圖5　鄭板橋手書

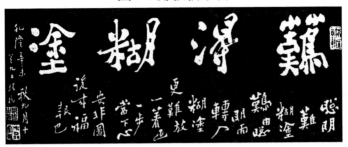

《中國書法全集·金農、鄭板橋卷》，第 194 頁

圖6　賈寶玉像

《紅樓夢圖詠》

圖7　秦鍾像

《紅樓夢圖詠》

圖詠云：「嬌小癡兒弱不支，也尋瑤島費相思。通靈自有三生契，分付春風好護持。」「自憐紈袴隔雲泥，顛倒情懷恨不齊。檢點琴書來伴讀，那知鶯燕互猜疑。」

圖8　蔣玉函像

《紅樓夢圖詠》

圖9　寧國府寶玉會秦鍾

《紅樓夢寫真》

圖 10　嗔頑童茗煙鬧書房

《紅樓夢寫真》

圖 11　秦鯨卿得趣饅頭庵

《紅樓夢寫真》

圖 12　秦鯨卿夭逝黃泉路

《紅樓夢寫真》

圖 13　蔣玉函情贈茜香羅

《紅樓夢寫真》

第二章　歷史面貌

第一節　萌生：遠古時期

　　遠古時期處於初民階段，是以漁獵—採集為生產方式的人類社會的早期。

　　既然講遠古初民社會的同性戀，首先需要面對的當是同性戀作為一種客觀現象的產生問題。在動物界特別是與人類比較接近的哺乳動物當中，同性之間屬於或近於交配行為的動作時或可被見到。由此，有一種觀點認為在人類之前同性戀就已經存在了，僅靠生物學上的原因它就可以產生。美國社會生物學家愛德華‧威爾遜（E. O. Wilson）謂：「完全可能，同性戀在生物學上是正常的，是作為古代人類社會組織的要素進化而來的。從昆蟲到哺乳類，同性戀都是常見的。在羅猴、獼猴、狒狒和黑猩猩等大多數高智力靈長類中，同性戀作為異性戀的對等物得到了充分的表現。這些動物的同性戀行為證明大腦中潛存著性的二元化機制，雄性完全可用雌性姿勢接受雄性交配行為，雌性也常常能接受雌性交配行為。」〔註1〕筆者則認為，動物界中雄性與雄性、雌性與雌性之間的昵近表現缺乏生物學上的普遍性，也並不必定是因於性的吸引。因此，用其他動物來類推人類的那種獨特關係方式是不大合適的，純生物因素之下同性戀無法產生。

　　同性戀是生物因素和文化因素共同發揮作用的產物，是人類性心理日趨豐富的結果。性和心理體驗是可以分開的，在人類以外，性行為的發生並不伴隨著心理活動的進行，動物在渾渾噩噩之間就可以完成交媾動作。人卻不然，

〔註1〕《論人的天性》，第132頁。

他們憑藉獨具的心智可以從性行為當中獲得更豐富深刻的快樂享受，絕非非人所能比。人類的心智發展有一個從簡單到複雜的漫長歷程，具體到以愛為核心的性心理，在社會組織最為簡單的人類初期，男女之間是處於一種雜交的狀態，既然不存在長期固定的一對一關係，人對性的體驗就是簡單的，更多地是本能在發揮作用。然後隨著社會組織的日漸複雜，氏族部落開始出現，規則禁忌開始確立，相應地，男女之間比較長期牢固的配偶關係也得到了培養，以配偶、婚姻為基礎的愛情開始出現。

伴隨著上述過程，人類的心理體驗不但在深度上得到了極大提高，而且在範圍上也開始向外擴展。就性愛而論，人們逐漸更多地向著同性尋求，同性身上開始更具有性的吸引力，同性戀因之產生。

大致推斷，同性戀的產生是與人類氏族組織的出現同時的。尤其進入父系氏族公社時期，男性在社會生活中更加居於主導地位，許多重大的公共活動都需要男人們通力去完成。為了凸顯本性的重要，男性友誼和聯繫普遍得到了加強，男性同性戀在某些氏族、部落中成為了固結聯繫的一種手段，從而獲得了比較充分的發展。中國初民社會的情況沒有什麼文獻記載，不好直接敘述，但世界其他地區可為參考的文化人類學實例還是豐富的，下面舉美國韋恩·戴恩斯（W. R. Dynes）主編的《同性戀大全》中的一些例子。

（一）非洲

在非洲東海岸以及馬達加斯加近海的一些地區存在著兼性（Gender-Crossing）性質的同性戀，被動者傾向於被當作女人看待；在講班圖語的芳（Fang）人中，同性性交被認為是有益於健康的藥物；在達荷美（今貝寧），當男孩和女孩長到一定年齡不能再在一起做遊戲的時候，一個男孩可能會把另一個當作女人，這種同性戀關係有時會終生保持；在剛果的班加拉（Bangala）部落，據報導相互手淫和雞姦是非常普遍的，這樣的活動只被稍稍認為乃至並不被認為是可恥之事；在南非的聰加（Thonga）部落，男人們常會以男妻：Nkhonsthana 來滿足自己的欲望。〔註2〕

（二）南美洲

亞馬孫地區的情況。傳教於皮拉帕拉納（Piraparana）的教士們經常會被當地印第安男子公然的同性戀行為所震驚。巴拉薩納（Barasana）人認為存在

〔註2〕 *Encyclopedia of Homosexuality*, pp. 22~24.

於姐夫—內弟等之間的嬉戲性質的性事是正常的，可以把情伴之間親近的、互相摯愛、互相幫扶的關係表現出來；亞納馬莫（Yanamamo）人中，同性戀經歷對於大多數未婚的青年男子來說都不是可恥之事，他們喜歡開這方面的玩笑，經常在公共場合模倣性交的動作；塔皮拉佩（Tapirape）人中，有的願意在進行性行為時充當被使用的角色，以獲得其他男性的喜愛。這些人有些已婚，但是到了晚上，在男人公房（Takana）裏他們會允許其他男人來雞姦自己。〔註3〕

（三）北美洲

北美印第安人並不把性事限制在生殖的目的上，他們認為性是天賜的禮物，人可以從少到老自由地予以享用。同性之間的親密友誼甚為他們所看重，這就使同性戀有了它的發生環境。而由於性在促進友誼方面的職分是被如此普遍地認可，人們已經習以為常，所以相關的同性戀表現倒顯得並不是很特異突出。土著當中有一類讓歐洲移民甚感驚奇的人群：Berdaches（或謂 Two-Spirit Roles，異性裝扮者，具有男女兩種特質的人），他們穿女人的衣服，乍看起來就像是真的女人。Berdaches 在當地社會經常是受到尊重的，土著們認為這些人身具男女兩性的精神氣質，既剛且柔，因而具有一些非常的靈性，可以做巫醫和巫師。Berdaches 中許多是單身的，不過他們某些人與男性間的婚姻以及其中的同性性行為也並不受人責難，印第安人對這種婚姻的接受和對異性戀的接受是一樣的。而且由於 Berdaches 的丈夫們都是標準的獵手和武士，人們也不覺得這些丈夫和異性戀中的丈夫有什麼不同。〔註4〕

（四）大洋洲

在大洋洲美拉尼西亞群島、澳洲大陸等地，初民同性戀興盛地存在於一些土著人群當中。有些美拉尼西亞部落相信：男孩僅由自然的生長不可能長成為身體成熟的男人，他必須經過一個 Initiation（加入會社、熟悉規章）的過程，其間他必須要接受年長同性的精液。因為精液能夠使人成熟，而男孩自身雖有生精器官卻不能自然而然地生出這種物質。就像薯蕷只有先種才能後收一樣，精液也只有先「種」入孩子們體內，然後他們才能自生自有。〔註5〕

美拉尼西亞制度化的同性戀主要存在於新幾內亞島，當地馬林德—阿寧

〔註3〕 *Encyclopedia of Homosexuality*, p. 45.
〔註4〕 *Encyclopedia of Homosexuality*, pp. 127~128, 593~594.
〔註5〕 *Encyclopedia of Homosexuality*, p. 937.

（Marind-Anim）、埃托羅（Etoro）、薩姆比亞（Sambia）等許多土著部落都在促進孩童成長的理由下進行公開的口交（Fellatio）等活動。美國學者赫特（G. H. Herdt）曾以數年時間對薩姆比亞人進行田野調查，他為我們描述了薩姆比亞少男在一個儀式性的 Initiation 活動中初次接受口交訓練的全過程：

　　兩群青年人（Bachelors）從林中走了出來，他們把男孩們圍住，吹著竹笛。同時一位已婚男子手裏拿著一根長竹筒走過男孩的隊列，竹筒裏也有一支笛子。男子試圖將笛子頂端塞進孩子們的嘴裏，讓他們進行吮咂。大約有一半的人拒絕這樣做，他也並未強制。附近的一些男人開始品頭論足，對反抗者進行譏笑，對順從者表示讚許。另一位年長者向男孩們命令道：「張開你們的嘴，把笛子吞下。你們所有這些小傢夥，試一試！」這樣一來，笛子就成了口交技巧的教具。不時有人對孩童們開導道：「看看你們周圍的年長者，他們都曾有過吮吸陰莖的經歷，然後才長得威猛壯大，現在他們都可以和你們交歡。如果現在喜歡，你們以後就可以迅速地長大；在先前的那次儀式上，當時的男孩都願意和男人睡覺，他們知道所受教導的意義，他們將長得很快。你們也應做同樣的事情；這裡有許多大人，你們應當和他們睡在一起，不要害怕，將來長大了以後，你們也會願意像他們那樣的。……」最後，男孩們被帶入了儀式屋當中，再經過一番激勵、驅使和勸誘，他們順理成章地便基本上都參與進了口交活動當中，開始對人生產生出一種新的體認。〔註6〕

　　女性同性戀在初民當中也有存在，不過其規模比起男性同性戀來要小許多。

　　初民的漁獵—採集社會與後來的農業社會之間存在著諸多差異，在農業社會，國家已經出現，家庭和私有制已經鞏固。如此，對於一個人的生存來講家庭是最重要的決定性因素：子女要靠父母撫育，父母要靠子女贍養，私有財產要在家庭之內傳承。家庭既是社會的核心，國家和社會、道德和法律就要全力予以維護，採取各種措施加強它的穩定性。而家庭的基礎是婚姻，婚姻的基礎是性，於是性的重要價值也就越來越受到了人們的重視，它的作用便日益被固定在了使得家庭得以存續的生殖上面。因此在農業社會，性行為依照理想標準應當是發生夫妻之間的（反對通姦），有益於懷孕的（反對肛交），體現男子在家中地位的（反對女上位），當然更應當是發生在男女之間的（反對同性戀），否則連男女都不是，哪裏還談得上夫妻敦倫，生兒育女？所以，同性戀

〔註6〕 *Rituals of Manhood*, pp. 60~66.

在農業社會受到支持幾乎是不可能的事情。

　　漁獵社會則不同。不存在家庭的時期尚且不論，即使在初民社會後期家庭已經出現之後，對一個人來講，家也不是他生存唯一重要的因素，氏族部落具有與家庭同樣重要的意義。看一下一個部落成員的人生歷程：出生當然要靠父母，但促發他由幼稚到成熟的濡化行為（Enculturation，文化薰染，獲得文化及文化傳承的行為）是由部落組織的，他長大後的生產活動是集體進行的，他老年時相對來說並不需要子女的特別照顧，臨終前也沒有什麼遺產可以留給後代。所以，部落成員的一生一定意義上講是在集體當中度過的，他對本氏族、本部落的依賴並不亞於對自己家庭的依賴。這樣一來，家庭的重要性就顯得並不是特別突出，相應地婚姻關係便未被特別維護，性行為便未被特別限定在繁衍婚生子女的意義之上。性既然可以和婚姻、家庭相分離，它的多種表現形式：男女之間較自由隨意的性交往、不同於一般性交方式的其他方式以及同性戀等就都是可以得到寬容乃至讚許的，人們進行性交往的目的就更多地是為了追求純粹的感官快樂。

　　初民社會的同性戀具有或可以具有以下特點。

　　第一，同性戀具有公開性。氏族部落的規模是不會太大的，這樣的一種小社會和國家出現之後地域廣闊、人口眾多的大社會不同，社會成員幾乎沒有什麼隱私可言。他們的價值觀念和行為方式通常都高度一致，禁忌規則要共同遵守，享樂活動要一同參加，不允許異己分子的存在。同性戀也是屬於一項公開活動，只要為部落道德所允許，它就不必是一種私下行為。

　　第二，同性戀具有加強同性聯繫的作用。部落社會當中男性和女性各有不同的角色模式，性別區分相當明顯。在男性一方，許多部落的男孩到了一定年齡，大致 10 歲以後，就要不斷接受統一集中的訓練，這時他們過的是集體生活，是受全體男性成人統一監管。成人儀式以後，他們逐漸變成了監管者，同時在漁獵、戰鬥中是和其他成年男子在一起行動。所以部落社會裏面性別的意義是受到非常重視的，有不少男子會把自己的男性角色置於夫、父角色之上。他們花很多時間留住在男人公房裏，與同性在一起娛樂、生活，反把住著妻兒的本家看得較淡。這樣的背景之下，同性友誼便得到了加強，同性戀成為了加強這種友誼的一種方式。

　　第三，同性戀可以用來培養男性氣質。這在新幾內亞文化中有明顯表現，當地土著認為通過口交等精液流通活動，男性的陽剛之氣（Masculinity）便流

入了男孩體內，從而男孩逐漸變得剛毅成熟起來，逐漸可以變成為符合部落標準的勇士。而成年男性通過精液的施與，則會感到自己在培養少男方面能力很強，會覺得自己的陽剛和成熟得到了體現。

其實新幾內亞人進行同性戀活動的根本目的本是為了獲得身體上的滿足，是在把性的快樂原則予以實施。作為一個附帶的結果，這種活動只是可以被認為對人的成長有益。可新幾內亞土著卻反了過來，他們認為正因為同性戀對人有益，所以才需進行，彷彿自己所做的主要是一種利他的事情一樣。在不同特點的文化之中，人們對同性戀的結果有很不相同的認識。新幾內亞人予以肯定，而在農業社會，人們卻會傾向於相信一個接受了同性戀影響的、有過同性戀經歷的人會變得女氣十足，不再像是一個真正的男人。一方予以肯定，一方予以否定，客觀地講，同性戀對人的影響實非只能產生唯一的一種結果。如果某類文化認定它會使行為者剛強，則行為者接受到這種信息後就會向著剛強的標準看齊；而另一類文化如果認為同性戀會使人軟弱，則此類文化中的一些同性戀者在啟示之下就會認為抱柔向雌也是一種不錯的生活方式，可以避開與剛強堅毅相伴隨的強大外界壓力，於是就真的軟弱起來。所以，新幾內亞人的想法是錯誤的，並不是同性戀本身在對男孩發生影響，而是他們的部落文化在這樣做。該文化要求男孩將來必須成為孔武威猛的男子漢，同性戀只是傳輸這種要求的載體而已。

第四，同性戀和異性戀具有較強的兼容性。既然性交往的目的是為了獲得快樂，它的各種形式初民就都是可能接受的，他們會把同性戀和異性戀當作可供享受的不同口味。一個人在少年時的同性戀經歷並不會影響他長大以後的婚配生育，婚後他一方面能夠感受到妻子異性的吸引力，一方面則能繼續保持與同性性的接觸。這樣的一種兼容能力在強調性的生殖意義的農業社會是難以得到支持的。

那麼，部落社會對同性戀就沒有什麼限制嗎？當然不能這樣講。許多學者都強調人口壓力與同性戀之間的關係，卡萊爾·恩伯（C. Ember）和梅爾文·恩伯（M. Ember）謂：「不少有關男性同性戀的跨文化預言者非常引人注目。這類研究的結果之一是：禁止墜胎和殺嬰的社會很可能不會容忍同性戀，而允許墜胎和殺嬰的社會就會容忍有時甚至鼓勵同性戀關係。另一研究結果是：那些出現飢饉和嚴重食物短缺的社會允許同性戀的可能性更大。這些研究結果與這樣一種觀點相吻合，那就是，當社會出現人口壓力的時候，就會容忍同性

戀，不管它是由於什麼原因而產生的。」〔註7〕馬文・哈里斯（M. Harris）謂：「人類學家丹尼斯・沃納曾指出，禁止同性戀的社會將是鼓勵生育的社會。沃納把 39 個樣本社會分成兩組：鼓勵生育的和反對生育的。鼓勵生育的是那些像美國那樣禁止墮胎和殺嬰的社會；反對生育的是那些允許非通姦的已婚婦女墮胎或殺嬰的社會。沃納發現，男性同性戀在 75% 的鼓勵生育的社會中遭到各方面人士的蔑視、取笑、詛咒或懲罰。處於猶太—基督教傳統中的西方社會屬於這種形式的社會。《聖經》關於在地球上繁衍生息、傳宗接代的指示變成了無數的律令、強迫性的法規和道德教訓，這些東西不僅反對墮胎、避孕和殺嬰，而且還反對任何形式的與生育無關的性行為，這就包括同性戀。很顯然，促使人們搞同性戀的誘惑是由於養孩子的費用和好處不平衡而增加的。換言之，當有壓力強迫人們降低出生率時，同性戀現象就會增多。」〔註8〕

　　用人口壓力的正負來解釋同性戀的盛衰是一個可以考慮的思路。不過就初民社會而言，在全世界的範圍內遠古時期總的講四處應當都是地廣人稀，除去個別地區，大多數部落氏族對於人口的希望都會是越多越好。所以，負的人口壓力或者說人口動力是普遍存在的，正的只是偶而可見。正負的地域分布比例既然非常懸殊，這樣一來只有在很少的一些地方部落人口才會顯得有些超過負荷，人們才會傾向於採取節制生育的措施。同性戀具有這方面的一些效果，於是便得到了因於特殊理由的鼓勵。而在絕大部分地區，人口壓力都是表現為負面，按理這時同性戀的存在環境就應當很糟，可文化人類學上的許多事實卻已經表明，在這樣的地區同性戀經常也是會受到支持的。所以，人口與同性戀關係的理論具有其相當程度的局限性。我們只能是這樣講：由於大多數部落社會都鼓勵生育，而生育是通過異性戀來完成的，同性戀對此不能具有什麼積極的意義，因此，同性戀不會像異性戀那樣得到部落初民特別的支持。但一般的支持還是可以得到的，在鼓勵生育的社會裏，同性戀可能但未必一定會受到排斥和反對。

　　筆者在這裡提出一個會使同性戀受到明確反對的原因：同性戀成了性禁忌的對象。

　　遠古人類的生存狀況是很艱苦的，不僅因為他們征服自然的能力有限，經常會為飢寒疾病所困。而且由於認知水平的低下，他們還會人為地給自己增加

〔註7〕《文化的變異》，第 275～276 頁。
〔註8〕《文化人類學》，第 509～510 頁。

一些額外的痛苦。大家比較熟悉的如在成年儀式上對少男生殖器、軀幹、四肢的割損、鞭笞等，這類行為現代人的感覺大概只能是鮮血淋漓、目不忍視。當然，在當時那樣做還是有其一定的社會意義的，初民認為通過忍受肉體上的痛苦，青年人會變得更加強健、潔淨。禁制同性戀也可以具有一定的社會意義，初民們經常可能感到如果在性活動中過於放縱隨意，不知不覺之間自己部落就會受到上天靈鬼的懲罰。為求避開，他們便人為地確立了一些性禁忌，目的就是通過節制某些行為來求取一些想像中的益處，如因而獵物就會較容易地被捉到，戰鬥當中自己一方就會取得勝利等。基於如此考慮，同性戀在某些部落中就成為了性禁忌的對象。人們的想法是：和男女之交比起來，男男之交畢竟顯著奇怪，既不能生出孩子，口腔和臀部似乎也不是接受精液的正選之地。因而兩男之交可能是對上天法則的違背，對它還是予以禁制為好。在這樣的一種觀念之下，同性戀就要受到反對了。

英國人類學家馬林諾夫斯基（B. K. Malinowski）在 1914 至 1918 年間曾經對新幾內亞特羅布里恩群島上的土著社會進行過詳密的調查和研究，關於當地存在的性觀念，他曾記道：「土著人認為獸姦、同性戀、手淫等行為都是自然行為的可悲的代替行為，因此也是惡劣的、愚蠢的舉動。這些行為受到人們的嘲諷，同時，它也成了猥褻玩笑和耍笑的素材。對這類行為沒有明確的法定的制裁，只是受到一般人們侮辱的鞭打。如果正經詢問人家是否有過這類行為，不但會引起對方的反感，而且嚴重地損傷了人家的虛榮心和自尊心。之所以特別說損傷了人家的虛榮心，是因為這等於教訓人家進行這樣的行為得不到真正滿足和快樂。特羅布里恩群島男人的朋友關係不是同性戀，也可以說性錯亂在特羅布里恩群島並不廣泛流行。他們認為那樣的行為是惡劣的行為，是像排泄物一樣骯髒的行為。普通的友愛是允許的，但同性間的性愛撫、性抓傷、咬睫毛和嘴唇接觸等則都應該遭到厭棄。」〔註9〕

總的來看，初民社會當中同性戀曾經有過比較興盛的存在。但由於具體的原因，不少部落對它的評價則是負面否定性的。

中國遠古初民社會的情況，文獻無徵，只好進行推測，至少有三條途徑可尋。

第一條，依據文化人類學的調查實例。在文化人類學的相關研究當中，北美大平原 Berdache 式的同性戀和新幾內亞制度化、儀式性的同性戀尤其受到

〔註9〕《未開化人的戀愛與婚姻》，第 297～299 頁。

重視。考慮到北美印第安人是遷徙自亞洲大陸，類似於 Berdaches 的人群中國也是會有的。但一則 Berdaches 人數很少，二則他們並非全是同性戀者，所以 Berdache 式的同性戀只能是同性戀整體的一個小的組成部分。新幾內亞呢？當地恐怕把同性之交發展得有些過度了，就像中國明清時期福建男風尤其盛行一樣，新幾內亞人的男風在初民那裏也屬地方特點，並非常態。中國遠古時期達不到這種程度。

第二條，依據其他古代文明的情況。如古希臘農商業社會的男風是舉世皆聞的，那裏成年男性與未成年少男之間 Pederasty（少年之戀）式的同性戀也具有制度化的特徵，可想他們漁獵社會時期的男風也會很盛。比較起來，在中國農業社會的早期，即夏、商、周時代，同性戀達不到古希臘的程度，那麼中國漁獵部落社會的同性戀也不會盛於古希臘的相應社會階段。

第三條，依照中國本身的情況。中國農業社會早期的情況，《逸周書》中有「美男破老」〔註10〕的說法，漢代司馬遷則曾講過：「昔以色幸者多矣。」〔註11〕可見夏、商、周時代對同性戀並未採取堅決反對的態度。這種態度淵源有自，在更早的漁獵初民社會，同性戀或是受到支持的。（圖14）

一句話，中國初民社會的同性戀是保持在一定限度之內的興盛的同性戀。

第二節　初露：先秦時期

先秦在廣義上包括夏、商、周三代，文獻反映較充分的是其中的春秋、戰國時期。

一、美男破老

大致自夏代，以國家的出現為標誌，中國進入了奴隸社會。從文化的角度看，是從荒蠻進入了文明。奴隸社會的重要特徵是奴隸主和奴隸之間存在著巨大的身份差異，後者低賤卑微，幾乎完全喪失了為人的資格，處境極為悲慘。但若探討當時的同性戀面貌，則是要去注意兩者之間關係較為親近的另一面。這時，血淋淋的奴役變得稍有人情。由於缺乏直接史料，我們就應間接地參考世界其他地區的相關情形。古希臘，福柯（Michel Foucault）指出：「奴隸們被主人使喚，這是理所當然的：他們的處境讓他們成了性對象，這是毋庸

〔註10〕　《逸周書・卷二・武稱解》。
〔註11〕　《史記・卷一百二十五・佞倖列傳》。

置疑的事。」〔註12〕古羅馬，約翰松（Warren Johansson）指出：「對於一個上層階級的羅馬人來說，只要願意，他就有充分的機會獲得男奴床伴。」〔註13〕中美洲巴拿馬地峽的印第安酋長制社會，塞弗林（Timothy Severin）謂：「土著中處於最下層的是『帕柯斯』（Pacos），即奴隸，大部分戰俘都屬於這一等級。在帕柯斯中有兩種特殊的成員：一種是『卡拉特斯』，他們是主人外出旅行時的擔架兵。第二種是『卡馬約阿』（Camayoa），他們是些專門從事同性戀活動的奴隸。後一種人身穿婦女的服裝，留在他們主人的家裏幹傳統的婦女活，如紡織、家務勞動等。公開的同性戀行為在那裏顯然被看作是正常的，因為酋長們期望得到卡馬約阿的私情忠誠，並把任何不忠都當作罪當處死的通姦來處置。」據塞弗林講，在 16 世紀初期西班牙殖民者征服中美洲的過程中，他們對土著人的這種違背天主教教義的行為深感震驚和憤怒，「被探驗家巴爾沃亞（Balboa）活活燒死或喂狗的同性戀奴隸便有 50 多人」〔註14〕。這從一個側面可以說明當地同性戀者的人數之眾。可見在存在大量奴隸的社會，奴隸主有權力也有興趣對其中的某些進行性發洩，不但對異性，而且也會對同性。中國的情況雖然具體形式不定與中美洲等地相同，但男性奴隸為主人提供性服侍的現象一定是會存在的。《戰國策》中的一條記載就很有參考價值：

> 晉獻公欲伐郭，而憚舟之僑存。荀息曰：「《周書》有言：美女破舌。」乃遺之女樂，以亂其政。舟之僑諫而不聽，遂去。因而伐郭，遂破之。又欲伐虞，而憚宮之奇存。荀息曰：「《周書》有言：美男破老。」乃遺之美男，教之惡宮之奇。宮之奇以諫而不聽，遂亡。因而伐虞，遂取之。〔註15〕

荀息生活於春秋時期，他所見的《周書》在更早時就已經出現。從其中所記可以看出，美男和美女並列，這在一定意義上說明了當時男色流行的程度。美女在《戰國策》裏既已被明確為女樂，則對應的美男多應是男性倡優。他們在政治活動中是一種被成群饋贈的禮物，社會地位之低自不待言，一般的平民還不至於淪落到此種地步，所以他們的身份很可能就是奴隸。並且美男既然存在於政治生活當中，可想類似人物在社會生活裏同樣是會扮演一定角色的。由

〔註12〕《性經驗史》，第 261 頁。
〔註13〕 *Encyclopedia of Homosexuality*, p. 1206.
〔註14〕《消亡中的原始人》，第 104～106 頁。
〔註15〕《戰國策・秦策一》。

此可以大致推定：在夏、商、周時代，有些奴隸主會憑藉自身的社會地位輕而易舉地佔有一些奴隸作為男寵，以滿足他們放縱的嗜欲。

《周書》是一部重要的先秦典籍，雖非成於一時一人，不過在漢代以前一直是被通稱以本名的〔註16〕，《漢書・藝文志》曾經予以著錄。後來由於《尚書》中包含著名為《周書》的一部分內容，而《尚書》作為五經之一其地位又越來越高，於是一直獨自存在的《周書》便被稱為了《逸周書》。此書除去有「美男破老，美女破舌」〔註17〕的說法，還有其他關涉到男風的一些內容。

（一）《小明武解》

> 懷戚思終，左右憤勇。無食六畜，無聚子女。群振若電，造於
> 城下。鼓行參呼，以正什伍。

這段話講的是對敵如何進行攻擊及相關注意事項，其中「無食六畜，無聚子女」是告戒士卒毋行擄掠。「子」、「女」並列，「女」可以理解成「美女」，「子」可以理解成「美男」。

（二）《文政解》

> 九過。……三、遠慎而近貌。

王念孫云：「貌即貌字也。遠慎而近貌者，遠誠愨之士而近虛誕之人也。」陳逢衡云：「遠慎近貌，謂棄老成而狎便辟也。」「貌」者，即是以令色見寵之人，所指可以包括同性戀外嬖。

（三）《祭公解》

> 公曰：「嗚呼！天子。汝無以嬖御固莊后，汝無以小謀敗大作，
> 汝無以嬖御士疾大夫、卿士。」

祭公為周初周公姬旦之後，這段話是他臨終前對西周第五代君主穆王所作的勸告。〔註18〕大意是：您不要因寵內而疾視正后，不要因謀小而敗壞大

〔註16〕據《韓非子・說疑》，《周書》有一異名：《周記》。
〔註17〕「美男破老，美女破舌」在《逸周書》中的含義，清代學者王念孫認為「舌」當為「后」，兩句話的意思分別是嬖愛美男則正卿失權，嬖愛美女則正后失寵。潘振釋云：「美男，頑童。老，如方伯稱天下之老，大夫稱寡君之老，皆是。破老者，邦君國必亡，卿士家必喪也。美女破舌，婦有長舌，維厲之階也。」陳逢衡釋云：「國君好艾則遠棄典型，故破老；國君好內則忠諫塞路，故破舌。」見《逸周書彙校集注・卷二・武稱解》。
〔註18〕此話《禮記・緇衣》亦載，但謂是春秋戰國之際楚國貴族葉公沈諸梁對當時楚惠王所作的臨終勸告，文字上略有不同。

事，不要因寵外而疾視正卿。這一諫言很有代表性，強調出了內嬖與正后、外嬖與正卿之間的矛盾衝突，可謂先秦古籍中時或可見的「並后、兩政，亂之本也」〔註19〕一類言論的先聲。

二、諸子態度

　　華夏文明有一個逐漸確立的過程，到了春秋戰國時期，通過儒、法、道、墨諸子百家的爭鳴論辯，以儒家理論為基礎基本形成了中國傳統文化的主要特色：重視家庭倫理，強調君權至上，力求社會和諧，淡薄宗教意識等。大家知道，在猶太文化的定型期，猶太先民選擇了堅決反對同性戀作為文化自立的一種輔助方式。而在中國的類似階段，孔孟等先哲則是承認當時的現實，沒有把同性戀問題突出出來，沒有對同性戀嚴厲批判。對於東西之間的這種差異，首先，應看到文化自立的方式多種多樣，在同性戀問題上可做但並非一定要做文章。然後，我們再具體看一下華夏中國是怎樣辨定自己的文化特性的。

　　「微管仲，吾其被髮左衽矣。」〔註20〕「吾聞用夏變夷者，未聞變於夷者也。」〔註21〕孔子和孟子這兩句意義深遠的結論說明華夷之辨的觀念在先秦時期就已經相當明確了。這種分辨既有種族因素，更有文化因素。也就是說，當時人們認為以華夷之間的種族差異為前提，兩者在文化上存在著明顯的文野、高下之分。華有禮樂制度，冕服采章，所以「郁郁乎文哉！吾從周」〔註22〕。而夷則還是斷髮文身，雕題交趾，所以「夷狄之有君，不如諸夏之亡也」〔註23〕。以此，華夷之間的區分已經判若霄壤，同性戀問題沒有必要再去充當區分的一種因素。並且，越是大的文化越易從大處著眼，反之則相反。華夏民族分布於黃河中下游的廣大地區，地廣人眾，他們的文明既高級又大器；而生活在地中海東岸的猶太人卻是地狹人寡，文明雖然高級卻或顯小器。與修齊治平相比，同性戀問題屬於小事，華夏人沒有必要通過否定同性戀去對周圍的戎狄蠻夷顯示自己道德的高尚。而偏據一隅，時常遭受侵凌的猶太先民則是易於由具體問題例如同性戀現象進行展開，以把本民族和生活方式原本

〔註19〕《左傳》桓公十八年。
〔註20〕《論語‧憲問》。
〔註21〕《孟子‧滕文公上》。
〔註22〕《論語‧八佾》。
〔註23〕《論語‧八佾》。

相似的周圍異族區分開來。

　　百家爭鳴爭辯出中國傳統文化的價值取向和道德特徵。儒家為百家之首，那麼，孔孟諸儒對同性戀現象做如何的道德評價呢？總的看來，他們在一般人的同性戀問題上沒有發表過什麼意見，或者雖然說過現在也已經不可究詰了。這從一個側面反映出他們對普通男風相對來說不甚重視，此類問題還不值得他們去認真思考，嚴肅對待。不過對於涉及國家政治的君臣男風，孔孟是曾表態，並且一般是傾向於持批評態度的。《禮記‧緇衣》載：「子曰：『大臣不親，百姓不寧，則忠敬不足，而富貴已過也。大臣不治，而爾臣比矣。故大臣不可不敬也，是民之表也；爾臣不可不慎也，是民之道也。君毋以小謀大，毋以遠言近，毋以內圖外，則大臣不怨，爾臣不疾，而遠臣不蔽矣。』葉公之顧命曰：『毋以小謀敗大作，毋以嬖御人疾莊后，毋以嬖御士疾莊士大夫、卿士。』子曰：『大人不親其所賢而信其所賤，民是以親失，而教是以煩。』」文中為孔子所輕賤的爾臣，就是外寵、嬖寵、嬖御士之流，他們有些是與國君存在同性戀關係的。

　　孔子為宣揚自己的社會主張而周遊列國，其間他曾實際接觸過一些外嬖人物。《孟子‧萬章上》記：

　　　　萬章〔註24〕問曰：「或謂孔子於衛主癰疽，於齊主侍人瘠環，有諸乎？」（圖15）孟子曰：「否，不然也。於衛主顏讎由。彌子之妻與子路之妻，兄弟也。彌子謂子路曰：『孔子主我，衛卿可得也。』子路以告，孔子曰：『有命。』孔子進以禮，退以義，得之不得曰『有命』。而主癰疽與侍人瘠環，是無義無命也。孔子不悅於魯衛，遭宋桓司馬〔註25〕，將要而殺之，微服而過宋。是時孔子當厄，主司城貞子，為陳侯周臣。」

　　彌子瑕和向魋分別是衛靈公和宋景公的外嬖。孔子因鄙視彌子的為人而不願接受他的恩惠，後來諍臣史魚用屍諫的方式勸衛靈公任用賢人蘧伯玉，摒退不肖彌子瑕，孔子大加讚賞道：「直哉，史魚！邦有道如矢，邦無道如矢。君子哉，蘧伯玉！邦有道則仕，邦無道則可捲而懷之。」〔註26〕對於那位要謀害自己的向魋，（圖16）孔子則毫不畏懼地表示：「天生德於予，桓魋其

〔註24〕孟子弟子。

〔註25〕桓魋，即向魋。

〔註26〕《論語‧衛靈公》。

－47－

如予何！」〔註27〕

外嬖給亞聖孟子也留下過令他厭惡的印象。臧倉是魯平公的嬖人，有一次，平公將乘輿往見孟子，臧倉卻勸阻道：「何哉？君所為輕身以先於匹夫者，以為賢乎？禮義由賢者出，而孟子之後喪逾前喪，君無見焉？」結果，平公因此便未前往。（圖17）孟子知道情況後，輕蔑地表示：「行或使之，止或尼之，行止非人所能也。吾人不遇魯侯，天也。臧氏之子，焉能使予不遇哉！」〔註28〕

不過，孔孟雖然對「外寵二政」的現象表示不滿，他們對一些與同性戀有關的人物有時在某些方面卻也表示過肯定的意思。孔子四處周遊，在諸侯之間宣講他的仁政禮教時，曾對著名的同性戀君主衛靈公抱有一定希望。孟子指出：「孔子有見行可之仕，有際可之仕，有公養之仕。於季桓子，見可之仕也；於衛靈公，際可之仕也；於衛孝公，公養之仕也。」〔註29〕這就是說，孔子因見衛靈公對自己能接遇以禮，所以就曾出仕於衛。有人問既然靈公無道，為什麼他卻能君祚不喪？孔子解釋道：「仲叔圉治賓客，祝鮀治宗廟，王孫賈治軍旅。夫如是，奚其喪？」〔註30〕在孔子看來，衛靈公有時還是能夠徵用賢良的。

《左傳》載，汪錡是魯國公子公為的一位「嬖僮」，與公為相交甚篤。在魯哀公十一年（前484）齊魯之間發生的一次戰鬥中，他兩人同乘一輛戰車奮勇拼殺，「皆死，皆殯」。國人因汪錡年紀甚輕而欲以殤禮葬之，孔子聽說後則認為：「能執干戈以衛社稷，可無殤也。」孔子並未因汪錡的嬖僮身份而不去讚賞他英勇的愛國行為。〔註31〕

需要強調一點，由於先秦史籍中外嬖、嬖寵、寵臣、嬖人等的詞義不專指，也由於對一些可能的同性戀事件的描述不明確。因此，有一些人物如公為與汪錡的同性戀關係是存在著可疑之處的。之所以把他們列入同性戀者當中，只是因為或者從文意上看同性戀色彩畢竟比較明顯，或者後世比較普遍地如此認為。對於這樣的情況，在承認有同性戀可能性的同時，是並不能做

〔註27〕《論語·述而》。
〔註28〕《孟子·梁惠王下》。
〔註29〕《孟子·萬章下》。
〔註30〕《論語·憲問》。
〔註31〕見《左傳》哀公十一年。《禮記·檀弓下》所載與《左傳》有異，童子名踦，他只是公為的「鄰重」，即鄰童，相鄰而居的童子而非嬖僮。

出絕對肯定的。而不但春秋戰國時期如此，後世許多可能涉及男風的記載都存在同樣的問題。為此，對某些同性戀相關史料做可能性的分級是必要的，大致可分為：

```
      0    12.5%   25%   37.5%   50%   62.5%   75%   87.5%  100%
      ├──────┼──────┼──────┼──────┼──────┼──────┼──────┼──────┤
      A     A－B     B    B－C     C    C－D     D    D－E     E
```

A級表示該史料絕對是在反映異性戀的事件，A～B級則有12.5%的可能是在反映同性戀，依次上升，E級表示該史料毫無疑問是絕對在記述同性戀的事件。就上面《左傳》有關公為與汪錡的記載而言，大致推斷，他倆存在同性戀關係的可能性約略在75%左右，也就是說《左傳》中的那段記載大致屬D級同性戀史料。當然，這種判斷劃分不可能十分嚴密，不同人對同一件事在理解上也難免會有差異，但它畢竟可以提供一種具體到量的參考，今後本書必要時將會用到。

先秦儒家的另一位代表人物荀子在其著作中談到了當時社會中某些男子的女性化問題。《荀子·非相》謂：「今世俗之亂君（當為亂民），鄉曲之儇子，莫不美麗姚冶，奇衣婦飾，血氣態度擬於女子。婦人莫不願得以為夫，處女莫不願得以為士，棄其親家而欲奔之者，比肩並起。然而中君羞以為臣，中父羞以為子，中兄羞以為弟，中人羞以為友。俄則束於有司而戮乎大市，莫不呼天啼哭，苦傷其今，而後悔其始。」女性化並不等於是同性戀，異性戀中這種現象同樣存在，所以婦人、處女們才會願意以「奇衣婦飾」者為夫、為士。不過，相對而言同性戀者可能會比較注意修飾，他們當中女性化或者說弱態化的程度通常要稍高於一般人群，儇子之流對於某些男性還是更有吸引力的。荀子所言是歷史上相關情況的較早反映。

墨子開創了墨家學派。此派重視「尚賢」，所謂「古者聖王甚尊尚賢而任使能。賢者舉而上之，富而貴之，以為官長；不肖者抑而廢之，貧而賤之，以為徒役。是以民皆勸其賞，畏其罰，相率而為賢者。以賢者眾而不肖者寡，此謂進賢」〔註32〕。然而現實的情況卻是怎樣呢？「今王公大人，其所富，其所貴，皆王公大人骨肉之親，無故富貴，面目美好者也。」〔註33〕顯然，這種黨父兄、偏富貴、嬖顏色的為政之道於國害莫大焉，《墨子·尚賢中》指出：「今

〔註32〕《墨子·尚賢中》。
〔註33〕《墨子·尚賢下》。

王公大人有一衣裳不能制也，必籍良工；有一牛羊不能殺也，必籍良宰。逮至
其國家之亂，社稷之危，則不知使能以治之。親戚則使之，無故富貴，面目佼
好則使之。夫無故富貴，面目佼好則使之，豈必智且有慧哉？若使之治國家，
則此使不智慧者治國家也。國家之亂，即可得而知已。且夫王公大人有所愛其
色而使，其心不察其知，而與其愛。是故不能治百人者，使處乎千人之官；不
能治千人者，使處乎萬人之官，此其故何也？曰：處若官者，爵高而祿厚，故
愛其色而使之焉！夫不能治千人者，使處乎萬人之官，則此官什倍也。夫治之
法將日至者也，日以治之，日不什修；知以治之，知不什益。而予官什倍，則
此治一而棄其九矣。雖日夜相接，以治若官，官猶若不治。此其故何也？則王
公大人不明乎以尚賢使能為政也。」這裡，「面目佼好」者也即王公大人的外
寵外嬖，他們缺少治理國家的才能，但卻憑著一副漂亮的面孔而深得寵遇，是
賢還是不肖當然一望可知。《墨子‧魯問》中記有這樣一個事例：「魯君之嬖人
死，魯君（當為魯人）為之諱，魯人（當為魯君）因悅而用之。子墨子聞之曰：
『諱者，道死人之志也。今因說而用之，是猶以來首從服也。』」魯君的嬖人
大概就是屬於面佼貌美者流，而諂險之徒為了討得魯君歡心卻竟為之作諱，墨
子自是看不習慣的。

　　法家在本質上與儒家具有同一性。在關涉同性戀的問題上，其代表人物
韓非曾經講過：「孽有擬適（嫡）之子，配有擬妻之妾，廷有擬相之臣，臣有
擬主之寵。此四者，國之所危也。故曰：內寵並后，外寵貳政，枝子配適，
大臣擬主，亂之道。故《周記》曰：『無尊妾而卑妻，無孽適子而尊小枝，
無尊嬖臣而匹上卿，無尊大臣以擬其主也。』四擬者破，則上無意；四擬不
破，則隕身滅國矣。」〔註34〕「配有擬妻之妾，廷有擬相之臣」就是「內寵並
后，外寵貳政」的意思，這和儒家典籍《左傳》、《禮記》等書中的說法是相一
致的。

三、君主男風

　　先秦時期最出名的同性戀君主是春秋時的衛靈公和戰國時的魏王，相對
應地，最出名的同性戀外嬖分別是彌子瑕和龍陽君，他們給後世留下了「分桃」
和「龍陽」這兩個重要典故。

　　「分桃」故事見於《韓非子‧說難》：

〔註34〕《韓非子‧說疑》。

　　　　昔者彌子瑕有寵於衛君。衛國之法：竊駕君車者罪刖。彌子瑕
　　　母病，人聞，有夜告彌子。彌子瑕矯駕君車以出。君聞而賢之，曰：
　　　「孝哉！為母之故，忘其犯刖罪。」異日，與君遊于果園，食桃而
　　　甘，不盡，以其半啖君。君曰：「愛我哉！忘其口味以啖寡人。」

　　衛靈公與彌子瑕直可謂情同夫婦。只是就像夫妻也未必會長久相依一
樣，靈公惟色是好，彌子固顏無方，後來彌子瑕「色衰愛弛，得罪於君」，衛
靈公便改變了口吻，無情地責備道：「是固嘗矯駕吾車，又嘗啖我以餘桃！」
〔註35〕同是一半桃子，吃的時候香甜，現在卻覺著噁心。

　　關於彌子瑕的失寵還有另外兩種記載。一見《韓詩外傳》卷七：「衛大夫
史魚病且死，謂其子曰：『我數言蘧伯玉之賢而不能進，彌子瑕不肖而不能退。
為人臣生不能進賢而退不肖，死不當治喪正堂，殯我於室足矣。』（圖18）衛
君問其故，其子以父言聞。君造然召蘧伯玉而貴之，而退彌子瑕。」〔註36〕一
見《韓非子‧難四》：「衛靈公之時，彌子瑕有寵於衛國。侏儒有見公者曰：『臣
之夢踐矣。』公曰：『奚夢？』〔侏儒曰〕：『夢見竈，為見公也。』公怒曰：『吾
聞見人主者夢見日，奚為見寡人而夢見竈乎？』侏儒曰：『夫日兼照天下，一
物不能當也；人君兼照一國，一人不能壅也。故將見人主而夢日也。夫竈，一
人煬焉，則後人無從見矣。或者一人煬君邪？則臣雖夢竈，不亦可乎？』公
曰：『善。』遂去雍鉏，退彌子瑕，而用司空狗。」〔註37〕

　　按照上述兩種說法，彌子瑕不肖而處高位，結果受到了公卿大夫們的強烈
指責，甚至徒供笑樂的侏儒都講他的不好，靈公就只得俯允眾議而退之了。

　　衛靈公的外嬖並不止一位，他還喜歡宋國公子朝。孔子曾言：「不有祝鮀
之佞而有宋朝之美，難乎免於今之世矣！」〔註38〕意即：在當今的世界，如果
不能像祝鮀那樣能言善辯，反而像宋朝那樣貌美身嬌，你將難免因遭人嫉視
而禍患臨頭！這說明宋朝在當時是一位人所共知的美男子。衛靈公夫人名南
子，她本是宋國人，生性放蕩，舊與宋朝相通。並且南子對往日情人還一直念
念不忘，而衛靈公竟能不避嫌疑，主動地「為夫人南子召宋朝」。（圖19至圖
20）靈公為什麼不但不妒恨反而力成此事？有一種說法認為這是由於他本人
與宋朝的關係也非一般，既然與對方已經或將要二體合一，所以便不再考慮

〔註35〕此事亦見《說苑‧雜言》。
〔註36〕此事亦見《新序‧雜事第一》、《孔子家語‧困誓》。
〔註37〕此事亦見《韓非子‧內儲說上》、《戰國策‧趙策三》。
〔註38〕《論語‧雍也》。

什麼彼此之間的區分，哪怕讓自己妻子加入進來成為三人一體，也是沒有什麼不可以的！由此還形成了一個「婁豬艾豭」的典故。事情的原委是：南子與宋朝的姦情路人皆知，一次，靈公之子大子蒯聵路經宋國，宋人向著他歌唱，歌曰：「既定爾婁豬，何歸吾艾豭？」「婁豬」指求子的母豬〔註39〕，喻南子；「艾豭」指漂亮的公豬〔註40〕，喻宋朝。蒯聵聽後深以為恥，遂欲將南子殺掉，結果事不克成，自己只好逃到國外。〔註41〕在明清時期，有人認為宋朝是和彌子瑕一樣的外寵，「艾豭」也就成為了既與家主妻妾（婁豬）存在異性戀關係又與家主本人存在同性戀關係的雙性戀者的代稱。清代小說家蒲松齡就曾藉以發表評論道：「人必室有俠女，而後可以畜孌童也。不然，爾愛其艾豭，彼愛爾婁豬矣。」〔註42〕

「龍陽」故事見《戰國策・魏策四》：

> 魏王〔註43〕與龍陽君共船而釣，龍陽君得十餘魚而泣下。王曰：「有所不安乎？如是，何不相告也？」對曰：「臣無敢不安也。」王曰：「然則何為涕出？」曰：「臣為臣之所得魚也。」王曰：「何謂也？」對曰：「臣之始得魚也，臣甚喜。後得又益大，今臣直欲棄臣前之所得矣。今以臣兇惡，而得為王拂枕席。今臣爵至人君，走人於庭，辟人於途。四海之內，美人亦甚多矣，聞臣之幸於王也，必褰裳而趨王。臣亦猶曩臣之前所得魚也，臣亦將棄矣，臣安能無涕出乎？」魏王曰：「誤！有是心也，何不相告也？」於是佈令四境之內曰：「有敢言美人者，族！」

龍陽君的固寵手段完全可以為帝王後宮裏的如雲美女樹立樣板，誰想他卻是一位男性。

先秦時期，其他與同性戀有瓜葛的君主以及他們的孌幸還有：

（一）楚文王、鄭厲公與申侯，C～D級

《左傳》僖公七年載：「夏，鄭殺申侯以說於齊。初，申侯，申出也，有寵於楚文王。文王將死，與之璧，使行，曰：『惟我知女。女專利而不厭，予取予求，不女疵瑕也。後之人將求多於女，女必不免。我死，女必速行，無適

〔註39〕也有人認為是指求子的母豬。
〔註40〕也有人認為是指老公豬。
〔註41〕見《左傳》定公十四年。
〔註42〕《聊齋誌異・卷二・俠女》。
〔註43〕此王或許是魏安釐王，但根據不充分。

小國，將不女容也焉。」（圖21）既葬，出奔鄭，又有寵於厲公。子文聞其死也，曰：『古人有言曰：知臣莫若君。弗可改已已！』」申侯事《新序·雜事第一》亦載，但謂他是為楚共王所寵，誤。原文為：「楚共王有疾，召令尹曰：『申侯伯與處，常縱恣吾。吾所樂者，勸吾為之；吾所好者，先吾服之。吾與處，歡樂之；不見，戚戚也。雖然，吾終無得也，其過不細，必亟遣之。』令尹曰：『諾！』明日，王薨，令尹逐申侯伯出之境。」

（二）齊景公與羽人，D級

《晏子春秋》卷八載：「景公蓋姣，有羽人視景公僭者。公謂左右曰：『問之，何視寡人之僭也？』羽人對曰：『言亦死，而不言亦死，竊姣公也。』公曰：『合色寡人也，殺之！』晏子不時而入，見曰：『蓋聞君有怒羽人？』公曰：『然。色寡人，故將殺之。』晏子對曰：『嬰（晏子名嬰）聞拒欲不道，惡愛不詳，雖使色君，於法不宜殺也。』公曰：『惡然乎，若使沐浴，寡人將使抱背。』」齊景公並非對同性戀如何厭惡，他之所以欲殺羽人，只是覺著這個小臣主動對自己表示傾慕有輕慢之意。所以經晏子勸解，態度立時大變。

（三）楚宣王與安陵君，E級

《戰國策·楚策一》載：「江乙說於安陵君曰：『君無咫尺之地，骨肉之親。處尊位，受厚祿，一國之眾，見君莫不斂衽而拜，撫委而服，何以也？』曰：『王過舉而已，不然，無以至此。』江乙曰：『以財交者，財盡而交絕；以色交者，華落而愛渝。是以嬖女不敝席，寵臣不避軒〔註44〕。今君擅楚國之勢，而無以深自結於王，竊為君危之。』安陵君曰：『然則奈何？』〔江乙曰〕：『願君必請從死，以身為殉，如是必長得重於楚國。』曰：『謹受命。』」

「三年而弗言。江乙復見曰：『臣所為君道，至今未效。君不用臣之計，臣請不敢復見矣。』安陵君曰：『不敢忘先生之言，未得間也。』於是楚王遊於雲夢，結駟千乘，旌旗蔽日。王抽旃旄而抑兕首，仰天而笑曰：『樂矣，今日之遊也。寡人萬歲千秋之後，誰與樂此矣？』安陵君泣數行而進曰：『臣入則編席，出則陪乘，大王萬歲千秋之後，願得以身試黃泉，蓐螻蟻，又何如得此樂而樂之。』王大悅，乃封壇〔註45〕為安陵君。君子聞之曰：『江乙可謂善

〔註44〕「避軒」當為「敝軒」，整句話的意思是說對於寵妾的嬖愛等不到席子睡壞就會不再，對於寵臣的嬖愛等不到軒車用壞也會不再。

〔註45〕安陵君名壇，《說苑·權謀》作纏。

謀，安陵君可謂知時矣。』」〔註46〕

安陵君的邀寵能力和龍陽君不相伯仲。三國時竹林七賢之一阮籍曾作《詠懷》歡賞道：「昔日繁華子，安陵與龍陽。夭夭桃李花，灼灼有輝光。悅懌若九春，磬折似秋霜。流盼發媚姿，言笑吐芬芳。攜手等歡愛，宿昔同衾裳。願為雙飛鳥，比翼共翺翔。丹青著明誓，永世不相忘。」〔註47〕細讀起來，竟像是開了後來白居易《長恨歌》的先聲。

（四）楚頃襄王與州侯等，D 級

《戰國策·楚策四》載：「莊辛謂楚襄王曰：『君王左州侯，右夏侯，輦從鄢陵君與壽陵君，專淫逸侈靡，不顧國政，郢都必危矣。』襄王曰：『先生老悖乎？將以為楚國祅祥乎？』莊辛曰：『臣誠見其必然者也，非敢以為國祅祥也。君王卒幸四子者不衰，楚國必亡矣。臣請辟於趙，淹留以觀之。』莊辛去之趙，留五月，秦果舉鄢郢、巫、上蔡、陳之地，襄王流掩於城陽。」

（五）趙王與建信君，D～E 級

《戰國策·趙策三》載：「或謂建信：『君之所以事王〔註48〕者，色也；肶（趙國重臣）之所以事王者，知也。色老而衰，知老而多。以日多之知，而逐衰惡之色，君必困矣。』建信君曰：『奈何？』曰：『並騏而走者，五里而罷；乘騏而御之，不倦而取道多。君令肶乘獨斷之車，御獨斷之勢，以居邯鄲；令之內治國事，外刺諸侯，則肶之事有不言者矣。君因言王而重責之，肶之軸今折矣。』建信君再拜受命，入言於王，厚任肶以事能重責之，未期年而肶亡走矣。」

可以看出，外寵在先秦時期已經形成為一種政治勢力。從來源上講，他們有的像彌子瑕、建信君那樣出身本來就比較高貴，有的則像《國語·鄭語》中的「頑童」那樣屬侏儒戚施一類的賤臣。在正卿眼裏，不但「頑童」可以誘使國君沉溺於聲色之娛，而且彌子瑕之流以他們本來的政治能力也沒有資格獲取如彼的高位，只會是促使國君做出任人唯色的失當之舉。

因此，先秦時期卿士和嬖寵之間的矛盾是相當尖銳的。那麼，嬖寵之害都有什麼樣的表現呢？

〔註46〕據《戰國策·楚策一》，江乙是在楚宣王時期給安陵君出謀劃策，所以寵幸安陵君的是宣王。《說苑·權謀》謂是共王，誤。
〔註47〕《玉臺新詠》卷二。
〔註48〕此趙王較有可能是悼襄王，也可能是襄王之父孝成王。

其一，發動叛亂。

韓非曾經講過：「愛臣太親，必危其身。」〔註49〕這句話確實有事實根據。向魋（桓魋）是春秋末年宋景公的外嬖，景公對他如此寵愛，以致當他見公子地的幾匹白馬很漂亮而想據為己有時，景公竟「取而朱其尾鬣以與之」。公子地知道後，「怒，使其徒抶魋，而奪之。魋懼，將走。公閉門而泣之，目盡腫」。君主因臣子受辱而傷心流淚，這種情況在整個歷史記載中都是少見的。雖然如此，向魋卻因寵而驕。有人向他進獻了幾顆美珠，宋公想要，他卻敢不給，於是君臣之間產生了隔閡。幾年之後，事情發展到「桓魋之寵害於公」的程度。公「將討之。未及，魋先謀」。知道向魋要加害自己，景公悔恨地反醒道：「余長魋也，今將禍余！」於是便組織軍隊進剿，「魋遂入於曹以叛」。最後的結果是向魋失敗，出逃於衛，又奔到齊國才得以存身。〔註50〕

其二，蠱惑君主。

外寵經常有同國君在親昵氛圍中私下相處的機會，這時他們如果趁便臧否人物，議論時政，就很有可能影響國君對某些問題的看法。在晉國，驪戎出身的驪姬甚得晉獻公嬖愛，她恃寵很想自己的兒子奚齊能做太子。可奚齊之上卻已有同父異母的大子（太子）申生以及重耳、夷吾等眾兄弟。因此，依照禮法奚齊是難以被立為儲君的。為了達到目的，驪姬便「賂外嬖梁五，與東關嬖五」，讓他倆對獻公講：「曲沃，君之宗也。蒲與二屈，君之疆也，不可以無主。宗邑無主則民不威，疆場無主則啟戎心。戎之生心，民慢其政，國之患也。若使大子主曲沃，而重耳〔註51〕、夷吾〔註52〕主蒲與屈，則可以威民而懼戎，且旌君伐。」道理說得冠冕堂皇，實際上卻是想把申生等移出國都絳，以為立奚齊提供便利。獻公對梁五、嬖五之言聽著很順耳，就按他們的意思「使大子居曲沃，重耳居蒲城，夷吾居屈。群公子皆鄙，唯二姬〔註53〕之子在絳」。終於，「二五與驪姬譖群公子而立奚齊」。梁五和東關嬖五則因此被晉人合稱為貶義的「二五耦」，意思是這兩個名字中各帶一個「五」字的嬖人陰險狡詐，朋比為奸，專門向國君進獻讒言。〔註54〕因二五耦和驪姬之禍，晉國陷入了長時間

〔註49〕《韓非子·愛臣》。
〔註50〕見《左傳》定公十年、哀公十一年、哀公十四年。
〔註51〕即後來的晉文公。
〔註52〕即後來的晉惠公。
〔註53〕驪姬和她的妹妹，分別生奚齊和卓子。
〔註54〕見《左傳》莊公二十八年。

的混亂，申生被迫自縊，重耳、夷吾先後出逃。而奚齊也終未做成國君，反在獻公卒後不久即為大臣里克所殺。

其三，為政乖方。

由於受到國君的另眼看待，外寵就常比正卿要容易升任高位。雖然正卿也並不是人人賢明，但如果他們有的在官而失職，這只是政治能力上的問題。而嬖寵如此時卻不可避免地要被牽涉到個人人格，所受指責便被加上了特別的一項。魏國公子魏牟過趙，因知建信君之非而謂趙王曰：「為冠而敗之，奚虧於王之國？而王必待工而後乃使之。今為天下之工，或非也。社稷為虛戾，先王不血食，而王不以予工，乃與幼艾（指建信君）。且王之先帝，駕犀首而驂馬服，以與秦角逐，秦當時避其鋒。今王憧憧，乃輦建信以與強秦角逐，臣恐秦折王之椅也。」〔註55〕魏牟以旁觀者的眼光看到建信君雖幼艾卻執政柄，只能導致趙國衰微。他雖未明言，但「幼艾」一詞終究包含著一些貌美身賤的意思，可見建信君為政水平的低下與其獲寵方式的卑暗是被人聯繫在了一起的。

其四，排斥正卿。

春秋戰國時期禮崩樂壞，社會秩序比較混亂，君臣關係時常達不到儒家所描述的理想標準。在晉國，晉厲公身邊有一群外嬖，他們都與郤氏家族存有矛盾：「胥童以胥克之廢也，怨郤氏，而嬖於厲公；郤錡奪夷陽五田，五亦嬖於厲公；郤犨與長魚矯爭田，執而梏之，與其父母妻子同一轅。既，矯亦嬖於厲公。」而在晉厲公，他本人對郤氏也深感不滿，認為錡、犨、至諸郤的行為有些過於肆縱，於是就謀劃將他們除掉。事機不密，郤錡知道情況後想要反抗，郤至則認為：「人所以立，信、知、勇也。信不叛君，知不害民，勇不作亂。失茲三者，其誰與我？受君之祿，是以聚黨。有黨而爭命，罪孰大焉！」郤氏臨難依然忠於君主，君主卻不想改變主意。在厲公指令下，長魚矯等將郤錡、郤犨和郤至毫不留情地全都殺死，還又侮辱性地把他們的屍體陳列於朝堂之上。〔註56〕

清代學者錢兆鵬在其《周史・佞倖列傳序》中曾總結先秦佞倖、外寵之害，曰：「有鸞鳳則有梟獍，有麒麟則有虎狼。是以共驩與元愷並世，廉來與箕比同朝。讒慝之生，何代無之，患在人主近之而已，故聖人曰：『遠佞人。』

〔註55〕《戰國策・趙策三》。
〔註56〕見《左傳》成公十七年。

成王以沖齡踐阼，周公為傅，召公為保，左右前後莫非端人正士矣。而周公猶倦倦戒於王曰：『繼自今立政，其勿以憸人。』憸人云者，沾沾便捷，口給御人，詐足飾非，言足拒諫。悅其心則譽桀紂為堯舜，失其意則誣隨光為跖蹻。於以顛倒是非，變亂黑白。設一朝得志，則植黨營私，賢路壅塞。陽剛之氣消，陰柔之象熾焉。此公所以誥誡丁寧，思深而慮遠也。厥後厲王說榮夷公而民始擾，幽王任皇父虢石父而政益壞。昧爽丕顯，後世猶怠，公已預籌之矣。東遷以來，列國君臣知此義者蓋少。於是乎衛有彌子，楚有費無極，吳有伯嚭，宋有桓魋，魯有臧倉，齊則前有雍巫，後有梁邱據，晉則前有優施、二五，後有胥童、夷陽午、長魚矯之屬。大而身弒國亡，小而身危國削，豈細故哉！嗟嗟，庸主固不足責，賢如齊桓而猶不免此，可見若輩傾巧便給，必有籠絡人主固寵希榮之術。一為其所愚弄，則心志蠱惑，舉動牽制，雖有善者亦未如之何已。」〔註57〕錢兆鵬所言集中總結了外寵特點，他們的基本特徵是因寵得權，以權害政，而不是與國君存有同性戀關係。但在獲寵諸方式當中，有一條畢竟是以身媚主。所以在錢氏列舉的外寵人物裏，彌子瑕、桓魋等赫然在列。

有矛盾就有鬥爭，外嬖們不可避免地受到了各方面的反對。較輕的方式是言論指責。晉平公之時，嬖叔得寵。平公二十五年（前533），晉卿荀盈（知悼子）去世，停棺於絳城，暫未安葬。平公對此未做什麼惜悼表示，反而卻和嬖叔以及一位樂工在一起飲酒做樂。膳宰屠蒯看了很是不滿，便先指責樂工未能使國君耳聽清敏，然後給嬖叔斟一杯酒，道：「女為君目，將司明也。服以旌禮，禮以行事，事有其物，物有其容。今君之容，非其物也，而女不見，是不明也。」再又自飲一杯，自我指責未能及時向國君指出嬖叔和樂工的過錯。平公聽後猛然醒悟，「說，徹酒。初，公欲廢知氏而立其外嬖，為是悛而止。秋八月，使荀躒佐下軍以說焉。」〔註58〕

〔註57〕《述古堂文集》卷第二。

〔註58〕《左傳》昭公九年。荀躒即知文子，為荀盈之子。此事《禮記‧檀弓下》亦載，內容有異：「知悼子卒，未葬。平公飲酒，師曠、李調侍。杜蕢自外來，聞鐘聲，曰：『安在？』曰：『在寢。』杜蕢入寢，歷階而升，酌曰：『曠飲斯。』又酌曰：『調飲斯。』又酌堂上北面，坐飲之降，趨而出。平公呼而進之曰……：『爾飲調何也？』曰：『調也，君之褻臣也。為一飲一食，亡君之疾，是以飲之也。』『爾何飲也？』曰：『蕢也，宰夫也，非刀匕是供，又敢與知防？是以飲之也。』平公曰：『寡人亦有過焉，酌而飲寡人。』杜蕢洗而揚觶，公謂侍者曰：『如我死，則必無廢斯爵也。』」《左傳》中的嬖叔、樂工和屠蒯，在《禮記》中為李調、師曠和杜蕢。

嚴重的則是動用武力。「燕簡公多嬖寵，欲去諸大夫而立其寵人。冬，燕大夫比以殺公之外嬖。公懼，奔齊。書曰：『北燕伯款出奔齊。』罪之也。」〔註59〕「書」指孔子所作的《春秋》，本來孔子原則上是反對以下犯上的，所謂「孔子成《春秋》，而亂臣賊子懼」〔註60〕。但在這裡，他用「奔」來形容北燕伯款即燕簡公的出逃國外，實際就是未對燕國大夫們合謀逐君的行為進行指責，認為簡公是咎由自取。所以這位國君「欲去諸大夫而立其寵人」是太沒有政治頭腦了，君不能君，則臣亦不能臣矣。再如前面提到的晉厲公，他不但欲去郤氏，而且在胥童、長魚矯等外寵的蠱動下還想「盡去群大夫」以「立其左右」。結果，三郤被殺後，胥童進而又率領甲士劫持了欒書、中行偃兩朝臣準備一併誅之。厲公這時覺得「一朝而尸三卿，余不忍益也」，便將二臣放掉，復其職位。欒書和中行偃口頭上表示感激，內心卻對所受到的侮辱憤恨不已，不久之後竟把晉厲公和胥童全都抓了起來，先殺胥氏，接著甚至連國君都未予放過，使人弒而「葬之于翼東門之外，以車一乘」〔註61〕。厲公死得好不淒慘。

但是，雖然外嬖總體上是為卿士所反對，可政治問題紛繁複雜，就像韓非所指出的，人臣也並非人人純正，阿諛險詐之徒同樣存在。為了自身利益，不肖的臣子不但不反對嬖寵，反而會極盡籠絡奉承之能事，「內事之以金玉玩好，外為之行不法」，以使嬖寵能在國君面前替他們說好話，實現他們「在旁」的奸術。〔註62〕兩相如此勾通，對國家社稷的破壞當然是不言自明的。時人曾評論「柔癰者」道：「所謂柔癰者，便辟左右之近者也。此皆能乘王之醉昏，而求所欲於王者也。是能得之乎內，則大臣為之枉法於外矣。故日月暉於外，其賊在於內。謹備其所憎，而禍在於所愛。」〔註63〕「柔癰者」為非為害，「大臣」竟會給他們提供助力。

還有一點，在政治上興風作浪、禍國殃民的外嬖雖不乏其人，不過謹願小心、雌伏弱守的嬖寵同樣也是存在的。他們性情溫順，舉止嬌柔，只願在深宮中做弄臣，而不想或無力染指國家的政事。例如龍陽君，他關心的只是自己所受的寵愛不要被美人奪去，開口一言即淚流滿面，以這麼柔弱的性格，他恐

〔註59〕《左傳》昭公三年。
〔註60〕《孟子·滕文公下》。
〔註61〕《左傳》成公十七、十八年。
〔註62〕見《韓非子·八奸》。
〔註63〕《戰國策·趙策四》。

怕難有什麼反面或正面的作為。對於這樣人物，卿士們也不致會有如何強烈的惡感的，甚至如果雙方全無利害衝突，後者有時還會對前者的同性戀行為採取支持的態度。安陵君之能固寵於楚王，就是由於得到了江乙的指點，「君子」且曾評論道：「江乙可謂善謀，安陵君可謂知時矣。」〔註64〕

四、臣民男風

上有所好，下必隨之。既然國君可以去尋分桃之歡，臣下百姓們也不會甘於清寂。或者反過來講，只有存在著大的同性戀社會環境，才能有國君的同性戀表現，應是下有所好，上必用之。《說苑‧善說》記有著名的「鄂君繡被」的故事：楚國令尹鄂君子皙一次「泛舟於新波之中」，他「乘青翰之舟，極芘苤，張翠蓋，而撎犀尾，班而袿衽」。划船的越人看著很是傾慕，便用越語對鄂君唱道：「濫兮抃草濫予昌柣澤予昌州州餶州焉乎秦胥胥縵予乎昭澶秦逾滲惿隨河湖。」鄂君不懂，命人翻譯出來，才曉得歌辭是：「今夕何夕搴舟中洲流，今日何日兮得與王子同舟？蒙羞被好兮不訾詬恥，心幾頑而不絕兮得知王子。山有木兮木有枝，心悅君兮君不知。」原來越人是在用歌聲表示戀意，鄂君趕緊回應以行動，「乃揄修袂，行而擁之，舉繡被而覆之」。其實就是與之同榻共寢了。在這一偶然發生的同性戀接觸之中，雙方的交結相當自然而公開，同性戀對他們好像司空見慣，是完全不以為奇異的。

從記載數量來看，先秦臣民同性戀的事例要比國君少許多，但這並不能說明前者當中同性戀的實際存在也比後者明顯缺乏。僅依常識進行考慮，具有廣泛社會和生物基礎的同性戀就不可能主要發生於某一特定人群。至於史料記載的不平衡，這是由先秦古籍以君主為集中反映對象所造成的。君主的私事就是國事，比較之下，臣民的私事並不被特別看重。

在「鄂君繡被」的故事裏，越人曾經唱了一首同性戀歌曲，而這首歌曲的真實含義如果不在具體情境之下是並不明確的，這就提醒我們應當對收入了許多民歌民謠、包含著豐富社會史資料的《詩經‧國風》加以注意。歷來對《國風》諸詩的解釋眾說紛紜，大致可分為兩類：一類，認為諸詩多有刺指時事者，需要以史證詩或以詩證史。另一類，認為除去明顯篇什外不必強去索隱，只需從表面含義進行理解即可。筆者以為後一種觀點可取，並且由此覺得《國風》中確有不少反映男女慕戀的情詩。但既然談到情詩，就像潘光旦

〔註64〕《戰國策‧楚策一》。

先生所說，這裡畢竟存在著一個辭氣問題：「就春秋的一個段落說，一部《國風》裏說不定有好幾首詩是歌詠著同性戀的。特別是在《鄭風》裏，『鄭風淫』是一向有名的。只就辭氣而論，《鄭風》中這一類的作品實際上還不止一篇，例如《山有扶蘇》、《狡童》、《褰裳》、《揚之水》。前三詩再三的提到狂且、狡童、狂童，而《褰裳》一詩的序裏更有『狂童恣行』的話，《揚之水》一詩則有『終鮮兄弟，維予與汝』，『終鮮兄弟，維予二人』等句。只從辭氣推論，又何嘗不可以說有好幾分同性戀的嫌疑呢？」〔註65〕確實，單從辭氣來看，我們有時看不出某些情詩到底是在向異性還是同性表示愛或怨。如《鄭風·山有扶蘇》：

> 山有扶蘇，隰有荷華。
>
> 不見子都，乃見狂且。
>
> 山有扶蘇，隰有游龍。
>
> 不見子充，乃見狡童。

詩中的子都、子充、狂且、狡童明顯都是男性，「子都」的字面含義就是美貌的男子。如果以為該詩出於女子之口，那麼它就是屬於異性戀題材。宋代朱熹解釋為：「淫女戲其所私者曰：山則有扶蘇矣，隰則有荷華矣。今乃不見子都，而見此狂人，何哉？」〔註66〕現代高亨解釋為：「一個姑娘到野外去，沒見到自己的戀人，卻遇著一個惡少來調戲她。又解：此乃女子戲弄她的戀人的短歌，笑罵之中含蘊著愛。」〔註67〕但單純從辭氣上分析，《山有扶蘇》所反映的心情女性能夠表達，男性同樣可以，到底是女是男由詩歌內容本身是難以判定的。所以，如果講可能性，把《山有扶蘇》歸入同性戀詩歌也並非毫無道理。其實，相近看法是早就出現了的。漢儒鄭玄在他對《詩經》的箋釋中以為此詩「不見子都，乃見狂且」的意思是：「人之好美色，不往睹子都，乃反往睹狂醜之人。以與忽〔註68〕好善不任用賢者，反任用小人，其意同。」唐代孔穎達又進一步做解：「箋以子都謂美麗閑習者也。都是美好，則狂是醜惡。舉其見好醜為言，則是假外事為喻，非朝廷之上有好醜也。故知此以人之好美色不往睹美乃往睹惡，與忽之好善不任賢者，反用小人，其意與好色者同。」〔註69〕

〔註65〕《性心理學》，第517~518頁。

〔註66〕《國風詩旨纂解》（以下簡稱《詩旨纂解》），第310頁。

〔註67〕《詩旨纂解》，第313頁。

〔註68〕鄭昭公，名忽。

〔註69〕《毛詩正義》卷第四。

這裡出現了「外事」一詞，按：此處外事的「外」相似於先秦時期外寵的「外」，但比後一個「外」更具有同性戀的專指性。因為據孔穎達所言，外事是指人們「好美色」、「好色」，而「美色」又是針對子都這樣的男性而言，所以「好美色」即近於「好男色」，「外事」也就基本上是同性戀的同義詞了。雖然孔穎達認為《山有扶蘇》實際是在指斥鄭昭公「不任賢者，反用小人」，但他畢竟得出了一個該詩表面是在寫同性戀現象的傾向性結論。

　　作為儒家五經之一，《詩經》在中國歷史上具有特別重要的地位，歷代解詩之書之論不勝枚舉。其中有些說法雖未明確地從同性戀角度做解，但與同性戀卻也並非毫無聯繫。

　　（一）認為某些詩歌反映、指斥了國君對外寵的嬖愛。

　　1.《山有扶蘇》。何楷《詩經世本古義》謂：「此與《狡童》、《褰裳》三篇皆為祭仲足而作。據《左傳》，仲足初為祭封人，因有寵於莊公，莊公使為卿，蓋君之嬖幸臣也。仲雖為卿，詩人本其進身之始而醜之，故有『狂童』、『狡童』之目。」〔註70〕魏源《詩古微》謂：「刺文公也，所美非美然。文公不從三良以親齊，而寵申侯以昵楚也。」〔註71〕

　　2.《狡童》。此詩原文是：

　　　　彼狡童兮，不與我言兮。

　　　　維子之故，使我不能餐兮。

　　　　彼狡童兮，不與我食兮。

　　　　維子之故，使我不能息兮。

　　《詩古微》謂：「刺文公用申侯也。申侯以楚嬖臣，施反覆於小國，使諸侯連年謀鄭，兵無寧歲。鄭人身受其害，故言使我不能餐、息也。」〔註72〕方玉潤《詩經原始》：「憂君為群小所弄也。大抵狡童者，僉壬宵小之謂。《扶蘇》章之「狡童」、「狂且」即此章之「狡童」也。國君所用非人，恃寵而驕，目無朝臣也久矣。言不屑與，況同食哉。」〔註73〕

　　3.《褰裳》。此詩原文：

　　　　子惠思我，褰裳涉溱。

〔註70〕《詩旨纂解》，第310頁。莊公指鄭莊公。
〔註71〕《詩旨纂解》，第312頁。文公指鄭文公。
〔註72〕《詩旨纂解》，第320頁。
〔註73〕《詩旨纂解》，第320頁。

子不我思，豈無他人？

狂童之狂也且。

子惠思我，褰裳涉洧。

子不我思，豈無他士？

狂童之狂也且。

《詩古微》謂：「刺文公用申侯之言，背盟事楚也。……《鄭風》言「狂且」一、「狡童」三、「狂童」二，皆刺申侯。」〔註74〕

4.《野有蔓草》。此詩原文：

野有蔓草，零露漙兮。

有美一人，清揚婉兮。

邂逅相遇，適我願兮。

野有蔓草，零露瀼兮。

有美一人，婉如清揚。

邂逅相遇，與子偕臧。

《詩經世本古義》謂：「刺鄭莊公也。祭仲為公謀去段，遂有寵於公。國人託為公愛仲之辭以刺之。」〔註75〕

5.《候人》。此詩原文：

彼候人兮，何戈與祋。

彼其之子，三百赤芾。

維鵜在梁，不濡其翼。

彼其之子，不稱其服。

維鵜在梁，不濡其咮。

彼其之子，不遂其媾。

薈兮蔚兮，南山朝隮。

婉兮孌兮，季女斯饑。

歐陽修《詩本義》謂：「曹共公遠賢而親不肖，詩人刺其斥遠君子。……卒章言彼小人者，婉孌然俊好可愛。至使之任事，則材力不強敏，如小人弱女之饑乏者。言其但以便辟柔佞媚悅人，而不勝任用也。」〔註76〕

〔註74〕《詩旨纂解》，第323～324頁。

〔註75〕《詩旨纂解》，第347頁。

〔註76〕《詩旨纂解》，第557頁。

上述解釋從現在的一般觀點看難以足取，有勉強索隱之嫌。不過，作為歷史上曾經有過的析論，自有其可供參考的研究價值。何楷、魏源等評者實際是在通過解《詩》而對諸如「國君好外，大夫殆」之類的反外嬖觀點進行說明。在他們看來，祭仲、申侯等便嬖柔佞之人召至了國家的內亂外患，自然會引起國人的怨怒，要以詩歌來加以刺斥。他們在分析申侯等外嬖的形象時，採用了「本其進身之始而醜之」、「恃寵而驕」、「婉孌然俊好可愛」、「如小人弱女之饑乏者」等語詞，如此外嬖大可讓人以為是在因色獲寵，是具有一些龍陽之徒的特徵的。

（二）認為某些詩歌反映了同性朋友之間的愛怨即棄。

1.《遵大路》。原文：

> 遵大路兮，摻執子之袪兮。
>
> 無我惡兮，不寁故也。
>
> 遵大路兮，摻執子之手兮。
>
> 無我魗兮，不寁好也。

姚際恒《詩經通論》：「《序》謂『君子去莊公』，無據。《集傳》謂『淫婦為人所棄』。夫夫既棄之，何為猶送至大路，使婦執其袪與手乎？……此只是故舊於道左言情，相和好之辭。」〔註77〕

2.《狡童》。牟庭《詩切》：「刺貴人忘故交也。『狡童』，狡獪兒童也。當時貴大夫有年幼而性狡者，故以狡童目之。『子』者，詩人謂其友也。『不能餐』，以其故人不相與言，朋友道絕，意有悲惋，故不能飯也。」〔註78〕

3.《風雨》。原文：

> 風雨淒淒，雞鳴喈喈。
>
> 既見君子，云胡不夷？
>
> 風雨瀟瀟，雞鳴膠膠。
>
> 既見君子，云胡不瘳？
>
> 風雨如晦，雞鳴不已。
>
> 既見君子，云胡不喜？

《詩經原始》：「懷友也。夫風雨晦冥，獨處無聊，此時最易懷人。此詩人

〔註77〕《詩旨纂解》，第 296 頁。《序》指作者不好確定的《毛詩序》，《集傳》指朱熹的《詩經集傳》。

〔註78〕《詩旨纂解》，第 320 頁。

善於言情，又善於即景以抒懷，故為千秋絕調也。」〔註79〕

4.《野有蔓草》。《詩切》：「此企遇之詞，結想閒雅，自有寄託。目良友為美人，自有深情，不嫌其褻。韻情韻事，想見古人班荊傾蓋之雅。」〔註80〕《詩經原始》：「朋友相期會也。士固有一見傾心，終身莫解，片言相投，生死不渝者。又何必男女相逢始適願哉？」〔註81〕

認為詩歌表現的是朋友關係和認為是同性戀關係之間只存在著一步之遙。由於兩種關係都可以同樣的文辭進行表達，具體怎樣理解就要視讀者的個人感受了。

《秦風・蒹葭》是一首著名的情詩，意境幽遠，懷思綿長。原文：

> 蒹葭蒼蒼，白露為霜。
> 所謂伊人，在水一方。
> 溯洄從之，道阻且長。
> 溯游從之，宛在水中央。
> 蒹葭淒淒，白露未晞。
> 所謂伊人，在水之湄。
> 溯洄從之，道阻且躋。
> 溯游從之，宛在水中坻。

一般讀者都會認為《蒹葭》是在表達情男對情女的慕戀，但它寫密友深交的可能亦非必無，更進一步，有人則願意從同性戀情的角度進行體會。《如面談二集》是明代的一部尺牘集，卷八載有一封《答情郎書》：

> 弟嗜風塵非一朝矣，美都雅如卿，屈指豈多得哉！幸遇舟中，恍疑仙境，魂逐流水，莫能自制。辱不棄，得傍脂粉，許我佳期，生平之願足矣。歸來遙憶殊情，寤寐不忘，但冗沓紛紜，不克奮飛左右，以寫我憂。回首白露橫江，蒹霞極目，旦夜耿耿，惟天可鑒。
> 弟縱讜行，敢負盟言？秋色淒涼，珍重自保，無以鄙人為深念。

自稱曰弟，所戀為郎，所以這是一封同性戀書信。作者既以《蒹葭》中的意境來表達自己對情郎的思念，他若解讀此詩，必會把「在水一方」的美人想像成一位美男的形象。

〔註79〕《詩旨纂解》，第 335 頁。
〔註80〕《詩旨纂解》，第 348 頁。
〔註81〕《詩旨纂解》，第 350 頁。

（三）認為某些詩是以男女之情來喻寫君臣朋友之情，或者認為兩種感情一詩可以兼寫。

先看一些原則性的說法：

牛運震《詩志》：「故舊朋友之誼，託於夫婦以自見者多矣。」崔述《讀風偶識》：「君臣朋友之間，有所感觸，而託之於男女之際，蓋亦有之。」《詩經原始》：「古詩人多託男女情以寫君臣朋友義。」「男女情與君臣義原本相通，詩既不露其旨，人固難以意測。」〔註82〕

再看一些針對具體詩歌的分析：

1.《山有扶蘇》。《詩志》謂：「似情豔詩卻別有深旨，故妙。狂且狡童，目昭公所用之人也。」〔註83〕

2.《晨風》。原文：

> 鴥彼晨風，鬱彼北林。
> 未見君子，憂心欽欽。
> 如何如何？忘我實多。
>
> 山有苞櫟，隰有六駮。
> 未見君子，憂心靡樂。
> 如何如何？忘我實多。
>
> 山有苞棣，隰有樹檖。
> 未見君子，憂心如醉。
> 如何如何？忘我實多。

高亨《詩經今注》謂：「這是女子被男子拋棄後所作的詩，也可能是臣見棄於君，士見棄於友。」〔註84〕

3.《東門之楊》。原文：

> 東門之楊，其葉牂牂。
> 昏以為期，明星煌煌。
>
> 東門之楊，其葉肺肺。
> 昏以為期，明星晢晢。

陳子展《詩經直解》謂：「汪梧風《詩學女為》云：『按此詩乃泛指無信爽

〔註82〕《詩旨纂解》，第 296、297、331、490 頁。
〔註83〕《詩旨纂解》，第 311 頁。
〔註84〕《詩旨纂解》，第 489 頁。

約者，不必定指男女。」此說與劉玉汝《詩纘緒》所云：『此只言其負期耳』、
『不必為男女期會』大旨相同。」〔註85〕

4.《月出》。原文：

> 月出皎兮，佼人僚兮。
>
> 舒窈糾兮，勞心悄兮。
>
> 月出皓兮，佼人懰兮。
>
> 舒憂受兮，勞心慅兮。
>
> 月出照兮，佼人燎兮。
>
> 舒夭紹兮，勞心慘兮。

《詩經原始》謂：「有所思也。此詩雖男女詞，而一種幽思牢愁之意固結
莫解，情念雖深，心非淫蕩。且從男意虛想，活現出一月下美人。並非實有所
遇，蓋巫山、洛水之濫觴也。不料諸儒認以為真，豈不為詩人所哂？使充是心
於君親朋友之間，則忠臣孝子，義弟良朋，必有情難自已之處。此《風》詩之
旨深微幽遠，託興無端，含毫有意，固非迂儒俗士所能窺也。」〔註86〕

把君臣、朋友關係和男女關係相關連，則君臣之情、友朋之義就具有了特
殊之處：類近於夫婦的君臣、朋友是存在著一些同性戀意味的。

應當認為，上述指出的各首詩歌，它們各個作者的創作初衷多是受到了異
性戀的激發，少數作者欲要表達一般的同性友誼，更少數則確實是有感於同
性相戀。但這只是原則性的推定，具體某一首詩到底因何而作，這樣的問題
現在恐怕是不可能回答了，這就體現出了詩歌主題的模糊性。模糊性的詩歌擁
有更廣泛的讀者群體，不同讀者可以根據各自意願對同一首詩進行不同的理
解。如果作者有知，看到自己描寫異性戀的作品被有人認為是在寫同性戀，他
的感想會是如何？

五、後世影響與反映

就像先秦文化左右了整個中國古代文化的基調一樣，先秦時期的同性戀
也對整個中國古代同性戀產生了深遠影響。

（一）確定了後世對同性戀的總體態度

先秦時期同性戀廣泛存在，但諸子百家普遍地對這一社會現象──指發

〔註85〕《詩旨纂解》，第 518 頁。
〔註86〕《詩旨纂解》，第 528 頁。

生在一般社會成員之中的一般意義上的同性戀——不予重視，不多加評論。這說明他們把一般的同性戀置於了社會問題中的末要位置，認為只需民眾去進行反應性的自發調節即可，而不必用系統高深的理論去加以研究，做出規範。同性戀屬道德倫理的範圍，與個人修養、家庭維繫、社會風化都有一些干連。儒家是重視道德問題的，《大學》講做人應當「修身、齊家、治國、平天下」，把個人、家庭與國家政治擺在一起，給予了特別關注。也可以說，儒家思想就是道德理論和政治理論的相結合。而諸儒卻不談男色，實際就是認為同性戀在整個道德體系中無關緊要、無足輕重。思想家不談，社會大眾也不公開去談，表面上好像男風並不存在，可暗中卻又時時去加以防嫌，結果就造成了同性戀的曖昧狀態。後世相沿，整個中國古代的男風都是以曖昧為特徵的。

（二）產生了一批重要的典故名詞

起始階段的現象總是易於為後人所看重，先秦時期同性戀的記載並不是很多，但一旦有載就易成為典型。

最著名的是分桃和泣魚故事，它們如此地廣為人知，以至於到明清時期，相關名詞在同性戀文獻中隨處都可見到。比如一首詩，其他方面都無特別之處，但只要句中出現分桃、彌子、泣魚、龍陽之類的詞彙，讀者立刻就能夠知道此詩是在詠寫男風，這都成了判別明清文獻內容的一種特別而有效的方法。因為一般朋友之間的關係和同性戀夥伴之間的關係時常可以採用同樣的表達方式，甚至異性戀和同性戀的表達有時也難以區分，而一有龍陽諸詞，內容就變得容易理解了。相反，如果一篇文獻沒有明顯標誌詞，可以做多種解釋，讀者倒可以自隨其意，研究者就不好引為確例了。

它如「美男破老」、「艾豭婁豬」、「鄂君繡被」等也都是有名的典故。

（三）在後世被以各種形式進行了具體的反映

彌子瑕餘桃奉君事在明代被戲曲作家沈璟編為《分柑記》傳奇。該劇已佚，高奕《傳奇品》卷上著錄曰：「《分柑》：彌子瑕事。」呂天成《曲品》下卷著錄曰：「男色無佳曲，此本謔態迭出，可喜。第情境猶未徹聖，不若譜董賢更喜也。」〔註87〕不過據祁彪佳《遠山堂明曲品・逸文》所記，此劇未必是寫彌子瑕事：「男寵只方諸生〔註88〕《男皇后》一劇，自來無全本。拈毫搬弄，

〔註87〕見《訪書見聞錄》，第 270 頁。
〔註88〕明代戲曲作家王驥德號方諸生。

備極謔浪之態，但為樂未久，而輒為□□負心，受諸淒冷，覺歡場太短耳。雖狀雌雄雙飛，竟奪人國。原生以此破家，又何足責哉！」

　　由衛靈公寵信彌子瑕所導致的史魚屍諫事被元人鮑天佑編成《史魚屍諫衛靈公》雜劇。該劇全本已不可見，趙景深《元人雜劇鉤沉》輯存第四折佚曲兩支：

　　　　【正宮‧白鶴子】四邊風凜冽，一望雪模糊。行過小溪橋，迷
　　卻前村路。

　　　　【幺篇】行行裏心恍惚，前進也意躊躇。我則道斷岸有橫舟，
　　卻元來野水無渡。〔註89〕

　　趙景深認為這或是衛靈公弔喪途中所唱，也可能是蘧伯玉所唱。明代朱有燉在他《元宮詞百章》中寫有《史魚屍諫》在元代的演出情況：

　　　　屍諫靈公演傳奇，一朝傳到九重知。

　　　　奉宜齋與中書省，諸路都教唱此詞。

　　現存的以先秦男色為題材的戲劇劇本只有明代鄧志謨《童婉爭奇》中的《龍陽君泣魚固寵》了。這是一部集中描寫同性戀的雜劇，對泣魚故事進行了細緻的摹現。

　　開始龍陽君上，自白所受趙王（應為魏王）之寵：「自家乃趙王殿下一個寵臣，今以姿貌得幸，出入宮幃，我王待之甚厚。解衣而衣，推食而食。進見時不必摳衣撎笏，拘君臣冠履之分；綢繆處只知瀝膽露肝，篤朋友金蘭之好。或題詩遣興，興陶陶握手登樓；或飲酒陶情，情款款交唇合疊。更於明月清風夜，臥看牽牛織女星。」龍陽君請趙王飲酒，君臣同樂，王唱：「年少。我看你嫩質無瑕，清標不俗，卻將姿貌比夭桃。瀟灑處，一般體態能誰描？惟應是合浦名珠，崑山美玉，夜光方可賽瓊瑤。」龍唱：「難報。寸草春暉，長河九瀾，喬雲千疊庇吾曹。恩浩渺，即如海闊天高。卻須是心切二天，骨鐫五內，多男多富祝康堯。」眾合：「將進酒，但願君臣行樂，歲歲今朝。」過後，趙王攜龍陽君到池邊垂釣，劇中寫道：

　　　　（王）內臣，可將那絲杆過來，待寡人試釣幾尾。（釣介，不得
　　介）（王）愛卿，池魚甚多，寡人釣之半晌，怎的沒有一尾上鈎？（龍）
　　碧水溶溶，方沼中一回扯鈎一回空。凡魚未敢輕天餌，知道君王合
　　釣龍。（王）我兒會講話。寡人不是那釣魚之手，卿試釣之。（釣魚

　　　　　　　　　　　　　　　　　　　　　　　　　　　　　　　　　　　
〔註89〕見《元人雜劇鉤沉》，第104頁。

得介）（王）好魚，好魚，可以金盆注水養之，以供寡人樂趣。（龍又釣得介）（王）此魚更妙，前魚不似此魚。今只養此魚，棄了前魚罷。（龍放竿悲云）後魚既得，前魚即棄。感物興思，不覺淚下。（王）愛卿，我欲棄前魚，你為甚恁般悲泣？（龍）我王，臣非為魚而泣，乃為己而泣也。臣今進御於王，本以姿貌見憐。後若有妖姬婉女，美於臣者，臣必然見棄於王。是臣猶前釣之魚也，臣故悲泣。（王）唉！愛卿好過慮也，寡人金玉於爾，將彌久彌堅。爾且搵乾眼淚，不必恁般悲咽。

【青歌兒】（龍唱）今朝試把池魚釣，恐他日歡娛難保。卻教人萬感欷歔，淚珠兒濕透著衣襖。我王呵，我怕只怕，從前寵愛水中泡；慮只慮，過後恩情霜裏草。

【前腔】（王唱）你天生的十分俊俏，天生的十分夭嬌。你待寡人呵，朝暮的殷勤不了。我愛只愛，你語音奪得鶯聲巧；喜只喜，你姿容賽過瓊花好。

（龍）臣今日雖然見寵，倘日後色衰，必然見棄。（王）卿既過慮，待寡人出下令旨，以後國中再不許進獻美色以分卿家之寵。（龍謝介）謝我王千歲，千千歲。

果然，趙王未再納受美人。最後，龍陽君因感而歌：「光陰易老，日月疾如飛鳥。我只悲驚秋蒲柳，瀟瀟欲凋。因此上，傷懷抱，淚痕拋。君王今肯垂青照，想不把情瀾絕倒。」趙王亦再堅前情：「你論黃數皂，兀的是增煩受惱。這也難怪你呵，自古道：人心坑窰，陸地波濤。你因此上啼珠落，樸簌簌這遭。愛卿，我真心惟有天知道，怎肯把盟山推倒。」

據《螢窗異草》所載，清代康乾間遠在雲南鄉野還有泣魚故事的演出：「亞九遂為優於滇。一日，演《泣魚記》於鄉，亞九扮龍陽君，大為假楚王所窘，不勝忿忿。」〔註90〕該書還寫了一個龍陽君死後成蛟，誠心悔改的奇詭故事：

黎定國，隴西傑士，勇健有力。然當其微時，人或與之爭，輒斂手避之，曰：「渠非吾敵，斃之則枉殺一命，且誤我一世功名。」其志不可量。後入伍食餉，屢著奇績，以軍功擢都閫，蒞任粵西，苗人咸懾之。

〔註90〕《螢窗異草・初編卷二・白衣庵》。楚王應為魏王。

　　一日，奉憲檄巡視海洋，乘艨艟，建旗纛，勢甚烜赫。夜寢於舟內，漏下三鼓，忽聞唱名曰：「龍陽君謁！」黎疑其夢，然已披衣起矣。侍人明燭如晝，見有整冠服者入拜，衣制甚古，而年且耄耋，拱揖而言曰：「不穀受楚王大恩，位列諸侯之次，雖以色進，亦一時之盛遇也。自歿後，謫居海上，垂今二千餘年。近有亡恥少年，冒予名色，蠱惑良人，予已盡拘之來，給以職役。不圖南海孽龍，睨其秀麗，輒欲強行奪取。竊恐此輩一散，又將污觸天光，濁亂世宙，且隳予之聲聞。苟得威力如將軍，前往鎮撫之，庶幾可以無患。」黎聞其語甚誕，乃辭曰：「龍豈可以人力制伏耶？」對曰：「予已設飲宮中，將以大義責之。而予素乏拳勇，慮彼不服，微將軍特蒞是盟，後必有悔，非敢以戈戟相勞也。倘蒙見助，感戴靡涯。」黎遂慨然許諾，佩劍與行。出艙即有人控騎相候，乘之登岸，約數里，旋見一城，雉堞巍然，而不及一邑之廣。入門而東，有棟宇，亦似輪奐，黑暗中都不甚悉。龍陽君先已棄騎，揖之同入。門庭皆燃巨燭，雕楹刻桷，亦在恍惚之間。其居之內外，侍從百數，皆以美童充之。有披髮者，有弱冠者，亦有近人裝束者，要皆妙齡，無一老醜者。相遜至庭，龍陽君揖黎上坐。席未溫，有人遽報曰：「龍主至矣！」龍陽君出迎客，黎亦起立視之。珠燈數對，引一人，晃而盛服，貌絕陋，即如世所繪者。歷階而升，見黎即顧問曰：「客何為者？」龍陽君答曰：「黎都閫適來巡徼，亦奉屈至此。」龍主色似不懌，遽曰：「我輩之事，亦何與於陽官？龍陽君殊多事矣！」龍陽君未及答，黎即正色曰：「普天之下，莫非王土，天子設官，所以治之也。海中一窪水，余得巡查，則公私皆當與聞，豈可以幽明為界，遂謂為農之越畔哉？」龍主聞其言，亟改容致禮，且謝過。因共遜黎首席，而後賓主分坐。

　　酒行數巡，龍陽君乃言曰：「前承龍主馳諭，欲以海中珍玩易諸童，寡人何敢有違。然自後庭開鑿，古聖王列之三風〔註91〕，永垂世戒。後之帝王君公，或以驂乘見譏，或以餘桃遺臭，龍主亦何取

〔註91〕指《尚書‧伊訓》中的遠耆德、比頑童諸事：「敢有恆舞於宮，酣歌於室，時謂巫風；敢有殉於貨色，恆於游畋，時謂淫風；敢有侮聖言，逆忠直，遠耆德，比頑童，時謂亂風。」

於此？且計龍主宮中，美人充下陳，狗馬實外廄，亦已足以自娛。萬望收回成命，無貽海若之羞，波臣之笑，實為厚幸！」言已，龍主艴然不答。黎乃接談曰：「此論甚正。以余聞之，龍陽君曾泣前魚，豈不樂後人之繼起？今乃滌膚洗髓，思以盡革其餘風，意亦慕美。況龍主之職，只宜霖雨蒼生，而耽耽於頑童之比，九閽聞之，能無怒乎？即某亦竊為龍主滋懼矣。」龍主又默然。黎遽按劍而起，謂之曰：「君有三大罪，其知之乎？」龍主亦毅然曰：「不知也。」黎曰：「君雖蛙尊水府，實已南面稱王，竟不顧大褻體制，而宴然爭此孌童，一大罪。龍陽君受封於楚，曾為貴臣，君乃以威勢壓之，倚眾暴寡，恃強凌弱，二大罪。龍陽君盡收陸海，慮人宣淫，而君強競南風，導人縱慾，非三大罪而何？」語至此，須磔目張，劍已離室，屬聲曰：「某受朝廷之職，奉幕府之命，雖居末秩，實仗天威，凡有梗化者，無論鬼神，皆得問罪。矧今日之舉，將以扶弱鋤強，誅淫去暴。即以三尺之鋼，濺汝項血，諒不為過也！」挺劍而前。龍主色撓，長揖而謝之曰：「將軍坐，何至於此，寡人知過矣。如再思斷袖之歡，當遭醢身之禍。所不應者，有如此燭！」黎乃擲劍大笑曰：「吾固謂龍主豪傑，必無不斷之事也！」龍陽君又請為盟，黎笑而麾之曰：「以盟為有益乎？吾恐口血未乾，即有龍戰之事矣。盟既如此，不如無盟。」龍主亦辭而不歃，遂復坐飲。相對甚歡，直至雞鳴，龍主先辭去。龍陽君謝黎曰：「非借將軍神勇，此事正未易決也。」因獻明珠一枰。黎堅辭不受，依然乘馬而歸。比及舟中，天已昧旦，從人皆不知黎出，見始駭然。詰朝揚帆，見一蛟蜿蜒海面，從以小魚約數百，且稽首作謝狀。黎知為龍陽君，溫言慰之，旋失所在。〔註92〕

　　後世對先秦同性戀現象所進行的反映是多種多樣的。除去進行文學描寫，有的會藉以對男風及相關問題發表評論，如收於清人王曇《煙霞萬古樓時文》中的一篇《彌子之妻題》就曾借彌子瑕之事慨言女子如果嫁給了彌子這樣的丈夫，那真是她人生的不幸：

　　　　幸臣得其女妻，怨耦也。蓋彌子孌人，而妻則顏氏子也。妻者齊也，何其遇人不淑耶。嘗謂婦人從夫，淑女而竟適弄臣，亦閨房

不幸事哉！腐木不可以為柱，卑人不可以為主。振子狡童，袒腹而登冊女之床，君子讀《詩》至「雄鳴求牡」，鮮不歎靜女仳離。而乃有東家之子，且為蚩蚩驅虛，負而走者。衛靈公，煬竈之君也，狎比狡童，老而好色，愛彌子瑕者，一朝眾蔽。而其時顏讎由〔註93〕實有季妹，待年未嫁。瑕一美丈夫也，矯駕君車，入門布幣。爰是御輪三周，居然牢食，終成婦禮。衛人醜之，以為聘則為妻。彌子瑕之鄉里也，男子而行婦道，則淫而不交，人笑其臀無膚也。彌子私後車之情，豈不曰與為難口，寧為牛後耶？婦人吉而夫子凶，君子不與艾豭慶家人之卜。丈夫而薦男歡，則女而不婦，人笑其尻益高也。彌子戀前魚之愛，豈不曰與為雄飛，寧為雌伏耶？子南夫而子皙美，君子且與妻豬傷歸妹之窮。

夫彌子，以色事人者也。萬歲千秋之後，且樂得身蓐螻蟻，於妻何愛。則魚網鴻離，安知為彌子者，不巽在床下；而彌子妻者，不鶼鶼鰈鰈，東家食而西家宿也。鳥鳥寵雌雄之愛，馬牛奔臣妾之風，此狡兔三窟，所謂高枕而臥者，亦彌子莫須有之計，而妻亦危矣。拔茅茹以其匯徵，使二難可並，何不貫魚而並寵；況鰥梁笱敝，君妃亦愛少男，則尤物移人。臣敢獨修其帷薄，而妻則愀然憂曰：「是謂我不祥人也。妾自明詩習禮以後，絕未嘗私遘狐綏，豈今日履兩擇雙，忽欲乞國母禁臠，分驪姬之夜半乎？」密雲不雨，命塞而遇其配主，則怒呼役夫。一與齊而終身不改，此賈氏如皋，三年不笑者也。

太甲戒比頑之箴，而女歡嘗不敞席。食含桃以其餘進，使兩美可合，何妨齧臂而同盟。況宋野人歌：君淫又多外嬖，則難晨家索。臣敢不獻其祖衣，而妻則戚然悲曰：「彼何其不丈夫也。妾自施衿結縭以來，絕未始偷干庖吠，豈今日苕黃桑落，復欲託雌兔迷離，續枯楊之衰稊乎？」童牛不牿，色荒而見此金夫，則泣泫良人，吾見憐而何況老奴。此息嬀生子，三年不言者也。丹朱為朋淫之祖，而鳥獸猶不失儷。噫，連稱媵仲妹於宮，而顏氏棄其良娣，則當日鳩

〔註93〕《孟子·萬章上》曾載孔子「於衛主顏讎由。彌子之妻與子路之妻，兄弟也。」《史記·孔子世家》曾載：「孔子適衛，主於子路妻兄顏濁鄒家。」可見，顏讎由也即顏濁鄒，他的兩個妹妹（也可能為一姐一妹）分別是彌子瑕和子路的妻子。

媒不好，亦宜如向姜絕營而歸，而何以鶉雀無良，必欲同偕其老。聲伯嫁從妹於人，而顏氏愛其嬌婿，則當日刲羊無盍，亦宜如紀姬寧鄢而去，而何以髡鬘難棄，不能自下其堂。由此觀之，宋司徒女亦而毛，尚得自求佳配；徐吾犯妹喜而豔，猶能自擇良姻。顏非敝族，何至使靜女包羞，失身箕帚，反不如嬰兒子至死不嫁，為北宮氏之老女也。

　　向使彌子瑕者，色不衰，愛不弛，靈公虎欲逐逐，蒙輦歸閨，則亦若齊懿公納閻職之妻，命其故夫驂乘。而彌妻脫簪珥待罪永巷，速蒯瞶操刀之禍，亂豈不自婢子始哉？故曰：「幸臣得其女妻，怨耦也，非嘉耦也。」或曰：「彌子，賤臣也。室有伉儷，儼然與雄冠劍佩之大賢爭良娣袟，夫亦何幸。」《詩》云：「瑣瑣姻婭，則無膴仕。」婦人從夫，而後人傷其失身，此士君子不求巷遇，大丈夫不肯枉尺而直尋。〔註94〕

有的會對具體某事詳加考辨，如清代學者俞正燮曾經分析過歷代對於安陵、龍陽的各種認識：

　　《魏策》〔註95〕龍陽君，注〔註96〕云：「幸臣。」吳師道〔註97〕正注云：「幸姬也，非楚安陵、鄢陵、壽陵，趙建信之比，長孫佐輔、于武陵詩皆以宮人言之。」案：師道以唐詩說《國策》，其證已弱，且唐詩亦有誤本。《文選》齊·陸韓卿《中山王孺子妾歌》云：「子瑕矯後駕，安陵泣前魚。」泣魚之事非安陵，乃龍陽也。阮籍《詠懷》詩宋·顏延年注引龍陽、安陵事，後云：「安陵君所以悲魚也。」末語有缺文，而相傳已久。陸詩蓋本顏注，此後詩人相承誤為安陵。佐輔《古宮怨》云：「棄前方見泣船魚。」武陵《長信宮》詩云：「一從悲畫扇，幾度泣前魚。」二詩又本陸氏，謂是安陵。《元和姓纂》云：「安陵，小國，其後氏之。安陵纏，楚王妃。」故以為宮人，是也。二詩本說安陵，師道引以證龍陽，其疏一也。師道未讀陸詩，若依陸詩泣魚必妾，則子瑕亦宮人矣，其疏二也。《楚策》安陵君，正注亦引《姓纂》以為女子。則此正注當云：「正楚安陵之

〔註94〕　《眉廬叢話·奇文〈彌子之妻題〉》。
〔註95〕　指《戰國策·魏策》。
〔註96〕　宋代鮑彪作。
〔註97〕　元代學者。

比。」乃云：「非楚安陵之比。」二處皆名正注，無所適從，其疏三也。〔註98〕

就連在遊戲性質的猜謎等活動中，相關史實都時或會被加以利用，這方面的情況可參見本書第 394～397 頁的具體記述。

第三節　承延：秦漢時期

秦漢時期是佞倖時代，這一時代基本保持了春秋戰國時代的特點，著名同性戀事件主要發生在帝王與他們的幸臣之間，幸臣與正臣的衝突也很激烈，而社會上一般的同性戀現象依然記載較少。

一、帝王對佞倖的寵遇

統一六國後的秦朝只經過二十多年就倏忽傾滅，帝王同性戀現象集中在兩漢。兩漢又分兩個階段，西漢幾乎所有諸帝都有佞倖，東漢則少有反映。

司馬遷在《史記》中曾專作一卷《佞倖列傳》，班固《漢書》又作一卷《佞倖傳》，兩傳所載都是西漢人物。《佞倖列傳》開頭謂：「諺曰：『力田不如逢年，善仕不如遇合。』固無虛言，非獨女以色媚，而士宦亦有之。」結尾謂：「甚哉！愛憎之時。彌子瑕之行，雖百世可知也。」《佞倖傳贊》：「柔曼之傾意，非獨女德，蓋亦有男色焉。」所以，《史記》、《漢書》中的「佞倖」基本上是一個專門名詞，專指君主的同性戀對象。以兩書為基礎，西漢時期有豐富的君臣同性戀史料可資參考。按，關於佞倖的含義，東漢王充曾謂：「孔子曰：『君子有不幸而無有幸，小人有幸而無不幸。』又曰：『君子處易以俟命，小人行險以徼幸。』佞倖之徒，閎、籍孺之輩。無德薄才，以色稱媚，不宜愛而受寵，不當親而得附，非道理之宜，故太史公為之作傳。邪人反道而受恩寵，與此同科，故合其名謂之佞倖。」〔註99〕王充認為佞倖之徒既包括「以色稱媚」者，也包括一般的「邪人」。通觀《佞倖列傳》和《佞倖傳》，多數人物明顯屬於前面一類，但弘恭、石顯等卻少有「色」的特徵，而與一般意義上的「邪人」相近。因此，《史》、《漢》中的「佞倖」作為專指名詞可稍打折扣，雖然可以承認弘恭、石顯是同性戀者，但在程度上，應與對籍孺、董賢等肯定無疑的同性戀者的承認有所區別。

〔註98〕《癸巳存稿》卷十四。
〔註99〕《論衡·卷第二·幸偶篇》。

西漢最初的兩個皇帝高祖和惠帝都好男色，他們所寵幸的分別是籍孺和
閎孺。「昔以色幸者多矣。至漢興，高祖至暴抗也，（圖22）然籍孺以佞倖，孝
惠時有閎孺。此兩人非有材能，徒以婉佞貴倖，與上臥起，公卿皆因關說。故
孝惠時郎侍中皆冠鵔鸃，貝帶，傅脂粉，化閎、籍之屬也。」〔註100〕而高祖
劉邦的佞倖可知的不止籍孺一人。他備歷艱難奪得天下，做了皇帝後便有些懈
怠。一次，高祖「病甚，惡見人，臥禁中，詔戶者無得入群臣。十餘日，噲乃
排闥直入，大臣隨之。上獨枕一宦者臥。噲等見上流涕曰：『始陛下與臣等起
豐沛，定天下，何其壯也！今天下已定，又何其憊也！且陛下病甚，大臣震恐，
不見臣等計事，顧獨與一宦者絕乎！』高帝笑而起」〔註101〕。高帝與這位宦
者並不僅具枕與被枕的關係吧？

劉邦既然稱帝後有分桃之好，則他年青時這一喜好可能就已形成。彼時的
高祖被認為是一個「好酒及色」〔註102〕之人，很有些無賴習氣。與他相善的
同伴，一有盧綰。「盧綰者，豐人也，與高祖同里。盧綰親與高祖太上皇相愛，
及生男，高祖、盧綰同日生，里中持羊酒賀兩家。及高祖、盧綰壯，俱學書，
又相愛也。里中嘉兩家親相愛，生子同日，壯又相愛，復賀兩家羊酒。高祖為
布衣時，有吏事辟匿，盧綰常隨出入上下。及高祖初起沛，盧綰以客從，入漢
中為將軍，常侍中。從東擊項籍，以太尉常從，出入臥內，衣被飲食賞賜，群
臣莫敢望。雖蕭、曹等，特以事見禮，至其親幸，莫及盧綰。」〔註103〕還有
夏侯嬰。「夏侯嬰，沛人也。每過沛泗上亭，與高祖語，未嘗不移日也。嬰已
而試補縣吏，與高祖相愛。高祖戲而傷嬰，人有告高祖。高祖時為亭長，重坐
傷人，告故不傷嬰，嬰證之。後獄覆，嬰坐高祖繫歲餘，掠笞數百，終以是脫
高祖。」〔註104〕盧綰、夏侯嬰都是西漢的開國重臣，他倆與漢高祖存在同性
戀關係不大合乎推理，但「相愛」之詞至少可以提醒我們應當對那種情形做些
考慮。

高祖、惠帝之後是文帝，他所寵愛的鄧通在漢代諸佞倖中是突出的一位，
只比董賢名氣稍遜。「鄧通，蜀郡南安人也，以濯船為黃頭郎。孝文帝夢欲上
天，不能，有一黃頭郎從後推之上天，顧見其衣裻帶後穿。（圖23）覺而之漸

〔註100〕《史記·卷一百二十五·佞倖列傳》。
〔註101〕《史記》卷九十五。噲即樊噲，漢初重臣。
〔註102〕《史記》卷八。
〔註103〕《史記》卷九十三，C級。
〔註104〕《史記》卷九十五，C級。

臺,以夢中陰目求推者郎,即見鄧通,其衣後穿,夢中所見也。召問其名姓,姓鄧氏,名通。文帝說焉,尊幸之日異。通亦願謹,不好外交,雖賜洗沐,不欲出。於是文帝賞賜通鉅萬以十數,官至上大夫。文帝時時如鄧通家遊戲。然鄧通無他能,不能有所薦士,獨自謹其身以媚上而已。上使善相者相通,曰:『貧當餓死。』文帝曰:『能富通者在我也,何謂貧乎?』於是賜鄧通蜀嚴道銅山,得自鑄錢,鄧氏錢佈天下,其富如此。」但愛之適足以害之,君臣之間相戀太深,乃至使得鄧通未能善終:「文帝嘗病癰,鄧通常為帝唶吮之。(圖24)文帝不樂,從容問通曰:『天下誰最愛我者乎?』通曰:『宜莫如太子。』太子入問病,文帝使唶癰,唶癰而色難之。已而聞鄧通常為帝唶吮之,心慚,由此怨通矣。及文帝崩,景帝立,鄧通免,家居。居無何,人有告鄧通盜出徼外鑄錢。下吏驗問,頗有之,遂竟案,盡沒入鄧通家,尚負責數鉅萬。長公主賜鄧通,吏輒隨沒入之,一簪不得著身。於是長公主乃令假衣食。竟不得名一錢,寄死人家。」〔註105〕

在鄧通與漢文帝的同性戀關係中有引人注目的三點。第一,文帝賜其銅山,得自鑄錢,這是超乎尋常的寵遇。(圖25)本來漢文帝是歷史上有名的節儉皇帝,文景之治的主要特點就是行黃老之術,與民相休息。史載他「即位二十三年,宮室苑囿馬狗服御無所增益,有不便,輒弛以利民。嘗欲作露臺,召匠計之,直百金。上曰:『百金中民十家之產,吾奉先帝宮室,常恐羞之,何以臺為?』」〔註106〕可文帝卻讓鄧通如此得利,這顯然與他的治國準則不相合,自是因色害政的集中體現。第二,鄧通常為帝吮癰。在常人眼裏,吮癰舐痔是最為下作的獻媚行為,可鄧通卻心甘情願地去做,這反映了同性之戀可以達到怎樣的一種地步。第三,鄧通由富可敵國到寄死人家,這裡存在著一個巨大的境遇反差,是佞倖生存經歷的典型代表。由此幾點,鄧通成為了同性戀史上頗為有名的一人,鑄錢、吮癰和寄死在後世的同性戀載評中常會出現。

另外,文帝還寵幸趙同和北宮伯子兩位宦者。「北宮伯子以愛人長者,而趙同以星氣幸,常為文帝參乘。」〔註107〕

可能是由於厭惡鄧通的緣故,文帝之後的景帝對男色無大興趣,而景帝之後的武帝則又把男色之好推向了高潮。

〔註105〕《史記・卷一百二十五・佞倖列傳》。

〔註106〕《史記》卷十。

〔註107〕《史記・佞倖列傳》。

　　漢武帝劉徹在位五十餘年，文治武功在漢代承平皇帝中為僅有，但也給後世留下了妄求不死、耽聲好色之類的譏柄。（圖 26）武帝好色，女寵中出名的有李夫人、王夫人、趙倢伃等。李夫人美麗絕世，傾國傾城，只可惜佳人短命，她「病篤，上自臨候之。夫人蒙被謝曰：『妾久寢病，形貌毀壞，不可以見帝。願以兄弟為託。』（圖 27）及李夫人卒，上以后禮葬焉。其後，上以夫人兄李廣利為貳師將軍，封海西侯，延年為協律都尉」〔註 108〕。在李夫人的這兩位兄長裏面，有關李廣利的記載並未提及他是佞倖，而李延年在李夫人卒前就已經是武帝的外寵了。「李延年，中山人也。父母及身兄弟及女，皆故倡也。延年坐法腐，給事狗中。而平陽公主言延年女弟善舞，上見，心說之，及入永巷，而召貴延年。（圖 28）延年善歌，為變新聲，而上方興天地祠，欲造樂詩歌弦之。延年善承意，弦次初詩。佩二千石印，號協聲律。與上臥起，甚貴倖。久之，浸與中人亂，出入驕恣。及其女弟李夫人卒後，愛弛，則禽誅延年昆弟也。」〔註 109〕

　　李延年是一位以卓越的音樂才能留名於世的宦者，而漢武帝的幸臣當中也還有士人。韓嫣為漢初韓王韓信〔註 110〕之孫，當劉徹尚在做膠東王時，兩人就已經在一起讀書而「相愛」。「及上為太子，愈益親嫣。嫣善騎射，善佞。上即位，欲事伐匈奴，而嫣先習胡兵，以故益尊貴，官至上大夫，賞賜擬於鄧通。時嫣常與上臥起。江都王〔註 111〕入朝，有詔得從入獵上林中。天子車駕蹕道未行，而先使嫣乘副車，從數十百騎，鶩馳視獸。江都王望見，以為天子，辟從者，伏謁道傍。嫣驅不見，既過，江都王怒，為皇太后泣曰：『請得歸國入宿衛，比韓嫣。』太后由此嗛嫣。嫣侍上，出入永巷不禁，以姦聞皇太后。皇太后怒，使使賜嫣死。上為謝，終不能得，嫣遂死。而案道侯韓說，其弟也，亦佞倖。」〔註 112〕

〔註 108〕《漢書・卷九十七上・孝武李夫人傳》。
〔註 109〕《史記・佞倖列傳》。據《漢書・李延年傳》，與中人亂者是延年之弟李季。清代俞正燮分析認為《史記》正確，《漢書》為妄改。原因是李季非宦者，沒有機會入宮行亂，而李延年雖為閹宦卻未曾徹底淨身，故能與中人亂。語見《癸巳類稿》卷十一。
〔註 110〕與淮陰侯韓信不是一人。
〔註 111〕劉非，漢景帝子。
〔註 112〕《史記・佞倖列傳》。《西京雜記》載有韓嫣得意時的景況，卷四：「韓嫣好彈，常以金為丸，所失者日有十餘。長安為之語曰：『苦飢寒，逐金丸。』京師兒童每聞嫣出彈，輒隨之，望丸之所落輒拾焉。」卷六：「韓嫣以玳瑁為床。」

　　韓嫣、李延年都不得善終，「是後寵臣，太氏外戚之家也。衛青、霍去病皆愛幸，然亦以功能自進」〔註113〕。衛、霍二人不同於一般佞倖，他倆都是漢武帝時期威名遠揚的武將，在抵禦匈奴的戰鬥中立下過赫赫戰功。二人之起都由於衛子夫衛皇后，衛后是衛青的姐姐，霍去病的姨母。《史記》卷四十九載：「衛皇后字子夫，生微矣。蓋其家號曰衛氏，出平陽侯邑，子夫為平陽主謳者。武帝初即位，數歲無子。平陽主求諸良家子女十餘人，飾置家。武帝祓霸上還，因過平陽主。主見所侍美人，上弗說。既飲，謳者進，上望見，獨說衛子夫。是日，武帝起更衣，子夫侍尚衣軒中，得幸。上還坐，歡甚，賜平陽主金千斤。主因奏子夫奉送入宮。……尊寵日隆，召其兄衛長君、弟青為侍中。……衛子夫已立為皇后，先是衛長君死，乃以衛青為將軍，擊胡有功，封為長平侯。及衛皇后所謂姊衛少兒，少兒生子霍去病，以軍功封冠軍侯，號驃騎將軍。青號大將軍。」

　　《漢書》直接記述了衛青、霍去病的個人經歷。「衛青字仲卿。其父鄭季，河東平陽人也，以縣吏給事侯家。平陽侯曹壽尚武帝姊陽信長公主。季與主家僮衛媼通，生青。青有同母兄衛長君及姊子夫，子夫自平陽公主家得幸武帝，故青冒姓為衛氏。青為侯家人，少時歸其父，父使牧羊。民母之子皆奴畜之，不以為兄弟數。青嘗從人至甘泉居室，有一鉗徒相青曰：『貴人也，官至封侯。』（圖29）青笑曰：『人奴之生，得無笞罵即足矣，安得封侯事乎？』青壯，為侯家騎，從平陽主。建元二年春，青姊子夫得入宮幸上。大長公主聞衛子夫幸，有身，妒之，乃使人捕青。青時給事建章，未知名。大長公主執囚青，欲殺之。其友騎郎公孫敖與壯士往篡之，故得不死。上聞，乃召青為建章監，侍中。元光六年拜為車騎將軍，擊匈奴。元朔五年拜青為大將軍。」〔註114〕「霍去病，大將軍青姊少兒子也。其父霍仲孺先與少兒通，生去病。及衛皇后尊，少兒更為詹事陳掌妻。去病以皇后姊子，年十八為侍中。善騎射，再從大將軍。大將軍受詔，予壯士，為票姚校尉。元狩二年春為票騎將軍。」〔註115〕（圖30）衛

〔註113〕《漢書・卷九十三・佞倖傳》。「是後」兩字似不當，因為衛青、霍去病分別於元封五年（前106）和元狩六年（前117）就已經去世，而據《史記・外戚世家》和《漢書・李廣利傳》等，李延年之死是在太初年間（前104～前101），比他倆還要晚些。

〔註114〕《漢書・卷五十五・衛青傳》。平陽主、平陽公主、陽信長公主皆為一人。大長公主是武帝姑母，她的女兒為孝武陳皇后，元光五年陳后以巫蠱事見廢，元朔元年衛子夫繼立。

〔註115〕《漢書・卷五十五・霍去病傳》。

青、霍去病分別七次、六次出擊匈奴，各率軍殺敵五萬、十一萬餘眾，戰功卓著，聲振古今，歷為當時及後世所稱揚。因此，他倆雖然在《佞倖列傳》、《佞倖傳》中列名，卻由於威名顯赫而未被與一般佞倖等視。《史記》和《漢書》分別以《衛將軍驃騎列傳》和《衛青霍去病傳》大加表彰，朝臣中也似無就他倆與漢武帝的私人關係提出批評者。但兩人都出身低微，都曾任隨侍於皇帝左右的侍中之職。特別衛青，更是「以和柔自媚於上」〔註116〕，做侍中時武帝與他隨便到「踞廁而視之」〔註117〕的地步。因此，以漢武帝的好色多慾，把他倆當作同性戀幸臣的可能應是存在的。那麼，衛青和霍去病就成為幸臣當中不多見到的類型人物，即雖然是因色獲寵，並因而得到了政治上的權力，卻能在政治活動中有所作為，為國家做出貢獻，而不是恰恰相反。

昭、宣之世無甚寵臣，再到漢元帝劉奭時，弘恭、石顯以宦者佞倖干政，元帝一朝的政制被攪擾得一片混亂：

> 石顯字君房，濟南人；弘恭，沛人也。皆少坐法腐刑，為中黃門，以選為中尚書。宣帝時任中書官，恭明習法令故事，善為請奏，能稱其職。恭為令，顯為僕射。元帝即位數年，恭死，顯代為中書令。是時，元帝被疾，不親政事，方隆好於音樂。以顯久典事，中人無外黨，精專可信任，遂委以政。事無小大，因顯白決，貴倖傾朝，百僚皆敬事顯。……顯與中書僕射牢梁、少府五鹿充宗結為黨友，諸附倚者皆得寵位。民歌之曰：「牢邪石邪，五鹿客邪！印何累累，綬若若邪！」言其兼官據勢也。
>
> 顯見左將軍馮奉世父子為公卿著名，女又為昭儀在內，顯心欲附之，薦言昭儀兄謁者逡修敕宜侍帷幄。天子召見，欲以為侍中，逡請問言事。上聞逡言顯顓權，天子大怒，罷逡歸郎官。其後御史大夫缺，群臣皆舉逡兄大鴻臚野王行能第一，天子以問顯，顯曰：「九卿無出野王者。然野王親昭儀兄，臣恐後世必以陛下度越眾賢，私後宮親以為三公。」上曰：「善，吾不見是。」乃下詔嘉美野王，廢而不用。……
>
> 顯內自知擅權事柄在掌握，恐天子一旦納用左右耳目，有以間己，乃時歸誠，取一信以為驗。顯嘗使至諸官有所徵發，顯先自白，

〔註116〕《史記·卷一百一十一·衛將軍驃騎列傳》。
〔註117〕《史記·卷一百二十·汲鄭列傳》。

恐後漏盡宮門閉，請使詔吏開門。上許之。顯故投夜還，稱詔開門入。後果有上書告顯顓命矯詔開宮門，天子聞之，笑以其書示顯。顯因泣曰：「陛下過私小臣，屬任以事，群下無不嫉妒欲陷害臣者，事類如此非一，唯獨明主知之。愚臣微賤，誠不能以一軀稱快萬眾，任天下之怨。臣願歸樞機職，受後宮掃除之役，死無所恨，唯陛下哀憐財幸，以此全活小臣。」天子以為然而憐之，數勞勉顯，加厚賞賜，賞賜及略遺訾一萬萬。

初，顯聞眾人匈匈，言己殺前將軍蕭望之。望之當世名儒，顯恐天下學士姍己，病之。是時，明經著節士琅邪貢禹為諫大夫，顯使人致意，深自結納。顯因薦禹天子，歷位九卿，至御史大夫，禮事之甚備。議者於是稱顯，以為不妒譖望之矣。顯之設變詐以自解免取信人主者，皆此類也。

元帝晚節寢疾，定陶恭王愛幸，顯擁祐太子頗有力。元帝崩，成帝初即位，遷顯為長信中太僕，秩中二千石。顯失倚，離權數月，丞相御史條奏顯舊惡，及其黨牢梁、陳順皆免官。顯與妻子徙歸故郡，憂滿不食，道病死。諸所交結，以顯為官，皆廢罷。少府五鹿充宗左遷玄菟太守，御史中丞伊嘉為雁門都尉。長安謠曰：「伊徙雁，鹿徙菟，去牢與陳實無賈。」〔註118〕

漢成帝劉驁寵幸的是兩位士人淳于長和張放：

淳于長，魏郡元城人也。少以太后姊子為黃門郎，未進幸。會大將軍王鳳病，長侍病，晨夜扶丞左右，甚有甥舅之恩。鳳且終，以長屬託太后及帝。帝嘉長義，拜為列校尉諸曹，遷水衡都尉侍中，至衛尉九卿。（圖31）

久之，趙飛燕貴倖，上欲立以為皇后，太后以其所出微，難之。長主往來通語東宮。歲餘，趙皇后得立，上甚德之，乃追顯長前功，下詔曰：「前將作大匠解萬年奏請營作昌陵，罷弊海內，侍中衛尉長數白宜止徙家反故處，朕以長言下公卿，議者皆合長計。首建至策，民以康寧。其賜長爵關內侯。」後遂封為定陵侯，大見信用，貴傾公卿。外交諸侯牧守，略遺賞賜亦累鉅萬。多畜妻妾，淫於聲色，不奉法度。

〔註118〕《漢書‧卷九十三‧石顯傳》。

　　初，許皇后坐執左道廢處長定宮。而後姊嬺為龍頟思侯夫人，寡居。長與嬺私通，因取為小妻。許后因嬺略遺長，欲求復為健伃。長受許后金錢乘輿服御物前後千餘萬，詐許為白上，立以為左皇后。嬺每入長定宮，輒與嬺書，戲侮許后，嫚易無不言。交通書記，略遺連年。是時，帝舅曲陽侯王根為大司馬票騎將軍，輔政數歲，久病，數乞骸骨。長以外親居九卿位，次第當代根。根兄子新都侯王莽心害長寵，私聞長取許嬺，受長定宮略遺。莽侍曲陽侯疾，因言：「長見將軍久病，意喜，自以當代輔政，至對衣冠議語署置。」具言其罪過。根怒曰：「即如是，何不白也？」莽曰：「未知將軍意，故未敢言。」根曰：「趣白東宮。」莽求見太后，具言長驕佚，欲代曲陽侯，對莽母上車，私與長定貴人姊通，受取其衣物。太后亦怒曰：「兒至如此！往白之帝！」莽白上，上乃免長官，遣就國。

　　初，長為侍中，奉兩宮使，親密。紅陽侯立獨不得為大司馬輔政，立自疑為長毀譖，常怨毒長。上知之。及長當就國也，立嗣子融從長請車騎，長以珍寶因融重遺立，立因為長言。於是天子疑焉，下有司案驗。吏捕融，立令融自殺以滅口。上愈疑其有大奸，遂逮長繫洛陽詔獄窮治。長具服戲侮長定宮，謀立左皇后，罪至大逆，死獄中。〔註119〕

　　淳于長身為幸臣卻對皇帝不忠，自難避免殺身之禍。與淳于長之死形成鮮明對照，「常與上臥起，俱為微行出入」〔註120〕的富平侯張放是死於成帝崩逝後的哀痛，君臣兩人表現的就像一對相愛甚深的夫婦：

　　鴻嘉中，上欲遵武帝故事，與近臣遊宴，放以公主子開敏得幸。放取皇后弟平恩侯許嘉女，上為放供張，賜甲第，充以乘輿服飾，號為天子取婦，皇后嫁女。大官私官並供其第，兩宮使者冠蓋不絕，賞賜以千萬數。放為侍中中郎將，監平樂屯兵，置莫府，儀比將軍。與上臥起，寵愛殊絕，常從為微行出遊。北至甘泉，南至長楊、五莋，鬥雞走馬長安中，積數年。（圖32）

　　是時上諸舅皆害其寵，白太后。太后以上春秋富，動作不節，甚以過放。時數有災異，議者歸咎放等。於是丞相宣、御史大夫方

〔註119〕　《漢書‧卷九十三‧淳于長傳》。
〔註120〕　《漢書‧佞倖傳》。

進奏：「放驕蹇縱恣，奢淫不制。前侍御史修等四人奉使至放家逐名捕賊，時放見在，奴從者閉門設兵弩射吏，距使者不肯內。知男子李遊君欲獻女，使樂府音監景武強求不得，使奴康等之其家，賊傷三人。又以縣官事怨樂府遊徼莽，而使大奴駿等四十餘人群黨盛兵弩，白晝入樂府攻射官寺，縛束長吏子弟，斫破器物，宮中皆犇走伏匿。莽自髡鉗，衣赭衣，及守令史調等皆徒跣叩頭謝放，放乃止。奴從者支屬並乘權勢為暴虐，至求吏妻不得，殺其夫。或恚一人，妄殺其親屬，輒亡入放第，不得，幸得勿治。放行輕薄，連犯大惡，有感動陰陽之咎，為臣不忠首，罪名雖顯，前蒙恩。驕逸悖理，與背畔無異，臣子之惡，莫大於是，不宜宿衛在位。臣請免放歸國，以銷眾邪之萌，厭海內之心。」上不得已，左遷放為北地都尉。數月，復徵入侍中。太后以放為言，出放為天水屬國都尉。永始、元延間，比年日蝕，故久不還放，璽書勞問不絕。居歲餘，徵放歸第視母公主疾。數月，主有瘳，出放為河東都尉。上雖愛放，然上迫太后，下用大臣，故常涕泣而遣之。後復徵放為侍中光祿大夫，秩中二千石。歲餘，丞相方進覆奏放，上不得已，免放，賜錢五百萬，遣就國。數月，成帝崩，放思慕哭泣而死。〔註121〕

像成帝和張放這樣的關係，曲折變幻，舉朝哄聞。但在後世卻未曾產生出特別典故，歷史上名氣不大。而類似的君臣相戀，漢哀帝劉欣和董賢之間著名的「斷袖」情誼則使他倆成為了古代同性戀人物的代表：

董賢字聖卿，雲陽人也。父恭，為御史，任賢為太子舍人。哀帝立，賢隨太子官為郎。二歲餘，賢傳漏在殿下，為人美麗自喜，（圖33）哀帝望見，說其儀貌，識而問之，曰：「是舍人董賢邪？」因引上與語，拜為黃門郎，繇是始幸。問及其父為雲中侯，即日徵為霸陵令，遷光祿大夫。賢寵愛日甚，為駙馬都尉侍中，出則參乘，入御左右，旬月間賞賜累鉅萬，貴震朝廷。常與上臥起。嘗晝寢，偏藉上褻（袖），上欲起，賢未覺，不欲動賢，乃斷褻而起。〔註122〕

〔註121〕《漢書‧卷五十九‧張湯傳附》。

〔註122〕《拾遺記》卷六對斷袖之事的記述是：「哀帝尚淫奢，多進詔佞幸愛之臣。競以妝飾妖麗，巧言取容。董賢衣霧綃單衣，飄若蟬翼。帝入宴息之房，命賢卿易輕衣小袖，不用奢帶修裙，欲使宛轉便易也。宮人皆效其斷袖，又云割裙，恐驚其眠。」這段記述中的「恐驚其眠」與前面難以銜接，如果將其去

其恩愛至此！（圖34）賢亦性柔和便辟，善為媚以自固。每賜洗沐，不肯出，常留中視醫藥。上以賢難歸，詔令賢妻得通引籍殿中，止賢廬，若吏妻子居官寺舍。又召賢女弟以為昭儀，位次皇后，更名其舍為椒風，以配椒房云。昭儀及賢與妻旦夕上下，並侍左右。賞賜昭儀及賢妻亦各千萬數。遷賢父為少府，賜爵關內侯，食邑，復徙為衛尉。又以賢妻父為將作大匠，弟為執金吾。詔將作大匠為賢起大第北闕下，重殿洞門，木土之功窮極技巧，柱檻衣以綈錦。下至賢家僮僕皆受上賜，及武庫禁兵，上方珍寶。其選物上弟盡在董氏，而乘輿所服乃其副也。及至東園秘器，珠襦玉柙，豫以賜賢，無不備具。又令將作為賢起冢塋義陵旁，內為便房，剛柏題湊，外為徼道，周垣數里，門闕罘罳甚盛。

上欲侯賢而未有緣。會待詔孫寵、息夫躬等告東平王雲后謁祠祀祝詛，下有司治，皆伏其辜。上於是令躬、寵為因賢告東平事者，乃以其功下詔封賢為高安侯，躬宜陵侯，寵方陽侯，食邑各千戶。頃之，復益封賢二千戶。丞相王嘉內疑東平事冤，甚惡躬等，數諫爭，以賢為亂國制度，嘉竟坐言事下獄死。

上初即位，祖母傅太后、母丁太后皆在，兩家先貴。傅太后從弟喜先為大司馬輔政，數諫，失太后指，免官。上舅丁明代為大司馬，亦任職，頗害賢寵，及丞相王嘉死，明甚憐之。上浸重賢，欲極其位，而恨明如此，遂冊免明曰：「前東平王雲貪欲上位，祠祭祝詛，雲后舅伍宏以醫待詔，與校秘書郎楊閎結謀反逆，禍甚迫切。賴宗廟神靈，董賢等以聞，咸伏其辜。將軍從弟侍中奉車都尉吳、族父左曹屯騎校尉宣皆知宏及栩丹諸侯王后親，而宣除用丹為御屬，吳與宏交通厚善，數稱薦宏。宏以附吳得興其惡心，因醫技進，幾危社稷。朕以恭皇后故，不忍有云。將軍位尊任重，既不能明威立義，折消未萌，又不深疾雲、宏之惡，而懷非君上，阿為宣、吳，反痛恨雲等揚言為群下所冤，又親見言伍宏善醫，死可惜也，賢等獲封極幸。嫉妒忠良，非毀有功，於戲傷哉！蓋『君親無將，將而誅

掉的話，其餘內容對於「斷袖」的來歷倒也不失為一種別致的解釋，當然，這種解釋基本上是不符合歷史史實的。《欽定四庫全書總目》卷一百四十二對《拾遺記》的評介是：「其言荒誕，證以史傳皆不合。然歷代詞人，取材不竭，亦劉勰所謂事豐奇偉，辭富膏腴，無益經典，而有助文章者歟？」

之』。是以季友鴆叔牙，《春秋》賢之；趙盾不討賊，謂之弒君。朕閔將軍陷於重刑，故以書飭。將軍遂非不改，復與丞相嘉相比，令嘉有依，得以罔上。有司致法將軍請獄治，朕惟嗞膚之恩未忍，其上票騎將軍印綬，罷歸就第。」遂以賢代明為大司馬衛將軍，冊曰：「朕承天序，惟稽古建爾於公，以為漢輔。往悉爾心，統辟元戎，折衝綏遠，匡正庶事，允執其中。天下之眾，受制於朕，以將為命，以兵為威，可不慎與！」是時賢年二十二，雖為三公，常給事中，領尚書，百官因賢奏事。以父恭不宜在卿位，徙為光祿大夫，秩中二千石。弟寬信代賢為駙馬都尉。董氏親屬皆侍中諸曹奉朝請，寵在丁、傅之右矣。

明年，匈奴單于來朝，宴見，群臣在前。單于怪賢年少，以問譯，上令譯報曰：「大司馬年少，以大賢居位。」單于乃起拜，賀漢得賢臣。

是時，成帝外家王氏衰廢，唯平阿侯譚子去疾，哀帝為太子時為庶子得幸，及即位，為侍中騎都尉。上以王氏亡在位者，遂用舊恩親近去疾，復進其弟閎為中常侍。閎妻父蕭咸，前將軍望之子也，久為郡守，病免，為中郎將。兄弟並列，賢父恭慕之，欲與結婚姻。閎為賢弟駙馬都尉寬信求咸女為婦，咸惶恐不敢當，私謂閎曰：「董公為大司馬，冊文言『允執其中』，此乃堯禪舜之文，非三公故事，長老見者，莫不心懼。此豈家人子所能堪邪！」閎性有知略，聞咸言，心亦悟。乃還報恭，深達咸自謙薄之意。恭歎曰：「我家何用負天下，而為人所畏如是！」意不說。後上置酒麒麟殿，賢父子親屬宴飲，王閎兄弟侍中中常侍皆在側。上有酒所，從容視賢笑，曰：「吾欲法堯禪舜，何如？」閎進曰：「天下乃高皇帝天下，非陛下之有也。陛下承宗廟，當傳子孫於亡窮。統業至重，天子亡戲言！」上默然不說，左右皆恐。於是遣閎出，後不得復侍宴。〔註123〕

〔註123〕 《資治通鑒》卷第三十五載有王閎的一份奏疏，曰：「臣聞王者立三公，法三光，居之者當得賢人。《易》曰：『鼎折足，覆公餗。』喻三公非其人也。昔孝文皇帝幸鄧通，不過中大夫。武帝幸韓嫣，賞賜而已，皆不在大位。今大司馬、衛將軍董賢，無功於漢朝，又無肺腑之連，復無名蹟高行以矯世。升擢數年，列備鼎足，典衛禁兵，無功封爵，父子、兄弟橫蒙拔擢，賞賜空竭帑藏，萬民喧嘩，偶言道路，誠不當天心也。昔襃神蚖變化為人，實生襃姒，亂

賢第新成，功堅，其外大門無故自壞，賢心惡之。後數月，哀帝崩。太皇太后召大司馬賢，引見東廂，問以喪事調度。賢內憂，不能對，免冠謝。太后曰：「新都侯莽前以大司馬奉送先帝大行，曉習故事，吾令莽佐君。」賢頓首幸甚。太后遣使者召莽。既至，以太后指使尚書劾賢帝病不親醫藥，禁止賢不得入出宮殿司馬中。賢不知所為，詣闕免冠徒跣謝。莽使謁者以太后詔即闕下冊賢曰：「間者以來，陰陽不調，菑害並臻，元元蒙辜。夫三公，鼎足之輔也，高安侯賢未更事理，為大司馬不合眾心，非所以折衝綏遠也。其收大司馬印綬，罷歸第。」即日賢與妻皆自殺，家惶恐夜葬。莽疑其詐死，有司奏請發賢棺，至獄診視。莽復風大司徒〔孔〕光奏：「賢質性巧佞，翼奸以獲封侯，父子專朝，兄弟並寵，多受賞賜，治第宅，造冢壙，放效無極，不異王制，費以萬萬計，國家為空虛。父子驕蹇，至不為使者禮，受賜不拜，罪惡暴著。賢自殺伏辜，死後父恭等不悔過，乃復以沙畫棺，四時之色，左蒼龍，右白虎，上著金銀日月，玉衣珠璧以棺，至尊無以加。恭等幸得免於誅，不宜在中土。臣請收沒入財物縣官。諸以賢為官者皆免。」父恭、弟寬信與家屬徙合浦，母別歸故郡鉅鹿。賢既見發，裸診其尸，因埋獄中。〔註124〕

據《漢書・佞倖傳》，西漢景帝、昭帝和宣帝皆無明顯的同性戀跡象，但又也都稍有表現。「孝景、昭、宣時皆無寵臣。景帝唯有郎中令周仁。昭帝時，駙馬都尉秺侯金賞，嗣父車騎將軍日磾爵為侯。二人之寵取過庸，不篤。宣帝時，侍中中郎將張彭祖少與帝微時同席研書，及帝即尊位，彭祖以舊恩封陽都侯，出常參乘，號為愛幸。」其中關於景帝與周文，《史記》卷一百三記載較詳：「郎中令周文者，名仁，以醫見。仁為人陰重不泄，常衣敝補衣溺

周國。恐陛下有過失之譏，賢有小人不知進退之禍，非所以垂法後世也。」《後漢書》卷十二載有王閎的傳記，謂：「王閎者，王莽叔父平阿侯譚之子也，哀帝時為中常侍。時幸臣董賢為大司馬，寵愛貴盛，閎屢諫，忤旨。哀帝臨崩，以璽綬付賢曰：『無妄以與人。』時國無嗣主，內外惶懼，閎白元后，請奪之。即帶劍至宣德後閣，舉手叱賢曰：『宮車晏駕，國嗣未立，公受恩深重，當俯伏號泣，何事久持璽綬以待禍至邪？』賢知閎必死，不敢拒之，乃跪授璽綬。閎持上太后，朝廷壯之。及王莽篡位，憚忌閎，乃出為東郡太守。閎懼誅，常繫藥手內。莽敗，漢兵起，閎獨完全東郡三十餘萬戶，歸降更始。」

〔註124〕《漢書・卷九十三・董賢傳》。

袴，期為不潔清，以是得幸。景帝入臥內，於後宮秘戲，仁常在旁。上所賜甚多，然常讓，不敢受也。」關於昭帝與金賞，《漢書·金日磾傳》記載較詳，且謂金賞之弟金建亦為昭帝所寵：「日磾兩子，賞、建俱侍中，與昭帝略同年，共臥起。賞為奉車，建駙馬都尉。及賞嗣侯，佩兩綬，上謂霍將軍曰：『金氏兄弟兩人，不可使俱兩綬邪？』霍光對曰：『賞自嗣父為侯耳。』上笑曰：『侯不在我與將軍乎？』光曰：『先帝之約，有功乃得封侯。』時年俱八九歲。」〔註125〕

自《後漢書》開始，歷代正史中或者沒有佞倖傳、恩倖傳等相關傳記，或者雖有也擴大改變了所收人物的範圍和性質，淡化了「佞倖」的同性戀含義。《魏書·恩倖列傳序》曾謂：「夫令色巧言，矯情貌飾，邀昵睞之利，射咳唾之私，此蓋苟進之常也。故甚者刑身淪子，其次舐痔嘗癰，況乃散金秦貨，輸錢漢爵，又何怪哉？若夫地窮尊貴，嗜慾所攻，聖達其猶病諸，中庸固不能免。男女性態，其揆斯一，二代之亡，皆是物也。據天下之圖，持海內之命，顧指如意，高下在心，此乃夏桀、殷紂喪二邦，秦母、呂雉穢兩國也。書其變態，備禍福之由焉。」《明史·佞倖列傳序》：「漢史所載佞倖，如籍孺、閎孺、鄧通、韓嫣、李延年、董賢、張放之屬，皆以宦寺弄臣貽譏千古，未聞以武夫、健兒、貪人、酷吏、方技、雜流任親昵，承寵渥於不衰者也。明興，創設錦衣衛，典親軍，昵居肘腋。成祖即位，知人不附己，欲以威嚇天下，特任紀綱為錦衣，寄耳目。綱刺廷臣陰事，以希上指，帝以為忠，被殘殺者不可勝數。英宗時，門達、逯杲之徒，並見親信。至其後，廠衛遂相表裏，清流之禍酷焉。憲宗之世，李孜省、僧繼曉以祈禱被寵任，萬安、尹直、彭華等至因之以得高位。武宗日事般遊，不恤國事，一時宵人並起，錢寧以錦衣幸，臧賢以伶人幸，江彬、許泰以邊將幸，馬昂以女弟幸。禍流中外，宗社幾墟。世宗入繼大統，宜矯前軌，乃任陸炳於從龍，寵郭勳於議禮，而一時方士如陶仲文、邵元節、藍道行之輩，紛然並進，玉杯牛帛，詐妄滋興。凡此諸人，口銜天憲，威福在

─────────────────────────

〔註125〕金日磾是漢武帝的近臣，據《漢書》來推測，他至少有三個兒子，長子已被他所殺。《金日磾傳》也曾記載他長子──兼及次子──的一些情況，其時尚是漢武帝在位：「日磾子二人皆愛，為帝弄兒，常在旁側。弄兒或自後擁上項，日磾在前，見而目之。弄兒走且啼曰：『翁怒。』上謂日磾：『何怒吾兒為？』其後弄兒壯大，不謹，自殿下與宮人戲，日磾適見之，惡其淫亂，遂殺弄兒。弄兒即日磾長子也。上聞之大怒，日磾頓首謝，具言所以殺弄兒狀。上甚哀，為之泣。」

手，天下士大夫靡然從風。雖以成祖、世宗之英武聰察，而嬖幸醸亂，幾與昏庸失道之主同其蒙蔽。彼第以親己為可信，而孰知其害之至於此也。至顧可學、盛端明、朱隆禧之屬，皆起家甲科，致位通顯，乃以秘術干榮，為世戮笑。此亦佞倖之尤者，附之篇末，用以示戒云。」

在上述《魏書》和《明史》的兩個列傳中分別只有趙修、茹皓和江彬、錢寧等數人可謂是以身獲寵，其他多數佞倖從傳文中是看不出有什麼男色表現的。《南齊書・幸臣列傳序》曾謂：「有天象，必有人事焉。幸臣一星，列於帝座，經禮立教，亦著近臣之服。親幸之義，其來已久。爰自衰周，侯伯專命，桓文霸主，至於戰國，寵用近習，不乏於時矣。漢文幸鄧通，雖錢遍天下，位止郎中。孝武韓嫣、霍去病，遂至侍中、大司馬。迄於魏晉，世任權重，才位稍爽，而信幸唯均。今立幸臣篇，以繼前史之末云。」《金史・佞倖列傳序》：「世之有嗜慾者，何嘗不被其害哉！龍，天下之至神也，一有嗜慾，見制於人，故人君亦然。嗜慾不獨柔曼之傾意也，征伐、畋獵、土木、神仙，彼為佞者皆有以投其所好焉。」上述《南齊書》和《金史》的兩個列傳在對同性戀的淡化上要比《魏書》、《明史》徹底，雖然各自序文中分別有「繼前史之末」、「柔曼之傾意」等語句，但從它們具體的傳文中幾乎就找不出一位「佞倖」是男色上的佞倖，所記諸人依照諸傳所述幾乎都是以非同性戀方式獲寵的。

《後漢書》和《晉書》、新舊《唐書》等則是淡化得最徹底的：屬於根本未立佞倖或恩倖、幸臣等列傳的正史（其他還有《三國志》、《梁書》、《陳書》、《周書》、《隋書》、《新五代史》、《舊五代史》、《遼史》、《元史》、《清史稿》），從而與《史記》、《漢書》完全不同。單就《後漢書》而言，未立的原因有以下可能：（1）東漢皇帝的同性戀活動比西漢少並且有意隱避。（2）《後漢書》作於東漢滅亡之後二百餘年，作者范曄對佞倖的情況不大瞭解。（3）范曄以同性戀問題為難言之事，有意不書。由此，第一，東漢帝王——佞倖同性戀的表現確實不如西漢明顯。第二，也不必認為東漢諸帝對同性戀的態度就是發生了根本改變。西、東兩漢世風前後連貫，作為世風組成部分的男風並沒有特殊理由忽然完全改變其面貌。

至於東漢帝王同性戀的例子，漢和帝時，名醫郭玉診病多有效驗，「帝奇之，仍試令嬖臣美手腕者與女子雜處帷中，使玉各診一手，問所疾苦。玉曰：『左陽右陰，脈有男女，狀若異人，臣疑其故。』帝歎息稱善」〔註126〕。郭

〔註126〕《後漢書・卷八十二下・郭玉傳》。

玉是名醫，所以能把嬖臣和女子區別開來。而和帝既然歎息稱善，說明他認為一般人是不能辨出的。可見這位嬖人手腕之美確實不異婦女，那麼他的相貌、體態應也與女子相近，難道不是一個「柔曼」能夠「傾意」者？再如桓帝時，一次太史令上言客星經帝座，大鴻臚爰延藉以上奏進諫云：

> 臣聞天子尊無為上，故天以為子，位臨臣庶，威重四海。動靜以禮，則星辰順序；意有邪僻，則晷度錯違。陛下以河南尹鄧萬有龍潛之舊，封為通侯，恩重公卿，惠豐宗室。加頃引見，與之對博，上下媟黷，有虧尊嚴。臣聞之，帝左右者，所以諮政德也。故周公戒成王曰「其朋其朋」，言慎所與也。昔宋閔公與強臣共博，列婦人於側，積此無禮，以致大災[註127]。武帝與幸臣李延年、韓嫣同臥起，尊爵重賜，情愛無厭，遂生驕淫之心，行不義之事，卒延年被戮，嫣伏其辜。夫愛之則不覺其過，惡之則不知其善，所以事多放濫，物情生怨。故王者賞人必酬其功，爵人必甄其德。善人同處，則日聞嘉訓；惡人從遊，則日生邪情。孔子曰：「益者三友，損者三友。」邪臣惑君，亂妄危主，以非所言則悅於耳，以非所行則玩於目，故令人君不能遠之。仲尼曰：「唯女子與小人為難養，近之則不遜，遠之則怨。」蓋聖人之明戒也！昔光武皇帝與嚴光俱寢，上天之異，其夕即見。夫以光武之聖德，嚴光之高賢，君臣合道，尚降此變，豈況陛下今所親幸，以賤為貴，以卑為尊哉？惟陛下遠讒諛之人，納謇謇之士，除左右之權，寢宦官之敝。使積善日熙，佞惡消殄，則乾災可除。[註128]

桓帝見奏不予採納，爰延因而乞骨還家。爰奏在言及桓帝與其潛邸舊人鄧萬（實際姓名為鄧萬世）的關係時提到了幾位前人，其中，漢武帝與李延年、韓嫣是人所共知的同性戀者，而光武帝劉秀與著名隱士嚴光則更需著重看待。《後漢書・嚴光傳》載：「嚴光字子陵，少有高名，與光武同遊學。及光武即位，乃變名姓，隱身不見。帝思其賢，乃令以物色訪之。後齊國上言：『有一男子，披羊裘釣澤中。』帝疑其光，乃遣使聘之，三反而後至。……引光入，論道故舊，相對累日。因共偃臥，光以足加帝腹上。明日，太史奏客星犯御坐甚急，帝笑曰：『朕故人嚴子陵共臥耳。』除為諫議大夫，不屈，乃耕

[註127] 指宋公為強臣所弒。
[註128] 《後漢書・卷四十八・爰延傳》。

於富春山。」考慮到劉秀和嚴光的具體特點,他們兩人「共偃臥」只是故舊誼深的體現,談不上會發生同性戀行為。但問題是,爰延藉此事來做勸諫時,是否是在委婉地指出桓帝與鄧萬也曾同臥,以致帝座也為客星所犯?桓帝是中下之主,鄧萬是貴倖寵臣,他倆若是在一起同睡就與光武帝和嚴子陵大不相同了,很可能會在床笫之間做出一些實實在在的事情的。〔註129〕

二、朝臣與佞倖的鬥爭

漢代尤其西漢時期,佞倖嬖寵是社會上引人注目的一類人群。他們「進不繇道,位過其任」〔註130〕,就像先秦時期的外嬖一樣,受到了朝廷正臣的強烈反對。在鬥爭中,申屠嘉、蕭望之、王嘉等朝臣表現出了剛直不阿的卓絕古風,堪為臣道的表率。

申屠嘉曾追從高祖轉戰南北,文帝時已為數朝舊臣,身任丞相,年高望重。「是時太中大夫鄧通方隆愛幸,賞賜累鉅萬。文帝嘗燕飲通家,其寵如是。是時丞相入朝,而通居上傍,有怠慢之禮。丞相奏事畢,因言曰:『陛下愛幸臣,則富貴之;至於朝廷之禮,不可以不肅!』上曰:『君勿言,吾私之。』罷朝坐府中,嘉為檄召鄧通詣丞相府,不來,且斬通。通恐,入言上。上曰:『汝第往,吾今使人召若。』通至丞相府,免冠,徒跣,頓首謝。(圖35)嘉坐自如,故不為禮,責曰:『夫朝廷者,高皇帝之朝廷也。通小臣,戲殿上,大不敬,當斬。吏今行斬之!』通頓首,首盡出血。不解。文帝度丞相已困通,使使者持節召通,而謝丞相曰:『此吾弄臣,君釋之。』鄧通既至,為上泣曰:『丞相幾殺臣。』」〔註131〕

鄧通雖然貴寵但終究謹言慎行,所以面對申屠丞相的責侮未曾採取什麼特別的報復行動。而元帝時的石顯則屬另一類佞倖,他「忤恨睚眥」,依靠皇帝時時對朝臣處於上風。「初元中,前將軍蕭望之及光祿大夫周堪、宗正劉更生皆給事中。望之領尚書事,知顯專權邪辟,建白以為:『尚書百官之本,國家樞機,宜以通明公正處之。武帝遊宴後庭,故用宦者,非古制也。宜罷中書宦官,應古不近刑人。』元帝不聽,繇是大與顯忤。後太中大夫張猛、魏

〔註129〕 但鄧萬是鄧皇后從父,年長桓帝10歲以上;延熹八年(165)鄧后見廢,鄧萬因而下獄死。這些似又可以為桓帝與鄧萬不存在同性戀關係提供一些側面依據。

〔註130〕 《漢書·佞倖傳贊》。

〔註131〕 《史記》卷九十六。

郡太守京房、御史中丞陳咸、待詔賈捐之皆嘗奏封事，或召見，言顯短。顯求所其罪，房、捐之棄市，（圖36）猛自殺於公車，咸抵罪，髡為城旦。及鄭令蘇建得顯私書奏之，後以它事論死。」〔註132〕在與石顯抗鬥的諸臣當中，蕭望之為元帝傅，位至將軍，受爵關內侯。可在石顯屢次進讒之後，最終元帝竟同意將他逮捕繫獄。「顯等因令太常急發執金吾車騎馳圍其第。使者至，召望之。望之欲自殺，其夫人止之，以為非天子意。望之以問門下生朱雲。雲者好節士，勸望之自裁。於是望之仰天歎曰：『吾嘗備位將相，年逾六十矣，老入牢獄，苟求生活，不亦鄙乎？』謂雲曰：『游，趣和藥來，無久留我死！』竟飲鴆自殺。」〔註133〕（圖37）蕭望之慘烈以死，元帝雖也哀痛，對石顯卻依然寵信。

和蕭望之一起同石顯做鬥爭的名臣還有劉向。劉向原名更生，博知廣聞，編著《新序》、《說苑》、《列女傳》等，為漢代著名史學家、經學家、目錄學家和文學家。他精通讖緯五行之學，並用之於實際政治。元帝初元三年，「孝武園白鶴館災」，劉向以為這是前將軍蕭望之冤死的反映〔註134〕；元帝初元中，「丞相府史家雌雞伏子，漸化為雄，冠距鳴將」。永光中，「有獻雄雞生角者」，劉向以為：「雞者小畜，主司時，起居人，小臣執事為政之象也。言小臣將秉君威，以害正事，猶石顯也。」〔註135〕以災變言世事的讖緯學說漢代是廣泛流行的，在政治生活中發揮著重大作用。劉向且曾因之向元帝上書，嚴厲指斥諸邪佞：「……是以群小窺見間隙，緣飾文字，巧言醜詆，譁於民間。故《詩》云：『憂心悄悄，慍于群小。』小人成群，誠足慍也。今佞邪與賢臣並在交戟之內，合黨共謀，違善依惡，歙歙訿訿，數設危險之言，欲以傾移主上。如忽然用之，此天地之所以先戒，災異之所以重至者也。」甚至請殺佞臣：「自古明聖，未有無誅而治者也。故舜有四放之罰，而孔子有兩觀之誅，然後聖化可得而行也。今以陛下明知，誠深思天地之心，跡察兩觀之誅。放遠佞邪之黨，壞散險詖之眾。則百異消滅，而眾祥並至，太平之基，萬世之利也。」最後懇切表示：「臣幸得託肺腑，誠見陰陽不調，不敢不通所聞。竊推春秋災異，以救今事一二，條其所以，不宜宣洩。臣謹重封昧死上。」〔註136〕石顯等見書

〔註132〕 《漢書‧石顯傳》。

〔註133〕 《漢書‧卷七十八‧蕭望之傳》。

〔註134〕 見《漢書‧卷二十七‧五行志上》。

〔註135〕 《漢書‧卷二十七‧五行志中之上》。

〔註136〕 《漢書‧卷三十六‧楚元王劉交傳附劉向傳》。

惱恨異常，遂愈加詆毀，劉向因而見廢十餘年，直到成帝即位，石顯伏辜，他才復得進用。

　　哀帝時董賢因幸驟貴，屢受封賞，皇帝恨不得要把天下與共。諫大夫鮑宣先上一書：「竊見孝成皇帝時，外親持權，人人牽引所私以充塞朝廷，妨賢人路，濁亂天下。危亡之徵，陛下所親見也，今奈何反覆劇於前乎？敦外親小童及幸臣董賢等在公門省戶下，陛下欲與此共承天地安海內，甚難。天下乃皇天之天下也，陛下上為皇天子，下為黎庶父母，為天牧養元元，視之當如一。今貧民菜食不厭，衣又穿空，父子夫婦不能相保，誠可為酸鼻。陛下不救，將安所歸命乎？奈何獨私養外親與幸臣董賢，（圖38）多賞賜以大萬數，使奴從賓客漿酒霍肉，蒼頭盧兒皆用致富，非天意也。治天下者當用天下之心為心，不得自專快意而已也。上之皇天見譴，下之黎庶怨恨，次有諫爭之臣。陛下苟欲自薄而厚惡臣，天下猶不聽也。臣雖愚戀，獨不知多受祿賜，美食太官，廣田宅，厚妻子，不與惡人結仇怨以安身邪？誠迫大義，官以諫爭為職，不敢不竭愚。」此書寫得慷慨昂憤，言詞激烈。哀帝以宣為名儒而優容之，但幸愛董賢如故。後鮑宣又借天變進言曰：「白虹蚘日，連陰不雨，此天有憂結未解，民有怨望未塞者也。侍中駙馬都尉董賢本無葭莩之親，但以令色諛言自進，賞賜亡度，竭盡府藏，併合三第尚以為小，復壞暴室。賢父子坐使天子使者將作治第，行夜吏卒皆得賞賜。上冢有會，輒太官為供。海內貢獻當養一君，今反盡之賢家，豈天意與民意邪！天不可久負，厚之如此，反所以害之也。誠欲哀賢，宜為謝過天地，解仇海內，免遣就國，收乘輿器物，還之縣官。如此，可以父子終其性命；不者，海內之所仇，未有得久安者也。」〔註137〕

　　鮑宣力攻董賢，大拂上意。比他官爵更高的王嘉亦是，而且乃至因之以死。王嘉字公仲，平陵人，由太中大夫、河南太守、御史大夫而於建平三年（前4）出任丞相。四年八月，哀帝借息夫躬、孫寵告發東平王劉雲祝詛事詔封董賢為高安侯，後數月，日有食之。哀帝舉直言，王嘉奏曰：「駙馬都尉董賢起官寺上林中，又為賢治大第，開門鄉北闕，引王渠灌園池，使者護作，賞賜吏卒，甚於治宗廟。詔書罷菀，而以賜賢二千餘頃，均田之制從此墮壞。奢僭放縱，變亂陰陽，災異眾多，百姓訛言。孔子曰：『危而不持，顛而不扶，則將安用彼相矣。』臣嘉幸得備位，竊內悲傷不能通愚忠之信，身死有益於國，不敢自惜。（圖39）唯陛下慎己之所獨鄉，察眾人之所共疑。往者寵臣鄧通、

〔註137〕《漢書‧卷七十二‧鮑宣傳》。

韓嫣，驕貴失度，逸豫無厭，小人不勝情慾，卒陷罪辜。亂國亡軀，不終其祿，所謂愛之適足以害之者也。宜深覽前世，以節賢寵，全安其命。」疏上，帝意不悅，而益愛賢，乃借太皇太后名義下丞相御史，加封董賢二千戶。王嘉以為不妥，封還詔書，諫哀帝及太后曰：「臣聞爵祿土地，天之有也。王者代天爵人，尤宜慎之。今詔丞相御史益賢戶，臣嘉竊惑。山崩地動，日食於三朝，皆陰侵陽之戒也。前賢已再封，恩已過厚，求索自恣，不知厭足，甚傷尊尊之意，為害痛矣。陛下寢疾久不平，繼嗣未立，宜思正萬事，順天人之心，以求福祐。奈何輕身肆意，不念高祖之勤苦垂立制度欲傳之於無窮哉！臣謹封上詔書，不敢露見，非愛死而不自法，恐天下聞之，故不敢自劾。愚戀數犯忌諱，唯陛下省察。」封駁詔旨要冒極大風險，果然哀帝大怒，遂借事下詔，召丞相詣廷尉詔獄。在獄中，王嘉慨歎：「高安侯董賢父子，佞邪亂朝，而不能退。罪當死，死無所恨。」繫獄二十餘日，不食嘔血而亡。〔註138〕近追蕭望之，遠近史魚，風格烈矣。

鮑宣、王嘉等人都強調皇帝對佞倖之愛適足以害之，據統計，在《史記》、《漢書》佞倖傳所記的大約 15 人中，未得善終的至少有 8 位，他們的這種結局不能說與朝中公卿如申屠嘉、王嘉等的態度傾向無關。不過，若講佞倖們招禍致罪的直接主因，皇室外戚與他們的矛盾倒更顯得關鍵：

鄧通得罪了做太子時的景帝；韓嫣得罪了江都王和皇太后；韓說在巫蠱案時為戾太子劉據所殺；李延年在女弟李夫人卒後愛弛，且奸惡驕縱，遂失寵於武帝；淳于長與外戚新都侯王莽有隙；張放與外戚成帝諸舅有隙；董賢與外戚王莽有隙。只有石顯之遭遇大致是由於朝臣之交諫。

朝臣和皇室外戚對待佞倖的態度可以一致，並且我們也應當承認後者有時確實是在為國家社稷著想。但畢竟後者與佞倖的矛盾很大程度上是由爭權奪寵造成的，這與朝臣們的一心為國存在著某種區別。事實證明，只靠公卿百官的力量並不能打倒佞倖，他們可以製造一種輿論氛圍，而真正能致鄧通、董賢等於死地的卻並不是他們。

另外一點，我們不能由佞倖的不良遭際就簡單地去推斷漢代社會對一般同性戀的態度。其實佞倖的顯著存在更多可以說明的倒是當時社會中有一個相對比較寬鬆的同性戀依存環境。只是當同性戀與政治直接相關聯時，它的處境才變得不妙。而且，由於人們對一般男色並非如何厭拒，因此即使對政治

─────────────────────

〔註138〕見《漢書・卷八十六・王嘉傳》。

生活中的佞倖也並不是人人深惡痛絕的。高祖和惠帝時，籍孺、閎孺得幸，於是公卿都求他們在皇帝面前給自己說項。《史記》卷九十七載有一實例：「辟陽侯（審食其）幸呂太后，人或毀辟陽侯於孝惠帝。孝惠帝大怒，下吏，欲誅之。呂太后慚，不可以言。辟陽侯急，因使人求見孝惠幸臣閎孺，說之曰：『君所以得幸帝，天下莫不聞。今辟陽侯幸太后而下吏，道路皆言君讒，欲殺之。今日辟陽侯誅，旦日太后含怒，亦誅君。何不肉袒為辟陽侯言於帝？帝聽君出辟陽侯，太后大歡，兩主共幸臣，君貴富亦倍矣。』於是閎孺大恐，從其計，言帝，果出辟陽侯。」以身得寵後，在皇帝面前說話能夠如此有分量，無怪當時諸郎侍中都要學籍、閎的樣子進行打扮，「冠鵕鸃，貝帶，傅脂粉，化閎、籍之屬也」。個中情形與宮人們的取憐爭寵何其相似。後來的鄧通由於沒有在政事上犯有太大過惡，因此，也曾有人對他表示過同情的意思。東漢學者王符即謂：「今世俗之人，自慢其親而憎人敬之，自簡其親而憎人愛之者，不少也。豈獨品庶，賢材時有焉。鄧通幸於文帝，盡心而不違，吮癰而無怍色。帝病不樂，從容曰：『天下誰最愛朕者乎？』鄧通欲稱太子之孝，則因對曰：『莫若太子之最愛陛下也。』及太子問疾，帝令吮癰，有難之色。帝不悅而遣太子。既而聞鄧通之常吮癰也，乃慚而怨之。及嗣帝位，遂致通罪而使至於餓死。故鄧通，其行所以盡心力而無害人，其言所以譽太子而昭孝慈也。」〔註139〕太史公司馬遷對佞倖曾有兩段評論，其一在《史記‧佞倖列傳》之末，曰：「甚哉愛憎之時！彌子瑕之行，足以觀後人佞倖矣，雖百世可知也。」這裡，司馬遷的著眼點是鄧通、李延年們所受自帝王的愛與憎，而非他們政治表現上的良與劣。其二在《史記‧太史公自序》之中，曰：「夫事人君能悅主耳目，和主顏色，而獲親近，非獨色愛，能亦各有所長。」這裡，太史公對佞倖們的以色固愛似乎並沒有表示出多大的反感之意。而就各有所長而言，至少李延年的音聲之妙，衛青、霍去病的戰功之著是會得到他的肯定的。

　　即使遭到廷臣和外戚交相攻擊的董賢，丞相孔光卻也能對他以禮相待。孔光是孔子十四世孫，前丞相王嘉臨死前曾以自己在官時未能進賢如光者為有負國家。王嘉死後，孔光由御史大夫接任丞相。及董賢為大司馬，與他並為三公時，哀帝讓董賢主動前去過訪以示敬重老臣。孔光恭謹謙和，「及聞賢當來也，警戒衣冠出門待，望見賢車乃卻入。賢至中門，光入閣，既下車，乃出拜謁，送迎甚謹，不敢以賓客均敵之禮。賢歸，上聞之喜，立拜光兩兄子為諫大

〔註139〕《潛夫論‧卷一‧賢難》。

夫常侍」〔註140〕。孔光是對佞倖問題不做特別追究的朝臣的代表，這樣的人在當時並不鮮見。及哀帝崩逝董賢自殺，王莽之勢正熾，小吏朱詡竟敢買棺衣收賢屍而葬之，王莽聞聽後大怒，即以它罪擊殺詡。能夠有人冒死收屍，這也可算做是董賢死後些微的哀榮吧。

三、社會上的男風

　　漢高祖以為，秦始皇統一全國之後所以秦朝會迅速敗亡，一個重要原因是未行分封制，致使本姓孤立，無所依恃。有鑒於此，高祖和他以後諸漢帝都重視藩封諸侯王。開始本有一些異姓王，陸續剪除後便只剩劉姓一家。這些侯王分布於全國各地，盛時，「藩國大者誇州兼郡，連城數十，宮室百官同制京師」。景、武之後他們漸被削奪了政治上的權勢，但依然能「衣食稅租」，享受生而有之的富貴榮華。〔註141〕由於特權在身，因此，諸侯王便極意追求生活上的享樂，荒淫越法之事時時駭人耳目。劉端是漢景帝之子，於前元三年（前154）被封為膠西王。他「陰痿，一近婦人，病之數月。而有愛幸少年為郎。為郎者傾之與後宮亂，端禽滅之，及殺其子母」〔註142〕。劉端所患之症與「痿痺」的漢哀帝有些近似，他難以與婦人性交卻有愛幸少年，此少年是否極有可能是在充當董賢的角色？《資治通鑒》亦載：「膠西王有諛臣侯得，王所為擬於桀、紂也，得以為堯、舜也。王說其諂諛，常與寢處。」〔註143〕「愛幸少年」的姓名未被說出，這裡又出現了一位侯得，他或者就是「少年」或者不是。不管怎樣，有關他與膠西王常共寢處的記載增加了膠西王有龍陽之好的可能性。只是這個性情賊戾的劉端獨佔心太強，不許自己的幸臣與後宮有染，而昭帝元平元年（前74）嗣位的菑川王劉終古在相似問題上所採取的卻是另一種態度。宣帝五鳳中，青州刺史奏「終古使所愛奴與八子及諸御婢姦，終古或參與被席」。「八子」是劉終古妾之名號，他鼓勵愛奴與自己妾婢淫亂，乃至親自參與。所做所為，似乎讓人們看到了一些男色、女色交互錯雜的濫交影像。結果，「事下丞相御史，奏終古位諸侯王，以令置八子，秩比六百石，所以廣嗣重祖也。而終古禽獸行，亂君臣夫婦之別，悖逆人倫，請逮捕。有詔削四縣」〔註144〕。

〔註140〕《漢書·董賢傳》。
〔註141〕見《漢書·卷十四·諸侯王表序》。
〔註142〕《史記》卷五十九。
〔註143〕《資治通鑒·卷第二十四·昭帝元平元年》。
〔註144〕《漢書·卷三十八·高五王傳》。

與劉終古同時的廣川王劉海陽同樣淫亂，他「畫屋為男女裸交接，置酒請諸父姊妹飲，令仰視畫；又海陽女弟為人妻，而使與幸臣姦。……甘露四年坐廢，徙房陵，國除」〔註145〕。劉海陽是歷史記載中較早以春畫助淫者，他也蓄有幸臣，如果其中包含著同性戀因素的話，那麼，他和劉終古就都可被認為是因龍陽之愛而情願將自己妻妾親人讓同性戀夥伴去享受的早期史載人物。有時能夠把妻妾媵婢和同性戀夥伴共享，這是同性戀者行為方式的特徵之一。

《漢書‧卷三十五‧燕王劉澤傳附》曾載，燕王劉定國「與父姬姦，生子男一人；奪弟妻為姬；與子女三人姦。定國有所欲誅殺臣肥如令郢人，郢人等告定國，定國使謁者以它法劾捕格殺郢人滅口。至元朔（漢武帝年號）中，郢人昆弟復上書具言定國事。下公卿，皆議曰：『定國禽獸行，亂人倫，逆天道，當誅。』上許之。定國自殺，國除」。又《卷三十八‧高五王傳》載：「燕王者，與其子昆弟姦，坐死。」對於「子昆弟」的含義，唐代顏師古注曰：「言是其子女又長幼非一，故云子昆弟也。」按《漢書‧霍光傳》中有「女昆弟」，是指諸女兒，相對應的，「子昆弟」就可指諸兒子。那麼，劉定國的禽獸行為中就包括著父子亂倫之事，這在歷史記載中是很罕見的。

外戚在漢代勢力強大，屢曾掌握朝廷實權，甚至能夠決定皇帝的廢立。西漢和東漢時期，霍光和梁冀分別都曾權傾朝野，兩人在多個方面都極相似：

（一）外戚身份

霍去病名列《佞倖傳》，為武帝衛皇后姊子，霍光乃去病同父異母弟。他的外孫女上官氏為昭帝皇后，小女兒為宣帝皇后；梁冀的妹妹為順帝皇后，另一妹為桓帝皇后。

（二）威權之重

霍光受武帝遺詔輔佐昭帝，立而復廢昌邑王，再立宣帝，前後秉政近二十年；梁冀鴆殺質帝，選立桓帝，「威行內外，天子恭己而不得有所親豫」〔註146〕。

（三）同性戀經歷

霍光因兄去病之關係在武帝時就已「為奉車都尉光祿大夫，出則奉車，入侍左右，出入禁闥二十餘年，甚見親信」。（圖40）他「愛幸監奴馮子都，常與

〔註145〕《漢書‧卷五十三‧廣川惠王劉越傳附》。
〔註146〕《後漢書‧卷三十四‧梁統傳附梁冀傳》。

計事」〔註147〕；梁冀「少為貴戚，逸遊自恣。性嗜酒，能挽滿、彈棋、格五、六博、蹴鞠、意錢之戲，又好臂鷹走狗，騁馬鬥雞」。他「愛監奴秦宮，官至太倉令」〔註148〕。

（四）同性戀對象的恃主弄權

霍光柄政時，「百官以下但事馮子都、王子方等，視丞相亡如也」〔註149〕；梁冀柄政時，秦宮「威權大震，刺史、二千石皆謁辭之」〔註150〕。

（五）家醜

霍光死後，他的妻子顯「廣治第室，作乘輿輦，加畫繡絪馮，黃金塗，韋絮薦輪。侍婢以五采絲挽顯，遊戲第中」。這時的顯雖「寡居」，可生活得並不寂寞，她且「與子都亂」〔註151〕；梁冀之妻為孫壽，她「色美而善為妖態，作愁眉、啼妝、墮馬髻、折腰步、齲齒笑，以為媚惑」。孫壽性情鉗忌，能制御夫主，冀甚寵憚之。（圖41）梁冀愛秦宮，宮「得出入壽所。壽見宮，輒屏御者，託以言事，因與私焉」〔註152〕。

霍光、梁冀分別寵愛馮子都和秦宮，馮子都、秦宮又分別去私通顯和孫壽。在後世，人們常以這兩個事例來說明家主—奴僕同性戀對社會、家庭所造成的危害。因為與家主具有特殊關係的奴僕，他們會自認為身份特殊，靠著非同一般的寵愛，這些奴僕有的就敢於去做肆縱越軌之事，包括敢與主家婦女相姦。以一般的道德標準去衡量，這顯然屬於難言之醜，應當盡力加以防範。清初大儒顧炎武曾謂：「《漢書·霍光傳》曰：『光愛幸監奴馮子都，常與計事。及顯寡居，與子都亂。』夫以出入殿門，進止不失尺寸之人，而溺情女子小人，遂至於此。今時士大夫之僕，多有以色而升。夫上有漁色之主，則下必有烝弒之臣。清斯濯纓，濁斯濯足，自取之也。是以欲清閨門，必自簡童僕始。」〔註153〕清人呂種玉也曾感慨道：「漢梁冀愛監奴秦宮，官太倉令，冀

〔註147〕《漢書·卷六十八·霍光傳》。
〔註148〕《梁冀傳》。
〔註149〕《霍光傳》。王子方是霍光的另一寵奴。
〔註150〕《梁冀傳》。
〔註151〕見《霍光傳》。但顏師古引晉灼注注曰：「《漢語》：〔光妻〕東閭氏亡，顯以婢代立，素與馮殷姦也。」師古又進一步作注：「殷者，子都之名。」依晉、顏之說，顯在寡居之前就已經和馮子都姦通。
〔註152〕《梁冀傳》。
〔註153〕《日知錄·卷之十三·奴僕》。

妻孫壽私焉；霍光愛幸監奴馮子都，常與計事，及顯寡，與子都亂。後人寧可不戒懼乎？信乎齊家之難也。」〔註154〕

　　漢代社會實行嚴格的等級制度，官宦豪貴之家都擁有巨額財富，包括大量的奴婢。霍光因選立宣帝之功，即曾食邑高達兩萬戶，得賞賜奴婢百七十人；梁冀更是敢於掠取良民至達數千人之眾，名曰「自賣人」，他並且還養蓄地位與奴婢相似的家優，「遊觀第內，多從倡伎，鳴鐘吹管，酣謳竟路」〔註155〕。（圖42）類似於霍、梁者在漢代並不少見，西漢武帝時，武安侯田蚡「所好音樂狗馬田宅，所愛倡優巧匠之屬」〔註156〕。將軍欒大得天子寵信，見賞「列侯甲第，僮千人」〔註157〕。成帝時，王譚、王商等外戚之家也「爭為奢侈，僮奴以千百數，羅鐘磬，舞鄭女，作倡優，狗馬馳逐」〔註158〕。東漢，郭況為光武帝郭皇后之弟，他「累金數億，家僮四百餘人，閉門優遊」〔註159〕。甚至連某些閹宦都是「嬙媛、侍兒、歌童、舞女之玩，充備綺室。狗馬飾雕文，土木被緹繡。剝割萌黎，競恣奢欲」〔註160〕。

　　僮奴既多，他們的處境自會出現差異。多數人在森嚴的等級制下被主人視同牛馬，但也有一些卻會因行為乖巧、相貌俊秀等原因而被另眼看待，像馮子都、秦宮等就都是屬於後一種類型。（圖43）東漢學者王符形容受寵奴婢的形象，指出：「今京師貴戚，皆過王制。從奴僕妾，皆服葛子升越，筩中女布。驕奢僭主，轉相誇詫。箕子所唏，今在僕妾。」〔註161〕（圖44）另一位學者仲長統形容豪門生活的奢華，謂：「漢興以來，相與同為編戶齊民，而以財力相君長者，世無數焉。豪人之室，連棟數百，膏田滿野；奴婢千群，徒附萬計。船車賈販，周於四方；廢居積貯，滿於都城。琦賂寶貨，巨室不能容；馬牛羊豕，山谷不能受。妖童美妾，填乎綺室；倡謳伎樂，列乎深堂。」〔註162〕位在「美妾」之前的「妖童」，他們「妖」冶動人的一個方面便是具備龍陽的嬌媚。

〔註154〕《言鯖‧卷下‧齊家之難》。
〔註155〕《梁冀傳》。
〔註156〕《史記》卷一百七。
〔註157〕《史記》卷十二。
〔註158〕《漢書‧卷九十八‧元后傳》。
〔註159〕《拾遺記》。
〔註160〕《後漢書‧卷七十八‧宦者列傳序》。
〔註161〕《潛夫論‧卷三‧浮侈》。
〔註162〕《後漢書‧卷四十九‧仲長統傳》。

四、後世的反映

漢代的同性戀現象在同性戀史上聲名昭著，哀帝的斷袖、鄧通的鑄錢、馮子都和秦宮的與主母相姦等都成為了著名史例。後世的相關反映，除去一般地把它們用做典故、名詞外，有些還單獨成篇。

（一）關於董賢

清代文學家袁枚自己就是同性戀者，因此對他的前輩充滿追慕和同情。他作有一首《董賢玉印歌》，借吟詠賢之「衛將軍」玉印，一面讚美董賢一面指斥王莽，以莽終為漢室之害而謂賢是冤死：

> 董侯夜醉麒麟殿，漢王傳璽不傳印。
> 璽墜千年印獨存，傳觀猶帶桃花暈。
> 雙螭戌削陰文裂，衛將軍董字堪識。
> 想見郎官美麗時，人面玉顏如一色。
> 郎官傳漏殿上行，顧盼能使椒風清。
> 高皇天下一笑與，乃祖轉愧銅山輕。
> 並后匹嫡一身兼，三十六宮難為情。
> 大賢居位美如許，孔光俯伏單于舞。
> 莫道和柔侍禁中，亦頗知賢薦何武。
> 一朝龍去鼎湖天，頓首東廂狀可憐。
> 熏香傅粉人歸矣，露眼嘶聲賊儼然。
> 傳呼收印印早交，委命豈待金吾刀。
> 絕勝漢家老寡婦，兩手握璽徒忉忉。
> 漢朝家法良草草，外戚橫行母后老。
> 不容舊寵戲金丸，翻許新皇鑄剛卯。
> 摩君玉璽不勝情，憐君福過使災生。
> 當時用印誅賊莽，未必書傳佞倖名！〔註163〕

因為董賢收屍而被王莽擊殺的小吏朱栩（在《漢書·董賢傳》中作朱詡），袁枚也曾稱歎之：

> 漢有朱栩，為董賢吏。賢既俅屍，栩獨收視。
> 犯莽有禍，葬董無名。栩豈不知，而捐其生？
> 栩曰不然，吾行吾情。聖卿雖佞，媞媞可矜。

〔註163〕《小倉山房詩集》卷五。

巨君作賊，篡漢有形。哀賢毒莽，識所重輕。

借曰私恩，愈見至誠。

嗚呼世人，惟勢是附。寶其翟公，客所景慕。

勢盛勢衰，客來客去。來時何恩，從從馳鶩。

去時何仇，悠悠陌路。但有避趨，而無好惡。

奚況於賢，伊誰肯赴。栩之所為，義同欒布。

班史大書，子浮隆隆。當建武時，為大司空。

惟人至庸，惟天至公。嗚呼世人，鑒此高風。〔註164〕

　　葉德輝是清末民初著名學者，其男色之好與袁枚不相伯仲。他曾購得一方磚硯，係用董賢宅磚雕琢而成。在葉氏眼中，硯雅人堪憐，《漢董賢磚硯歌》云：

磚背麻縷文款識四字，曰「高安侯置」。繆篆文以「高」之下半作「安」之上半，二字聯綴如一字。「置」字「罒」字作「囸」，篆法繁重如兩字。

漢家宮殿成屋社，漢藩甲第無尺瓦。

如何柔曼高安侯，宅磚尚有流傳者。

此磚棄置委路旁，何人琢硯供書寫。

泥質捫之有縷紋，手澤如親冶容冶。

「高安侯置」字成行，繆篆糾纏頗神化。

我初獲自古董家，以泉十千償厥價。

不知董氏貴盛時，賜金累萬充盧舍。

起造大第無比倫，洞門重殿連闕下。

未死先時賜冢塋，東園朱漆山為赭。

入侍寢室藉袖眠，出值承明乘輿馬。

一門赫奕皆列侯，側目焉知天子假。

鼎湖龍去山陵崩，一朝失勢如新寡。

不親醫藥罪狀成，詣闕免冠徒跣謝。

與妻自殺誰復憐，發棺診視猶疑詐。

收沒財物入縣官，周垣徹道成田野。

此磚入世已千年，不親恩澤親風雅。

〔註164〕《小倉山房文集》卷一。

想見當時制作精，國家累葉多閑暇。

高安萬世〔註165〕獲長安，椒風嘉祥〔註166〕出漣灞。

兩瓦一磚字不磨，將作大匠手猶炙。

莽新石刻無一存，真法堯舜天不赦。

稜稜此硯扣有聲，義陵無樹西風啞。〔註167〕

（二）關於鄧通

元代費唐臣作有《斬鄧通》雜劇，該劇已佚，《錄鬼簿》、《太和正音譜》、《元曲選目》等曾予著錄。

清代傅維森作有一篇《申屠嘉召鄧通論》，由申屠嘉責懲鄧通事引出歷史上的許多前鑒，指斥嬖倖，稱揚正臣。文曰：

蓋聞正身奉法，則清直一節；摧堅肅物，則權貴斂跡。……鄧通將順導諛，容悅取媚，都尉之爵高於賞、建，貴倖之遇比於籍、閎。王齝居市令之官，馮權有銀靴之賜。穆提婆之入侍本無技能，梁師成之遇主畜以興隸。徒以席寵惟舊，小心固恩。張放之服飾兼陳乘輿，雀圓之供張宿設殿宇。甲第止輦，膳廚賜錢。既求左藏之庫綾，輒列四床之寶物。猶復恃寵廢禮，逾趙談之參乘；背坐受食，過丁期之回盤。權懷恩不及創懲，王義方未隨左右。佞人莫斥，任工嘉木之詞；朝儀日芬，有甚裂冠之戲。丞相申屠嘉，剛塊禰衡，憨如汲黯。……戒廟堂跛倚之容，存衣冠塗炭之懼。再思舞殿，訶譴必加；屢溫輓車，嫉惡殊甚。而通乃傲睨自若，怙侈不悛。彌瑕之命車駕，坐忘僭逾；曹肇之入御帳，蔑視禮法。夫桓典乘驄，尚闞行道；太宗懷鷂，猶避直臣。況以擊述周寶，斷袖董賢，特侍席之優容，縱陪乘之娛樂。莫辨天澤，敢陵宰臣。宜乎晁錯被罪，比穿太廟之垣；秀實懲奸，欲奮大廷之笏。已而說者謂倨傲以見權要，猶有速禍之虞；敕詔雖違至尊，勿觸舍人之怒。故屈膝於執政，由實出於《尚書》。伶官若兄，堂吏稱叔。師舉之媚佗冑，低首降心；彭遜之事李憲，卑躬忍辱。申屠嘉剛勁成性，孤特寡援，袒背之訴苟行，折檻之怒不解。則善伺主意，楊戩愈得進讒；請黜幸臣，鮑

〔註165〕董賢冢舍瓦字。──原注。
〔註166〕董賢女弟椒風殿瓦。──原注。
〔註167〕《歲寒集》。

─100─

宣無難獲戾。不知包拯立朝，宦戚之手早斂；李彪進諫，孝文之寵
更深。三旨徒奉既殊，王珪一策不建。尤異邦彥詞吐廉鍔，令如風
霜。觀於犯南衙之宰相，切戒阿師；杖神策之小軍，警及近侍。君
上有嚴憚之意，豪右無偃蹇之形。則趙修之愛遇難隆，祿山之驕盈
不啟。而況趙抃鐵面，素無瞻徇；游肇直筆，難令曲恕。斯又金玉
不變，雷霆弗驚。論其志節，宋師回遜此堅貞；表厥威望，毛孝先
同茲嚴峻者矣。〔註168〕

（三）馮子都

在東漢辛延年《羽林郎》詩中，馮子都展現出的是一個依仗主人之勢而調
戲良家婦女的豪奴形象：

> 昔有霍家奴，姓馮名子都。
> 依倚將軍勢，調笑酒家胡。
> 胡姬年十五，春日獨當爐。
> 長裾連理帶，廣袖合歡襦。
> 頭上藍田玉，耳後大秦珠。
> 兩鬟何窈窕，一世良所無。
> 一鬟五百萬，兩鬟千萬餘。
> 不意金吾子，娉婷過我廬。
> 銀鞍何昱爚，翠蓋空踟躕。
> 就我求清酒，絲繩提玉壺。
> 就我求珍肴，金盤膾鯉魚。
> 貽我青銅鏡，結我紅羅裾。
> 不惜紅羅裂，何論輕賤軀。
> 男兒愛後婦，女子重前夫。
> 人生有新故，貴賤不相逾。
> 多謝金吾子，私愛徒區區。〔註169〕

（四）秦宮

唐代李賀（字長吉）寫有一首《秦宮詩並序》：

〔註168〕《缺齋遺稿》卷一。
〔註169〕《玉臺新詠》卷一。

　　漢人秦宮，將軍梁冀之嬖奴也。秦宮得寵內舍，故以驕名大噪
於人。予撫舊而作長辭，辭以馮子都之事相為對望。

　　越羅衫袂迎春風，玉刻麒麟腰帶紅。

　　樓頭曲宴仙人語，帳底吹笙香霧濃。

　　人間酒暖春茫茫，花枝入簾白日長。

　　飛窗複道傳籌飲，午夜銅盤膩燭黃。

　　禿衿小袖調鸚鵡，紫繡麻報踏哮虎。

　　斫桂燒金待晚筵，白鹿清酥夜半煮。

　　桐英永巷騎新馬，內屋深屏生色畫。

　　開門爛用水衡錢，捲起黃河向身瀉。

　　皇天厄運猶曾裂，秦宮一生花底活。

　　鸞篦奪得不還人，醉睡氍毹滿堂月。〔註170〕

清代鄭燮寫有一首《秦宮詩後長吉作》：

　　方庭四角燒豔香，酒闌妓合燈煌煌。

　　金輿翠幰貴人散，只有秦宮入畫堂。

　　南堂夫人賜金兒，北堂相公同繡被。

　　未識歡哥一片心，平分偏向知何寄。

　　內寵外寵重復重，晝有微眠夜無寐。

　　自古淫花蕩風雨，海棠不得辭憔悴。

　　天生桀黠奴非眾，柔軟嬌憨復驍勇。

　　鸚鵡承明百尺牆，斗上平翻燕赤鳳。〔註171〕

　　詩中的「南堂夫人」指孫壽，「北堂相公」指梁冀。秦宮「內寵外寵重復
重」，好不揚揚得意。明代馮夢龍據陸采〔註172〕、欽虹江舊本改定有《酒家傭》
傳奇，寫名臣李固之子李燮在梁冀迫害下的經歷，其中也涉及到梁家情形。第
四折有秦宮以旦角出場時的一段自白：

　　不須彩筆似相如，何用身強擘兩弧。恩倖子都常自好，時看調
　　笑酒家胡。自家秦宮，本是大將軍府中一個監奴，數蒙恩倖，今已
　　累官太倉令。自家賦質清揚，性多儇利。媚道能傾內外，倀威可脅

〔註170〕《李賀詩集》卷三。

〔註171〕《鄭板橋全集‧詩鈔》。

〔註172〕據莊一拂《古典戲曲存目彙考》卷九、卷十，陸采疑為陸弼之誤。

公卿。直教翻手作雲，覆手作雨。挾彈會填洛陽市，賣珠寧數漢宮
兒。大將軍將次上堂，不免在此伺候。

善會伺候侍奉，慣於令色巧言，這是能夠成為某些人藉以改變自身境遇的
手段的。

第四節　浮蕩：三國兩晉南北朝時期

三國兩晉南北朝時期，戰亂四起，人生如露。從高門到寒士都好尚清玄，
講求風度，社會上逐漸形成一種放達加放浪的風氣。在這種大的環境背景下，
同性戀在流行程度上有所提高。

一、疏淡異性

「自咸寧、太康之後，男寵大興，甚於女色，士大夫莫不尚之，天下皆相
放效。或有至夫婦離絕，怨曠妒忌者。」《宋書·五行五》中的這段話是這一
時期男色狀況的集中寫照。咸寧、太康為晉武帝年號，公元年份是 275 至 289
年，上距東漢結束五十餘年，下離隋朝建國近三百年。如果講這一時期一直是
男寵甚於女色，這顯然顯得言過其辭，不過大體上男風一直處於一種活躍狀態
應是必定的事實。

北魏汝南王元悅可為這一時期好男惡女的同性戀者的代表。其人「為性
不倫，俶儻難測。悅妃閭氏，生一子，不見禮答。有崔延夏者，以左道與悅
遊，合服仙藥松术之屬。時輕與出採芝，宿於城外小人之所。遂斷酒肉粟稻，
唯食麥飯。又絕房中而更好男色，輕忿妃妾，至加捶撻，同之婢使。悅之出
也，妃住於別第。靈太后敕檢問之，引入，窮悅事故。妃病杖伏床蓐，瘡尚未
愈」〔註 173〕。

元悅是明顯地偏好男色，還有一些人對女性也甚疏淡：

《三國志·卷四十九·劉繇傳附劉基傳》注引《吳書》曰：「基遭多難，嬰
丁困苦，潛處味道，不以為戚。與群弟居，常夜臥早起，妻妾希見其面。」

〔註173〕《魏書·卷二十二·汝南王悅傳》。同書《卷八十九·酈道元傳》記有著名學
　　　　者而為官甚是嚴峻的酈道元與元悅的鬥爭：「道元素有嚴猛之稱。司州牧、
　　　　汝南王悅嬖近左右丘念，常與臥起。及選州官，多由於念。念匿於悅第，時
　　　　還其家，道元收念付獄。悅啟靈太后請全之，敕赦之。道元遂盡其命，因以
　　　　劾悅。是時雍州刺史蕭寶夤反狀稍露，悅等諷朝廷遣為關右大使，遂為寶夤
　　　　所害。」

《南齊書・卷五十四・褚伯玉傳》曰：「伯玉少有隱操，寡嗜慾。年十八，父為婚。婦入前門，伯玉從後門出。遂往剡，居瀑布山。」

《梁書・卷五十一・何點傳》曰：「何點字子晳，祖尚之，父鑠。鑠素有風疾，無故害妻，坐法死。點年十一，幾至滅性。及長，感家禍，欲絕婚宦，尚之強為之娶琅邪王氏。禮畢，將親迎，點累涕泣，求執本志，遂得罷。……點既老，又娶魯國孔嗣女，嗣亦隱者也。點雖婚，亦不與妻相見，築別室以處之，人莫諭其意也。」

《梁書・卷五十一・劉訏傳》曰：「劉訏字彥度，平原人也。長兄為之娉妻，剋日成婚，訏聞而逃匿，事息乃還。」

《梁書・卷五十一・蕭眎素傳》曰：「蕭眎素，蘭陵人也。性靜退，少嗜慾，好學，能清言。妻，太尉王儉女，久與別居，遂無子。」

《魏書・卷七十一・夏侯道遷傳》曰：「夏侯道遷，譙國人，少有志操。年十七，父母為結婚韋氏，道遷云：『欲懷四方之志，不願取婦。』家人咸謂戲言。及至婚日，求覓不知所在。於後訪問，乃云逃入益州。」

《北齊書・卷三十六・邢邵傳》曰：「邢邵，河間鄭人。與婦甚疏，未嘗內宿。自云嘗晝入內閣，為狗所吠，言畢便撫掌大笑。」

《周書・卷四十八・蕭詧傳》曰：「詧少有大志，不拘小節。性不飲酒，安於儉素，事其母以孝聞。又不好聲色，尤惡見婦人，雖相去數步，遙聞其臭。經御婦人之衣，不復更著。」

正史當中，魏晉南北朝諸史對男疏女現象的記載最為集中。雖然上述事例大體與男風並沒有直接關係，但作為參考，終究可以看成是當時男風狀況的一種間接反映。比較起來，同性戀男子拒絕婚娶或雖婚而對妻子缺乏愛意的情形要比異性戀男子明顯許多的。

社會上既然是男寵大興，家庭裏就難免有怨曠忌妒。沒有妻子會贊同丈夫實際或可能的同性戀活動，她們不會全都逆來順受，《俗說》中的荀婦可為代表：「荀介子為荊州刺史，荀婦大妒，恒在介子齋中，客來便閉屏風。有桓客者，時在（為）中兵參軍，來詣荀諮事。論事已迄，為復作余語。桓時年少，殊有姿容。荀婦在屏風裏，便語桓云：『桓參軍，君知作人不？論事已迄，何以不去？』桓狼狽便走。」〔註174〕《妒記》亦載荀婦之事：「泰元中，有人姓荀，婦庾氏，大妒忌。荀嘗宿行，遂殺二兒。為屋不立齋室，唯有廳事，不作

〔註174〕見《太平御覽》卷第七百一。

後壁，令在堂上泠然望見外事。凡無須人，不得入門；送書之人，若以手近荀手，無不痛打；客若共床坐，亦賓主俱敗。鄰近有年少，徑突前詣荀，接膝共坐。便聞大罵，推求刀杖。荀謂客曰：『僕狂婦行，君之所聞。君不去，必誤君事。』客曰：『僕不畏此。』乃前捉荀手，婦便持杖直前向客，客既大健，又有短杖在衣裏，便與手。老嫗無力，即倒地，客打垂死。荀走叛，不敢還。婦密令覓荀，云：『近遭狂人，非君之過，君便可還。』荀然後敢出。婦兄來就荀，共方床臥，而婦不知，便來捉兄頭，曳著地欲殺。方知是兄，慚懼入內。兄稱父命，與杖數百，亦無改悔。」〔註175〕

二、企羨容止

對形容氣質的特別重視是魏晉南北朝時期男色風貌的又一相關特點。所謂魏晉風度，這一時期連綿不斷的戰亂使人更加關注自身，普遍地增強了自戀傾向。生命愈是短暫而無常，就愈要盡力去加以欣賞。而且在盡情欣賞自身的同時，還要饒有興味地去觀看四周，相信只有「人」才是世界上最美的存在。在《三國志》、《晉書》、《宋書》、《南齊書》、《梁書》、《陳書》、《魏書》、《北齊書》、《周書》九史當中，記載人物美貌的地方竟有二三百處之多，這種現象在二十五史中實為僅有，其他朝代的正史都未曾對男性儀貌之美做過如此詳盡的反映。《三國志》等書的相關記載包括：

（一）一般地泛言俊美

這通常是在講人物基本情況時作為其人的一個優點加以提出。《晉書·卷六十四·清河康王遐傳》載：「遐字深度，美容儀，有精彩，武帝愛之。」《宋書·卷六十一·盧陵孝獻王義真傳》載：「義真，美儀貌，神情秀徹。」《陳書·卷十四·衡陽獻王昌傳》載：「昌容貌偉麗，神情秀朗，雅性聰辯，明習政事。」

（二）膚色白皙

《世說新語·容止》記著名玄學家魏國何晏「美姿儀，面至白，魏明帝疑其傅粉，正夏月，與熱湯餅。既啖，大汗出，以朱衣自拭，色轉皎然。」《三國志·卷六十四·滕胤傳》注引《吳書》曰：「胤為人白皙，威儀可觀。」《晉書·卷四十三·王戎傳附王衍傳》曰：「衍字夷甫，神情明秀，風姿詳雅。總角嘗造山濤，濤嗟歎良久。既去，目而送之曰：『何物老嫗，生寧馨兒！』」衍

〔註175〕見《藝文類聚》卷第三十五。

既有盛才美貌，明悟若神，常自比子貢。每捉玉柄麈尾，與手同色。」

（三）傅粉修飾

《三國志‧卷九‧何晏傳》注引《魏略》曰：「晏性自喜，動靜粉白不去手，行步顧影。」《三國志‧卷二十一‧王粲傳》注引《魏略》曰：「時天暑熱，〔曹〕植因呼常從取水自澡訖，傅粉。遂科頭拍袒，胡舞五椎鍛，跳丸擊劍，誦俳優小說數千言。」《顏氏家訓‧勉學》曰：「梁朝全盛之時，貴游子弟多無學術。無不熏衣剃面，傅粉施朱。從容出入，望若神仙。」

（四）狀貌似女

《陳書‧卷二十‧韓子高傳》載：「子高年十六，容貌美麗，狀似婦人。」《卷二十八‧宜都王叔明傳》載：「叔明儀容美麗，舉止和弱，狀似婦人。」

男子傅粉已經有些矯飾，狀似婦人就更易被和男色相聯繫，韓子高就是眾所公認的一位同性戀者。另外，像何晏更還有易裝之好。《宋書‧卷三十‧五行一》載評道：「魏尚書何晏，好服婦人之服。傅玄曰：『此服妖也。』夫衣裳之制，所以定上下，殊內外也。……若內外不殊，王制失序，服妖既作，身隨之亡。末嬉冠男子之冠，桀亡天下；何晏服婦人之服，亦亡其家。其咎均也。」雖然易裝症在同性戀和異性戀者中都有存在，但人們在對此症進行考慮時，經常還是傾向於聯想到同性戀的。

把容貌修飾得俊雅美秀的目的，一方面是為了進行自我欣賞。《晉書‧卷九十三‧王濛傳》載：「王濛美姿容，嘗覽鏡自照，稱其父字曰：『王文開生如此兒邪？』」另一方面是藉以炫示，以獲得別人的稱羨。

（五）被贊以雅稱

《晉書‧卷三十五‧裴秀傳附裴楷傳》：「楷字叔則，風神高邁，容儀俊爽，時人謂之『玉人』。又稱：『見裴叔則如近玉山，映照人也。』」《卷八十四‧王恭傳》：「恭美姿儀，人多愛悅，或目之云：『濯濯如春月柳。』嘗被鶴氅裘，涉雪而行，孟昶窺見之，歎曰：『此真神仙中人也。』」《南史‧卷十九‧謝靈運傳附孟顗傳》：「孟顗字彥重，衛將軍孟昶弟也。昶、顗並美風姿，時人謂之『雙珠』。」

（六）被贊以雅句

《世說新語‧容止》：「魏明帝使后弟毛曾與夏侯玄共坐，時人謂蒹葭倚玉樹。」《晉書‧卷三十三‧石苞傳》：「石苞字仲容，雅曠有智局，容儀偉麗，不

修小節。故時人為之語曰：『石仲容，姣無雙。』《卷九十三‧杜乂傳》：「杜乂字弘理，性純和，美姿容，有盛名於江左。王羲之見而目之曰：『膚若凝脂，眼如點漆，此神仙人也。』桓彝亦曰：『衛玠神清，杜乂形清。』」《南史‧卷十九‧謝晦傳》：「晦美風姿，善言笑，眉目分明，鬢髮如墨。涉獵文義，博贍多通。帝深加愛賞。時謝混風華為江左第一，嘗與晦俱在〔宋〕武帝前，帝目之曰：『一時頓有兩玉人耳。』」《宋書‧卷五十二‧謝景仁傳附謝述傳》：「尚書僕射殷景仁、領軍將軍劉湛並與述為異常之交。美風姿，善舉止。湛每謂人曰：『我見謝道兒，未嘗足。』道兒，述小字也。」《卷八十五‧謝莊傳》：「謝莊字希逸，年七歲，能屬文。及長，韶令美容儀，太祖見而異之，謂尚書僕射殷景仁、領軍將軍劉湛曰：『藍田出玉，豈虛也哉。』」《卷九十四‧王道隆傳》：「王道隆兄道迄，涉學善書，形貌又美，吳興太守王韶之謂人曰：『有子弟如王道迄，無所少。』」《談藪》：「張緒少而閑雅，風流吐納，觀者忘疲。永明主見靈和殿前柳條嫩弱，披靡可愛，嗟賞曰：『此楊柳風流可愛，似張緒少年。』」〔註176〕

（七）因美而為人注目

《晉中興書》：「王矩字令式，美容貌，每出行，觀者盈路。」〔註177〕《南齊書‧卷二十三‧褚淵傳》：「淵美儀貌，善容止，俯仰進退，咸有風則。每朝會，百僚、遠國〔使〕莫不延首目送之。宋明帝嘗歎曰：『褚淵能遲行緩步，便持此得宰相矣。』」《梁書‧卷九‧王茂傳》：「王茂字休遠，身長八尺，潔白美容觀。齊武帝布衣時，見之歎曰：『王茂年少，堂堂如此，必為公輔之器。』……姿表瑰麗，鬢眉如畫，出入朝會，每為眾所瞻望。」《卷二十二‧安成王秀傳》：「秀有容觀，每朝屬目。」

（八）因美而得到器重

《南齊書‧卷三十二‧阮韜傳》載：「宋孝武選侍中四人，並以風貌。王彧、謝莊為一雙，韜與何偃為一雙。」侍中是皇帝身邊的貴寵近臣，《南齊書‧卷十六‧百官志》曰：「侍中，漢世為親近之臣。魏、晉選用，而大意不異。宋文帝元嘉中，王華、王曇首、殷景仁等並為侍中，情在親密。與帝接膝共語，貂拂帝手，拔貂置案上，語畢復手插之。孝武時，侍中何偃南郊陪乘，鑾輅過白門閭，偃將匐，帝乃接之曰：『朕乃陪卿。』齊世朝會，多以美姿容者

〔註176〕見《太平御覽》卷第三百八十。永明主即南朝齊武帝蕭賾。
〔註177〕見《太平御覽》卷第三百七十九。

兼官。」在南朝，「美姿容」看來成了做高官的一個條件。另外一些以美而得益的事證，如《梁書‧卷十五‧謝朓傳附謝覽傳》載：「覽為人美風神，善辭令，高祖深器之。」《卷二十‧劉季連傳》載：「季連族甥王會為遙欣諮議參軍，美容貌，頗才辯，遙欣遇之甚厚。」

（九）產生了兩位著名的美男子

歷史上的出名美女是很多的，西施、王嬙、楊玉環等皆是。以美而聞的男子，較早有子都，孟子曾曰：「不知子都之姣者，無目者也。」〔註178〕漢代有美如冠玉的陳平〔註179〕，唐代有面似蓮花的張昌宗〔註180〕。而魏晉時期的潘岳（字安仁）和衛玠（字叔寶）則更特出。《世說新語‧容止》曾載：「潘岳妙有姿容，好神情。少時挾彈出洛陽道，婦人遇者，莫不連手共縈之。」南朝梁‧劉孝標注引《語林》曰：「安仁至美，每行，老嫗以果擲之，滿車。」《世說新語‧容止》又載：「衛玠從豫章至下都，人久聞其名，觀者如堵牆。玠先有羸疾，體不堪勞，遂成病而死。時人謂『看殺衛玠』。」劉孝標注引《玠別傳》曰：「玠在群伍之中，寔有異人之望。龆齔時，乘白羊車於洛陽市上，咸曰：『誰家璧人？』於是家門州黨號為『璧人』。」潘岳和衛玠都姿貌出眾，在歷史上最有名的美男當中，他倆是不可缺少的，「擲果潘郎」、「看殺衛玠」都是古代廣為人知的典故。

以上是三國兩晉南朝華族一系的情況，那麼北朝鮮卑諸族呢？

北朝風尚要比南朝剛勁，所以南北對峙的最終結果是南併於北。北人固然尚力，不過在當時的環境背景下，對美的追慕程度卻並未低於南人許多。

《魏書‧卷十八‧臨淮王譚傳附彧傳》：「彧美風韻，善進止，衣冠之下，雅有容則。」《卷三十三‧張濟傳》：「濟涉獵書傳，清辯美儀容。太祖愛之，引侍左右。」《卷三十五‧崔浩傳》：「浩纖妍潔白，如美婦人。而性敏達，長於謀計。」《卷六十一‧沈文秀傳附沈陵傳》：「陵姿質妍偉，辭氣辯暢，高祖奇之，授前軍將軍。」

《北齊書‧卷二十六‧薛琡傳》：「琡形貌魁偉，少以幹用稱。為典客令，每引客見，儀望甚美。魏帝召而謂之曰：『卿風度峻整，姿貌秀偉，後當升進。』」《卷二十八‧元韶傳》：「元韶字世冑，魏孝莊之侄。性好學，美容儀。……文

〔註178〕《孟子‧告子上》。
〔註179〕見《史記》卷五十六。
〔註180〕見《舊唐書‧卷九十‧楊再思傳》。

宣帝剃韶鬚髯，加以粉黛，衣婦人服以自隨，曰：『我以彭城為嬪御。』譏元氏微弱，比之婦女。」〔註181〕《卷三十四・楊愔傳》：「楊愔字遵彥，能清言，美音制，風神俊悟，容止可觀。人士見之，莫不敬異。」

《周書・卷十九・豆盧寧傳》：「寧少驍果，身長八尺，美容儀，善騎射。」《卷二十二・周惠達傳》：「惠達好讀書，美容貌，進退可觀，見者莫不重之。」

對儀容風貌的追求，魏晉南北朝時期在歷史上是最突出的。這主要是一種個人中心主義生活方式的反映，而非「男寵大興」的結果。不過，相對而言同性戀男子畢竟比異性戀男子更加在個人形象上注意一些，同性戀者對男性之美的欣賞也是更加強烈一些。當我們看到當時色美者得意揚揚，色遜者自慚形穢，以及美貌提高了人物的社會地位，增加了他們的升遷機會時，隱約總會感到其中有一種同性戀的因素在發揮著某種作用。因此，在一定意義上可以認為男色程度的普遍增強相關地會增強社會成員的好美意識。這種情形，歐洲的古希臘時代也曾出現過。

三、同性戀詩歌

同性戀詩歌的繁榮是這一時期男色風貌的直接特點。《詩經》中有些詩篇可能是在寫同性相戀，但因缺乏確鑿的證據，因而現在只能做些模糊推測。而魏晉南北朝時期，一方面由於當時不少詩人不諱在詩歌創作中寫及男風，同時，還由於許多有關男風的典故、名詞已漸被確定並得到使用。所以，讀者只要一見到分桃、斷袖一類的專指詞彙自然就能較容易地判斷出所讀詩作的特定主旨，而當時這樣的詩作看來是不能說少的。

（一）彌子瑕、龍陽、董賢、孌童

孌童

孌童嬌麗質，踐董復超瑕。

羽帳晨香滿，珠簾夕漏賒。

翠被含鴛色，雕床鏤象牙。

妙年同小史，姝貌比朝霞。

袖裁連璧錦，箋織細檀花。

攬袴輕紅出，回頭雙鬢斜。

懶眼時含笑，玉手乍攀花。

懷猜非後釣，密愛似前車。

足使燕姬妒，彌令鄭女嗟。〔註182〕

（二）餘桃

詠小兒採菱

採菱非採蒁，日暮且盈舠。

峙嶇未敢前，畏欲比殘桃。〔註183〕

（三）餘桃、斷袖

繁華應令

可憐周小童，微笑摘蘭叢。

鮮膚勝粉白，慢臉若桃紅。

挾彈雕陵下，垂釣蓮葉東。

腕動飄香麝，衣輕任好風。

幸承拂枕選，得奉畫堂中。

金屏障翠被，藍帕覆薰籠。

本欲傷輕薄，含辭羞自通。

剪袖恩雖重，殘桃愛未終。

蛾眉詎須疾，新妝遞入宮。〔註184〕

周小童即周小史，為當時著名的美男，晉·張翰曾有《周小史》以詠，見《藝文類聚》卷第三十三：

翩翩周生，婉孌幼童。

年十有五，如日在東。

香膚柔澤，素質參紅。

團輔圓蹟，菡萏芙蓉。

爾形既淑，爾服亦鮮。

輕車隨風，飛霧流煙。

轉側綺靡，顧盼便妍。

和顏善笑，美口善言。

〔註182〕 梁簡文帝蕭綱作，見《玉臺新詠》卷七。「董」指董賢，「瑕」指彌子瑕，「釣」指魏王與龍陽君的共釣，「車」指彌子瑕矯駕的君車。

〔註183〕 梁·劉孝綽作，見《玉臺新詠》卷十。

〔註184〕 梁·劉遵作，見《玉臺新詠》卷八。

（四）鄂君繡被、董賢

詠少年

董生惟巧笑，子都信美目。

百萬市一言，千金買相逐。

不道參差菜，誰論窈窕淑？

願君奉繡被，來就越人宿。〔註185〕

可見，餘桃、斷袖、變童等詞彙已開始在這一時期經常使用。另外，在阮籍《詠懷》〔註186〕和劉遵《繁華應令》中分別出現了「繁華子」和「繁華」，仔細體會，它們有時也都接近於特指名詞，意義分別與變童、男色相近。用「繁華子」來指變童，這表明同性戀美男被認為能使社會生活變得更加豐富多彩和富有情趣，僅由這樣的名詞就能看出當時男風在社會中的地位。意同「繁華子」的還有「繁華童」，齊梁間沈約在其《塘上行》中寫道：

澤蘭被荒徑，孤芳豈自通。

幸逢瑤池曠，得與金芝叢。

朝承紫臺露，夕潤溓池風。

既美修娉女，復悅繁華童。

夙昔玉霜滿，旦暮翠條空。

葉飄儲胥右，芳歇露寒東。

紀化尚盈昃，俗志信頹隆。

財殫交易絕，華落愛難終。

所惜改歡昵，豈恨逐征蓬。

願回朝陽景，持照長門宮。〔註187〕

劉泓的《詠繁華》也像是男風之詩：

可憐宜出眾，的的最分明。

秀媚開雙眼，風流著語聲。〔註188〕

退一步，即使某些作品所表現出的同性戀主題並不十分明確，但現在能夠知道它們的作者曾經寫過同性戀詩歌或本人就曾進行過同性戀活動，那麼在

〔註185〕梁・吳均作，見《玉臺新詠》卷六。

〔註186〕見本書第54頁。

〔註187〕《玉臺新詠》卷五。

〔註188〕《玉臺新詠》卷十。

判斷作品的內容主旨時雖不能完全肯定，卻也因而可以多做一些同性戀方面的考慮。

烏棲曲

織成屏風銀屈膝，朱唇玉面鐙前出。

相看氣息望君憐，誰能含羞不自前？〔註189〕

攜手

豔裔陽之春，攜手清洛濱。

雞鳴上林苑，薄暮小平津。

長裾藻白日，廣袖帶芳塵。

故交一如此，新知詎憶人？〔註190〕

夾樹

桂樹夾長歧，復值清風吹。

氛氳揉芳葉，連綿交密枝。

能迎春露點，不逐秋風移。

願君長惠愛，當使歲寒知。〔註191〕

《宋書・謝方明傳附謝惠連傳》載：「惠連，幼而聰敏，年十歲，能屬文，族兄靈運深相知賞。本州辟主簿，不就。惠連先愛會稽郡吏杜德靈，及居父憂，贈以五言詩十餘首，文行於世。坐被徙廢塞，不豫榮伍。元嘉七年方為司徒彭城王義康法曹參軍。十年，卒，時年二十七。既早亡，且輕薄多尤累，故官位不顯。無子。」謝惠連的「輕薄」與他「愛」杜德靈有關，而杜德靈且不只為一人所愛。《宋書・長沙景王劉道憐傳附劉義宗傳》載：「義宗字曰伯奴，永初元年，進爵為侯。元嘉八年，坐門生杜德靈放橫打人，還第內藏，義宗隱蔽之，免官。德靈雅有姿色，為義宗所愛寵。本會稽郡吏，謝方明為郡，方明子惠連愛幸之，為之賦詩十餘首，《乘流遵歸渚》篇是也。」由這兩條記載，我們可以認為杜德靈曾是謝惠連的男寵。謝惠連給他寫過情詩，《劉義宗傳》還舉出了具體詩名。《樂府詩集》卷第三十五載有一首謝氏的《塘上行》，考慮到古詩因載收它們的書籍不同而可能存在一詩數名現象，例如前面沈約《玉臺新詠》中的《塘上行》在《樂府詩集》卷第三十五中就亦名《江蘺生幽渚》。因此，

〔註189〕梁簡文帝作，見《玉臺新詠》卷九。

〔註190〕梁・吳均作，見《玉臺新詠》卷六。

〔註191〕梁・吳均作，見《樂府詩集》卷第七十七。

《劉義宗傳》所記《乘流遵歸渚》與謝氏《塘上行》含義既有聯繫，兩詩可能也是一詩。詩云：

芳萱秀林阿，菲質不足營。

幸有忘憂用，移根託君庭。

垂穎臨清池，擢彩仰華甍。

沾渥雲雨潤，葳蕤吐芳馨。

願君春傾葉，留景惠余明。

謝惠連的詩作現存多首，其《豫章行》把送別心情描寫得比較深刻：

軒帆溯遙路，薄送瞰遐江。

舟車理殊緬，密友將遠從。

九里樂同潤，二華念分峰。

集歡豈今發，離歎自古鍾。

促生靡緩期，迅景無遲蹤。

緇髮迫多素，憔悴謝華葦。

婉娩寡留晷，窈窕閉淹龍。

如何阻行止，憤懣結心胸。

既微達者度，歡戚誰能封。

願子保淑慎，良訊代徽容。〔註192〕

《代古》抒發的是相思之情：

客從遠方來，贈我鵠文綾。

貯以相思篋，緘以同心繩。

裁為親身服，著以俱寢興。

別來經年歲，歡心不可凌。

瀉酒置井中，誰能辨斗升。

合如杯中水，誰能判淄澠？〔註193〕

謝惠連《相逢行》中的「邂逅賞心人，與我傾懷抱」，《卻東西門行》中的「慷慨發相思，惆悵戀音徽」，《悲哉行》中的「覽物懷同志，如何復乖別」〔註194〕等都可加以注意。

〔註192〕《樂府詩集》卷第三十四。

〔註193〕《玉臺新詠》卷三。

〔註194〕分別見《樂府詩集》卷第三十四、三十七、六十二。

　　《詩品》下《宋監典事區惠恭》條曾載：「惠恭本胡人，大將軍（宋彭城王劉義康）修北第，差充作長。時謝惠連兼記室參軍，惠恭時往共安陵嘲調。末作《雙枕詩》以示謝，謝曰：『君誠能，恐人未重，且可以為謝法曹造。』遺大將軍，見之賞歎，以錦二端賜謝。謝辭曰：『此詩公作長所制，請以錦賜之。』」文中「安陵嘲調」也即同性戀方面的調笑，區、謝之間雖未必真有情事發生，不過從詩名來看，與「嘲調」相關的《雙枕詩》顯然是一首情詩，描寫男風同性戀的可能性是存在的。

　　而再退一步，如果一首詩像《詩經》中的那樣缺乏可資判斷的線索依據，要確定它是否涉及男風就不太容易了。主要的疑難包括：(1)詩文是寫的異性關係還是同性關係？(2)是寫普通的同性關係還是特別的同性戀關係？(3)是對描寫對象僅做一般意義上的讚美還是另有深意？等等。因此，下面幾首詩如何理解可以因人而異。

思友人詩

密雲翳陽景，霖潦淹庭除。

嚴霜凋翠草，寒風振纖枯。

凜凜天氣清，落落卉木疏。

感時歌蟋蟀，思賢詠白駒。

情隨玄陰滯，心與回飄俱。

思心何所懷？懷我歐陽子。

精義測神奧，清機發妙理。

自我別旬朔，微言絕於耳。

褰裳不足難，清揚未可俟。

延首出階簷，佇立增想似。〔註195〕

贈別

昨發赤亭渚，今宿浦陽汭。

方作雲峰異，豈伊千里別。

芳塵未歇席，潺淚猶在袂。

停艫望極浦，弭棹阻風雪。

風雪既經時，夜永起懷思。

泛濫北湖遊，苕亭南樓期。

點翰詠新賞，開裹瑩所疑。

摘芳愛氣馥，拾蕊憐色滋。

色滋畏沃若，人事亦銷鑠。

子衿怨勿往，谷風誚輕薄。

共秉延州信，無慚仲路諾。

靈芝望三秀，孤筠情所託。

所託已殷勤，只足攬懷人。

今行崿嶺外，銜思至海濱。

覿子杳未僝，款睇在何辰。

雜佩雖可贈，疏華竟無陳。

無陳心悁勞，旅人豈遊遨。

幸及風雪霽，青春滿江皋。

解纜候前侶，還望方鬱陶。

煙景若離遠，末響寄瓊瑤。

別怨

西北秋風至，楚客心悠哉。

日暮碧雲合，佳人殊未來。

露彩方泛豔，月華始徘徊。

寶書為君掩，瑤琴詎能開。

相思巫山渚，悵望陽雲臺。

膏爐絕沉燎，綺席生浮埃。

桂水日千里，因之平生懷。〔註196〕

嘲友人

同好齊歡愛，纏綿一何深。

子既識我情，我亦知子心。

嬿婉歷年歲，和樂如瑟琴。

良辰不我俱，中闊似商參。

爾隔北山陽，我分南川陰。

嘉會罔克從，積思安可任。

〔註196〕齊—梁‧江淹作，見《六臣注文選》卷第三十一。

目想妍麗姿，耳存清媚音。

修晝興永念，遙夜獨悲吟。

逝將尋行役，言別涕沾襟。

願爾降玉趾，一顧重千金。〔註197〕

贈故人

寒灰滅更燃，夕華晨更鮮。

春冰雖暫解，冬冰復還堅。

佳人舍我去，賞愛長絕緣。

歡至不留時，每感輒傷年。〔註198〕

有所思

誰言生離久？適意與君別。

衣上芳猶在，握裏書未滅。

腰中雙綺帶，夢為同心結。

常恐所思露，瑤華未忍折。〔註199〕

白紵辭

朱絲玉柱羅象筵，飛琯促節舞少年。

短歌流目未肯前，含笑一轉私自憐。

纖腰嫋嫋不任衣，嬌態獨立特為誰？

赴曲君前未忍歸，上聲急調中心飛。〔註200〕

神絃歌·採菱童曲

泛舟採菱葉，過摘笑蓉花。

扣楫命童侶，齊聲採蓮歌。

東湖扶菰童，西湖採菱芰。

不持歌作樂，為持解愁思。〔註201〕

神絃歌·明下僮曲

走馬上前陂，石子彈馬蹄。

〔註197〕晉·李充作，見《玉臺新詠》卷三。

〔註198〕南朝宋·鮑照作，見《玉臺新詠》卷四。

〔註199〕梁武帝蕭衍作，見《玉臺新詠》卷七。

〔註200〕梁武帝蕭衍作，見《玉臺新詠》卷九。

〔註201〕《樂府詩集》卷第四十七。

不惜彈馬蹄，但惜馬上兒。

陳孔驕赭白，陸郎乘班騅。

徘徊射堂頭，望門不欲歸。〔註202〕

拔蒲

青蒲銜紫茸，長葉復從風。

與君同舟去，拔蒲五湖中。

朝發桂蘭渚，晝息桑榆下。

與君同拔蒲，竟日不成把。〔註203〕

白紵歌

琴瑟未調心已悲，任羅勝綺強自持。

忍思一舞望所思，將轉未轉恒如疑。

桃花水上春風出，舞袖逶迤鸞照日。

徘徊鶴轉情艷逸，君為迎歌心如一。

少年窈窕舞君前，容華豔豔將欲然。

為君嬌凝復遷延，流目送笑不敢言。

長袖拂面心自煎，願君流光及盛年。〔註204〕

最後，有些詩歌雖然不是以同性戀做主題，但其中包含著一些同性戀的
內容：

中山王孺子妾歌

如姬寢臥內，班婕坐同車。

洪波陪飲帳，林光宴秦餘。

歲暮寒飆及，秋水落芙蕖。

子瑕矯後駕，安陵泣前魚。

賤妾終已矣，君子定焉如？〔註205〕

塘上行

江蘺生幽渚，微芳不足宣。

被蒙風雲會，移居華池邊。

〔註202〕《樂府詩集》卷第四十七。
〔註203〕《樂府詩集》卷第四十九。
〔註204〕南朝宋・湯惠休作，見《樂府詩集》卷第五十五。
〔註205〕齊・陸厥作，見《六臣注文選》卷第二十八。

男歡智傾愚，女愛衰避妍。

願君廣末光，照妾薄暮年。〔註206〕

陽春發和氣

日淨班姬門，風輕董賢館。

卷耳緣階出，反舌登牆喚。

蠶女桂枝鉤，遊童蘇合彈。

拂袖當留客，相逢莫相難。〔註207〕

怨

退寵辭金屋，見譴斥甘泉。

王嬙向絕漠，宗女入祁連。

昭臺省勝御，曾坂無棄捐。

後薪隨復積，前魚誰復憐？〔註208〕

桃花曲

但使新花豔，得間美人簪。

何須論後實，怨結子瑕心。〔註209〕

結襪子

誰能訪故劍，會自逐前魚。

裁紈終委篋，織素空有餘。〔註210〕

四、同性戀事件

這一時期的同性戀事例是比較豐富的，從可信程度上劃分，可把它們歸為兩類。

（一）性質明確的同性戀事件

這類事件的記載中有「同臥起」、「私款」、「斷袖」、「孌童」之類的詞句。《藝文類聚》卷第三十三所引《魏志‧曹毗曹肇傳》載有魏明帝曹叡與曹

〔註206〕晉‧陸機作，見《六臣注文選》卷第二十八。

〔註207〕梁‧費昶作，見《玉臺新詠》卷六。

〔註208〕梁‧劉孝威作，見《玉臺新詠》卷八。

〔註209〕梁‧蕭子顯作，見《玉臺新詠》卷十。《樂府詩集》卷第七十七謂是梁簡文帝作。

〔註210〕北魏‧溫子昇作，見《樂府詩集》卷第七十四。

肇的同性戀關係：「明帝寵愛之，寢止恒同。常與帝戲，睹衣物，有不獲輒入御帳，服之徑出。其見親寵，類此比也。」

《宋書》記有南朝宋‧王僧達與朱靈寶、王確的同性戀關係：「王僧達，琅邪臨沂人。初，僧達為太子洗馬，在東宮，愛念軍人朱靈寶。及出為宣城〔太守〕，靈寶已長，僧達詐列死亡，寄宣城左永之籍，注以為己子，改名元序，啟太祖以為武陵國典衛令，又以補竟陵國典書令，建平國中軍將軍。孝建元年春，事發，又加禁錮。上表陳謝云：『不能因依左右，傾意權貴。』上愈怒。僧達族子確，年少美姿容，僧達與之私款。確叔父休為永嘉太守，當將確之郡。僧達欲逼留之，確知其意，避不復往。僧達大怒，潛於所住屋後作大坑，欲誘確來別，因殺而埋之。從弟僧虔知其謀，禁呵乃止。」〔註211〕

《南史》記有著名文學家庾信與梁宗室蕭韶的同性戀關係：「韶昔為幼童，庾信愛之，有斷袖之歡，衣食所資，皆信所給。遇客，韶亦為信傳酒。後〔韶〕為郢州〔刺史〕，信西上江陵，途經江夏。韶接信甚薄，坐青油幕下，引信入宴，坐信別榻，有自矜色。信稍不堪，因酒酣，乃徑上韶床，踐蹋肴饌，直視韶面，謂曰：『官今日形容大異近日。』時賓客滿坐，韶甚慚恥。」〔註212〕

齊—梁‧沈約曾作有一篇《懺悔文》，愧悔自己先前的同性戀行為。文曰：「弟子沈約稽首上白諸佛眾聖。約自今生已前，至於無始，罪業參差，固非詞象所算。識昧往緣，莫由證舉。爰始成童，有心嗜慾。不識慈悲，莫辨罪報。……又追尋少年，血氣方壯。習累所纏，事難排豁。淇水上宮，誠無云幾。分桃斷袖，亦足稱多。此實生死牢阱，未易洗拔。……今於十方三世諸佛前，見在眾僧大眾前，誓心克己，追自悔責。收遜前愆，洗濯今慮。校身諸失，歸命天尊。」〔註213〕（圖45）《三月三日率爾成篇》詩似是表現了沈約在他「血氣方壯」時對繁華少年的追慕：

> 麗日屬元巳，年芳俱在斯。
> 開花已匝樹，流嚶復滿枝。
> 洛陽繁華子，長安輕薄兒。
> 東出千金堰，西臨雁鶩陂。
> 遊絲映空轉，高楊拂地垂。

〔註211〕《宋書‧卷七十五‧王僧達傳》。
〔註212〕《南史‧卷五十一‧長沙宣武王懿傳附韶傳》。
〔註213〕《沈隱侯集》卷一。

綠幘文照耀，紫燕光陸離。

愛而不可見，宿昔減容儀。

且當忘情去，歎息獨何為？〔註214〕

《魏書》載有前秦主苻堅與後為西燕主的慕容沖的同性戀關係：公元383年（東晉太元八年，苻秦建元十九年），前秦在淝水之戰中敗於東晉，元氣大傷。鮮卑族的慕容泓等人乘機率眾背叛，「泓弟沖，先為平陽太守，亦起兵河東，有眾兩萬。沖為堅將竇衝所破，棄其步眾，率鮮卑騎八千奔於泓軍，泓眾至十餘萬。……泓謀臣高蓋、宿勤崇等以泓德望後沖，且持法苛峻，乃殺泓，立沖為皇太弟，承制行事，置百官。沖去長安二百里，堅遣子平原公暉拒之，沖大破暉軍，進據阿房。初，堅之滅〔前〕燕，沖姊清河公主年十四，有殊色，納之，寵冠後庭。沖年十二，亦有龍陽之姿，堅又幸之。姊弟專寵，宮人莫進。長安歌之曰：『一雌復一雄，雙飛入紫宮。』咸懼為亂。王猛切諫，堅乃出沖。長安又謠曰：『鳳皇，鳳皇，止阿房。』堅以鳳皇非梧桐不棲，非竹實不食，乃蒔梧竹數十萬株於阿房城，以待鳳皇之至。沖小字鳳皇，至是終為堅賊，入止阿城焉」〔註215〕。「沖進逼長安，堅登城觀之，歎曰：『此虜何從而出，其強若斯！』大言責沖曰：『爾輩群奴，正可牧牛羊，何為送死！』沖曰：『奴則奴矣，既厭奴苦，取爾見代！』堅遣使送錦袍一領遺沖，使者稱有詔：『古人兵交，使在其間。卿遠來草創，得無勞乎？今送一袍，以明本懷。朕於卿恩分如何，而於一朝忽為此變？』沖命詹事答之，亦稱皇太弟有令：『孤今心在天下，豈顧一袍小惠！苟能知命，便可君臣束手，早送皇帝。自當寬貸苻氏，以酬曩好，終不使既往之事，獨美於前。』」〔註216〕這時的慕容沖當然是不會為苻堅的甘言軟語所打動的。他是前燕末主慕容暐的弟弟，公元370年，前燕為苻秦所滅亡，以此，慕容沖於秦主苻堅本有亡國之恨。後來雖曾以龍陽之姿為堅所幸，可那段經歷更多帶給他的卻只能是難言的隱痛，是失敗者不得不以身事仇的恥辱。所以，當現在時勢變換，他終於有力量攻伐苻堅時，對宿敵便絕不會手下容情。在慕容沖、姚萇等的同時進攻下，曾經一度不可一世的苻堅最終歸於失敗，於385年為姚萇所獲，受縊而死。身為西燕主的慕容沖率眾入據長安，安樂未久，386年亦為部將所殺。

〔註214〕《六臣注文選》卷第三十。

〔註215〕《魏書・卷九十五・徒河慕容廆傳附慕容沖傳》。

〔註216〕《魏書・卷九十五・臨渭氐苻健傳附苻堅傳》。

　　苻堅與慕容沖的「同性戀」是亂世男風的典型。魏晉南北朝一直戰亂不斷，而包括前燕、前秦、西燕等在內的東晉列國時期是尤其特別混亂的。殺伐攻掠，滅國亡身，所有的人都生活在一種朝不保夕的狀態之中，密友轉眼之間就會成為仇敵。苻堅、慕容沖就是由敵而友、又由友而敵的。個人感情夾雜於民族仇恨、家族恩怨和政治紛爭當中，迷離曲復，全無頭緒。所以，苻氏與慕容氏之間的這段愛恨糾葛就發展得極富戲劇性。

　　據《魏書》，北魏恭宗景穆帝拓跋晃與盧內，顯祖獻文帝拓跋弘與萬安國都曾同臥起。《卷三十四·盧魯元傳附盧內傳》載：「盧魯元，昌黎徒河人也。少子內，給侍東宮，恭宗深昵之，常與臥起同衣。」《卷三十四·萬安國傳》載：「萬安國，代人也。少明敏，有姿貌。顯祖特親寵之，與同臥起，為立第宅，賞賜至鉅萬。」

　　據《北史》，大致在東魏後期，「沉靜好學，博覽書記」的辛德源「美儀容，中書侍郎裴讓之特相愛好，兼有龍陽之重」〔註217〕。

　　據《北齊書》，廢帝高殷做太子時，令人傳旨，「謂國子助教許散愁曰：『先生在世何以自資？』對曰：『散愁自少以來，不登孌童之床，不入季女之室，服膺簡策，不知老之將至。平生素懷，若斯而矣。』太子曰：『顏子縮屋稱貞，柳下嫗而不亂，未若此翁白首不娶者也。』乃賚絹百匹」〔註218〕。許散愁於男、女美色皆無所愛，並以此自矜。言語之間，好像當時一般的人經常是會去追尋孌童、相伴季女似的。〔註219〕

　　同性戀史到了魏晉時期，相關現象的內容日益繁駁。前此還都是真實的人物事蹟，而此時怪力亂神也開始加入其中，從而使原本就比較特別的男風帶上了更多的詭異色彩。《太平廣記》載有數則，一則為《任懷仁》，講同性戀夥伴的反目成仇，記謂：「晉升平元年，任懷仁年十三，為臺書佐。鄉里有王祖復為令史，恒寵之。懷仁已十五六矣，頗有異意。祖銜恨，至嘉興，殺懷仁，以棺殯埋於徐祚家田頭。祚後宿息田上，忽見有冢。至朝中暮三時食，輒分以祭之，呼云：『田頭鬼，來就我食。』至瞑眠時，亦云：『來伴我宿。』如此積時，後夜忽見形云：『我家明當除服作祭，祭甚豐厚，君明隨去。』祚云：『我

〔註217〕　《北史·卷五十·辛雄傳附辛德源傳》。

〔註218〕　《北齊書·卷五·廢帝紀》。

〔註219〕　民初況周頤曾對許氏之言表示難以理解：「夫以不登孌童之床為卓行可表見，不幾以分桃割袖為人之恒情耶？諦審斯言，殊有語病。」見《餐櫻廡隨筆·不登孌童之床辨》。

是生人，不當相見。』鬼云：『我自隱君形。』祚便隨鬼去。計行食頃，便到其家。家大有客，鬼將祚上靈座，大食啖。闔家號泣，不能自勝，謂其兒還。見王祖來，便曰：『此是殺我人。』猶畏之，便走出，祚即形露。家中大驚，具問祚，因敘本末。遂隨祚迎喪。既去，鬼便斷絕。」〔註 220〕一則為《潘章》，講同性戀夥伴的生死相依，記謂：「潘章少有美容儀，時人競慕之。楚國王仲先聞其美名，故來求為友。章許之，因願同學。一見相愛，情若夫婦，便同衾共枕，交好無已。後同死，而家人哀之，因合葬於羅浮山。冢上忽生一樹，柯條枝葉，無不相抱。時人異之，號為共枕樹。」〔註 221〕

這兩則故事可以說開了明清時期同性戀神異文學的先聲，在明清筆記小說當中，寫及鬼、怪內容的男色作品屢見不鮮，而它們的初型早在千年以前就是已經出現了的。

（二）需要對其同性戀性質進行考慮的事件

這類事件缺乏明確的同性戀描寫，同性戀性質難以被完全肯定。可再細分為兩種情況。

第一種，發生在帝王與嬖臣之間的。

1. 三國魏太祖曹操與孔桂，C 級

《三國志．卷三．明帝紀》裴松之注：「《魏略》以孔桂在《佞倖篇》。桂字叔林，天水人也。建安初，數為將軍楊秋使詣太祖，太祖表拜騎都尉。桂性便辟，曉博弈、踏鞠，故太祖愛之，每在左右，出入隨從。桂察太祖意，喜樂之時，因言次曲有所陳，事多見從。數得賞賜，人多饋遺，桂由此侯服玉食。（圖 46）太祖既愛桂，五官將及諸侯亦皆親之。魚豢（魏國人，《魏略》的作者）曰：為上者不虛授，處下者不虛受，然後外無伐檀之歎，內無尸素之刺，雍熙之美著，太平之律顯矣。而佞倖之徒，但姑息人主，至乃無德而榮，無功而祿，如是焉得不使中正日朘，傾邪滋多乎？以武皇帝之慎賞，而猶有若此等人，而況下斯者乎？」

2. 蜀後主劉禪與黃皓，C 級

《三國志．卷三十九．董允傳》：「董允字休昭，處事為防制，甚盡匡救之理。後主漸長大，愛宦人黃皓。皓便辟佞慧，欲自容入。允常上則正色匡主，

〔註 220〕見《太平廣記》卷第三百二十。
〔註 221〕見《太平廣記》卷第三百八十九。

下則數責於皓。皓畏允，不敢為非。」

3. 吳末帝孫皓與陳聲，C級

《三國志‧卷六十一‧陸凱傳》中，可能是為陸凱所上的一篇疏奏指出：
「今者外非其任，內非其人。陳聲、曹輔，斗筲小吏。先帝之所棄，而陛下幸
之。」《卷六十五‧王蕃傳》載：「中書丞陳聲，皓之嬖臣，數譖毀蕃。」《卷
四十八‧孫皓傳》載：「皓愛妾或使人至市劫奪百姓財物，司市中郎將陳聲，
素皓幸臣也，恃皓寵遇，繩之以法。妾以訴皓，皓大怒，假他事燒鋸斷聲頭，
投其身於四望之下。」

4. 東晉廢帝海西公司馬奕與相龍（向龍）、計好、朱靈寶等，C～D級

《魏書‧卷九十六‧僭晉司馬睿傳附司馬奕傳》：「〔桓溫〕乃言其主奕少
同闇人之疾，初在東海、琅邪國，親近嬖人相龍、朱靈寶等並侍臥內，而美
人田氏、孟氏遂生三男。眾致疑惑，然莫能審其虛實。」《晉書‧卷八‧廢帝
海西公紀》：「太和六年十一月癸卯，桓溫自廣陵屯於白石。丁未，詣闕，因
圖廢立。誣帝在藩夙有痿疾，嬖人相龍、計好、朱靈寶等參侍內寢，而二美
人田氏、孟氏生三男，長欲封樹。時人惑之。」《卷二十八‧五行中》：「海西
公初生皇子，百姓歌云：『鳳皇生一雛，天下莫不喜。本言是馬駒，今定成龍
子。』其歌甚美，其旨甚微。海西公不男，使左右向龍與內侍接，生子，以為
己子。」

5. 南朝宋‧前廢帝劉子業與華願兒，C級

《宋書‧卷七‧前廢帝本紀》：「帝所幸閹人華願兒，官至散騎常侍，加將
軍帶郡。」《卷九十四‧戴法興傳》：「帝所愛幸閹人華願兒有盛寵，賜與金帛
無算。」

6. 齊‧鬱林王蕭昭業與楊珉之，D～E級

《南齊書‧卷二十‧鬱林王何妃傳》：「鬱林王何妃名婧英，永明二年納為
南郡王妃，鬱林王即位，為皇后。后稟性淫亂，為妃時便與外人姦通。在後宮，
復通帝左右楊珉之，與同寢處如伉儷。珉之又與帝相愛褻，故帝恣之。」

蕭昭業與徐龍駒，D～E級

《南齊書‧卷四‧鬱林王本紀》：「龍駒尤親幸，為後閤舍人，日夜在六宮
房內。」《南史‧卷七十七‧茹法亮傳附徐龍駒傳》：「龍駒以奄人本給安陸侯，
後度東宮為齋帥。帝即位後，以便佞見寵，凡諸鄙黷雜事，皆所誘勸。帝為龍

駒置嬪御妓樂，常住含章殿，著黃綸帽，被貂裘，南面向案，代帝畫敕。內左右侍直，與帝不異。」

蕭昭業與諸無賴，D～E 級

《南史·卷五·廢帝鬱林王本紀》：「帝少美容止，生而為竟陵文宣王所攝養。矯情飾詐，陰懷鄙慝。與左右無賴群小二十許人共衣食，同臥起。及竟陵王移西邸，帝獨住西州，每夜輒開後堂閣，與諸不逞小人至諸營署中淫宴。〔即位後〕，又多往文帝崇安陵隧中，與群小共作諸鄙褻擲塗賭跳，放鷹走狗雜狡獪。」

7. 齊·東昏侯蕭寶卷與梅蟲兒等，C 級

《南史·卷七十七·茹法珍傳附梅蟲兒傳》：「梅蟲兒，吳興人，齊東昏時為制局監，見愛幸。帝呼蟲兒及東冶營兵俞靈韻為阿兄。奄人王寶孫年十三四，號為倀子，最有寵。控制大臣，移易敕詔，乃至騎馬入殿，詆訶天子，公卿見之，莫不懾息。」

8. 陳文帝陳蒨與韓子高，D～E 級

《陳書·卷二十·韓子高傳》：

> 韓子高，會稽山陰人也，家本微賤。侯景之亂，寓在京都。景平，文帝出守吳興，子高年十六，為總角，容貌美麗，狀似婦人，於淮渚附部伍寄載欲還鄉，文帝見而問之，曰：「能事我乎？」子高許諾。子高本名蠻子，文帝改名之。性恭謹，勤於侍奉，恒執備身刀及傳酒炙。文帝性急，子高恒會意旨。及長，稍習騎射，頗有膽決，願為將帥，及平杜龕，配以士卒。文帝甚寵愛之，未嘗離於左右。（圖 47）文帝嘗夢見騎馬登山，路危欲墮，子高推捧而升。文帝之討張彪也，沈泰等先降，文帝據有州城，周文育鎮北郭香岩寺。張彪自剡縣夜還襲城，文帝自北門出，倉卒暗夕，軍人擾亂，文育亦未測文帝所在，唯子高在側。文帝乃遣子高自亂兵中往見文育，反命，酬答於暗中，又往慰勞眾軍。文帝散兵稍集，子高引導入文育營，因共立柵。明日，與彪戰，彪將申縉復降，彪奔松山，浙東平。文帝乃分麾下多配子高，子高亦輕財禮士，歸之者甚眾。
>
> 文帝嗣位，除右軍將軍。天嘉元年，封文招縣子，邑三百戶。王琳至於柵口，子高宿衛臺內。及琳平，子高所統益多，將士依附之者，子高盡力論進，文帝皆任使焉。二年，遷員外散騎常侍、壯

武將軍、成州刺史。及征留異，隨侯安都頓桃支嶺巖下。時子高兵
甲精銳，別禦一營，單馬入陳，傷項之左，一髻半落。異平，除假
節、貞毅將軍、東陽太守。五年，章昭達等自臨川征晉安，子高自
安泉嶺會於建安，諸將中人馬最為強盛。晉安平，以功遷通直散騎
常侍，進爵為伯，增邑並前四百戶。六年，徵為右衛將軍，至都，
鎮領軍府。文帝不豫，入侍醫藥。廢帝即位，遷散騎常侍，右衛如
故，移頓於新安寺。

　　高宗入輔，子高兵權過重，深不自安，好參訪臺閣，又求出為
衡、廣諸鎮。光大元年八月，前上虞縣令陸昉及子高軍主告其謀反。
高宗在尚書省，因召文武在位議立皇太子，子高預焉。平旦入省，
執之，送廷尉，其夕賜死，時年三十。

在此傳當中，韓子高的同性戀特徵雖然比較明顯但並未得到絕對明確。
明代叢書《綠窗女史》收有一篇明·李詡的《陳子高傳》，其中的子高則被肯
定地寫成了陳文帝的龍陽，並且他的姓氏由韓被改作了陳〔註222〕：

　　陳子高，會稽山陰人也。世微賤，業織履為生。侯景亂，子高
從父寓都下。是時子高年十六，尚總角，容貌豔麗，纖妍潔白如美
婦人。螓首膏髮，自然蛾眉，見者靡不嘖嘖。即亂，卒揮白刃縱揮
間，噤不忍下，更引而出之數矣。陳司空霸先時平景亂，其從子蒨
以將軍出鎮吳興。子高於淮諸附部伍寄載求還鄉，蒨見而大驚，問
曰：「若不欲富貴乎？盍從我？」子高許諾。子高本名蠻子，蒨嫌其
俗，改名之。既乍幸子高，不勝嬖被，被盡裂。蒨欲且亡，曰：「得
無創巨汝耶？」子高曰：「身是公身也，死耳亦安敢愛？」蒨愈益愛
憐之。子高膚理色澤柔靡都曼，而猿臂善騎射，上下若風。性恭謹，
恒執佩身刀及侍酒炙。蒨性急，有所忤，目若虎虎，焰焰欲啖人，
見子高則立解。子高亦曲意傅會，得其歡。蒨嘗為詩贈之曰：「昔聞
周小史，今歌明下童。玉塵手不別，羊車市若空。誰愁兩雄並，金
貂應讓儂。」且曰：「人言吾有帝王相，審爾，當冊汝為后，但恐同
姓致嫌耳。」子高叩頭曰：「古有女主，當亦有男后。明公果垂異恩，
奴亦何辭作吳孟子耶？」蒨大笑。日與狎，未嘗離左右。既漸長，
子高之具尤偉，蒨嘗撫而笑曰：「吾為大將，君副之，天下女子兵不

〔註222〕唐代陸龜蒙《小名錄》中，韓子高已被稱為陳子高。

足平也。」子高對曰：「政慮粉陣饒孫吳，非奴鐵纏梢，王江州不免落坑塹耳。」其善酬接若此。舊夢騎馬登山，路危欲墮，子高推捧而升。將仕用之，亦願為將。乃配以實力，備心腹。王大司馬僧辨下京師，功為天下第一，陳司空次之。於是命僧辨留守石頭城，命司空守京口。〔僧辨〕推以赤心，結廉藺之分，且為第三子頠約娶司空女。頠有才貌，嘗入謝司空，女從隙窗窺之，感想形於夢寐，謂其侍婢曰：「世寧有勝王郎子者乎？」婢曰：「昨見吳興東閣日直陳某，且數倍王郎子。」蓋是時舊解郡，佐司空在鎮。女果見而悅之，喚欲與通。子高初懼罪，謝不可。不得已，遂私焉。女絕愛子高，嘗盜其母閤中珠寶與之，價直萬計。又書一詩《白團扇》，畫比翼鳥其上以遺子高，曰：「人道團扇如圓月，儂道圓月不長圓。願得炎州無霜色，出入歡袖百千年。」事漸泄，所不知者司空而已。自是子高引避不敢入，舊知之，仍領子高之鎮。女以念極，結氣死。司空為武帝，崩。舊後從猶子入嗣大統，子高為右衛將軍，散騎常侍，積功封文招縣子。廢帝時坐誣謀反，誅。人以為隱報焉。

《陳子高傳》中的陳舊只是戲言「吾有帝王相，審爾，當冊汝為后」，而在情節誇張的《男王后》雜劇中，他真的就做到了這一點。《男王后》為明·王驥德著，《盛明雜劇》有收。該劇第一、二兩折集中描寫了陳舊與陳子高之間的斷袖之誼：

正名

臨川王不辨雌雄對，玉華主喬配裙釵婿。

穠桃婢誤做女媒人，陳子高改妝男后記。

第一折

（旦扮青衣童子上開云）

綠鬢青衫宛自驚，怕君著眼未分明。東邊日出西邊雨，道是無情又有情。自家姓陳，名子高，小字瓊花，江南人氏。向因侯景作亂，幼時隨著父親避難京都，織賣些草屨度日，如今長成一十六歲。近聞得臨川王翦平賊黨，道路已通，欲待覓個同伴，央及他攜帶還鄉，只索走一遭去。俺家身雖男子，貌似婦人，天生成秀色堪餐，畫不就粉花欲滴。我思想起來，若不是大士座前錯化身的散花龍女，也索是玉皇殿上初出世的掌案金童。昨日有個相士，說我龍顏鳳頸，

是個女人定配君王。噯，當初爺娘若生我做個女兒，憑著我幾分才色，說什麼蛾眉不肯讓人，也做得狐媚偏能惑主；饒他是鐵漢，也教軟癱他半邊哩！可惜錯做個男兒也呵！

【仙呂‧賞花時】孔翠雌雄認未真，虛度韶華十六春，都一樣翠蛾顰。只爭個鞋弓三寸，那裏肯嫵媚讓紅裙。

【幺篇】繡袂香綃妝束新，一笑花前輕逗引。若借作女兒身，不用些兒胭粉，管嬌殺有情人。（下）

（丑、末扮卒子上）閫外干戈罷，營中鼓角催。鞭敲金鐙響，人唱凱歌回。我們是臨川王帳下的小校。俺大王爺戰勝班師，命俺軍前巡邏。遠遠望見一個行路小廝，向前拿住則個。（內鳴金鼓，丑、末追下）（旦慌上）呀，前面金鼓連天，不知什麼軍兵來了。來到此間，無門逃避，怎生是好？（丑、末追上）從君走到焰摩天，腳下騰雲須趕上。拿住了！（做縛旦科）（丑）咄，這小廝你是何方奸細，攔我馬頭？（對末）我們將來開刀，賽個行軍利市罷。（末）兄弟，看這小廝，一貌如花，倒也不忍害他。（旦叩頭）將軍饒命！

（丑）也罷。兄弟，我和你且饒他性命，留在軍中。日間著他打馬草，夜間也好當那話兒，大家用用。（末）兄弟，我看這個妖物事，不是我和你受用得他著的。俺大王爺最愛南風，我們獻去做個頭功，倒有重重的賞賜哩。（丑）說得有理。大王爺駕到了，和你就送到帳前去。（旦乞哀科）將軍可憐！（丑、末押旦下）（淨扮臨川王引眾上）殺氣中原黯未收，腰間腥血帶吳鉤。將軍戰馬今何在，野草閒花滿地愁。某家臨川王陳蒨是也。近因誅滅侯景，還鎮吳興。小校！傳令：就此起駕前去。（眾應介）（丑、末押旦上）啟大王爺：今日軍前拿得個未冠小廝，請大王爺令旨施行。（淨）著綁去前營斬首祭旗罷。（旦叫云）大王爺，可憐！（淨）這小廝倒嬌滴滴好口聲兒，著抬頭起來我看著！（旦抬頭）（淨看驚介）呀，妙哉！你看他唇紅齒白，目秀眉清，就是描畫成的一般。那家父母生得這們樣好兒女來！小校，快去了縛，不要驚他。（眾去縛科）（淨）小孩子，我且問你：你是什麼人？為何到此？從實說來。（旦）大王爺聽啟，念小的呵！

【仙呂‧點絳唇】避亂京華，幾年孤寡擔驚怕。驀地思家，干

冒金龍駕。

（淨）哦，是避亂還鄉的了。你是那里人氏？姓甚名誰？（旦）

【混江龍】是天台山下，桃源溪口第三家。（淨）怪見是神仙出世了。（旦）與天家同姓。（淨）也姓陳了。姓也姓的好。（旦）名喚瓊花。（淨）又好個小名兒，果然像朵瓊花一般。（旦）閒織青蒲為活計，時編白苧作生涯。（淨）就是小人家兒女，倒也不妨。（旦）恨鶺鴒比不得鴛鴦嫁。望大王慈悲些子，當一個蟲蟻饒咱。（圖48）

（淨云）小孩子，我不害你。你莫慌張，可惜驚壞了你。你且說今年多少年紀了？（旦）

【油葫蘆】問碧玉芳年未破瓜，剛二八。你覰雙鬟的的尚繫紅紗。（淨）你有什麼本事麼？（旦）我俏身軀慣把龍媒跨，軟腰肢解把鳥號架。小心兒捧寶刀，款性子陪玉斚。悶來時當的個魔合羅閒戲耍。大王爺，小的不敢說，是個可喜殺小冤家。

（淨）呵呵，今日我大王爺遇著你，真是個小冤家了！我問你，家中還有什麼人？你可撇的下麼？（旦）

【天下樂】我是飄泊東風一樹花根芽，若問咱只有隔天涯，兩邊廂爹共媽。別無個姊妹親，更少個兄弟雅。但得個受恩深，便甘入馬。

（淨）小孩子，倒也有些緣法。起來站著說，你可要富貴從的我麼？（旦叩頭介）只怕大王爺見棄，小的情願伏事大王爺終身。（淨）起來說。（旦起立）

【村裏迓鼓】我生長在葵藜叢內，怕近不的牡丹階下。若得備些使數，供些灑掃，當些應答。少不的享些安逸，著些疼熱，饒些打罵。誰承望紅錦披、白玉橫、黃金掛。（叩頭科）則饒我割下些兒那話。

（淨）可惜了！我怎麼捨得閹割你？我看你模樣兒倒像女子，就選你入宮，和這班女侍們伏侍了我。你可肯麼？（旦）大王爺：

【元和令】你道我俏娉娉似女侍家，我情願改梳妝學內宮罷。看略施朱粉上桃花，管教人風韻煞。只雙彎一搦較爭差，但繫長裙辨那些兒真假。

（淨）說得著人，說得知趣！左右，先取一件鮮明罩甲和我御

用白玉條環的鸞帶一條，與他穿繫著。（眾應）（旦穿甲繫條科）（淨）小孩子，我後宮妃嬪雖多，看來倒沒有你這們一個姿色。你明日若當得我意，就立你做個正宮王后。你意下如何？（旦叩頭）願大王爺千歲！古有女主，亦當有男后。只怕臣妾出身寒微，稱不得大王爺尊意。

【上馬嬌】若是比浣紗貯館娃，與九重天子做渾家。將襯衫改作羅裙嫁，咱省你十斛守宮砂。

（淨）說便如此，只是我和你不免有同姓之嫌，怎生是好？

（旦）只要大王爺做主，怕那個議論來！古時魯吳同姓，尚且為婚。大王爺果垂異恩，臣妾做不的吳孟子麼？

【勝葫蘆】自古朱陳總一家。藕葉抱荷花，比別樹枝條贏些親襯搭。我則愁黃金殿上、珍珠簾下，嬌滴滴拜時差。

（淨）左右，與這小孩子胭脂馬一匹、珊瑚鞭一條，就扈從駕前。傳令眾將官們，一齊起駕前去！（眾應）（旦做上馬同行科）（旦）

【後庭花】看胭脂馬晃臉霞，珊瑚鞭嫋鬢鴉。拂翠袖捎旗畫，掠紅綃颭劍花。我不慣紫茸甲重重披掛，恰便驚閃殺一撚小香娃。

【柳葉兒】見明晃晃戈矛齊亞，亂紛紛旌旆交加。我是個梓橦神簇擁一隊天魔下，則這泥金帕、曲塵紗、俏身子，結束的堪誇。

【寄生草】慚愧個癡兒女，夤緣到帝子家。泣前魚不數龍陽詫，挾金丸一任韓嫣訝，奪鸞篦儘著秦宮罵。誰言女卻作門楣，看生男倒坐中宮駕。

（眾）啟大王爺，已到吳興了。（淨）住駕。（做升殿科）（淨）眾將官，各回營治事去。（眾應下）（淨）小孩子，隨我入宮，改換女妝，今夜伏侍我睡罷。（旦叩頭）願大王爺千歲！

【賺煞】改抹著髻兒丫，權做個宮姬迓。只怕見嬪妃羞人答答，準備著強斂雙蛾入絳紗。謾說道消受豪華，愁只愁嫩蕊嬌葩，難告消乏。拼則個咬破紅衾一幅霞，且將櫻桃淺搽，遠山輕畫。謝你個俏東皇，錯妝點做海棠花下。

第二折

（丑、貼旦扮宮女上）（丑）覆雨翻雲總一般，桃花錯做杏花看。

（貼）早知不入時人眼，多買胭脂畫牡丹。（丑）我們是臨川王宮中

女侍穠桃、媚柳便是。俺大王爺前日軍中帶得什麼一個妖東西回來，將他改作女妝，好生寵幸。早晨傳旨，要立他做正宮娘娘，著我們伏侍他梳妝，只得在此伺候。（咲科）媚柳姐，咲殺咲殺！我和你入宮多年，倒不能勾那件買賣到手，他才則進門就這們作怪。難道世間有這樣一個帶柄的娘娘在這裡？（貼）穠桃姐，你不曉得俺大王爺是個黃鱔，定要尋個泥鰍做對哩。（丑）怪見你這個水蚌，只好替我的淡菜做隊哩。（貼）啐！不要閒說，娘娘來了。（旦女妝上）淡妝濃抹也相宜，但插山花是女兒。雪隱鷺鷥飛始見，柳藏鸚鵡語方知。俺家從入宮來，荷蒙大王爺厚恩，寵幸無比。今日有旨，要立我做正宮王后，著我先梳妝等候。看起來世間事也自難料，譬如讀書人只要一時間造化際遇，論什麼文字高下。如今這六宮姬侍，多少顏色美麗的，倒都不如我了。（丑、貼叩頭）穠桃、媚柳叩頭。（旦）起去，看妝盒過來。（丑、貼應，供妝具科）（旦臨鏡科）

【中呂·粉蝶兒】我恰向這金粉紗窗，照菱花學梳宮樣。你與我畫屏前吹滅了銀缸。你看繡簾高，朱闌敞，曙光初晃。忽絪縕何處吹香？是俏東風，初過刺桐花上。

（丑）娘娘，貼上這幾點翠花鈿兒。（旦）

【醉春風】翠鈿貼雙雙。（貼）娘娘，簪上這兩股釵兒。（旦）金釵簪兩兩。（丑）娘娘，戴這幾朵花兒。（旦）將嫩花頭嬌插的綠雲斜。（貼）娘娘，玉環兒弔下響了。（旦）聽吉丁當玉環兒墜響。（丑）娘娘，穿上這幾件衣服兒。（旦）和這細嫋嫋錦帶霞翻，鮮楚楚繡衫月掩，長簌簌彩裙風颺。

（丑）娘娘，今日打扮比閒常又風韻許多了。（旦）癡妮子：

【脫布衫】我俏龐兒原似娘行，難道這些時便勝閒常？只近新來略慣梳妝，比乍見時覺增些嬌樣。

（丑）看娘娘這們樣標緻，什麼婦人家到得來！（旦）

【小梁州】你婦人家只是塗抹些胭脂學海棠，若不打扮便只尋常。俺則略施粉黛淡塗黃，但偷睛晃，就嬌滴滴勝紅妝。

（貼）娘娘，今日做了王后，不知古人那一個比得娘娘來？（旦）你說那一個古人比得我麼？

【幺】只有漢董賢他曾將斷袖驕卿相，卻也不曾正位椒房。我

如今受封冊在嬪妃上，這裙釵職掌，千載姓名揚。

（內傳旨科）大王爺傳旨：娘娘梳妝完了，請到長秋宮行禮者。（丑）大王爺請娘娘行禮去。（俱暫下）（淨引內官、宮女上）新得佳人是六郎，咲他紅袖太郎當。大雛飛上梧桐樹，一任傍人說短長。呵呵，我臨川王是個風流古怪的物事。前日軍中帶得個美人回來，他模樣兒娉婷，性格兒伶俐，倒都不在話下。我平常性子最急，宦官宮女略不像意，一日不知砍下幾顆頭來！只他在面前，天大的事也都弔在腦後去了。怪物，怪物！今日是個好日頭，我就備冊璽冠帔，立他做個正宮。左右傳旨：快請娘娘升殿。（內官傳旨）請娘娘升殿。（旦引丑、貼上）（旦叩頭）願大王爺千歲！（淨）起來，生受你。美人，你從入宮禁，承奉小心，後宮數千，無出汝右。今日冊你為后，好生在意者。（旦）臣妾荷蒙大王爺過愛，得侍衾裯，已出望外。若正位號，恐妃嬪們見妒，死不敢當。（淨）不必固辭，那個敢妒你來！宮監記者：但後宮妃嬪以下，有妒忌娘娘的，即時梟首示眾！（眾應科）（淨）取璽綬禮服過來，就此謝恩。（旦冠帔謝恩科）

【上小樓】念臣妾萍蹤流浪，謝聖主恩波浩蕩。卻將個宋玉東牆，錯猜做神女高唐，生扭做飛燕昭陽。恰正好入洞房，喚女郎，婦隨夫唱。則願得待歡娛，萬年無恙。

（淨）著開宴者。（旦把盞科）

【么】嬌冉冉曳繡裳，滴溜溜捧玉觴。待我這傳粉何郎，做了個結綺張娘。謝你個行雨襄王，且對靚妝入醉鄉。淺斟低唱，斷送他研羅裙上。

（淨）看座來，娘娘坐著。美人，我看你弱骨輕盈，柔肌嬌膩。我夜來多有莽撞，得無創巨汝乎？（旦）臣妾之身，大王之身也。死耳亦安敢自愛。

【滿庭芳】你做蜂蝶的從來莽撞，說什麼嬌花寵柳、惜玉憐香？我雖則是重茵濕透桃花浪，也子索捨死承當。譬如梁綠珠，粉身樓上；楚虞姬，刎首燈旁。也要細嫋嫋舒咽項，顧不得其間痛癢。如今呵，便受些苦楚又何妨？

（淨）說得有趣，只是可惜了你。看巨觥來，我滿飲一觥。美

人，我看來不但我奈何你的你會承當，便是你奈何人的可也雄壯？吾為大將，汝副之，天下女子兵不足平也！（旦掩扇哄介）正慮粉陣饒孫吳，非臣妾鐵纏綃，王江州不免落坑塹耳。

【快活三】你坐中軍花柳場，我領前隊翠紅鄉。只粉營雙挺綠沉槍，也做得煙花將。

（淨）說得快活，我再飲一巨觥。美人，我昨夢騎馬登山，路危欲墮。賴汝推挽而升，煞是虧你。今日正位中宮，可也倚仗你不小哩！（旦）臣妾受大王爺厚恩，殺身難報。當鞠躬盡瘁，死而後已，敢不盡心？

【朝天子】敢忘大王一霎鮫綃帳，便夢隨行蟻墮高岡，也索捧紅輪上。筭曳練椒房，脫簪永巷，都依舊畫葫蘆樣。我若改裝換腔，就當得兜鍪壯。

（淨）呵呵，美人，依你說起來，那真的倒只尋常，不如你假的希罕了。我從在軍中，久廢吟詠。今日遇你這們絕色，可沒有一首詩兒贈你麼？內侍，徹了筵席，取御用的筆硯過來。美人，就寫在你這衣幅兒上罷。女侍們扯著！（做寫念介）昔聞周小史，今歌明下童。玉塵手不別，羊車市若空。誰愁兩雄並，金貂應讓儂。美人，看這首詩兒何如？你好生留著，也當一個恩典。（旦叩頭介）臣妾醜陋之軀，得大王爺過賜品題，感激無地。當珍藏笥中，與骨髮俱朽。

【四邊靜】這宮衫新樣，御墨淋漓，標題數行。可喜殺字挾風霜，一片珠璣晃。抵多少鴛鴦鳳皇，亂灑在冰綃上。

（內鳴朝鼓科）（內侍）啟大王爺，鳴朝鼓了。請大王爺升殿。（淨）美人，我暫到殿上早朝。眾妃嬪們朝賀了娘娘，著準備夜宴伺候者。（旦叩頭）拜送大王爺。（淨）免了。（內監隨淨下）（眾女侍朝賀科）願娘娘千歲！（旦）起來！我今日新正位號，諸妃嬪們都要從我約束。違背的，取大王爺令旨施行。（眾應科）（旦）

【要孩兒】我是個金塘小小蓮花長，羞殺喚張家六郎。如今被波神移入五雲鄉，管領您三百紅芳。譬如燕鶯並宿原相狎，蜂蝶同枝也不妨，恰好相親傍。這是牡丹雖好，也要綠葉扶將。

女侍們，大王爺分付，準備夜宴，少不得要一班歌舞的供奉。

你們不要生疏了，試演習一回兒者。（眾應奏樂科）（貼旦）

　　【三煞】盈盈銀燭前，娟娟錦瑟傍，纖纖按拍低低唱。從教選妓隨雕輦，一任徵歌出洞房。今夕歌相向，是《關雎》一曲，《窈窕》三章。

　　（小旦舞科）

　　【二煞】則我這袖梢三尺霞，腰肢一撚香，似俏楊枝風嫋在紅階上。這的是蹁躚舞愛前溪淥，恰稱那宛轉歌憐子夜長，管取圍鶯幌。喜殺你個回風趙后，咲翻他個羯鼓唐皇。

　　（旦）

　　【一煞】看銀河千尺垂，鵲橋一帶長，黃姑織女今宵降。蛾眉皓齒人人玉，繡榻金屏處處香。誰承望你個鶯花主帥，將我做紅粉專房。

　　眾女侍們，暫且退班。待大王爺回宮，伏侍夜宴，不得違誤。

（眾應科）（旦）

　　【煞尾】準備著翠奩添晚妝，金爐燒夜香。想退朝時月到花梢上，你只聽樓角銅壺數聲兒響。（下）

　　第三、四兩折，陳子高男作女裝事被陳蒨之妹玉華公主得知，二人相通。不久，陳蒨獲悉這一私情，他先雖惱怒，但終究還是有感於「夫妻」、兄妹之情而恩准二人成婚。（圖49至圖51）

　　對韓子高的描述由《宋書》本傳到《男王后》，他的同性戀經歷後世不僅予以了公認，而且有時已經有些超出了限度。

9. 後趙石虎（字季龍）與鄭櫻桃，C 級

　　《晉書·卷一百六·石季龍載記上》：「石季龍，〔石〕勒之從子也。趫捷便弓馬，勇冠當時。勒深嘉之，拜征虜將軍，為娉將軍郭榮妹為妻。季龍寵惑優僮鄭櫻桃而殺郭氏，更納清河崔氏女，櫻桃又譖而殺之。」

　　鄭櫻桃的性別問題歷史上有不同的觀點。

　　唐代詩人李頎寫有一首《鄭櫻桃歌》，以鄭為女子：

　　　　石季龍，僭天祿擅雄豪，美人姓鄭名櫻桃。

　　　　櫻桃美顏香且澤，娥娥侍寢專宮掖。

　　　　後庭卷衣三萬人，翠眉清鏡不得親。

　　　　官軍女騎一千四，繁花照耀漳河春。

織成花映紅綸巾，紅旗掣曳鹵薄新。

鳴鑾走馬接飛鳥，銅釱瑟瑟隨去塵。

鳳陽重門如意館，百尺金梯倚銀漢。

自言富貴不可量，女為公主男為王。

赤花雙簟珊瑚床，盤龍斗帳琥珀光。

淫昏偽立神所惡，滅石者陵終不誤。

鄴城蒼蒼白露微，世事翻覆黃雲飛。〔註223〕

《太平御覽》卷第三百八十引《十六國春秋》曰：「石虎鄭后，名櫻桃，晉冗從僕射鄭世達家妓也。在眾猥妓中，虎數歎其貌於太妃，太妃給之。」卷第三百八十七引《趙書》曰：「石虎聘崔氏為夫人，無寵。所愛鄭夫人有百日女，病。謂崔與藥，以告後石。虎作威問之，崔言外舍見小子以少唾其容作祟，非藥也。後石乃射之，一箭通中而死。」卷第三百七十一所引《二石偽事》中也有一則鄭氏如何譖殺崔氏的記載，謂鄭為中山鄭略之妹。

另外，《晉書‧石季龍載記上》在鄭櫻桃之事後還曾記石虎於晉成帝咸康三年（337）「僭稱大趙天王，立其鄭氏為天王皇后。」即使不參考《十六國春秋》等，推測起來，《晉書》中的鄭氏與鄭櫻桃似也應為一人。所以，總的來看，把歷史上的鄭櫻桃認為女性是比較符合實際的。

而另外一種相反的觀點則認為，《鄭櫻桃歌》是文學作品，《十六國春秋》等屬於雜史，所言都沒有權威性。在權威的《晉書》當中，鄭櫻桃並未被明確為鄭后，其中已經明確的只有一點，即他是一位「優僮」，「優」和「僮」的含義又多是針對男性而言，所以鄭櫻桃就是一位男子。這種看法不但反映在一些筆記、小說以及《豔異編》、《情史》等類書當中，更明顯的是在清代的北京。當時京城裏的相公私坊業相當繁盛，吟詠品評優伶的作品大量出現，作者們就時常會寫到鄭櫻桃，把他視為名優的代表。如：

譜翻部仗錦周遭，桂菊爭芳月旦高。

畢竟花場春有價，穠華難替鄭櫻桃。

天付眼眉腰，未消魂，意也消。海棠睡足春痕悄。憨多韻饒，

憁多態嬌，宜嗔宜喜風光好。小苗條，柔情一縷，休說鄭櫻桃。

欲問依依柳，誰逢伴彩毫。

〔註223〕《樂府詩集》卷第八十五。

　　蒼苔如有待，玉笛更無勞。

　　蝴蝶身需化，元龍臥最高。

　　短襟和小鬢，羞殺鄭櫻桃。

　　露花風柳玉為神，彷彿櫻桃夢裏身。

　　百尺溪藤題已遍，天涯多少繫情人。

　　優雲慧業解風騷，分韻擘箋擬薛濤。

　　菊部佳伶推幾輩，當行不數鄭櫻桃。〔註224〕

　　當認為鄭櫻桃是男性時，石虎對他的嬖愛就可以被視作是斷袖之愛了。可以想到，同性戀者一般都會這樣看的。

10. 前涼主張天錫與其嬖人，C級

　　《魏書・卷九十九・私署涼州牧張寔傳附張天錫傳》：「天錫驕肆淫昏，不恤民務，元日與嬖人褻飲。」

11. 後燕主慕容雲（高雲）與離班、桃仁等，B級

　　《晉書・卷一百二十四・慕容雲載記》：「雲遂即天王位，復姓高氏，署馮跋侍中、都督中外諸軍事。……雲臨東堂，幸臣離班、桃仁懷劍執紙而人，稱有所啟，拔劍擊雲，雲以几距班，桃仁進而弒之。馮跋遷雲尸於東宮，偽諡惠懿皇帝。雲自以無功德而為豪傑所推，常內懷懼，故養壯士以為腹心。離班、桃仁等並專典禁衛，委之以爪牙之任，賞賜月至數千萬，衣食臥起皆與之同，終以此致敗云。」

12. 北魏高祖孝文帝元宏與馮誕，D級

　　《魏書・卷八十三上・馮熙傳附馮誕傳》：「誕字思政，資質妍麗。年才十餘歲，文明太后引入禁中，申以教誡。然不能習讀經史，故並無學術，徒整飾容儀，寬雅恭謹而已。誕與高祖同歲，幼侍書學，仍蒙親待，尚帝妹樂安長公主。……高祖寵誕，每與誕同輿而載，同案同食，同席坐臥。〔太和〕十六年，以誕為司徒。高祖既深愛誕，除官日，親為制三讓表並啟，將拜，又為其章謝。尋加車騎大將軍、太子太師。從駕南伐。十九年，至鍾離，誕遇疾不能侍從。高祖日省問，醫藥備加。時高祖銳意臨江，乃命六軍發鍾離南轅，與誕泣訣。左右皆入，無不掩涕。時誕已惙然，強坐，視高祖，悲而淚不能下，言夢太后來呼臣。高祖鳴咽，執手而出，遂行。是日，去鍾離五十里許。昏

〔註224〕見《清代燕都梨園史料》，第171、220、984、988、1066頁。

時，告誕薨問，高祖哀不自勝。乃輕駕西還，從者數千人。夜至誕薨所，撫尸哀慟，若喪至戚，達旦聲淚不絕。詔求棺於城中，及斂送舉，高祖以所服衣帢充襚，親自臨視，撤樂去膳。宣敕六軍，止臨江之駕。高祖親北度，慟哭極哀。詔侍臣一人兼大鴻臚，送柩至京。喪至洛陽，車駕猶在鍾離。詔留守賜賻物布帛五千匹、穀五千斛，以供葬事。贈假黃鉞、使持節、大司馬，領司徒、侍中、都督、太師、駙馬、公如故。加以殊禮，備錫九命。車駕還京，詔曰：『馮大司馬已就墳塋，永潛幽室，宿草之哭，何能忘之。』遂親臨誕墓，停車而哭。」

13. 北魏世宗宣武帝元恪與趙修，D 級

《魏書·卷九十三·趙修傳》載：「趙修字景業，趙郡房子人。父惠安，後名謐，都曹史，積勞補陽武令。修本給事東宮，為白衣左右，頗有膂力。世宗踐阼，仍充禁侍，愛遇日隆。然天性暗塞，不閑書疏，是故不參文墨。世宗親政，旬月之間，頻有轉授，歷員外通直散騎常侍、鎮東將軍、光祿卿。每受除設宴，世宗親幸其宅，諸王公卿士百僚悉從，世宗親見其母。修能劇飲，至於逼勸觴爵，雖北海王詳、廣陽王嘉等皆亦不免，必致困亂。每適郊廟，修常驂陪。出入華林，恒乘馬至於禁內。咸陽王禧誅，其家財貨多賜高肇及修。修之葬父也，百僚自王公以下無不弔祭，酒犢祭奠之具，填塞門街。於京師為制碑銘，石獸、石柱皆發民車牛，傳致本縣。財用之費，悉自公家。凶吉車乘將百兩，道路供給，亦皆出官。時將馬射，世宗留修過之。帝如射宮，修又驂乘，輅車旍竿觸東門而折。修恐不逮葬日，驛赴窆期，左右求從及特遣者數十人。修道路嬉戲，殆無戚容，或與賓客姦掠婦女裸觀，從者噂𠴲喧嘩，訞詈無節，莫不畏而惡之。是年，又為修廣增宅舍，多所併兼，洞門高堂，房廡周博，崇麗擬於諸王。修起自賤伍，暴至富貴，奢傲無禮，物情所疾。因其在外，左右或諷糾其罪。自其葬父還也，舊寵小薄。」趙修既受到群臣的交相攻擊，宣武帝遂下詔：「鞭之一百，徙敦煌為兵。」結果受刑過重，出京不遠即死。

又，趙修還曾被人比同為董賢。《魏書·卷十五·常山王拓跋遵傳附元紹傳》載：「紹斷決不避強禦。世宗詔令檢趙修獄，以修佞倖，因此遂加杖罰，令其致死。帝責紹不重聞，紹曰：『修姦佞甚於董賢，臣若不因釁除之，恐陛下復被哀帝之名。』以其言正，遂不罪焉。」

宣武帝與茹皓，D 級

《魏書·卷九十三·茹皓傳》載：「茹皓字禽奇，舊吳人也。皓年十五六，

為縣金曹吏，有姿貌，謹惠。南徐州刺史沈陵見而善之，自隨入洛陽，舉充高祖白衣左右。世宗踐阼，皓侍直禁中，稍被寵接。及世宗親政，皓眷賚日隆。……皓性微工巧，多所興立。為山於天淵池西，採掘北邙及南山佳石。徙竹汝潁，羅蒔其間；經構樓館，列於上下。樹草栽木，頗有野致。世宗心悅之，以時臨幸。皓貴寵日升，關與政事。頗敏慧，折節下人。而潛自經營，陰有納受，貨產盈積。起宅宮西，朝貴弗之及也。是時世宗雖親萬務，皓率常居內，留宿不還，傳可門下奏事。初，修、皓之寵，北海王詳皆附納之。又直閣將軍劉胄本為詳所薦，常感詳恩，密相承望，並共來往。高肇素疾諸王，常規陷害，既知詳與皓等交關相昵，乃構之世宗，云皓等將有異謀。世宗乃召中尉崔亮令奏皓、胄、常季賢、陳掃靜四人擅勢納賄及私亂諸事，即日執皓等皆詣南臺。翌日，奏處罪，其晚就家殺之。皓妻被髮出堂，哭而迎皓。皓徑入哭別，食椒而死。」

又，茹皓等曾被人與鄧通、董賢相比。太常卿崔光上表進言於世宗曰：「願陛下留聰明之鑒，警天地之意，禮處左右，節其貴越。往者鄧通、董賢之盛，愛之正所以害之。博採芻蕘，進賢黜佞，則兆庶幸甚，妖弭慶進，禎祥集矣。」世宗「覽之大悅，後數日，而茹皓等並以罪失伏法」〔註225〕。

宣武帝與陳掃靜、徐義恭，D級

《魏書·卷九十三·茹皓傳附陳掃靜、徐義恭傳》：「掃靜能為世宗典櫛梳，義恭善執衣服，並以巧便，日夕居中，愛幸相侔，官敘不異。二人皆承奉茹皓，亦並加接眷，而掃靜偏為親密，與皓常在左右，略不歸休。皓敗，掃靜亦死於家。義恭小心謹慎，謙退少語。皓等死後，彌見幸信，長侍左右，典掌秘密。世宗不豫，義恭晝夜扶侍，崩於懷中。」

14. 北齊世祖武成帝高湛與和士開，D級

《北齊書·卷五十·和士開傳》載：「和士開字彥通，清都臨漳人也。其先西域商胡，本姓素和氏。父安，恭敏善事人，稍遷中書舍人。魏孝靜嘗夜中與朝賢講集，命安看斗柄所指，安答曰：『臣不識北斗。』高祖聞之，以為淳直。後為儀州刺史。士開幼而聰慧，選為國子學生，解悟捷疾，為同業所尚。天保初，世祖封長廣王，辟士開府行參軍。世祖性好握槊，士開善於此戲，由是遂有斯舉。加以傾巧便僻，又能彈胡琵琶，因此親狎。嘗謂王曰：『殿下非

天人也，是天帝也。』王曰：『卿非世人也，是世神也。』其深相愛如此。顯祖（文宣帝高洋）知其輕薄，不令王與小人相親善，責其戲狎過度，徙長城。後除京畿士曹參軍，長廣王請之也。世祖踐阼，累除侍中，加開府。遭母劉氏憂，帝聞而悲惋，遣武衛將軍呂芬詣宅，晝夜扶侍，成服後方還。其日，帝又遣以犢車迎士開入內，帝見，親自握手，愴惻下泣，曉喻良久，然後遣還，並諸弟四人並起復本官。其見親重如此。除右僕射。帝先患氣疾，因飲酒輒大發動，士開每諫不從。屬帝氣疾發，又欲飲，士開淚下歔欷不能言。帝曰：『卿此是不言之諫。』因不復飲。言辭容止，極諸鄙褻，以夜繼晝，無復君臣之禮。至說世祖云：『自古帝王，盡為灰燼，堯、舜、桀、紂，竟復何異。陛下宜及少壯，恣意作樂，縱橫行之，即是一日快活敵千年。國事分付大臣，何慮不辦，無為自勤苦也。』世祖大悅。其年十二月，世祖寢疾於乾壽殿，士開入侍醫藥。世祖謂士開有伊、霍之才，殷勤屬以後事，臨崩，握士開之手曰：『勿負我也。』仍絕於士開之手。」時在天統四年（568），武成帝年三十二。武平二年（571），和士開為人所殺，年四十八。

15. 北齊後主高緯與穆提婆，D級

《北齊書·卷五十·穆提婆傳》載：「穆提婆，本姓駱，漢陽人也。父超，以謀叛伏誅。提婆母陸令萱嘗配入掖庭，後主襁褓之中令其鞠養，謂之乾阿奶。天統初，奏引提婆入侍後主，朝夕左右，大被親狎，嬉戲醜褻，無所不為。寵遇彌隆，官爵不知紀極，遂至錄尚書事，封城陽王。自武平之後，令萱母子勢傾內外矣，庸劣之徒皆重跡屏氣焉。晉州軍敗，後主還鄴，提婆奔投周軍，令萱自殺，子孫大小皆棄市，籍沒其家。」

16. 北周宣帝宇文贇與鄭譯，C級

《隋書·卷三十八·鄭譯傳》載：「鄭譯，滎陽開封人也。周武帝時，坐褻狎皇太子，帝大怒，除名為民。太子復召之，譯戲狎如初。因言於太子曰：『殿下何時可得據天下？』太子悅而益昵之。及帝崩，太子嗣位，是為宣帝。超拜開府、內史下大夫，委以朝政。」周大象二年（580），宣帝崩，年二十二。隋開皇十一年（591），鄭譯以疾卒，年五十二。

第二種，發生在臣民士庶之中的。

1. 魏·董昭與蘇則。董對蘇懷有同性戀意圖的可能性不大

《三國志·卷十六·蘇則傳》載：「〔蘇則〕徵拜侍中，與董昭同僚。昭嘗枕則膝臥，則推下之，曰：『蘇則之膝，非佞人之枕也。』」

2. 魏・鍾會與夏侯玄。鍾對夏侯懷有同性戀意圖的可能性不大

《世說新語・方正》載：「夏侯玄既被桎梏，鍾毓為廷尉，鍾會（鍾毓之弟）先不與玄相知，因便狎之。玄曰：『雖復刑餘之人，未敢聞命。』」《三國志・卷九・夏侯尚傳附夏侯玄傳》注引孫盛《雜語》曰：「玄在囹圄，會因欲狎而友玄，玄正色曰：『鍾君何相逼如此也！』」

「狎」的含義，有時固然較多地與同性戀相關，如穆提婆「入侍後主，朝夕左右，大被親狎」。而有時則基本只是指一般的親密結交，如《三國志・卷十五・張既傳》注引《魏略》曰：「初，既為郡小吏，功曹徐英嘗自鞭既三十。英性剛爽，自見族氏勝既，加以前辱既，雖知既貴顯，終不肯求於既。既雖得志，亦不顧計本原，猶欲與英和。嘗因醉欲親狎英，英故抗意不納。英由此遂不復進用。故時人善既不挾舊怨，而壯英之不撓。」文中的「親狎」就是普通的結納之意，應當沒有什麼同性戀色彩。

3. 魏・山濤與嵇康、阮籍，B～C 級

山濤和嵇康、阮籍都屬於竹林七賢，在歷史上以瀟灑俊逸而聞名。《世說新語・賢媛》載有他們之間的一段交往：

> 山公與嵇、阮一面，契若金蘭。山妻韓氏覺公與二人異於常交，問公。公曰：「我當年可以為友者，唯此二生耳。」妻曰：「負羈之妻，亦親觀狐趙，意欲窺之，可乎？」他日，二人來，妻勸公止之宿，具酒肉，夜穿墉以視之。達旦忘反，公入曰：「二人何如？」妻曰：「君才致殊不如，正當以識度相友耳。」公曰：「伊輩亦常以我度為勝。」

由此記述，荷蘭漢學家高羅佩（R. H. Van Gulik，1901～1967）肯定地認為山、嵇、阮之間存在著明確可信的斷袖之情。他的分析是：

> 「異於常交」幾字已經意味著同性戀關係，但這點是由山濤夫人援引負羈之妻的例子來證實的。她講的是一個關於晉公子重耳的古老故事。公元前 636 年，重耳及其隨從狐偃和趙衰避難曹國。曹公聞其駢脅，想偷看重耳裸體來證實這一點。於是曹公和一個叫僖負羈的官員以及後者的妻子在重耳及其隨從洗澡的房間的牆上開了一個洞。觀後，那位官員的妻子說，這兩位隨從皆可以相國。顯然她是根據她所窺見的裸體男人的肉體動作而不是他們的談話才這樣講。因此很明顯，山濤夫人選用這個典故是想表明她想驗證嵇康和

阮籍是否確有曖昧關係。〔註226〕

　　高羅佩的推理具有某些啟發意義，但他對歷史上僖負羈之妻事的記述卻是存在錯誤的。按此事《韓非子》和《左傳》、《國語》都有記載，內容大致相同。《韓非子・十過》中的原文是：「晉公子重耳出亡，過於曹。曹君袒裼而觀之，釐負羈（即僖負羈）與叔瞻侍於前。釐負羈歸而不樂，其妻問之曰：『公從外來而有不樂之色，何也？』負羈曰：『今日吾君召晉公子，其遇之無禮，我與在前，吾是以不樂。』其妻曰：『吾觀晉公子萬乘之主也，其左右從者萬乘之相也。今窮而出亡過於曹，曹遇之無禮。此若反國，必誅無禮，則曹其首也。子奚不先自貳焉？』負羈曰：『諾。』乃盛黃金於壺，充之以餐，加璧其上，夜令人遺公子。」據此以及《左傳》僖公二十三年和《國語・晉語四》中的相關內容（《左傳》和《國語》都記釐負羈為僖負羈），僖負羈之妻不但未曾去窺視重耳的裸體，而且她在聽說了曹公的無禮舉動後，立刻就感到將來重耳若能返晉為君必會對曹國進行討伐。於是，出於未雨綢繆的考慮，她才建議丈夫去特意饋遺禮物以結先好。果然，周襄王十六年（前 636）經過長達 19 載歷遍狄、衛、齊、曹、宋、鄭、楚、秦諸國的四處流亡，公子重耳終於在狐偃、趙衰等從者的輔佐下回到了晉國，是為赫赫有名的晉文公。得志而伐無禮，襄王二十年（前 632），文公親率大軍攻曹，佔領了曹國國都。於是以勝利者的身份，晉文公將被擒獲的曹共公痛痛快快地責侮了一番，而對先前曾經饋餐遺璧的僖負羈及其族人則下令保護以為報施。總之，僖負羈的妻子並未像高羅佩所說的那樣曾經見過重耳和狐偃、趙衰在一起洗浴，更不曾見過主從之間過程當中的同性戀行為。她固然確曾「親觀狐趙」，但那應是在公開的場合，她見到的是狐、趙二人老成持重的威儀而非安陵龍陽的媚相。另外，狐偃是重耳的舅父；重耳過曹時，主從三人都年已五六十歲，這些也可以為他們之間當時不存在同性戀關係提供側面依據。

　　所以，當山濤之妻引用僖負羈之妻的典故時，她是在向丈夫表示希望能一賞嵇康、阮籍灑脫的風度和舉止，而不是他倆私處時的什麼曖昧所為。事實也是如此，山妻「穿墉以視」之後，讚歎的就是屋內二人才致識度的不俗。嵇、阮之間以及他倆與山濤之間大致是並不存在同性戀關係的。

　　當然，這一結論並不能下得過於絕對。原因是：第一，《世說新語》用「契

〔註226〕《中國古代房內考》，第 132 頁。文中公元前 636 年不確，此時重耳已返國為君，他到曹國是在前此幾年的時候。

若金蘭」、「異於常交」等文字進行形容，這說明山濤與阮籍、嵇康的交誼的確非常親密。第二，高羅佩未曾弄清償負鞾之妻事的來龍去脈，山濤之妻或許也會犯同樣的理解上的錯誤。第三，竹林名士以不拘禮法而著稱，容易去做異乎尋常之事。（圖52）在山、嵇、阮三人當中，至少我們知道阮籍對同性戀起碼是表示過讚賞的態度，這可以由前面提到的他的一首《詠懷》來證明。阮籍寫過不少詠懷詩，據另外一首，他曾與一位「一顧傾人城」的密友「嬿婉同衣裳」；而在又一首當中，他則表示願意與「妖冶閑都子」去共做三春之遊。〔註227〕字裏行間雖非完全寫實，但似乎還是隱約散發出了一股同性戀的氣息，不知寫詩時是否真的是以同性戀感情做背景？由此幾點，不妨也可以對假設的阮籍等人之間的同性戀交往予以一些存在上的肯定。

4. 西晉・司馬倫與孫秀，C級

《晉書・卷五十九・趙王倫傳》：「倫嬖人孫秀。……倫素庸下，無智策，復受制於秀，秀之威權振於朝廷。秀起自琅邪小史，累官於趙國，以諂媚自達。」

5. 晉・王敦與王允之，C級

《晉書・卷七十六・王舒傳附王允之傳》：「允之字深猷。總角，從伯敦謂為似己，恒以自隨，出則同輿，入則共寢。敦嘗夜飲，允之辭醉先臥。敦與錢鳳謀為逆，允之已醒，悉聞其言，慮敦或疑己，便於臥處大吐，衣面並污。鳳既出，敦果照視，見允之臥吐中，以為大醉，不復疑之。時父舒始拜廷尉，允之求還定省，敦許之。至都，以敦、鳳謀議事白舒，舒即與導俱啟明帝。」

6. 晉・祖逖與劉琨，B級

《晉書・卷六十二・祖逖傳》：「祖逖字士稚，范陽道人也。與司空劉琨俱為司州主簿，情好綢繆，共被同寢。中夜聞荒雞鳴，蹴琨覺曰：『此非惡聲也。』因起舞。逖、琨並有英氣，每語世事，或中宵起坐，相謂曰：『若四海鼎沸，豪傑並起，吾與足下當相避於中原耳。』」

祖逖與劉琨之所以「情好綢繆，共被同寢」，志同道合是關鍵原因，他倆後來都成為了匡扶晉室的名將。

另外，在《三國志》的記載當中，劉備和關羽、張飛「寢則同床」〔註228〕，這是意在說明他們義氣相投；孫權長子孫登和他的僚屬諸葛恪、張休、顧譚等

〔註227〕見《阮步兵集》卷之二。
〔註228〕《三國志・卷三十六・關羽傳》。

「或同輿而載，或共帳而寐」﹝註229﹞，這是意在說明孫登能善待賓友，都不必從同性戀的方面去進行理解。

　　7. 東晉・桓溫與郗超，D級

　　《世說新語・雅量》：「桓宣武（即桓溫）與郗超議芟夷朝臣，條牒既定，其夜同宿。明晨起，呼謝安、王坦之入，擲疏示之。郗猶在帳內。王直擲還，云：『多！』宣武取筆欲除，郗不覺，竊從帳中與宣武言。謝含笑曰：『郗生可謂入幕賓也。』」

　　8. 東晉・桓玄與丁期，D級

　　《藝文類聚》卷第三十三引《俗說》：「桓玄寵丁期﹝註230﹞，朝賢論事，賓客聚集，恒在背後坐，食畢便回盤與之。期雖被寵，而謹約不敢為非。玄臨死之日，期乃以身捍刃。」

　　9. 東晉・司馬道子與趙牙、茹千秋，C級

　　《晉書・卷六十四・會稽文孝王道子傳》：「嬖人趙牙出自優倡，茹千秋本錢塘捕賊吏，因賂諂進。道子以牙為魏郡太守，千秋驃騎諮議參軍。牙為道子開東第，築山穿池，列林竹木，功用鉅萬。道子使宮人為酒肆，沽賣於水側，與親昵乘船就之飲宴，以為笑樂。千秋賣官販爵，聚資貨累億。」

　　10. 東晉・司馬元顯與張法順，C級

　　《晉書・卷三十七・譙剛王遜傳附尚之傳》：「元顯寵幸張法順，每宴會，坐起無別。尚之入朝，正色謂元顯曰：『張法順驅走小人，有何才異而暴被拔擢。當今聖世，不宜如此。』元顯默然。」《卷六十四・會稽文孝王道子傳附元顯傳》：「盧江太守會稽張法順以刀筆之才，為元顯謀主。交結朋援，多樹親黨。」

　　11. 南朝宋・張暢與其弟子輯，D～E級

　　《宋書・卷四十六・張邵傳附張暢傳》：「暢愛弟子﹝註231﹞輯，臨終遺命，與輯合墳，時議非之。」

　　12. 東魏・王元則與張雕武（實名雕虎），C～D級

　　《北史・卷八十一・張雕武傳》：「張雕武，中山北平人也，家世寒微。故

﹝註229﹞　《三國志・卷五十九・孫登傳》。
﹝註230﹞　《晉書・卷九十九・桓玄傳》記之為丁仙期，《太平御覽》卷第七百五十八引《俗說》記之為丁牛期。
﹝註231﹞　弟子可以指學生，也可以指兄弟之子，筆者在此傾向於認為是兄弟之子。

護軍長史王元則時為書生，停其宅。雕武少美貌，為元則所愛悅〔註232〕，故偏被教。因好學，精力絕人。負卷從師，不遠千里。」

對魏晉南北朝時期的同性戀現象進行總結，一是反目成仇、有始無終的事例時而可見，這與當時大的社會背景有關。二是入進中原的北朝鮮卑諸族，他們中的同性戀活動也不可謂不活躍，可見男風在社會發展水平原本較低的民族中同樣能夠流行。並且，世風的剛健與男風的強勁也並不存在必定的對立關係。

第五節　和緩：隋唐五代宋元時期

隋唐五代宋元時期與魏晉南北朝時期相比，社會環境相對地比較穩定，男風狀態也因而表現得較為和緩。由於一些具體原因，這一時期的男風資料是比較缺少的，但男風的社會境遇則與前代並未存在多麼明顯的差異。

一、隋唐時期

隋唐時期，唐玄宗李隆基是最曾窮奢極欲、盡享溫柔的一位帝王。而玄宗身邊不但內寵如雲，同時且不乏外嬖。《舊唐書》記有張暐、王琚和王毛仲等數人：

> 張暐，汝州襄城人也。景龍初為銅鞮令，會臨淄王〔註233〕為潞州別駕，暐潛識英姿，傾身事之，日奉遊處。唐隆元年，王清內難，升為皇太子，召暐拜宮門大夫，每與諸王、姜皎、崔滌在太子左右以接歡。

> 王琚，懷州河內人也。……玄宗曰：「公有何小藝，可隱跡與寡人遊處？」琚曰：「飛丹煉藥，談諧嘲詠，堪與優人比肩。」玄宗益喜，與之為友，恨相知晚，呼為王十一。……琚轉見恩顧，每延入閣中，迄夜方出。歸休之日，中官至第召之。中宮亦使尚宮就琚宅問訊琚母，時果珍味賚之，助其甘旨。琚在帷幄之側，常參聞大政，時人謂之「內宰相」，無有比者。

> 王毛仲，本高麗人也。父游擊將軍職事求妻，犯事沒官，生毛仲，因隸於玄宗。性識明悟，玄宗為臨淄王，常伏事左右。……毛

〔註232〕此時大致是在東魏年間，也可能是在北魏末年。
〔註233〕唐玄宗在登上帝位之前曾被封為臨淄王。

仲雖有賜莊宅、奴婢、駝馬、錢帛不可勝記，常於閒廏側內宅住。

每入侍燕賞，與諸王、姜皎等御幄前連榻而坐。玄宗或時不見，則悄然如有所失，見之則歡洽連宵，有至日晏。〔註234〕

《舊唐書》撰者稱：「張暐、王琚、王毛仲，皆鄧通、閎孺之流也。」〔註235〕這句話我們應當充分予以重視，但又不必完全相信。首先，鄧通、閎孺所被後人周知的是他們作為佞倖之臣分別與漢文帝、惠帝的同性戀關係，比照過來，張暐之流就是唐玄宗的佞倖了。（圖53）但同時，在通讀這三個人的傳記、考慮到各種因素之後，所謂「佞倖」的同性戀含義卻需要打些折扣。例如張暐在年齡上就比玄宗大三十歲左右，王琚、王毛仲皆未得善終，這些現象又像是在表明玄宗對張暐等未必定有斷袖之寵。

唐玄宗以後，唐代還有幾位皇帝與臣下嬖幸過於親狎：

（一）唐穆宗李恒與優俳

穆宗好優。《舊唐書・卷十六・穆宗本紀》載：元和十五年「二月丁丑，陳俳優百戲於丹鳳門內，上縱觀之。丁亥，幸左神策軍，觀角抵及雜戲，日昃而罷。六月癸巳，皇帝幸右軍。自是凡三日一幸左右軍及御宸暉、九仙等門，觀角抵、雜戲」。《舊唐書・卷一百七十三・鄭覃傳》載：「穆宗不恤政事，喜遊宴。覃與崔玄亮等廷奏曰：『伏聞陛下晨夜昵狎倡優，近習之徒，賞賜太厚。凡金銀貨幣，不可使無功之人濫沾賜與。』」《新唐書・卷一百七十五・楊虞卿傳》載：「穆宗初立，逸遊荒恣。有衡山布衣趙知微，上書指言帝倡優在側，馳騁無度，內作色荒，外作禽荒。」

（二）唐敬宗李湛與陶元皓等

《新唐書・卷二百八・劉克明傳》載：「敬宗善擊球，於是陶元皓、靳遂良、趙士則、李公定、石定寬以球工得見便殿，（圖54）內籍宣徽院或教坊，

〔註234〕《舊唐書・卷一百六・張暐傳》、《王琚傳》、《王毛仲傳》。另外，唐玄宗與姜皎的關係也很親密，《舊唐書・卷五十九・姜謩傳附姜皎傳》：「皎，長安中累遷尚衣奉御。時玄宗在藩，見而悅之。皎察玄宗有非常之度，尤委心焉。尋出為潤州長史。玄宗即位，召拜殿中少監，數召入臥內，命之捨敬，曲侍宴私，與后妃連榻，間以擊毬鬥雞，常呼之為姜七而不名也，兼賜以宮女、名馬及諸珍物不可勝數。玄宗又嘗與皎在殿庭玩一嘉樹，皎稱其美，玄宗遽令徙植於其家，其寵遇如此。」崔令欽《教坊記》則直謂姜皎是唐玄宗的「孌人」。

〔註235〕《舊唐書》卷一百六。

然皆出神策隸卒或里閭惡少年，帝與狎息殿中為戲樂。四方聞之，急以趫勇進於帝。」

（三）唐懿宗李漼與李可及

《新唐書·卷一百八十一·曹確傳》載：「帝薄於德，昵寵優人李可及。可及者，能新聲，自度曲，辭調淒折，京師媮薄少年爭慕之，號為『拍彈』。同昌公主喪畢，帝與郭淑妃悼念不已。可及為帝造曲，曰《歎百年》。教舞者數百，皆珠翠襐飾，刻畫魚龍地衣，度用繒五千。倚曲作辭，哀思裴迴，聞者皆涕下。舞闋，珠寶覆地。帝以為天下之至悲，愈寵之。家嘗娶婦，帝曰：『第去，吾當賜酒。』俄而使者負二銀榼與之，皆珠珍也。可及憑恩橫甚，人無敢斥，遂擢為威衛將軍。」

（四）唐僖宗李儇與田令孜、張浪狗

《新唐書·卷二百八·田令孜傳》：「田令孜字仲則，咸通時歷小馬坊使。僖宗即位，擢令孜左神策軍中尉。帝沖騃，喜鬥鵝走馬，與內園小兒尤昵狎，倚寵暴橫。始，帝為王時，與令孜同臥起，至是以其知書能處事，又帝資狂昏，故政事一委之，呼為父。而荒酣無檢，發左藏、齊天諸庫金幣，賜伎子歌兒者日鉅萬，國用耗盡。」

僖宗為王時年齡小於 12 歲，而田令孜又是一個宦者，所以，兩人即便「同臥起」也未必能夠發生性的關係。

《幸蜀記》：「僖宗聰睿強記，好馳騁，諸色博弄，無不周遍。季年，寵內園小兒張浪狗，好歌能舞，才十六七，能數般馬伎。忽一日，浪狗曰：『臣無馬乘。』僖宗乃密與銀一百兩，令自買之。其時聖駕自岐陽回，長安少有好馬，浪狗於是尋求雲陽縣買得一匹。浪狗本在宣徽南院安下，僖宗一日獨行浪狗院中，自潛行看之。此馬又未曾騎習，僖宗巡繞馬左右，謂浪狗曰：『好馬！好馬！』稱數遍。其馬忽爾騰躍，右足踏僖宗左脅，便倒不醒。浪狗驚惶，將數銀盂子尿灌僖宗口，良久方蘇。歸稱氣疾，召醫二十餘人候脈用藥，皆言是膀胱之氣，並無瘳效。其脅痛轉巨，臥十二日，崩，本因馬踏也。」

此事馮夢龍《情史·情外類》有收，引《譚概》之評云：「其密予百金也，如竊簪珥婢；其獨行觀馬也，如頑童背師；其倒地灌尿也，如無賴吃打，全然不似皇帝矣。」〔註236〕《情史》自評云：「唐僖宗之癡害己，石虎之癡害人，

〔註236〕見《古今譚概·癡絕部》。

漢哀欲法堯禪舜，其癡也幾害於天下。」

　　有兩位皇太子在初唐時期因同性戀等原因而被廢黜為庶人。一位是李承乾，《舊唐書·卷七十六·恒山王承乾傳》載：「恒山王承乾，太宗長子也。武德三年，封恒山王。七年，徙封中山。太宗即位，為皇太子，時年八歲。性聰敏，太宗甚愛之。及長，好聲色，慢遊無度，然懼太宗知之，不敢見其跡。承乾先患足，行甚艱難，而魏王泰有當時美譽，太宗漸愛重之。承乾恐有廢立，甚忌之。泰亦負其材能，潛懷奪嫡之計。於是各樹朋黨，遂成釁隙。有太常樂人年十餘歲，美姿容，善歌舞，承乾特加寵幸，號曰稱心。太宗知而大怒，收稱心殺之，坐稱心死者又數人。承乾痛悼稱心不已，於宮中構室，立其形象，列偶人車馬於前，令宮人朝暮奠祭，承乾數至其處，徘徊流涕。仍於宮中起冢而葬之，並贈官樹碑，以申哀悼。」自此以後，性情乖戾又充滿傷心的李承乾對於自己父親的怨憤愈積愈深，竟至與漢王李元昌、兵部尚書侯君集等人密計謀反。（圖55）事泄被逮，承乾於貞觀十七年被廢為庶人，十九年死於徒所。唐太宗在《廢皇太子為庶人詔》中痛切責之曰：「邪辟是蹈，仁義蔑聞。疏遠正人，親昵群小。倡優之技，晝夜不息；狗馬之娛，盤遊無度。……鄭聲淫樂，好之不離左右；兵凶戰危，習之以為戲樂。其所愛小人，往者已從顯戮，謂能因茲改悔，翻乃更有悲傷，行哭承華，制服博望。立遺形於高殿，日有祭祀；營窀穸於禁苑，將議加崇。贈官以表愚情，勒碑以紀凶跡。既傷敗於典禮，亦驚駭於視聽。」〔註237〕（圖56）對於承乾─稱心之事，《資治通鑒》更是明確記載兩人是具有「同臥起」的關係的：「太子私幸太常樂童稱心，與同臥起。上聞之，大怒，悉收稱心等殺之。」〔註238〕

　　另一位是李賢。他是高宗李治第六子，於上元二年被立為儲君。李賢的行為與他的伯父李承乾有相近之處，不過承乾是被父親，而李賢則主要是被母親所廢。當時，皇后武則天的威勢與高宗無異，「高宗號天皇，皇后亦號天后，天下之人謂之二聖」〔註239〕。李賢不為母后所喜，終於結局悲慘。《資治通鑒·卷第二百二·高宗永隆元年》載有事之原委，謂：「太子賢聞宮中竊議，以賢為天后姊韓國夫人所生，內自疑懼。明崇儼以厭勝之術為天后所信，常密稱太子不堪承紀。及崇儼死，賊不得，天后疑太子所為。太子頗好聲色，與戶

〔註237〕《全唐文》卷七。
〔註238〕《卷第一百九十六·太宗貞觀十七年》。
〔註239〕《新唐書·卷四·則天皇后本紀》。

奴趙道生等狎昵，多賜之金帛。司議郎韋承慶上書諫，不聽。天后使人告其事。詔薛元超、裴炎等雜鞫之，於東宮馬坊搜得皂甲數百領，以為反具；道生又款稱太子使道生殺崇儼。上素愛太子，遲回欲宥之，天后曰：『為人子懷逆謀，天地所不容，大義滅親，何可赦也！』廢太子賢為庶人。」永淳二年，李賢被遷置於山南巴州，文明元年，臨朝稱制的武則天又派人至巴州逼令廢太子自殺。

　　武后廢黜李賢的主因並不是厭惡他「頗好聲色」，但李賢耽聲好色卻也倒是事實。《舊唐書》亦載：「儀鳳四年五月，詔皇太子賢監國。時太子頗近聲色，與戶奴等款狎。」為此，太子司議郎韋承慶曾上書諫曰：「臣聞太子者，君之貳，國之本也。……伏承北門之內，造作不常，玩好所營，或有煩費。倡優雜伎，不息於前；鼓吹繁聲，亟聞於外。既喧聽覽，且黷宮闈。兼之僕隸小人，緣此得親左右，亦既奉承顏色，能不恃託恩光？作福作威，莫不由此，不加防慎，必有愆非。倘使微累德音，於後悔之何及？伏願博覽經書以廣其德，屏退聲色以抑其情。靜默無為，恬虛寡慾，非禮勿動，非法不言。居處服玩，必循節儉；畋獵遊娛，不為縱逸。正人端士，必引而親之；便僻側媚，必斥而遠之。」〔註240〕韋承慶的諫言是針對太子「頗近聲色，與戶奴等款狎」而發的，既然太子李賢的與戶奴等款狎是他頗近聲色的一種具體表現，因而這種「款狎」就具有了某種程度的同性戀含義。

　　對於士庶臣民中的男風，《天地陰陽交歡大樂賦》有一些間接反映。該文作者白行簡為唐代大詩人白居易之弟，他的聲名雖不及乃兄，但傳奇名篇《李娃傳》的創作表明他也是很有文學才華的。《大樂賦》於近世被發現於敦煌遺書當中，葉德輝《雙梅景闇叢書》有收。（圖57）此賦比較典型地反映了唐人的性觀念，從內容上大致可分為兩部分。前一部分寫丈夫與妻妾、皇帝與后妃的性愛之歡，用以說明「〔歡娛〕至精，極乎夫婦之道，合乎男女之情。……天地交接而覆載均，男女交接而陰陽順」的道理。這一部分基本的傾向是讚賞。而後一部分則較多包含了勸諷的因素在內，寫到的情形有男女姦通、權交醜女、同性相戀、村人之歡等。關於同性戀的描述是：

　　　　圓圓翠頂，變臣斷袖於帝室。然有連璧之兒，暎珠之年，愛其嬌小，或異堪憐。三交六入之時，或搜獲□；百脈四枝之內，汝實通室。不然，則何以於陵陽君指花於則，彌子瑕分桃於主前。漢高

〔註240〕《舊唐書・卷八十八・韋思謙傳附韋承慶傳》。

祖幸於籍孺，孝武帝寵於韓嫣。故惠帝侍臣冠鵁鶄，載貂蟬，傅脂

粉於靈幄，曳羅帶於花筵。豈女體之足歡？是人〔性〕之相沿。

　　這一段描寫本身並沒有包含多少勸誡的成分，所謂規勸，是從它上下文的內容推斷出來的。

　　由《大樂賦》可見，第一，男風在當時的性風俗中處於次要位置，並在一定意義上受到了批評和反對。第二，但同時它也並未被認定是非常嚴重的醜惡行為。「豈女體之足歡，是人〔性〕之相沿」這句話表明賦作者是把男風視為一種相沿已久的人性、人情的。既然屬於人情的組成部分，同性戀就自有它存在的客觀基礎。雖然賦中的同性戀實例都是發生在帝王和嬖臣之間，其實作者藉以談論的還是男風的一般整體。先於白行簡的岑參《醉後戲與趙歌兒》曰：「秦州歌兒歌調苦，偏能立唱《濮陽女》。座中醉客不得意，聞之一聲淚如雨。向使逢著漢帝憐，董賢氣咽不能語。」王翰《觀蠻童為伎之作》曰：「長裙錦帶還留客，廣額青蛾亦效嚬。共惜不成金谷妓，虛令看殺玉車人。」與白行簡同時的元稹《估客樂》曰：「越婢脂肉滑，奚僮眉眼明。」〔註241〕這裡，歌兒、蠻童、奚僮之流就具有男寵龍陽的一些特徵。

　　至於有名有姓的人物，唐高宗在位時，中書侍郎李義府奸佞褊忌，柔而害物。顯慶元年，他仗勢納取有罪之婦，事發，侍御史王義方廷奏彈劾，提到了他年青時為黃門侍郎劉洎、持書御史馬周所稱薦的往事，言「其初〔以〕容貌為劉洎、馬周所幸，由此得進」等。時義府正得高宗寵信，帝遂「怒，出義方為萊州司戶，而不問義府奸濫之罪。義府云：『王御史妄相彈奏，得無愧乎？』義方對云：『仲尼為魯司寇七日，誅少正卯於兩觀之下。義方任御史旬有六日，不能去奸邪於雙闕之前，實以為愧。』」〔註242〕體會王義方義正辭嚴的回答，其彈奏或是言之有據的。以容貌為人所幸其實就是獲得了龍陽之寵，《全唐文》卷一百六十二收有王氏劾李疏原文，其中就曾明確譏斥李義府「善柔成性，佞媚為姿。昔事馬周分桃見寵，後交劉洎割袖承恩」。

　　與李義府行為相近的如庾準。《新唐書》載：「庾準者，常州人。無學術，以柔媚自進，得幸於王縉，驟至中書舍人，時流蚩薄之。」〔註243〕

　　藩鎮在唐朝中後期勢力極強，德宗—憲宗間割據淮西申、蔡諸州的吳少

〔註241〕《全唐詩》卷一百九十九、一百五十六、四百十八。

〔註242〕《舊唐書·卷八十二·李義府傳》。

〔註243〕《新唐書·卷一百四十五·楊炎傳附庾準傳》。但此時王縉已是六七十歲的老人。

誠、吳少陽等皆是。《舊唐書・卷一百四十五・吳少誠傳附吳少陽傳》載：「吳少陽，本滄州清池人。初，吳少誠父翔在魏博軍中，與少陽相愛。及少誠知淮西留守，乃厚以金帛取少陽至，則名以堂弟，署為軍職，累奏官爵，出入少誠家，情旨甚昵。及少誠死，少陽自為留後。」載文中的「相愛」具備一些同性相戀的含義。但有一問題，即到底是誰與吳少陽存在這種關係？初看似為吳少誠之父吳翔，不過，第一，吳翔是吳少陽的長輩。第二，吳少誠與吳少陽也「情旨甚昵」。因此，從情理等方面推斷，與吳少陽「相愛」的更應是吳少誠，《舊唐書》或有文字上的脫略模糊之處。而《新唐書》在這個問題上講得就比較明確了，其《卷二百一十四・吳少誠傳附吳少陽傳》謂：「少陽者，滄州清池人。與少誠同在魏博軍，相友善。少誠得淮西，多出金帛邀之，養以為弟，署右職，親近無間。」《新唐書》中吳少誠與吳少陽「同在魏博軍，相友善」的時期就是《舊唐書》「初，吳少誠父翔在魏博軍中，〔少誠〕與少陽相愛」的時期。

吳少陽死後，其子吳元濟繼統申蔡，對抗朝廷，公然叛亂。憲宗元和十二年，左散騎常侍李愬等率部討平之。《唐國史補》卷中載：「李司空愬之討吳元濟也，破新柵，擒賊將李祐，將斬而後免之。解衣輟食，與祐臥起帳中半歲。推之肝膽，然後授以精甲，使為先鋒，雖祐妻子在賊中，愬不疑也。夜冒風雪，行一百六十里，首縛元濟而成大功，乃祐之力也。」李愬雖與李祐同臥起，但那只是為了表示對李祐的絕對信任，與同性戀無關。

唐人筆記小說在內容上尚奇尚貴，因而對屬於社會日常生活的普通男風反映得很不充分，不過偶而倒也能記述一些比較特別的事例。《酉陽雜俎》續集卷二載：「枝江縣令張汀，子名省躬。汀亡，因住枝江。有張垂者，舉秀才下第，客於蜀，與省躬素未相識。太和八年，省躬晝寢，忽夢一人，自言姓張名垂，因與之接，歡狎彌日。將去，留贈詩一首曰：『戚戚復戚戚，秋堂百年色。而我獨茫茫，荒郊遇寒食。』驚覺，遽錄其詩。數日卒。」

《朝野僉載》曾載：「周舒州刺史張懷肅好食人精，唐左司郎中任正名亦有此病。」「周」指武則天做皇帝時的武周。張懷肅和任正名的嗜好，目的可以說是為了強體健身，不過若不同時兼嗜男風，一般人怕是很難咽下那種物質的。

隋唐時期著名的同性戀人物雖然鮮見，可後世卻也不是沒有反映。確切的不易找到，於是就進行假設。明末齊東野人所著《隋煬帝豔史》詳細描寫了

隋煬帝楊廣荒淫的一生,他夜以繼日地與后妃宮人交媾,大概作者覺得一直這樣在情節上顯得有些刻板,於是便讓楊廣去享受了一次斷袖之歡。第三十三回,煬帝因淫慾過度而接受了內監王義的勸諫去文思殿靜養,(圖58)可到第二天就已把持不住,晚間做一春夢,醒後:

> 情興已放,引得滿腔慾火,就如烈焰一般,如何按納得定?……忽擡頭只見一個小黃門站在面前,止好有十六七歲,倒生得唇紅齒白,有幾分俊俏。怎見得?有詩為證:
>
> 妙年同小史,姝貌似朝霞。
>
> 漫道非佳麗,風流實可誇。
>
> 煬帝忽見小黃門俊俏,心中暗想道:「朕聞孌童之妙,從來未試,今日這腔慾火,也說不得了,且借他一泄。」因問道:「你叫甚麼名字?」那小黃門答道:「奴婢叫做柳青。」煬帝道:「你會吃酒麼?」柳青不知煬帝有意,見問吃酒,慌的不敢做聲。煬帝笑道:「不要著慌,朕問你乃好意也。」隨叫賞他一杯。柳青不敢推辭,忙磕一個頭,起來吃了。原來柳青不會吃酒,才吃得一杯酒,早微微的紅上臉來。煬帝看了,一發可愛,隨親手將他頭上的排帽除去,露出一頭烏雲般的黑髮,直披到肩上,更覺可人。煬帝看了,那裏還耐忍得住,隨起身將柳青推到龍榻之前,去採取後庭之妙。煬帝不知孌童比不得婦人,也認做一般,竟盡情任性的狂逞起來。柳青雖然秀美,卻從未經過龍陽,忽被煬帝捉住,又不敢拗強,弄得他痛不可忍,伏在龍榻上,只是呻吟叫死。煬帝滿心快暢,足狂彀多時,方才傾倒。煬帝樂不可言,又將柳青帶了來飲酒,左右忙獻上熱酒,煬帝一連飲了幾杯,對柳青說道:「朕自今以後,就賞你做個隨朝近侍,不許時刻離朕。」柳青就要跪下去磕頭謝恩,爭奈臀股中傷,一時合攏費力,就要連身蹲下。煬帝看見連忙止住,笑起來說道:「汝亦良苦矣。」再賞酒一杯解痛。柳青吃了,也獻一杯與煬帝。煬帝看了柳青,左一杯,右一杯,直吃得幾分酩酊,方才睡去。正是:
>
> 天生風流,自然消受。
>
> 不得於前,取償於後。

《隋煬帝豔史》所寫隋煬帝與柳青的同性戀並沒有史實根據,作者寫此的原因,一是為了使小說在情節上顯得曲折,而同時作為一種推測,他可能會

認為揚廣既然情慾無饜，那麼其在男色上的偶然一試也就並非必無。這樣推想應當說是有一定道理的，女、男二色在不少帝王的性生活中確實可以同時並有，誰能絕對肯定隋煬帝只好女色呢？

史籍當中的煬帝不是衛靈公、漢哀帝一類特寵佞倖的君王，不過他與有些近臣的私下關係也是可謂親密的，如與《隋書‧卷五十‧宇文慶傳》中的宇文慶之子宇文皛，傳謂：「皛，字婆羅門。大業之世少養宮中，後為千牛左右，煬帝甚親昵之。每有遊宴，皛必侍從，至於出入臥內，伺察六宮，往來不限門禁，其恩倖如此，時人號曰宇文三郎。皛與宮人淫亂，至於妃嬪公主，亦有醜聲。蕭后言於帝，皛聞而懼，數日不敢見。其兄協因奏曰：『皛今已壯，不可在宮掖。』帝曰：『皛安在？』協曰：『在朝堂。』帝不之罪，因召入，待之如初。」

楊勇是隋煬帝之兄，曾先煬帝而為皇太子。在《隋書‧卷六十二‧劉行本傳》中，楊勇身邊的幸臣唐令則、夏侯福等諂媚乖巧，受到了身任太子左庶子的劉行本的多次指責：「時唐令則亦為左庶子，太子昵狎之，每令以絃歌教內人。行本責之曰：『庶子當匡太子以正道，何有嬖昵房帷之間哉！』令則甚慚而不能改。時左衛率長史夏侯福為太子所昵，嘗於閤內與太子戲。福大笑，聲聞于外。行本時在閤下聞之，待其出，行本數之曰：『殿下寬容，賜汝顏色，汝何物小人，敢為褻慢！』因付執法者治之。數日，太子為福致請，乃釋之。太子嘗得良馬，令福乘而觀之。太子甚悅，因欲令行本復乘之。行本不從，正色而進曰：『至尊置臣於庶子之位者，非為殿下作弄臣也。』太子慚而止。復以本官領大興令。未幾，卒官。及太子廢，上（隋文帝楊堅）曰：『嗟乎！若使劉行本在，勇當不及於此。』」

明清小說中的荒淫帝王不僅有男性，而且也有女性，她就是武周皇帝武則天。武則天在唐高宗崩後以女主治國，甚至還改變了唐王朝的國號，因此後世對她多是予以反面的評價。文學作品更是推波助瀾，特別強調的是她情慾如何之旺盛，面首如何之美壯。則天廣收男寵確是事實，見於正史的如「陽道壯偉」〔註244〕的薛懷義，「面似蓮花」〔註245〕的張昌宗等。身為女人，武則天自己當然不會去分桃割袖，可她的諸寵幸則被寫得曾有這方面的經歷。《濃情快史》中是六郎張昌宗，他和武則天的侄子武三思以及書中杜撰的江采、白公

〔註244〕《舊唐書‧卷七十八‧張行成傳附張易之、張昌宗傳》。
〔註245〕《舊唐書‧卷九十‧楊再思傳》。

－151－

子有染，當時武氏媚娘還是一位閨中少女。第二回：

> 江采道：「他新年十七歲了，他學我戲法，被我哄他，在沒人所在要弄他，他也只得從了。又把春藥兒搽在他後庭內，使他癢極，又把自己的春方本事著實弄他。幹得好了，所以待我倒是真心。」

第五回，武媚娘被江采等人拐走。第六回，張昌宗打探到一些消息後去武家報信，晚上，昌宗宿於武宅，三思相陪。

> 三思息了燈，鑽入被裏來。六郎便去摟他，把三思推將轉來，放唾在於物上，一頂。三思在行，連忙又放許多親熱，捏住了陽物，把眼兒湊著，幽幽的直盡了根，入將起來。正是：
>
> 意中有意無他意，親上加親愈見親。
>
> 那三思好不在行，嬌聲細語，真令人可愛。把與六郎抽了數百，他便翻將轉來說：「便宜了你，我的物事甚小，也試一試。」便去把六郎的眼兒挖得癢起來。六郎高興，凸將起來，搽上些藥兒，把三思入將進去。六郎那眼其寬無比，那裏這一星兒殺得他癢處。六郎道：「我倒有壯陽丹在此，與你搽些在陽物上就大了。你可要麼？」三思大喜道：「快快與我些兒。」六郎伸手去摸著衣袖，取了一丸與三思，摸著馬口放在裏面，又與他搽些唾在馬口內，仍凸轉來放進去。抽了三十多抽，只見那三思的陽物，急漲起來。三思還未去摸，只見那眼兒看看小將起來。六郎覺得枯澀了，叫三思扯出來，搽些唾兒潤一潤。三思去搽，那陽物憑空大將起來，有六寸多長，粗大了兩三倍。三思大喜道：「好乖乖，原來你這般一個趣人。」六郎道：「你再來抽抽，讓我與你入個好的。」三思往裏一頂，盡了根，著實抽起來，六郎亂顛。三思見他興發，把他兩隻腳撮起前邊，入將進去。入得六郎連聲叫道：「有趣！」又抽了七八百，尚不肯來，六郎還不肯傳他解法。六郎又把三思前邊插入，兩個恰好一對，都是要入的。六郎道：「我有一個朋友，物雖不大，不知怎的放進去，我便渾身作癢了。」三思道：「這卻難得。」六郎道：「這也不奇。還會得身軀不動，此物自能跳動。這眼兒只要他挂緊了，裏面水是亂流出來，酸癢之極。」三思被他說得興高，道：「此人在何處住？」六郎說：「是白公子。」三思道：「可就是你讀書的那白家麼？」六郎道：「正是。我明日要浼他家一個人探望你姑娘消息，我與你同去如

何？」三思道：「使得。只是晚上我要回來的，如今家裏一發沒有人了。」且說且弄，不得休歇。六郎道：「可有茶麼？」三思說：「茶倒有，只是冷了。」六郎說：「正要冷的。」三思起去，摸來把與六郎。六郎道：「你搽了此藥，必須吃此冷茶方解。」三思哈了三四口，一泄如注。三思自不曾知道如此快活，六郎也不知道他是個才出幼的小官。兩個摟緊了，雙雙睡去。正是：

慢說佳人能著趣，須知得意便風流。

第七回，張六郎和武三思一起去請白公子幫忙，三思在白家喝得大醉：

三思也立不住，倒在床上便就睡了。六郎下了帳兒，走了下來，見白公子道：「只好這樣幫襯你了，快著一個人與你去打聽消息。」老白忙忙走到外邊，喚一個伴當進來，叫做白鑽天，著他與六郎訪問那事，六郎又分付他些話自去。老白高興跂上書樓，只見三思睡在床內，猶如煙籠芍藥，鏡裏嬌花一般。老白閉上了房門，脫下了長衣，掛了帳兒，也去床上一頭兒睡了。那三思正睡得熟，老白情興勃然，輕輕扯了他的褲兒脫下了，看他光景，只見雪白軟軟的一件妙品。又把他眼兒挖將進去，覺得寬蕩些。老白脫了褲兒，搽上許多唾，直搠進去。那老白之物，比六郎的還短小，只是一味鐵硬，把三思抽了數百還不醒。老白想道：「這樣醉得緊。」把他推了兩推，三思夢中驚醒。老白又抽起來，三思回頭一看，笑道：「不得君命，擅入重闈，該問何罪？」老白笑道：「不過是抽罪。」三思又笑一笑道：「待我起來脫下些衣服，甚是悶人得緊。」三思止穿上衣，坐在醉翁椅上。老白走到面前，把兩腳擱在肩上，抽將起來。三思極會幫襯，比六郎加有許多熱情。把老白乾得魂不附體，不能寧耐，一時泄了。三思笑一笑，穿衣下樓。老白道：「今日不能盡興，明日千萬早來些。」三思道：「使得，只是日後不可忘了今日之情。」說罷，到了下邊。只見六郎才走將進來，見了老白，笑道：「如何？」老白笑了一笑兒。直至晚，重整杯盤。六郎被老白留住了，三思自己回去。自此朝日在白公子家幹那把刀兒，也不在話下。

後來白公子的家人找到了武媚娘，將她救離火坑，送回家中。

《南唐演義全傳》中是正史無載的薛敖曹，他在得幸於武則天之前曾與武三思等人有染。書中寫道：

　　武氏自篡位之後，淫心日熾，凡舊時相與且皆不如意。每夜要
人行事，少不稱心即令絞死。一夜之中死者甚多，淫心終不能止。
驚動上界太白金星奏達天庭，玉帝下旨發西方白叫驢下來。一時投
胎不及，欲附人身，未得其便。不想長安城中有一個浪蕩子弟，年
紀不多，姓薛名敖曹。自幼父母俱亡，家私消耗，不務生理，終日
賭博，與一班光棍往來。因他有幾分顏色，屢屢被人雞姦。他吃慣
了嘴皮，蕩慣了身子，也不分皂白，凡僧道盜賊俱皆相好。故後庭
被人日夜聳弄，竟把一個陽物聳得極長極大起來。掛斗粟而不垂，
形如剝兔，擂赴驚人。因有兩個光棍爭風沒處出氣，騙了薛敖曹到
無人曠野之處，請他吃個爛醉，就把他活活絞死，棄在荒郊。那西
方白叫驢子一道靈魂便附在敖曹身上，活將轉來已是黃昏時候。闖
來闖去走到一個去處，只見一隊人擁著一個官兒，把火把一照，拿
過去稟道：「啟千歲，拿得一個賊在此，請千歲發落。」原來這官兒
是武三思，當時帶住了馬，在火光之下看了薛敖曹，喝道：「你小小
年紀，為何做賊？」薛敖曹答應不來，旁邊一個軍士跪下道：「啟千
歲，這個人是小的緊鄰，叫做薛敖曹。因他沒了父母，日日在外遊
戲，不是做賊的人，小的敢保。」武三思道：「既不是歹人，又沒親
人，我帶你回府去做親隨。」薛敖曹允諾，就隨三思回到府內。三
思見他生得白淨，一時心動，是夜就叫他同睡，弄他後庭，十分中
意。又見他的陽物足有一尺長大，從無見過，心內大喜。到五更朝
罷，隨駕入宮，奏知武后，將薛敖曹送進內宮。武后大喜，當日試
之，果然如意。封為如意君，許三思承立東宮。次日御殿，又改元
為如意元年。自此武后得了薛敖曹，如獲珠寶。〔註246〕

　　明清世情、豔情小說有一個特點，即諸書在描寫女色的同時，經常會涉及
男色。女、男二色並存，這是當時社會異性戀對同性戀具有一定相容性的反映。
《隋煬帝豔史》、《濃情快史》等寫的是歷史，歷史上可能確也如此，但更主要
的還是作品本身所處的時代如此。

二、五代十國時期

　　五代十國時期是唐宋之間的一個亂世，幾十年時間內有幾十位真王假帝

〔註246〕《南唐演義全傳》第二十八回。

紛紛出場，嗜喜男風者以及他們的嬖幸有：

（一）閩主王鏻（王延鈞）與歸守明

《新五代史》載：「鏻妻早卒，繼室金氏賢而不見答。審知婢金鳳，姓陳氏，鏻嬖之，遂立以為后。初鏻有嬖吏歸守明者，以色見幸，號歸郎。鏻後得風疾，陳氏與歸郎姦。又有百工院使李可殷，因歸郎以通陳氏。鏻命錦工作九龍帳，國人歌曰：『誰謂九龍帳，惟貯一歸郎。』」〔註247〕（圖59）

（二）閩主王延羲（王曦）與李仁遇

《新五代史》載：「曦性淫虐。李仁遇，曦甥也，以色嬖之，用以為相。」〔註248〕《資治通鑑》載：「閩鹽鐵使、右僕射李仁遇，閩主曦之甥也。年少美姿容，得幸於曦。〔註249〕十二月，以仁遇為左僕射兼中書侍郎。」〔註250〕

作於清代的長篇章回小說《閩都別記》描述了以福州為中心的福建歷史，尤詳於王氏治閩時期。除去神仙鬼怪的內容，基本情節多是有史實依據的，同時在具體細節上又做了不少加工。該書第五十八回講到了王延鈞對歸守明、陳金鳳的寵愛原因：闕氏是王延翰、延鈞兄弟的乳母，歸守明的養母。王延翰當政時荒淫無道，闕氏進行規勸，反被逐出宮外，義女、前王王審知的侍婢陳金鳳隨她而出，因與歸守明相通。及王延鈞取代王延翰為王，

> 闕氏帶一男一女朝見延鈞，延鈞喜而納之，俱大寵幸。此二人那裏有宋玉、西子之美？一進見延鈞即寵幸，一為男皇后，一為女皇后，可笑之極！原來那歸守明乃闕氏乞養子，先與百工局李可殷不潔。適延鈞有公務至闕，李可殷留飯，令守明陪飯。席上與延鈞戲謔，無所不至，可殷妒之。延鈞知之，偵可殷不在，守明如廁，即往廁中立誓：「若有富貴，生死共之！」遂行苟且。故一見即寵之，此乃歸守明已預定為男皇后也。……

第九十七回寫到了九龍帳事：

> 福州閩王鏻，將立吳瑤琴為西宮，而瑤琴縊死，再立無一個相似，因此惆悵不樂。陳金鳳囑歸郎尋奇異之物進獻解悶，乃歸郎轉

〔註247〕《新五代史・卷六十八・王審知傳附王鏻傳》。王審知是王鏻之父，閩國的開創者。

〔註248〕《新五代史・卷六十八・王審知傳附王延羲傳》。

〔註249〕元代胡三省就此注曰：「有龍陽之寵也。」

〔註250〕《資治通鑑・卷第二百八十三・〔後晉〕高祖天福七年》。

囑李可殷。可殷乃百工院使也，與歸郎心腹，知歸郎與陳后私通，欲夤緣進宮為歡。適囑尋奇物，喜甚，不惜多資，精製一架繡金五采九龍帳。只織八龍於帳外，內以閩王為一龍也，極其華麗，與歸郎獻進。陳后喜甚，詢問：「何人所進？」歸郎答：「乃百工院使李可殷，是弟之中表。此帳貢與皇帝，另有別貢與皇后，欲面陳，現在宮門候旨。」陳后曰：「既屬吾弟之表親，與姐何異，可召進相見。」歸郎遂引李可殷進，朝見陳后，隨獻上綢緞珠玉之服飾。陳后喜納之，曰：「卿乃歸郎表親，即朕中表之姊弟，以後進宮往來，勿行君臣禮，只作姊弟之禮。」可殷喜甚。命宮中設宴，命歸郎代陪，宴罷退出。閩王璘見帳奇美，因問：「何來？」陳后曰：「臣妾之表弟、百工院使李可殷貢進。」閩王大悅，加封可殷內院使。自此可殷亦出入無忌矣。其龍帳惟歸郎常寢，不伴閩王，便伴陳后，中外皆知。國人歌曰：「誰知九龍帳，惟貯一龜郎。」

《閩都別記》未寫王延羲與李仁遇的同性戀關係，不過，另外多出了正史所未明言的閩主王昶及昶之叔父王延武、王延望與兩性人林與的「同性戀」。〔註251〕第一百九回：

林與乃寧德縣人，小家子弟，貌如婦人，又不是婦人，乃是半男半女之身，俗呼快叫做「半褵褵」。至十四五歲時，父母俱亡，依傍於鄰居寡婦。那寡婦將伊裝作婦人，易入於閨閣、大宦鄉紳家行走。又交結奴婢輩，以後庭花交宿，故人人皆知其半男女之身。後因至一紳士家，遇一好色公子、貪淫之子弟迷戀，被其父兄知，凌辱逐出，不許進門。因此改作男裝，流落至福州，投入寶皇宮為道徒。林與善趨承，言媚動人，愛弈，與延武、延望兩兄弟相得。至三清殿建竣，升林與為承宣真人。王昶大小政事皆決問於神，俱由林與口中傳宣。其延武二兄弟因林與專寵於王昶，屢次喚續舊好不至，妒甚。偵林與在別宮姦宿，令人拿獲送至，削木杵塞其肛門放之。肛裂血流，不敢聲言，恨甚。適王昶問神，查殺渠耿、開王墓者何人，林與遂害延武、延望二人誅滅。

〔註251〕林與在正史中名興，《新五代史》卷六十八僅是曾提過他作為「妖人」而「以巫見幸」於王昶。

（三）楚主馬希萼與謝彥顒

《資治通鑑》載：「楚王希萼既得志，晝夜縱酒荒淫，悉以軍府事委馬希崇。小門使謝彥顒，本希萼家奴，以首面有寵於希萼。〔註252〕至於妻妾雜坐，恃恩專橫。常肩隨希崇，或拊其背，希崇銜之。故事，府宴，小門使執兵在門外，希萼使彥顒預座，或居諸將之上，諸將皆恥之。」〔註253〕《舊五代史》謂：「馬希萼既立，不治國事，數與僚吏縱酒為樂。有小吏謝廷擇者，本帳下廝養，有容貌，希萼素寵嬖之。每筵會，皆命廷擇預座，諸官甚有在下者。於是眾怒，往往偶語曰：『此輩舊制，有燕會，唯用兵守門，以防他虞。今與我等齊列，何辱之甚耶！』其弟希崇因眾怒咄咄，與其黨竊發，擒希萼囚之於衡陽，又自立。」〔註254〕

帝王—嬖幸同性戀中存疑的有：

（一）吳之開創者楊行密與楚之開創者馬殷之弟馬賨，C～D級

《新五代史‧卷六十六‧馬殷傳》：「初，殷弟賨為楊行密所執。賨從行密攻戰，數有功，為人質重，未嘗自矜。行密愛之，問賨誰家子，賨曰：『馬殷弟也。』行密大驚曰：『汝兄貴矣，吾今歸汝可乎？』賨不對。他日又問之，賨謝曰：『幸公待以不死，非殺身不足報。湖南鄰境，朝夕聞殷動靜足矣，不願去也。』行密歎曰：『昔吾愛子之貌，今吾得子之心矣。然勉為吾合兩國之歡，通商賈、易有無以相資，亦所以報我也。』乃厚禮遣賨歸。」

（二）前蜀主王建與唐襲，C～D級

王建嬖愛唐襲，太師王宗佶、太子王元膺因襲而見殺。《新五代史‧卷六十三‧王建傳》：「唐襲本以舞僮見幸於建，宗佶尤易之。後為樞密使，猶名呼襲。襲雖內恨，而外奉宗佶愈謹。建聞之，怒曰：『宗佶名呼我樞密使，是將反也。』宗佶求大司馬，章三上，建以問襲，襲因激怒建曰：『宗佶功臣，其威望可以服人心，陛下宜即與之。』建心益疑。宗佶入奏事，自請不已，建叱衛士撲殺之。」又：「元膺，建次子也。為人猳喙齲齒，多材藝，年十七為皇太子。唐襲，建之嬖也，元膺易之，屢譖於朝。建懼其交惡，乃罷襲樞密使，出為興元節度使。已而襲罷歸，元膺廷疏其過失，建益不悅。是月七夕，元膺

〔註252〕胡三省就此做注：「首面，龍陽之色也。」
〔註253〕《資治通鑑‧卷第二百九十‧〔後周〕太祖廣順元年》。
〔註254〕《舊五代史‧卷一百三十三‧馬殷傳附馬希範等傳》注補引《五代史補》。謝廷擇即謝彥顒。

召諸王大臣置酒，而集王宗翰、樞密使潘峭、翰林學士毛文錫不至，元膺怒曰：『集王不來，峭與文錫教之耳！』明日，元膺白建峭及文錫離間語。建怒，將罪之。元膺出而襲入，建以問之，襲曰：『太子謀作亂，欲召諸將、諸王以兵錮之，然後舉事耳！』建疑之，襲請召營兵入衛。元膺初不為備，聞襲召兵，以為誅己，乃與伶人安悉香、軍將喻全殊率天武兵自衛。召大將徐瑤、常謙率兵出拒襲，與襲戰神武門，襲中流矢，墜馬死。建遣王宗賀以兵討之，元膺兵敗皆潰去。元膺匿躍龍池檻中，明日，出而丐食，蜀人識之，以告。建遣宗翰招諭之，宗翰未至，為衛兵所殺。」

（三）前蜀主王衍與王承休，D 級

《太平廣記》卷第二百四十一引《王氏聞見錄》載：「蜀後主王衍宦者王承休，後主以優笑狎昵見寵。有美色，恒侍少主寢息，久而專房。承休多以邪僻姦穢之事媚其主，主愈寵之。」據此，王衍與王承休之間存在著確實的同性戀關係。但《王氏聞見錄》畢竟只是一部私家筆記，內容的可靠性值得探討。而據正史，王承休雖然「得幸」，卻未必達到了特別的程度，《新五代史·卷六十三·王建傳附王衍傳》只是講：「衍年少荒淫，委其政於宦者宋光嗣、光葆、景潤澄、王承休、歐陽晃、田魯儔等。乾德六年，以王承休為天雄節度使。天雄軍，秦州也。承休以宦者得幸，為宣徽使。」並且，王承休的妻子嚴氏才是特為王衍所喜的，《王衍傳》續謂：「承休妻嚴氏，有絕色，衍通之。……以王承休妻嚴氏故，〔咸康元年〕十月幸秦州。群臣切諫，衍不聽。」

王衍與韓昭等，C 級

《新五代史·王建傳附王衍傳》：「衍年少荒淫，以韓昭、潘在迎、顧在珣、嚴旭等為狎客，起宣華苑，又作怡神亭，與諸狎客、婦人日夜酣飲其中。嘗以九日宴宣華苑，嘉王宗壽以社稷為言，言發泣涕。韓昭等曰：『嘉王酒悲爾。』諸狎客共以慢言謔嘲之，坐上喧然。衍不能省也。」《資治通鑑·卷第二百七十二·〔後唐〕莊宗同光元年》：「蜀主以文思殿大學士韓昭、內皇城史潘在迎、武勇軍使顧在珣為狎客，陪侍遊宴，與宮女雜坐，或為豔歌相唱和，或談嘲謔浪。鄙俚褻慢，無所不至，蜀主樂之。」

（四）後唐莊宗李存勗與周匝等，C～D 級

後唐莊宗和漢武帝、唐玄宗一樣，都是以嬖喜優伶而出名的帝王。武帝與

倡優的同性戀載在史籍，玄宗設立梨園，以至後世把梨園子弟作為了對伶人的稱呼。至於莊宗，他起初很有作為，但最終卻「身死國滅，為天下笑」，其中原因與優伶關繫甚重，宋儒歐陽修乃竟為此在其《新五代史》中特立《伶官傳》以言其事。後於莊宗數十年的宋太宗曾對侍臣感歎道：「昔莊宗可謂百戰得中原之地，然而守文之道可謂懵然矣。終日沉飲，聽鄭衛之聲與胡樂合奏，自昏徹旦，謂之聒帳。與俳優輩結十弟兄，每略與近臣商議事，必傳語伶人，敘相見遲晚之由。縱兵出獵，涉旬不返，於優倡猱雜之中，復自矜寫春秋，不知當時刑政何如也！」〔註255〕（圖60）宋初孫光憲也曾指出：「莊宗自為俳優，名曰李天下。雜於塗粉優雜之間，時為諸優撲抶摑搭，竟為嚚婦恩伶之傾玷，有國者得不以為前鑒！」〔註256〕各種慨歎都肯定了莊宗耽迷優樂的程度之深，他所喜愛的優伶有周匝、景進等。

《新五代史·卷三十七·伶官傳》載：「莊宗既好俳優，又知音，能度曲。自其為王，至於為天子，常身與俳優雜戲於庭。其戰於胡柳也，嬖伶周匝為梁人所得。其後滅梁入汴，周匝謁於馬前，莊宗得之喜甚，賜以金帛，勞其良苦。周匝對曰：『身陷仇人，而得不死以生者，教坊使陳俊、內園栽接使儲德源之力也。願乞二州以報此兩人。』莊宗皆許以為刺史。郭崇韜諫，因格其命。逾年，而伶人屢以為言，莊宗謂崇韜曰：『吾已許周匝矣，使吾慚見此三人。公言雖正，然當為我屈意行之。』卒以俊為景州刺史，德源為憲州刺史。」《舊五代史·卷三十四·莊宗紀第八》載：「同光四年二月，以樂人景進為銀青光祿大夫、檢校右散騎常侍、守御史大夫。進以俳優嬖幸，善採訪閭巷鄙細事以啟奏，復密求妓媵以進，恩寵特厚。諸軍左右無不託附，至於士人，亦有因之而求仕進者。」

一般帝王對於倡優無非是讓他們提供聲色之娛，而莊宗卻要給嬖伶加官進爵，讓他們參與國家政事，可見他與伶人的關係如何，其中是否會包含同性戀的情結在內？只是「君以此始，必以此終」，無論怎樣的關係都很難一直存續。歐陽修慨歎道：「莊宗好伶，而弒於門高，焚以樂器，可不信哉！可不戒哉！」〔註257〕門高郭姓，以優進，於同光四年率叛軍弒殺了莊宗。莊宗死後，其屍身被人覆以樂器，引火焚燒。

〔註255〕　《春明退朝錄》卷下。
〔註256〕　《北夢瑣言》卷十八。
〔註257〕　《新五代史·伶官傳》。

　　這一時期一般社會成員的同性戀，如《新五代史‧卷五十‧王峻傳》曾載：「王峻字秀峰，相州安陽人也。峻少以善歌事梁節度使張筠。唐莊宗已下魏博，筠棄相州，走歸京師。租庸使趙岩過筠家，筠命峻歌佐酒，岩見而悅之。是時岩方用事，筠因以峻遺岩。梁亡，岩族誅，峻流落民間。久之，事三司使張延朗，延朗不甚愛之。」王峻以善歌事人，他可能先後做過張筠、趙岩等的男寵。亂世男風的特點是受社會大環境的影響，同性戀者的個人經歷會更複雜，會更多表現出勇武的傾向，王峻後來就曾為後漢立下過不少戰功。

三、宋元時期

　　宋元時期，用常見的幾條記載可以大致推斷出當時的男風未必比事證豐富的明清為弱。

　　北宋初年陶穀曾記：「四方指南海為煙月作坊，以言風俗尚淫。今京師鬻色戶將及萬計，至於男子舉體自貨，進退恬然，遂成蜂窠巷陌，又不止煙月作坊也。」〔註258〕北宋後期朱彧記：「史傳載彌子瑕、籍孺、閎孺以色媚世。至今京師與郡邑，無賴男子用以圖衣食，舊未嘗正名禁止。政和間始立法告捕，男子為娼，杖一百，告者賞錢五十貫。」〔註259〕宋末元初周密記：「書傳所載龍陽君、彌子瑕之事甚醜，至漢則有籍孺、閎孺、鄧通、韓嫣、董賢之徒。至於傅脂粉以為媚，史臣贊之曰：『柔曼之傾國，非獨女德，蓋亦有男色焉。』聞東都盛時，無賴男子亦用此以圖衣食。政和中始立法告捕，男子為娼者，杖一百，〔告者〕賞錢五十貫。吳俗此風尤盛，新門外乃其巢穴，皆傅脂粉，盛裝飾，善針指，呼謂亦如婦人，以之求食。其為首者號師巫、行頭，凡官府有不男之訟，則呼使驗之，敗壞風俗，莫甚於此。然未見有舉舊條以禁止之者，豈以其言之醜故耶？」〔註260〕。東都指北宋都城東京，不男之訟指由男子難

〔註258〕《清異錄‧卷上‧蜂窠巷陌》。關於《清異錄》的作者，《四庫》館臣等謂是陶穀，宋代陳振孫、今人余嘉錫等謂係假託，陳、余之說見《直齋書錄解題》卷十一、《四庫提要辨正》卷十八。按：《清異錄》所反映的是 10 世紀中期的情況，而在 9 世紀中期和 10 世紀初，兩位阿拉伯作者蘇萊曼（Sulaymān）和法基赫（Ibn Al-Fakīh）就已分別寫道：「中國人犯雞姦罪，從事這一職業的男子代替〔印度〕偶像寺廟裏妓女的角色。」「中國人有犯雞姦罪者，年青男子從事這種職業，起著印度妓女的作用。」見《阿拉伯波斯突厥人東方文獻輯注》，第 77 頁。如此，則「舉體自貨」的男子在唐代就已經有了。

〔註259〕《萍洲可談》卷三。

〔註260〕《癸辛雜識‧後集‧禁男娼》。

行人道而引起的婚姻訴訟。

　　據上所述，在整個宋代，社會上都有比較公開的男娼的活動。男娼不同於一般同性戀者，他們是以賣身作為謀生的職業，這類人公然在都城郡邑間舉體自貨，可見他們的數量是比較多的。男娼既多，可見社會上的男風是比較興盛的，而明清時期大概看無非也就如此。

　　宋朝城市經濟發展，市民階層壯大，市井生活豐富多彩，奸險譎詭之事時有所聞。《清尊錄》載：「興元民有得途遺小兒者，育以為子。數歲美姿首，民夫婦計曰：『使女也，教之歌舞，獨不售數十萬錢耶？』婦曰：『固可詐為也。』因納深屋中，節其食飲，膚髮腰步皆飾治之。比年十二三，嫣然美女子也。攜至成都，教以新聲，又絕警慧，益秘之不使人見。人以為奇貨，里巷民求為妻，不可，曰：『此女當歸之貴人。』於是女僧及貴遊好事者踵門。一覿面輒避去，猶得錢數千，謂之看錢。久之，有某通判者來成都，一見心醉，要其父必欲得之，與直至七十萬錢，乃售。既成券，喜甚，置酒與客飲，使女歌侑酒。夜半客去，擁而致之房，男子也。大驚，遣人呼其父母，則遁去不知蹤跡。告官召捕之，亦卒不獲。」故事當中，這個男孩兒被培養得幾與美女無異，以致通判直到最後才辨出他的真相。那麼他即使不已經是同性戀者，至少對同性戀角色的接受是會相對容易許多的。某通判不解男風，否則定會轉驚為喜而非為怒。

　　元朝是以蒙古入主中原，俗尚民風表面受到了一些影響，但基本底蘊並未發生改變。當時蒙元統治者固然在政治上採取了與宋朝大不相同的政策，而對臣民社會生活上的事情則基本是採取的一仍其舊的態度，同性戀這樣的末節問題更不在重視範圍之內。因此，同性戀現象大致是可以宋元等視的。

　　元人李好古作有《張生煮海》雜劇，其中第三折寫及男風。當時張生在石佛寺長老引領下去龍宮與龍女成親，他的家僮科諢道：

> 你看我家東人，興匆匆的跟著長老入海去了，留我獨自一人在
> 這海岸上，看守什麼法寶。若是他當真做了新郎，料必要滿了月方
> 才出來。我看那小行者盡也有些風韻，老和尚又不在。不如我收拾
> 了這幾件東西，一徑回到寺裏，尋那小行者打閧閧去也。（圖61）

　　「打閧閧」或「打蓬蓬」是指進行同性性行為，再如《金瓶梅詞話》第五十四回應伯爵戲罵玳安：「賊小淫婦，慣打閧閧的。看你一千年，我二爺也不攛掇你討老婆哩！」

　　張生家僮的這段話有三點值得注意：

　　第一，戲劇是直接面對觀眾的表演藝術，優伶當場以同性戀之事作為笑謔的內容，從中可以看出觀眾對這一社會現象的認識和容許程度。

　　第二，打閨閹是一個民間俗語，俗語常是事物廣泛存在的一種語言表現。

　　第三，僧人以守戒為本，應當給人以清淨苦修的印象，這裡卻被如此戲謔，終究還是因為實際生活中實有其事。

　　上述幾點，《張生煮海》是反映比較早的，明清時各種文獻就反映得更加詳盡了。

　　元人滕賓寫有一首詞牌為《瑞鷓鴣》的《贈歌童阿珍》：

　　　　　分桃斷袖絕嫌猜，翠被紅裩興不乖。洛浦乍陽新燕爾，巫山行

　　雲左風懷。　　　手攜裹野便娟合，背抱齊宮婉孌懷。玉樹庭前千載

　　曲，隔江唱罷月籠階。〔註261〕

　　使用同性戀典故對優伶男風進行描寫，滕賓的這首詞也是比較早的，開了明清時期大量同類詩詞的先聲。

　　宋元時期，某些皇帝與他們的臣下有關係過近之嫌，如：

　　宋徽宗與蔡攸、王黼。《宋史·卷四百七十二·蔡京傳附蔡攸傳》載：「攸歷開府儀同三司、少保。進見無時，益用事。與王黼得預宮中祕戲，或侍曲宴，則短衫窄袴，塗抹青紅，雜倡優侏儒，多道市井淫媟諢浪語，以蠱帝心。」

　　元世祖與鐵哥。《元史·卷一百二十五·鐵哥傳》載：「世祖即位，幸香山永安寺，見書畏吾字於壁，問誰所書，僧對曰：『國師兄子鐵哥書也。』帝召見，愛其容儀秀麗，語音清亮，命隸丞相孛羅備宿衛。久之，命掌饔膳湯藥，日益親密。」

　　元順帝與哈麻等。《元史·卷二百五·哈麻傳》載：「哈麻字士廉，康里人。與其弟雪雪早備宿衛，順帝深眷寵之。而哈麻有口才，尤為帝所褻幸，累遷官為殿中侍御使。帝每即內殿與哈麻以雙陸為戲，一日，哈麻服新衣侍側，帝方啜茶，即噀茶於其衣。哈麻視帝曰：『天子固當如是耶？』帝一笑而已。其被愛幸，無與為比。哈麻之妹婿集賢學士禿魯帖木兒，故有寵於帝，與老的沙、八郎、答剌馬吉的、波迪哇兒禡等十人，俱號倚納。禿魯帖木兒性奸狡，帝愛之，言聽計從。」

〔註261〕《詞品·卷五·滕玉霄》。

第六節　淫靡：明代

　　與隋唐宋元相比，明清時期的同性戀史料有了顯著的增加，從而男風面貌相應變得具體而清晰起來。明代，尤其明代中後期的社會風氣以淫靡為特徵，從帝王到臣民都盡尚繁華，同性戀散佈其間，成為了其中重要的組成部分。

一、帝王男風

　　明代第一個以荒淫出名的皇帝是年號正德的武宗朱厚照，其淫名大概只比隋煬帝稍遜，而在某些方面看來還能超出。先不談色，武宗的頑童行為就已駭人耳目，這裡僅舉數事：

　　（一）戲作貿易。「嘗遊寶和店，令內侍出所儲攤門，身衣估人衣，首戴瓜拉。自寶和至寶延，凡六店。歷與貿易持簿算，喧詢不相下，別令作市正調和之。」〔註262〕

　　（二）都城練兵。「至後苑訓練戎兵，鼓炮之聲，震駭城市。」〔註263〕

　　（三）微遊出關。「十二年秋八月甲辰，微服如昌平。乙巳，梁儲、蔣冕、毛紀追及於沙河，請回蹕，不聽。己酉，至居庸關，巡關御史張欽閉關拒命，乃還。丙寅，夜微服出德勝門，如居庸關。辛未，出關，幸宣府。命谷大用守關，毋出京朝官。」〔註264〕

　　（四）改名降尊。「十二年九月壬辰，如陽和，自稱總督軍務威武大將軍總兵官。」「十三年八月癸丑，敕曰：『總督軍務威武大將軍總兵官朱壽親統六師，肅清邊境，特加封鎮國公，歲支祿米五千石。』」「十四年二月己丑，帝自加太師。」〔註265〕

　　放著皇帝的名號不居，卻要低自位置去做將軍，還煞有介事地給自己加官晉爵，這位武宗皇帝簡直是視治國為兒戲。再如他明知寧王朱宸濠的叛亂已被平定，可為行南遊卻匿報不發，依然御駕親「征」，找機會到南方騷擾了一番。然後，「北還，每令濠舟與御舟銜尾而行，嘗欲放之湖，以待自擒，眾諫乃止」〔註266〕。如果真和宸濠對仗一番，誰死誰活恐難料定，皇帝死了亦無不可，這樣的君主早死早是臣民之福。只可惜等武宗真的「崩」掉之後，接下

〔註262〕《明武宗外紀》。
〔註263〕《明武宗外紀》。
〔註264〕《明史‧卷十六‧武宗本紀》。
〔註265〕《明史‧卷十六‧武宗本紀》。
〔註266〕《明武宗外紀》。

來的世宗、神宗依舊荒唐，明代一直到最後的皇帝崇禎才欲有所作為，卻到了大廈將傾、積重難返的時候。

武宗的荒淫主要還是集中在女色上。他於京中增建著名的淫窟豹房後，曾召入善於「陰道秘術」的佞人于永，「與語大悅。永色目人，進言回回女皙潤而瑳粲，大勝中土。時都督呂佐亦色目人，永矯旨索佐家回女善西域舞者，得十二人以進，歌舞達晝夜。顧猶以為不足，乃諷上請召諸侯伯中故色目籍家婦人入內，駕言教舞，而擇其美者留之不令出」〔註267〕。到後來出京巡遊於宣府、大同一帶，武宗更是如魚得水。他「既幸宣府，遂營建鎮國府第，居之樂，遂忘歸。每夜行，見高屋大房即馳入，或索飲，或搜其婦女」。曾至太原，「大索女樂。偶於眾妓中遙見色好而善謳者，援取之，詢其籍，本晉府樂工楊勝妻也。賜之與飲，試其技，大悅。後自榆林還，再召之，遂載以歸。至是隨行在，寵冠諸女，諸近侍皆呼之曰劉娘娘」〔註268〕。而民間廣為流傳的更有「遊龍戲鳳」故事，謂武宗在大同偶自微行，入一酒肆而悅當壚少女李鳳姐，一番耍戲後天子亮出身份，鳳姐得幸承恩云云。此事被演為戲曲《梅龍鎮》、《白鳳冢》等，眾口騰播，正德皇帝好不風流昭著。

《明武宗外紀》載正德巡幸居庸關外時，「自宣府抵西陲，往返數千里，乘馬腰弓矢，衝風戴雪，備歷險厄。有司具輦以隨，亦不御。至還宣府，閹寺從人皆疲憊弗支，而上不以為勞也」。給人的印象，竟如一頭精力和性慾都極亢奮的牲畜。

可能是由於情慾過盛，武宗不但喜歡播雲於麗女，而且愛好施雨於美男。較早的是一群「老兒」。時人張志淳曾記：「正德初，內臣最寵狎者入老兒當。『當』字作去聲讀，猶等輩也。然實不計老少，惟寵狎是尊。京師稱勢焰可畏者輒曰：『是當裏的。』」〔註269〕晚於張志淳的徐充所記有異：「張志淳《南園漫錄》言：『正德初，內臣最寵狎者入老兒當，猶等輩也。然實不計老少，惟寵狎是尊。』余近訪知老兒當皆選年少俊秀小內臣為之，豈閎、籍孺之類歟？」〔註270〕再晚的沈德符對老兒當又有新的說明：「武宗初年，選內臣俊美者以充寵幸，名曰『老兒當』，猶云等輩也。時皆用年少者，而曰『老兒』，

〔註267〕《明武宗外紀》。
〔註268〕《明武宗外紀》。
〔註269〕《南園漫錄‧卷十‧老兒當》。
〔註270〕《暖姝由筆》。閎、籍孺即漢初高祖、惠帝的佞倖籍孺和閎孺。

蓋反言之。其後又有金剛老兒當，其人皆用事大璫，如張忠輩皆在其中。」
〔註271〕老兒當的存在是無可置疑的，但張、徐、沈三人的說法不盡相同，大
致沈德符所言內容較豐富，其中的「老兒當」具有較濃的男色意味，（圖62）
而「金剛老兒當」則是以掌握著權柄為特點。張忠其人《明史》有傳：「張
忠，霸州人。正德時御馬太監，與司禮張雄、東廠張銳並侍豹房用事，時號三
張，性皆凶悖。忠利大盜張茂財，結為弟，引入豹房，侍帝蹴鞠。三人並交通
宸濠，受臧賢、錢寧等賄，以助成其叛。寧王反，忠勸帝親征。武宗已崩，世
宗用御史王鈞等言，張忠發孝陵衛充軍，張雄、張銳下都察院鞫治。」〔註272〕
據此，張忠等是符合金剛老兒當的特點的。不過，若講正德間權柄最大、遭劾
最多的內監卻不是「三張」，而是「八虎」或謂「八黨」，八虎中又以劉瑾惡名
最著。「劉瑾，本談氏子，依中官劉氏者以進，冒其姓。孝宗時，坐法當死，
得免。已，得侍武宗東宮。武宗即位，掌鐘鼓司，與馬永成、高鳳、羅祥、魏
彬、丘聚、谷大用、張永並以舊恩得幸，人號『八虎』，而瑾尤狡狠。日進鷹
犬、歌舞、角牴之戲，導帝微行，帝大歡樂之。」〔註273〕戶部尚書韓文等在
所上疏中詳列八虎醜行，曰：「太監馬永成等造作巧偽，淫蕩上心。擊毬走
馬，放鷹逐犬，俳優雜劇，錯陳於前。至導萬乘與外人交易，狎昵媟褻，無復
禮體。日遊不足，夜以繼之，勞耗精神，虧損志德。」〔註274〕王文祿《庭聞
述略》更曾記道：「武宗初年嘗宿豹房，劉瑾等以蚺蛇油萎其陽，是以不入內
宮。」此事本身雖有誇張，但卻反映出劉瑾諸璫竭力固寵以及正德初年皇帝把
相當興趣放在了與內監遊戲上等情況。八虎所為引起了朝臣的強烈不滿，「外
廷知八人誘帝遊宴，大學士劉健、謝遷、李東陽驟諫，不聽。尚書張昇、給事
中陶諧等交章論諫，亦不聽。五官監候楊源以星變陳言，帝意頗動。帝不得
已，使司禮太監陳寬、李榮、王岳至閣，議遣瑾等居南京。三反，健等執不可。
尚書許進曰：『過激將有變。』健不從。王岳者，素謇直，與太監范亨、徐智
心嫉八人，俱以健等語告帝。瑾大懼，夜率永成等伏帝前環泣。帝心動，瑾因
曰：『害奴等者王岳。岳結閣臣欲制上出入，故先去所忌耳。且鷹犬何損萬機，
若司禮監得人，左班官安敢如是？』帝大怒，立命瑾掌司禮監，永成掌東廠，

〔註271〕《萬曆野獲編・補遺卷一・老兒當》。
〔註272〕《明史・卷三百四・張忠傳》。
〔註273〕《明史・卷三百四・劉瑾傳》。
〔註274〕《明史・卷一百八十六・韓文傳》。

大用掌西廠。時正德元年十月也」〔註275〕。八虎的這些表現與沈德符所記的金剛老兒當也較相合，他們雖然「日進歌舞、角牴之戲」，但經常只是「導帝」行樂，本身並不充當龍陽、彌子的角色。不過，有關他們與正德帝存在同性戀關係的記載亦有所見，嘉靖間高岱曾記：「劉瑾，幼以閹被選入宮。武宗在青宮時，瑾得近幸。正德初，瑾與馬永成、谷大用、張永、魏彬、羅祥、丘聚、張興等俱以青宮舊閹用事，與上同臥起，導上以鷹犬遊獵。」〔註276〕清初查繼佐在其《罪惟錄》中也認為八虎不但「日導帝犬馬鷹兔、舞唱角牴之好」，而且還曾直接「與上臥起」〔註277〕。對此，第一，至少就可知年齡的劉瑾而言，據《罪惟錄》，他在正德初年已經50歲以上，而武宗卻只十六七歲，有如此大的年齡差距，要發生同性戀關係總是難以理解的。因此，八虎中至少有一部分人不會因色得幸。第二，八虎中另外有些人則確實比較年輕，同時再加上其他一些未入八虎的小內監，他們若與皇帝「狎昵媟褻」，那麼，未必不會媟褻出斷袖之寵來。

武宗嬖幸可分為前後互有聯繫的幾個集團，並且也不僅僅限於內監。正德五年，劉瑾因事伏誅，錢寧、臧賢開始繼他而起。「錢寧，不知所出，或云鎮安人。幼鬻太監錢能家為奴，能嬖之，冒錢姓。能死，推恩家人，得為錦衣百戶。正德初，曲事劉瑾，得幸於帝。性獷狡，善射，拓左右弓。帝喜，賜國姓，為義子，傳升錦衣千戶。瑾敗，以計免。歷指揮使，掌南鎮撫司。累遷左都督，掌錦衣衛事，曲詔獄，言無不聽，其名刺自稱皇庶子。引樂工臧賢、回回人于永及諸番僧，以秘戲進。請於禁內建豹房、新寺，恣聲伎為樂，復誘帝微行。帝在豹房，常醉枕寧臥。百官候朝，至晡莫得帝起居。密伺寧，寧來，則知駕將出矣。」〔註278〕醉時不枕美女而枕義兒，並且還是常事，君臣之間的關係自然不同尋常。

與錢寧結為一黨的是樂官臧賢。「正德三年，武宗諭內鐘鼓司康能等曰：『爾者音樂廢缺，無以重朝廷。』禮部乃請選三院樂工年壯者，嚴督肆之，仍移各省司取藝精者赴京供應。顧所隸益猥雜，筋斗百戲之類日盛於禁廷。既而河間等府奉詔送樂戶，居之新宅。樂工既得幸，時時言居外者不宜獨逸，乃復

〔註275〕 《明史·卷三百四·劉瑾傳》。
〔註276〕 《鴻猷錄·第十二卷·劉瑾之變》。
〔註277〕 《罪惟錄·列傳卷之二十九·劉瑾傳》。
〔註278〕 《明史·卷三百七·錢寧傳》。

移各省司所送技精者於教坊。於是乘傳續食者又數百人，俳優之勢大張。臧賢以伶人進，與諸佞倖角寵竊權矣。」〔註279〕萬曆間于慎行曾記：「正德中，樂長臧賢甚被寵遇，曾給一品服色。未幾，上有所幸，伶兒入內不便，詔盡官之，使入為鐘鼓司官，後皆賜玉。至今內中諸署，指鐘鼓司為樂衙門，賤而不居，當以此故耳。」〔註280〕既然連「善射、拓左右弓」的錢寧武宗都會去枕臥，他對柔媚的臧賢以及其他樂工可能會更有他舉。正德中，御史周廣上疏勸諫，就既斥錢寧，亦責諸伶：「今之伶人，助慢遊迷亂者也。唐莊宗與伶官戲狎，一夫夜呼，倉皇出走。臣謂宜遣逐樂工，不復籍之禁內，乃所以放鄭聲也；義子錢寧本宦豎蒼頭，濫寵已極，乃復攘敓貨賄，輕蔑王章。甚至投刺於人，自稱皇庶子，僭越之罪所不忍言。陛下何不慎選宗室之賢者，置諸左右，以待皇嗣之生。諸義兒、養子俱奪其名爵，乃所以遠佞人也。」〔註281〕此時，錢寧一夥正在得勢，遭遣逐的反而是上疏人周廣自己，由御史竟被貶謫為驛丞。

　　錢寧、臧賢都與寧王宸濠相交通，寧王反，臧、錢皆敗。而前此幾年，他們的地位就已逐漸為邊將江彬所超過。「江彬，宣府人。正德六年，畿內賊起，京軍不能制，調邊兵，彬以大同游擊赴調。七年，賊漸平，遣邊兵還鎮大同、宣府。軍過京師，犒之，遂並宣府守將許泰皆留不遣。彬因錢寧得召見。彬狡黠強很，貌魁碩有力，善騎射。談兵帝前，帝大悅。擢都指揮僉事，出入豹房，同臥起。」錢寧只是為帝枕臥，而江彬的與帝「同臥起」就更具有同性戀的確指性了。他本為錢寧所引見，得幸後卻開始對錢寧之寵構成威脅。兩人互爭帝前，不分上下，江彬便利用自己熟悉宣大一帶情形的優勢，「數言宣府樂工多美婦人，且可觀邊釁，瞬息馳千里，何鬱鬱居大內，為廷臣所制？帝然之」。於是在江彬導引下，武宗開始了他醜名昭著的數次北遊。

　　還有一位延綏總兵官馬昂，曾因事罷免，他「有女弟善歌，嫁指揮畢春，有娠矣。昂因彬奪歸，進於帝，召入豹房，大寵。傳升昂右都督，弟炅、昺並賜蟒衣，大璫皆呼為舅，賜第太平倉」〔註282〕。至尊天子竟納已婚有娠之婦，監察御史徐文華因而諫曰：「中人之家不取再醮之婦。陛下萬聖至尊，乃有此

〔註279〕《明史‧卷六十一‧樂一》。
〔註280〕《穀山筆麈‧卷之六‧閹伶》。
〔註281〕《明史‧卷一百八十八‧周廣傳》。
〔註282〕《明史‧卷三百七‧江彬傳》。

舉，返之於心則不安，宣之於口則不順，傳之天下後世則可醜。今昂兄弟子姪出入禁闥，陛下降絀等威，與之亂服雜坐，或同臥起，壞祖宗法，莫此為甚。」〔註283〕這裡又出現了「同臥起」的情形，馬昂兄妹與歷史上的李延年兄妹、慕容沖姐弟或就同屬一類了。

　　明武宗為滿足他尋歡作樂的需要曾大興土木，修造擴建了不少大工。初年以豹房為最，《明武宗外紀》載：「乃大起營建，興造大素殿及天鵝房船塢諸工。又別搆院籞，築宮殿數層，而造密室於兩廂，勾連櫛列，名曰豹房。初日幸其處，既則歇宿，比大內，令內侍環值，名豹房祗候，群小兒見幸者皆集於此。」豹房是武宗京內遊樂的主要場所，環集此處者包括八虎、錢寧、臧賢、江彬以及其他內監、優伶乃至街巷賤輩、市猾蒼頭等。歷史上的君主當中，把如此多的男性小臣圍聚在自己身邊，武宗當是突出的一位。在其末年，據《萬曆野獲編·老兒當》：「京城內建造鎮國府及老兒院等大工，俱嘉靖初年拆毀。」《明史·江彬傳》所載有異：「八年，改太平倉為鎮國府，處邊兵。賜彬國姓，越二年，遷都督僉事。彬薦萬全都指揮李琮、陝西都指揮神周勇略，並召侍豹房，同賜姓為義兒。毀積慶、鳴玉二坊民居，造皇店酒肆，建義子府。」《野獲編》和《明史》都提到武宗建鎮國府，所不同的，《野獲編》以為同時興建的是老兒院，而《明史》則為義子府。老兒的情況已經講到，關於義子，他們也是武宗嬉遊活動裏的重要成員。正德前期就已開始收認，如錢寧即是，到正德七年，據《國榷》卷四十八：「九月丙申，賜義子百二十七人國姓，皆中官蒼頭及市猾，偶當上心，輒云義子。永壽伯朱德都督，朱寧、朱安外、朱國並都督。而朱采、朱靜、朱濤皆亡虜，亦至千戶。自後賜姓日廣。」正德帝給自己取名朱壽，他的義子則叫朱寧（錢寧）、朱彬（江彬）、朱琮（李琮）等，乍一看去，不像君臣父子，倒像是頑友兄弟。

　　對老兒和義子進行比較，如綜合各書所載，老兒是正德初年的太監，而義子則整個正德時期都一直在收入，並且並不僅限於內官，兩者是有區別的。這樣，《野獲編》所記正德末年尚建老兒院就出現了問題，當時風頭正健的實是一群義兒，況且確又建有義子府。所以，《野獲編》有可能是誤記。但也不能排除另一種情況，即老兒就是較早的義子，兩個概念雖有時間上的不同卻實際可以合一。如此，稱義子府為老兒院又亦無不可，武宗真可謂是外嬖滿前了。

　　武宗在位的最後一二年時間是在南遊中度過的。正德十四年（1519）八

〔註283〕《明史·卷一百九十一·徐文華傳》。

月，他自京師起駕親「征」宸濠，十五年年底還京，十六年春二月即崩於豹房。在南方，他四處徵歌選色，恣所欲為，其中也少不了對男色的享受。何良俊曾記：「徐髯仙少有異才，然跅弛不羈，卒以罣誤落籍。後武宗南巡，獻樂府，遂得供奉。武宗數幸其家，在其晚靜閣上打魚。隨駕北上，在舟中每夜常宿御榻前，與上同臥起。官以錦衣衛鎮撫，賜飛魚服，亦異數也。」〔註284〕徐髯仙即徐霖（字子仁），李詡的有關反映也可為參考，謂：「武宗召徐霖在臨清謁見，欲授霖教坊司官。霖泣謝曰：『臣雖不才，世家清白，教坊者倡優之司，臣死不敢拜。』乃授錦衣鎮撫。久漸寵幸，至以子仁呼之。至南京，一日入暮，密聞欲幸霖家，霖與近侍謀：『夜深不能治具，奈何？』眾曰：『汝書生，獻茶可矣。』乃潛遣人報其家，而以身待。將二鼓駕出，乃召霖，令引至其家。家人羅拜，既而設四果進茶。帝曰：『人謂子仁標緻，乃由茶耶？』霖叩頭謝曰：『臣不意陛下俯臨，無宿具。』帝曰：『已有果，但少酒耳。』於是出酒命霖歌，帝亦自歌，從容歡燕，四鼓乃罷。」〔註285〕

徐子仁雖善音聲卻是士人〔註286〕，對於優伶，武宗當然更是不會放過的。沈德符曾記：「武宗南幸，至楊文襄一清家，有歌童侍焉。上悅其白皙，問何名，曰楊芝，賜名曰羊脂玉，命從駕北上。從上至京師，厚賞而還。」〔註287〕

史夢蘭《全史宮詞》曾將羊脂玉與老兒當合詠，曰：

少年阿監鵷鸞裝，日日承恩侍豹房。

誰把羊脂蒙賜號，玉容應妒老兒當。

明武宗之前，孝宗、憲宗之上是英宗朱祁鎮。《萬曆野獲編‧卷三‧英宗重夫婦》載：「有都督同知馬良者，少以姿見幸於上，與同臥起。比自南城反正〔註288〕，益厚遇之，馴至極品，行幸必隨，如韓嫣、張放故事。」（圖63）

明武宗之後，歷世宗、穆宗，再為年號萬曆的神宗朱翊鈞。武宗朝有八虎，神宗朝有十俊。萬曆十七年（1589），大理寺左評事雒于仁曾上疏諫曰：「臣入京閱歲餘，僅朝見皇上者三。此外惟見經年動火，常日體軟，即郊祀廟享遣官代之。聖政久廢而不親，聖學久輟而不講。臣以是知皇上之病藥餌難攻者也，惟臣四箴可以療病，請敬陳之。皇上之病在酒色財氣者也。……以

〔註284〕《四友齋叢說》卷之十八。
〔註285〕《戒庵老人漫筆‧卷四‧徐子仁寵幸》。
〔註286〕武宗南遊時徐霖已經五十餘歲，從年齡來看，其所得寵幸未必是斷袖之寵。
〔註287〕《萬曆野獲編‧補遺卷三‧正德二歌者》。
〔註288〕指奪門之變後英宗廢代宗而復辟。

皇上妃嬪在側，宜思戒之在色也。何幸十俊以開騙門，溺愛鄭妃惟言是從，儲位應建而久不建，此其病在戀色者也。……戒色箴曰：豔彼妖冶，食息在側。啟寵納侮，爭妍誤國。成湯不爾，享有遐壽。漢成昵姬，歷年不久。進藥陛下，內嬖勿厚。」〔註289〕十俊是當時社會上對宮內十數個小內監的稱呼，雒于仁在其所上疏中把他們與內嬖放在一起，則當為外寵無疑。（圖64）《野獲編》亦載：「今上壬午癸未以後，選垂髫內臣之慧且麗者十餘曹，給事御前，或承恩與上同臥起，內廷皆目之為十俊。上偶託之詗察外事，此輩遂因之為奸利，勢張甚。事漸彰聞，上次第按罪杖殺，數年間無一存者。」〔註290〕伴君如伴虎，即使和皇帝具有性的關係，也免不了龍顏一怒時的受死。壬午癸未為萬曆十至十一年，此前正是大太監馮保和首輔張居正在帝母李太后首肯下大權在握的時候。「保倚太后勢，數挾持帝，帝甚畏之。時與小內豎戲，見保入，輒正襟危坐曰：『大伴來矣。』所昵孫海、客用為乾清宮管事牌子，屢誘帝夜遊別宮，小衣窄袖，走馬持刀，又數進奇巧之物，帝深寵幸。保白太后，召帝切責。帝長跪受教，惶懼甚。保屬居正草帝罪己手詔，令頒示閣臣。帝年已十八，覽之內慚，然迫於太后，不得不下。」〔註291〕萬曆帝因浪與小內監遊戲而遭嚴責，受他寵幸的孫海、客用等當是十俊的前導，其時大致是在萬曆八年。十年，張居正病死，馮保見黜，此後帝方能行隨己意，於是十俊受到了選幸。

萬曆的嬖幸還不止閹宦。「有一緹帥，年少美丰姿，扈上駕幸天壽山。中途邅頓，亦荷董聖卿之寵。」〔註292〕董聖卿即董賢，天壽山為皇陵的所在。《明史·神宗本紀》載有數次萬曆皇帝謁陵事，如「十一年閏二月乙丑，如天壽山謁九陵，免所過田租。九月甲申，如天壽山謁陵」。「十二年九月丙戌，奉兩宮皇太后如天壽山謁陵。」祭祀先皇是需要清心齋戒的莊嚴國事，而萬曆卻要在中途尋些斷袖之歡，其色疾深矣。

明神宗之後，經過只做了一個月皇帝的光宗，便是年號天啟的熹宗朱由校。天啟帝和早他一百多年的正德帝一樣都是頑童皇帝，不過正德經常要外出去各地騷擾，而天啟則多是在宮苑之內胡為。他在位7年，個人「能力」中最

〔註289〕《明實錄》神宗顯皇帝實錄卷之二百一十八。此疏也見《明史·卷二百三十四·雒于仁傳》，文字有異。
〔註290〕《萬曆野獲編·卷二十一·十俊》。
〔註291〕《明史·卷三百五·馮保傳》。
〔註292〕《萬曆編獲編·卷二十一·十俊》。

著名的是好做木工，心靈手巧，堪稱匠材；政治「能力」中是放任魏忠賢打擊東林黨，弄得朝無寧日，國將不國，死後十多年明朝就走向了滅亡。

有關天啟私人生活的情況，崇禎年間秦蘭徵（或題徵蘭）和蔣之翹曾各作一部《天啟宮詞》，以詩歌配注的形式描寫得很是具體，從中可以獲得兩點印象。

一是天啟喜歡與內監在一起遊玩。秦氏宮詞云：

> 玉闌干畔賭迷藏，虎洞陰深背月光。
>
> 捉得御衣旋放手，名花飛出袖中香。
>
> 乾清宮丹陛下有老虎洞，不知所始。洞背為御街，洞中甃石成壁，可通往來。上常於月夕率內侍賭迷藏為戲，潛匿其內。諸花香氣，上所篤愛，時採一二種貯襟袖間。故聖駕所至，數武外輒識之，以芬芳襲人也。

> 西苑冬殘冰未澌，胡床安坐柘黃衣。
>
> 行行不藉風帆力，萬里霜原赤兔飛。
>
> 西苑池冰既堅，上命以紅板作拖床，四面低闌，亦紅色，窄僅容一人。上坐其中，諸璫於兩傍用繩及竿，前引後推，往返數里，瞬息而已。

> 琉璃波面浴鷗鳧，艇子飛來似畫圖。
>
> 認著君王親蕩槳，滿堤紅粉笑相呼。
>
> 上數偕中官泛小舟於西苑，手操篙櫓，去來便捷。

二是天啟帝不好女色。秦氏宮詞：

> 六宮深鎖萬嬌嬈，多半韶華怨裏消。
>
> 燈影獅龍娛永夜，君王何暇伴纖腰。
>
> 上不好女色，夜宴既畢，遂陳種種雜戲，宵分始就枕。夾紗燈亦其一也，中所綴有獅蠻滾球、雙龍賽珠等像。

> 畫裏明妃絕代無，琵琶番騎擁胡雛。
>
> 君王不愛傾城色，只看犖犖揭缽圖。
>
> 李伯時畫昭君出塞大幅，趙子昂畫鬼子母揭缽手卷，皆累朝珍藏舊物也。兩種並陳，上恒棄此取彼。聖性樂觀險怪之狀，而厭近女色，略見於此。

蔣氏宮詞：

靜掩朱扉已二更，金輿忽地照前楹。

上房莫漫忙供奉，只索階前一送迎。

　　上於三宮及有名號嬪妃，不過經歲一二幸。客、魏（客指客氏，天啟乳母；魏指大璫魏忠賢）恐有親疏之嫌，多方離間。故在外乾清暖閣俱多，總之彼二人不離左右而已。

　　既好與內侍廝混，同時又厭近女色，天啟帝是否把他的「性」趣主要指向了同性？具有紀實風格的小說《檮杌閒評》就曾寫天啟登基之後，「不近妃嬪，專與眾小內侍頑耍，日幸數人。太監王安屢諫不聽，只得私禁諸人，不得日要恩寵，有傷聖體」〔註293〕。（圖65）這段描寫可能有其誇張之處，但天啟曾把一些小內監當作男寵應當是沒有什麼疑問的。至於具體有誰，御前牌子高永壽就比較引人注目。

　　高永壽的特點是相貌姣美，他「年未弱冠，丹唇秀目，姣好如處女」，因此有「高小姐」之稱，在宮內大出風頭，「宴會之際，高或不與，舉座為之不歡」〔註294〕。憑藉自身優勢，高「小姐」很受頑童皇帝的寵愛，他個人喜好蹴鞠之戲，為了進行練習，竟能慫恿天啟親手給他造了一座蹴圓堂。皇帝給賤臣做工，君臣之間是何等地相昵相親。劉城《天啟崇禎宮詞》詠道：

漢帝椒風絕等儕，六宮粉黛枉金釵。

高家小姐蛾眉好，那用凌波窄錦鞋。

　　詩中的「椒風」是一個與同性戀有關的名詞。《漢書‧董賢傳》曾載，漢哀帝在與董賢發生了斷袖關係後，愛之深篤，遂「又召賢女弟以為昭儀，位次皇后，更名其舍為椒風」。所以高永壽在《天啟崇禎宮詞》中是被比為董賢之妹，當然就是被看成為男寵了。

　　《罪惟錄》裏則記有一位名叫魏朝的內監。他與天啟乳母客氏有私，可後來陰險諂媚的魏進忠——即魏忠賢——卻又插入進來，「間與客氏通，分朝愛，兩人至互爭客氏於乾清宮之暖閣。夜喧，帝起。帝語客氏：『即何向？朕為汝主之。』客氏故向進忠也。進忠尋與客氏矯逐朝鳳陽，中道縊殺之。朝素與帝臥起，帝不能庇」〔註295〕。可見魏朝與客氏、天啟分別存在異性和同性戀的關係，他為另覓新歡的「女妻」所殺，而身為皇帝的「男夫」卻不護救，死時

〔註293〕《檮杌閒評》第二十三回。

〔註294〕秦蘭徵《天啟宮詞》。

〔註295〕《罪惟錄‧列傳卷之二十九‧魏忠賢傳》，參見《酌中志》卷十四。

真不知會做何感想。〔註296〕

明代實行分封制，諸王遍布全國各地。他們可以盡享榮華富貴，但按照定制不能有實際的政治權力，所謂「分封而不錫土，食祿而不治事」〔註297〕。這種生活狀態容易促發各種驕奢放縱的行為，也是同性戀產生的一個有利條件。佚名《海公大紅袍全傳》第五十一回中寫有一位定親王朱宏謀，他「乃先朝王爺兄弟，府中的少年約有四十餘人，俱是十六七歲的，個個美貌如花。這定親王分他們為四班，每班十人，每五日一換。個個皆曉歌唱，更能傚女妓婆娑之舞」。「定親王自受封以來，卻未曾出鎮，只是在京閒住，終日只以男風為事。皇上念他是個皇叔，況且他不理政事，惟此醉好後庭花，所以不去理會，這定親王日與一群少年取樂。」《大紅袍》寫的是明嘉靖間事，可畢竟是作於清代的小說，內容不必完全坐實，像定親王朱宏謀明朝就並無其人。但雖無實際的定親王，類似於他的則必定存在。遼王朱憲㸂是明太祖朱元璋第15子朱植的後代，嘉靖十九年（1540）襲封於湖北荊州（府治江陵）。隆慶二年（1568）憲㸂因罪見廢為庶人，他的男寵頭陀生為避此難而祝髮入道，在襄陽為羅者所得。時湖廣副使徐學謨前為荊州牧，曾與生相識。哀其窮，釋焉，並作長歌《頭陀生行》以志其事：

> 江陵昔日重歡宴，侍兒俱在芳華殿。
> 酣歌那省風怨篇，狎比惟看佞倖傳。
> 是時頭陀生幾年，鬒雲繚繞垂兩肩。
> 宮娥望幸不得前，眾中一身當三千。
> 自謂穠華可長久，狂飆忽集章臺柳。
> 天上才飛司隸章，宮中已授邪臣首。
> 白馬盟寒帶礪空，黃龍讖應狐狸走。
> 六王之鬼綏不脯，曳裾賓客為鉗徒。
> 頭陀何物幺麼者，飛身化作崑崙奴。
> 袖間金錯一匕首，腰下赤羽雙僕姑。
> 禁門躍出青天杳，白日雄關失萬夫。
> 往日紅顏堪一擲，行雲過眼湘江碧。

〔註296〕按：魏朝與天啟的年齡差距較大，所以也不能把「與帝臥起」的同性戀含義絕對化。

〔註297〕《明史・卷一百二十・諸王列傳贊》。

黃金散盡舞臺傾，青鬢誤身真可惜。

轉盼君恩不到頭，並刀斷送舊風流。

欲尋雲外龍堂寺，不覺秋深燕子樓。

浮生如露亦如電，流浪年光颯飛箭。

傷心莫話囀春鶯，埋骨堪投定惠院。

揭來何事逐紅塵，猶是從前一幻身。

香飄膩玉侵羅袴，淚決流波濕漢津。

紫盂白衲強裝束，伶俜還帶雙蛾蹙。

階下低頭望使君，十年前是荊州牧。

奏當還識聖恩寬，讞書終貸伶官戮。

故國淒涼莫歎嗟，飄零行腳向天涯。

縱然未了三生債，更望何門認主家。〔註298〕

這首詩先寫頭陀生在遼藩府中是如何專寵風光，然後寫他大難之後的困頓淒涼，明顯帶有一些白居易《長恨歌》的影子，而兩詩所吟誦的對象確實是既迥然有異又似乎無別的。

再據《耳談》，更早的正德年間，有一位善歌者汪度，他曾為封藩南昌的寧王朱宸濠所變，「專席傾宮。亡何，為妻妃以妒鴆殺，埋屍百花臺下」〔註299〕。「專席傾宮」時的汪度和「眾中一身當三千」時的頭陀生應都與「回頭一笑百媚生，六宮粉黛無顏色」時的楊玉環境遇相似。

而還有的記載就所言不大明確了，據《明史》，嘉靖間魯王朱觀㷆狎典膳秦信等，遊戲無度，挾娼樂，裸男女雜坐。左右有忤者，錐斧立斃，或加以炮烙。信等乘勢殘殺人」〔註300〕。文中的「狎」字到底只有一般意義還是另具特別所指？未找到更進一步的材料，所以只好存疑而已。

崇禎十七年甲申（1644），李自成軍隊攻入北京，明廷滅亡。然後清軍入關，新朝建立。不久，避亂淮上的福王朱由崧來到南京，做起了南明弘光皇帝。在這座歷來是「商女不知亡國恨，隔江猶唱後庭花」的城市，弘光不是勵精圖志，收復失土，而是廣徵聲色，醉死夢生。「居禁中，惟漁幼女、飲酒狎伶演戲為樂。」〔註301〕佞臣馬士英、阮大鋮輩投其所好，「百計誑惑，進優童

〔註298〕《明詩紀事》己籤卷十。

〔註299〕《耳談‧卷九‧呂子敬秀才》。

〔註300〕《明史‧卷一百一十六‧魯王檀傳附》。

〔註301〕《甲申朝事小記》二編卷六。

豔女，傷損盛德」〔註302〕。「日將童男女誘上。正月十二丙申，傳旨天財庫，召內豎五十三人進宮演戲飲酒。二十日甲辰，復召內豎進宮演戲。」〔註303〕由於弘光帝有優童之好，自被認為亦嗜男色，《永曆實錄》載：「夏國祥，直隸寧國人。美姿容，以孌童遊狹邪。然稍讀書，習制義，應童子試，不得補諸生。聞聖安皇帝喜外嬖，乃焚書自宮求入內廷。未及寵用，南都陷。」〔註304〕聖安皇帝是弘光的尊號，因社會上有他喜好外嬖的傳聞，才會有奸佞之徒的自宮干寵。只是弘光朝廷敗得太快，順治元年（1644）立，二年即告滅亡，朱由崧也於三年死在北京。他若能多支撐兩年，夏國祥或許就成為小朝廷中翻雲覆雨的大人物了。關於弘光帝的情況，清康熙間孔尚任所作《桃花扇》傳奇也有一些涉及。《桃花扇》以復社名士侯方域與南都名娼李香君之間的愛情悲歡為線索，廣泛而深刻地反映了明清之際的社會現實。第五齣，清客沈公憲、張燕筑及娼妓寇白門、鄭妥娘應召入宮演戲。

　　　　（場上正中懸一匾，書「薰風殿」，兩旁懸聯，書「萬事無如杯在手，百年幾見月當頭」）（外扮沈公憲、淨扮張燕筑、小旦扮寇白門，丑扮鄭妥娘同上）（外）天子多情愛沈郎，（淨）當年也是畫眉張。（小旦）可憐一樹白門柳，（丑）讓我風流鄭妥娘。（外）我們被選入宮，伺候兩日，怎麼還不見動靜？（淨仰看介）此處是薰風殿，乃奏樂之所。聞得聖駕將到，選定腳色，就叫串戲哩。（外）如何名薰風殿？（淨）你不曉得，琴曲裏有一句「南風之薰兮」，取這個意思。（丑）呸！你們男風興頭，要我們女客何用。（小旦）我們女客得了寵眷，做個大嬪妃，還強如他男風哩。（丑）正是，他男風得了寵眷，到底是個小兄弟。（淨）好徒弟，罵及師父來了。

　　文中「天子多情愛沈郎」、「你們男風興頭」、「他男風得了寵眷」等都在暗示弘光帝的男風之好，雖為戲謔取笑之詞，卻也並非全是空穴來風，這樣的描寫至少會有一些傳聞上的根據。〔註305〕

〔註302〕《明史・卷三百八・馬士英傳》。

〔註303〕《明季南略・卷之三・聲色》。

〔註304〕《永曆實錄・卷二十五・夏國祥傳》。

〔註305〕但也有謂弘光淡薄聲色的記載，《南渡錄》卷之六：「上燕居深宮，每徘徊咤歎，謂：『諸臣无肯為我用者！』於吳姬罕進也。然讀書少，章奏未能親裁，故內閣外壬，相倚為奸，皆歸過於上。如端陽捕蝦蟆，此宮中舊例，而加以穢言（指傳說宮中以蝦蟆配製春藥）。且謂孌童季女，死者接踵。內外喧謗，罔辨也。及國亡，宮女皆奔入民家，始得其實。又大學士吳甡，寓居溧水，

二、名人男風

明代因男色而為後世注目的名人有一個是反面人物：嘉靖年間專權近 20 年的首輔嚴嵩之子嚴世蕃。小嚴號東樓，依仗父勢招權納賄，放肆非為。大名士王世貞的父親就是死於嚴氏父子的手下，嚴家敗後，世貞所作《鳴鳳記》傳奇大行於時，對嚴氏之惡進行了深入揭露。《見只編》卷中記原籍海鹽的名優金鳳，「少以色幸於分宜嚴東樓侍郎。東樓晝非金不食，夜非金不寢也。金既衰老，食貧里中。比有所謂《鳴鳳記》，而金復塗粉墨，身扮東樓矣」。金鳳事後來廣泛流傳，《因樹屋書影》、《香祖筆記》、《堅瓠集》、《漁磯漫鈔》、《陔餘叢考》等書都曾予以載述。在故事當中，嚴世蕃雖然給予金鳳極大的斷袖之寵，卻未能獲得他的真心，死後又被金鳳利用來謀取衣食，落得惡人惡報的結果。由於世蕃的龍陽之好盡人皆知，文學作品中也出現了文學性的反映。清初著名作家李漁的《十二樓》有一篇《萃雅樓》，專寫世蕃玩弄男色的惡毒無忌。他「素有男風之癖，北京城內不但有姿色的龍陽不曾漏網一個，就是下僚裏面頂冠束帶之人，若是青年有貌肯以身事上台的，也要破格垂青，留在後庭相見」。其時貨賣書籍、古董一類物品的萃雅樓小店官權汝修相貌出眾，「生得面似何郎，腰同沈約，雖是男子，還賽過美貌的婦人」。嚴世蕃聞其美名便要據作己有，但汝修卻與同夥店東金仲雨、劉敏叔三人深深相戀，不為財勢所打動。屢用心力而不得，東樓漸生惱怒，「心上思量道：『我這樣一位顯者，心腹滿朝，何求不得？就是千金小姐，絕世佳人，我要娶他，也不敢回個不字，何況百姓裏面一個孤身無靠的龍陽！我要親熱他，他偏要冷落我，雖是光棍不好，預先鉤搭住他，所以不肯改適，卻也氣恨不過。少不得生個法子，弄他進來。只是一件：這樣標緻的後生放在家裏，使姬妾們看見，未免動心，就不做出事來，也要彼此相形，愈加見得我老醜。除非得個兩全之法，止受其益，不受其損，然後招他進來，實為方便。』」深思之後嚴世蕃實施的計策，竟是串通某太監把權小官誘騙閹割。（圖66）汝修雖然心懷冤恨，至此也只得屈身事仇。最終，嚴氏勢敗，權汝修當面向嘉靖帝訴冤指奸，世蕃被斬，深恨得雪。已成太監的權汝修作古風一首以泄積忿：

> 汝割我卵，我去汝頭。
>
> 以上易下，死有餘羞。

曾見一大璫，問及宮府事，言：「上縱酒宴樂有之，縱淫方藥等傳聞非確，惜為大學士馬士英所挾耳。」

奉勸世間人，莫施刻毒心。

刻毒後來終有報，八兩機謀換一斤。

　　在晚於《十二樓》的佚名《海公大紅袍全傳》中，嚴世蕃又有騙姦親王內侍、府署幕賓的舉動，活脫脫一個放縱恣睢的淫魔形象。人們在講某惡棍「搶男霸女」時，常以為對「男」不會有性侵犯，而嚴世蕃卻是能夠做到。

　　嚴嵩父子是明代官僚的負面典型，嚴氏敗後10年，代高拱而為首輔的張居正則是明代不可多得的取得了重大實績的改革家。不過在大的環境背景下，張居正的私人生活同樣淫靡，據謂是死於過量地服用春藥〔註306〕。而在同性戀的問題上，嚴、張二氏也很有相似之處。《五雜組》卷八：「馮子都寵於博陸（霍光），秦宮幸於梁冀。依憑城社，亦權門之弄臣也。國朝嚴分宜（嚴嵩）當國，家人永年者號鶴坡，招權納賄，與朝紳往來，無不稱鶴翁者。後張江陵相君（張居正）家奴游守禮勢出嚴上，號曰楚濱，詞館諸君至為詩文贈之。後事敗，俱誅死。」（圖67）按，關於永年，《罪惟錄·列傳卷之三十·嚴嵩傳》曾載：「家僮年，世蕃所昵，士大夫之無恥者競呼年別號稱為先生。」關於游守禮以及張居正的另一寵奴宋九，《穀山筆塵》卷之四曾載：「游七、宋九，即梁氏之秦宮、霍家之馮子都也。求其所以得寵，皆食桃之歡也。」

　　男色同性戀在文人名士當中也有明顯的表現。《情史》記有著名戲曲作家張鳳翼（字伯起）的一則故事：「伯起先生好外，聞有美少年，必多方招至，撫摩周恤，無所不至。年八十餘，猶健，或問先生多外事，何得不少損精神？先生笑曰：『吾於此道，心經費得多，腎經費得少，故不致病。』（圖68）有倪生者，尤先生所歡，親教之歌，使演所自編諸劇。及冠，為之娶妻，而倪容驟減。先生為吳語謔之云：『個樣新郎忒煞矬，看看面上肉無多。思量家公真難做，不如依舊做家婆。』時傳以為笑。」〔註307〕時人所笑在於謔語的精緻，對張伯起本人是並無惡感的。《耳談類增》卷之三十八曾載：「屠長卿（屠隆）有青衣（侍僕）漸長，或曰：『某鬚出矣。』長卿曰：『西出陽關無故人，其奈之何？』」「西」者「鬚」也，青衣年長鬚出，不再嬌媚，引得著名劇作家屠隆生出了一些無奈和惆悵。

　　《情史》編者馮夢龍是明末文化名人，對社會上包括張伯起在內的文人士庶的生活面貌有廣泛瞭解。在他所編撰的大量作品中，於古今男色有多方面的

〔註306〕　參見《涇林續記》，（明）周玄暐撰。
〔註307〕　《情史·情外類·張幼文》。

反映，包括：

（一）《古今小說》。第一卷寫有姑嫂之間的同性戀；

（二）《警世通言》。第二十七卷寫有仙鬼同性戀；

（三）《醒世恒言》。第八卷寫有姑與「嫂」，第十卷寫有老翁與小官，第二十三卷寫有后妃與宮女的同性戀；

（四）《酒家傭》。寫及漢代梁冀與秦宮的同性戀，還涉及僧人、道士同性戀；

（五）《情史》。記有從先秦到明末的數十個同性戀事例；

（六）《古今譚概》。輯有幾個同性戀笑話；

（七）《笑府》。輯有數十個同性戀笑話；

（八）《掛枝兒》。收有數首同性戀俗曲；

（九）《山歌》。收有數首同性戀俗曲；

（十）《折梅箋》。收有幾封同性戀書信；

（十一）《太霞新奏》。收有多套同性戀散曲；等。

一個人的作品包括了如此多的同性戀內容，這在歷史上是不多見的。因此，馮夢龍至少是一位與同性戀現象關係密切的人物。至於他個人對男風的態度，《情史·情外類》有他一段評論：「飲食男女，人之大慾。破舌破老，戒於二美。內寵外寵，辛伯諗之。男女並稱，所由來矣。其偏嗜者，亦交譏而未見勝也。聞之俞大夫云：『女以生子，男以取樂。天下之色，皆男勝女。羽族自鳳皇、孔雀以及雞雉之屬，文彩並屬於雄，犬馬之毛澤亦然。男若生育，女自可廢。』嗚呼，世固有癖好若此者，情豈獨在內哉？《孔叢子》載：子上見衛君〔註308〕之幸臣，美鬚眉立於君側。衛君謂子上曰：『使鬚眉可假，寡人固不惜此於先生也。』夫至以鬚眉為幸臣，吾不知其情之所底矣。」

這段話表明，馮夢龍認為同性戀當中是包含感情因素的，他自己曾經作有幾套同性戀散曲，把這種感情描寫得相當真摯。

其一，《情仙曲》。讚美生時相愛，死後相依的一對同性戀夥伴王花舍和黃遇春。

> 某夜視友人召仙，而有王花舍者至。云吳之金閶里人，與黃生遇春善，年十五夭死。因寫黃生所贈詞四語，今曲中「四想殺您」句是也。已便求去，曰：「吾兄俟吾於門，恐失約。」叩之，則遇春

〔註308〕據《孔叢子》原文，子上為子思，衛君為齊君。

亦死，死復相從，亦大奇矣哉。〔註309〕云人不靈而鬼靈，余謂鬼不
靈而情靈。古有三不朽，以今觀之，情又其一矣。無情而人，寧有
情而鬼，但恐死無知耳。如有知而生人所不得遂之情，遂之於鬼，
吾猶謂情鬼，賢於情人也。且人生而情死，非人；人死而情生，非
鬼。夫花舍小豎子，生未嘗越金閶數武，而仗此情靈得偕所歡，以
逍遙吳越之間，而享仙壇香火之奉，與生人相應答不爽。花舍為不
朽矣，鬼能如是乎哉？名之曰情仙也亦宜。

【仙呂・二犯傍妝臺】小書生龐兒齊整，從幼更聰明。雙親愛
惜我如花朵，把花舍做乳中名。既願我生身譬如花易長，又願我他
日攀花上玉京。愧非國瑞，頗傳寧馨，不道空花暫現少收成。

【醉歸花月渡】歎桃花也犯在男兒命，做楊花飄蕩惹絲縈。只
為向暖葵花戀多晴，將我心花萬種牽纏定。真誠要比黃花久長霜吐
英，蓮花並頭一同枯與榮。桂馥蘭馨，肯學那萍花但浮梗。誰想只
幾陣催花雨，斷送得嬌花冷。如今個魂斷殘花蜀帝聲，好一似江面
浮花滅浪形。

【皂袍公子】懊恨風流花性，盡搖風動月，意態縱橫。貪花的
空有惜花情，遇春來翻惹傷春病。閶闔城，黃昏片月，慘淡鬼門燈。

【解三酲】為情濃每懷耿耿，被情癡引去魂靈。猶記得淋漓裙
練詞新警，齊唱個《解三酲》。他道想殺您鴛鴦錦被寒同宿，想殺您
孔雀春屏畫共憑。說到情深境，任千官萬壽都化做春冰。

【解羅歌】又道想殺您楚水巫山青眼斷，想殺您拜佛祈神白首
盟。一樁樁、一句句都是真光景，誰個是假惺惺。想是前生夫婦，
做了今生弟兄。似此今生恩愛，未審來生可能？不愁命短，只願雙
魂並。春難久，花易零，但能同死勝同生。分明是花重放，春再更，
黃泉相見笑相迎。

【感亭秋】免卻了人間口舌讒共評，又沒個尊長苦相繩。便是
鐵臉閻羅也把情魄矜，一任我驂鸞跨鶴同馳騁。形雖化，神自清，
喜到仙壇淨。

〔註309〕王一黃之事錢希言《獪園》卷十一亦載，其中曾記王花舍對黃遇春所贈小曲
　　　　的答曲，曰：「忘不了對攏雙袖，忘不了佳期月下偷。忘不了柳遮花映黃昏後，
　　　　忘不了羅帳綢繆。忘不了紗窗風雨清明候，忘不了多病心情懶下樓。……」

【尾聲】託乩神把衷腸罄，非關花舍不留停，怎撇下兄長的孤魂在門外等。〔註310〕

其二，《為董遲周贈薛彥升》。感歎董、薛二生久別尚能相戀的不易。

苕溪董遲周來遊吳下，偶與歌筵，愛薛生，密與訂晤舟次。夜半而生冒雪赴約，情可知已。一別三載，遲周念之不釋，物色良久，忽相遇於武陵，突而弁矣，丰姿不減。余目擊其握手唏噓之狀，因為詞述之。

【南呂·繡帶引】〔繡帶兒〕風流性歡山笑海，堪憐俏的身材。當場喜殺兒郎，深閨妒殺裙釵。緣該。〔太師引〕歌殘舞罷，把餘歡買。肯分地坐兒做一塊。情偷送密約暗諧，愁殺人孤舟雪夜把更捱。

【懶針線】〔懶畫眉〕繡被香籠早安排，似到還非幾浪猜。更深雪重悄寒崖。〔針線箱〕多應他弱體愁尷尬，辜負了子猷思戴。夢驚回舟動聲微咳，合喚名兒做薛夜來。相憐愛。把貂裘擁護，親手溫腮。

【醉宜春】〔醉太平〕舒懷渾忘量窄，取醇醪痛飲拼醉陽臺。春生繡帳，似梅花雪裏香開。心哀他沖寒來到恁癡騃。〔宜春令〕這恩德猶如天大，縱有分甘割袖此情無賽。

【瑣窗繡】〔瑣窗寒〕自當時植下根荄，指望做紅飛雙鼠偕。忍教他隨行逐隊玉韞香埋。縱使銅山盡銷，儂情不改。誓不學那棄魚無賴。〔繡衣郎〕又誰知妒花風忒歹，又誰知杜鵑聲更歹。

【大節高】〔大勝樂〕從別後信斷音乖，等閒間便隔一二載。錦營花陣飄泊知何在。〔節節高〕蜂蝶寨、鶯燕窩、鴛鴦派，風雲隨例青樓態。虛脾爭似真心耐。想雪夜孤舟是何人，越教掛卻相思債。

【浣潑帽】〔浣溪沙〕他便做柳絮飛，我怎把浮萍待。謾勞人踏破鐵鞋向歌雲停處探丰采，多管瘦損潘容在天一涯。〔劉潑帽〕他心中料也渾無奈，得再諧恰便似從天賚。

【東甌蓮】〔東甌令〕吳宮信共越潮來，驀地相逢真怪哉。依稀總卯風神在。舊日歡還再，百般心話兩人皆。〔金蓮子〕止不住未開言，一雙雙情眼淚盈顋。

〔註310〕《太霞新奏》卷一。

【尾聲】佛面前通誠拜，新歡舊好盡摩揣。那個虧心天降災。
〔註311〕

其三，《贈童子居福緣》。這是一篇為別人代作的贈曲。

【雙調·江頭金桂】自歎我蹉跎半老把花月票盡銷，真個是看花無語對月忘嘲，數年來束彩毫。那裏是技癢思猱妄颦輕笑，自是明珠在掌，一見魂銷。這溫柔少年在何處討。他身材小巧，衣衫佶倬恰垂髫。授色雙眸俊，藏春片語嬌。

【姐姐插海棠】悄把乖乖低叫，何名姓更何生肖？他笑嘻嘻答應，一一供招。年十五，幼字福緣居為姓，梁溪生小。真通竅，這宿世冤家姓名都好。

【玉山供】宜居祆廟，療相思焰騰騰免燒。更宜居繡被簾櫳，又宜居玉筍斑僚。應把銅山相勞，盡行處金丸落鳥。便把前魚比，總難拋，迷魂一世半丟桃。

【玉枝帶六幺】想福緣分曉，兩般全才得上交。福多緣少枉心焦，雖會面路如遙。有緣無福魂空弔，有緣無福也魂空弔。

【撥棹入江水】緣若到，更三生福分饒。共伊家同拜青霄，共伊家同拜青霄。敢一例看做青衣小曹。與你兒汝相交，恰似加一道風流官誥。

【園林帶僥僥】我衷腸伊應諒著，你中情我也三分料著。合一個青銅相照。只待討得個東君真消息，便學做鳩兒借鵲巢。

【尾聲】十年情種芽重報，這小名兒一似心窩中嵌寶。盼不得暮暮朝朝。〔註312〕

馮夢龍對同性戀現象同情乃至支持的態度顯然可見，雖然沒有過硬的證據可以表明他自己也是一個同性戀者，但在考慮到他與明末男風的密切關係後，稍做這方面的推測並不是不可以的。

末世明人的生活方式是導致明廷覆亡的重要原因，具體地講，就是因文而弱。文指鄙薄武事，炫弄詞章，也指過於精緻的生活形態。一般來看，由生活方式的繁簡可以判定文明程度的高下。舉動物界的例子，魚類和獸類雖然都是在天地之間依據各自的特性生存，但後者的生物結構和與外界的聯繫都要繁

〔註311〕《太霞新奏》卷七。
〔註312〕《太霞新奏》卷十二。

於前者，所以獸類就比魚類高級。就人類社會而言，農業文明無論在集團結構、人際往來方面還是在利用自然、改造自然方面都要比游牧文明複雜。所以，農業社會的文明程度要高於遊牧社會。但文明的高低和力量的強弱卻又經常難成正比，具有較高級文化的農業社會成員易於在體質和性格上趨於柔弱，在社會組織上趨於渙散，並且這些趨勢越到某一朝代的後期越是表現得明顯。這時，遊牧集團雖然人數較少卻能具備較強大的武力，可以給農耕集團造成重大威脅，最嚴重的結果就是在政權上取而代之。東亞大陸的地理環境最容易使上述推斷得以驗證，而明代歷史的全過程便是一個集中體現。到了明末，以江南地區為代表的，以同性戀相對興盛為表象之一的淫柔世風達到了一種可謂嚴重的程度。文學評論家陸雲龍在當時曾感歎道：「今紅紫載道，丈夫而女子；其飾妖冶自好，丈夫而女子；其容至諧媚承順，則丈夫而女子。其心浸而士林，浸而仕路，浸而一雌奸乘政，群雌伏附之，陰妖遍天下矣，而朝野不知羞。」〔註313〕《見聞雜記》的作者李樂在他的書中也曾記東南郡邑之間「凡生員讀書人家有力者，盡為婦人紅紫之服，外披內衣姑不論也」。為此他賦詩以諷：「昨日到城郭，歸來淚滿襟。遍身女衣者，盡是讀書人！」〔註314〕舉朝皆姿婦，士子盡女裝，社會還怎能剛健沉毅？著名學者和文學家、前半生恰在萬曆—崇禎年間度過的張岱對此應當深有體會。他出身於浙江紹興的一個豪門世家，從小過著鮮衣美食、鬥雞走馬的貴公子生活，親身經歷親眼目睹了世相的繁華。這裡不妨選取其感懷之作《陶庵夢憶》裏的幾個場面。

> 虎丘中秋夜
>
> 虎丘八月半，土著流寓、士夫眷屬、女樂聲伎、曲中名妓戲婆、民間少婦好女、崽子孌童及遊冶惡少、清客幫閒、傒僮走空之輩，無不鱗集。自生公臺、千人石、鶴澗、劍池、申文定祠下，至試劍石、一二山門，皆鋪氈席地坐，登高望之，如雁落平沙，霞鋪江上。天暝月上，鼓吹百十處，大吹大擂，十番鐃鈸，漁陽摻撾，動地翻天，雷轟鼎沸，呼叫不聞。〔註315〕

> 龍山放燈
>
> 萬曆辛丑年，父叔輩張燈龍山。山下望如星河倒注，浴浴熊熊，

〔註313〕《型世言》第三十七回回後評。
〔註314〕《見聞雜記》卷十。
〔註315〕《陶庵夢憶》卷五。

又如隋煬帝夜遊，傾數斛螢火於山谷間。好事者賣酒，緣山席地坐。山無不燈，燈無不席，席無不人，人無不歌唱鼓吹。男女看燈者，一入廟門，頭不得顧，踵不得旋，只可隨勢潮上潮下，不知去落何所，有聽之而已。燈凡四夜，山上下糟丘肉林，日掃果核蔗滓及魚肉骨蠡蛻，堆砌成高阜，拾婦女鞋掛樹上如秋葉。有無賴子於城隍廟左借空樓數楹，以姣童實之，為篾子胡同〔註316〕。是夜，有美少年來狎某童，剪燭瀹酒，媟褻非理。解襦，乃女子也，未曙即去。不知其地其人，或是妖狐所化。〔註317〕

閏中秋

崇禎七年閏中秋，仿虎丘故事，會各友於戢山亭。每友攜斗酒、五簋、十蔬果、紅氈一床，席地鱗次坐。緣山七十餘床，衰童塌妓，無席無之。在席者七百餘人，能歌者百餘人，同聲唱「澄湖萬頃」，聲如潮湧，山為雷動。諸酒徒轟飲，酒行如泉。命小僕岕竹、楚煙於山亭演劇十餘齣，妙入情理，擁觀者千人。無蚊虻聲，四鼓方散。月光潑地如水，人在月中，濯濯如新出浴。夜半，白雲冉冉起腳下，前山俱失，香爐、鵝鼻、天柱諸峰，僅露髻尖而已，米家山雪景，彷彿見之。〔註318〕

只是「良辰美景奈何天，賞心樂事誰家院」〔註319〕。甲申之變，清軍入關，張岱的生活立刻發生了根本變化。他開始顛沛流離，漸至意冷心灰。作為徹底的明遺，張岱不願去更事新朝，其處境可想會是多麼地艱辛。在《自為墓誌銘》中，他慨歎「國破家亡」後的經歷：「年至五十，避跡山居。所存者，破床碎几、折鼎病琴，與殘書數帙、缺硯一方而已。布衣蔬食，常至斷炊。回首二十年前，真如隔世。」廿年之前又是怎樣的情形？「張岱，陶庵其號也。少為紈袴子弟，極愛繁華。好精舍、好美婢、好孌童、好鮮衣、好美食、好駿馬、好華燈、好煙火、好梨園、好鼓吹、好古董、好花鳥。茶淫桔虐、書蠹詩魔。」〔註320〕諸好當中，也好孌童，則做紈袴子弟的時候，張岱曾是一位同性戀者。

〔註316〕指姣童們進行同性性交易的場所，參見本書第484～486頁。
〔註317〕《陶庵夢憶》卷八。
〔註318〕《陶庵夢憶》卷七。
〔註319〕見《牡丹亭》第十齣，意指好景無常。
〔註320〕《瑯嬛文集》卷五。

三、同性戀環境

就社會風氣而言，通常王朝建立之初，國家在道德上的控制會比較嚴格，社會成員也相對能夠自律。而隨著休養生息時期的結束，經濟逐漸恢復發展起來，於是飽暖思淫慾，道德面貌就會朝著放縱的方向轉變。明代在這方面的變化大致可以正德年間為分界。自此開始，皇帝們失德的表現日益明顯，上行下效，從官僚到士人，從豪貴到平民都在追求聲色方面較前為甚。男風作為性風習的組成部分難免是要隨之發生一些自然波動的：在明朝前期比較收斂，到了中後期則漸趨活躍。這一點在不同時期同性戀史料的數量變化上就有一些反映。雖然明代同性戀記載明顯較前代豐富，但一朝之內卻分布得很不平均。據筆者對個人所掌握書籍資料的統計，洪武至弘治年間（1368～1505）包含相關記載的書籍只占總書量的 3%，正德至泰昌年間（1506～1620）的則占 47%，天啟崇禎年間（1621～1644）占 50%。這一組數字當然不是對現存明代同性戀資料進行精確計算的結果，但大致還是能夠反映問題的，資料缺乏在某種意義上可以說明相關事件實際會比較缺少。下面舉一個較早時期的例子。

《治世餘聞》記弘治年間「廷臣多事遊宴。京師富家攢頭諸色之人，亦伺節令習儀於朝天宮、隆福寺諸處，輒設盛饌，託一二知己轉邀，席間出教坊子弟歌唱。內不檢者，私以比頑童為樂，富豪因以內交。予〔註321〕官刑曹，與同年陳文鳴鳳梧輒不欲往，諸同寅皆笑為迂。既而果有郎中黃暐等事發。蓋黃與同庚顧謐等俱在西角頭張通家飲酒，與頑童相狎，被緝事衙門訪出拿問，而西曹為之一玷。然若此類幸而不發者亦多矣」〔註322〕。

從「諸同寅皆笑為迂」、「幸而不發者亦多矣」等記述來看，當時同性戀的存在並不能說不普遍。但此例提到「被緝事衙門訪出拿問，而西曹（刑曹、刑部）為之一玷」，並且《餘聞》撰者也對同性戀持譏斥的態度，這些又可以表明當時社會還是具有較強的同性戀抑制力量的，同性戀的發生率總體上是處於一種相對較低的水平。

當然，就像第一章第三部分已經說明的，在用資料的豐富與缺乏來推測事件的多發與少見時必須謹慎，要綜合考慮多方面的因素。明朝同性戀資料的時間分布規律是有其具體形成原因的：白話小說、傳奇劇本、世情筆記等最容易反映同性戀問題的著作形式只是到明中期以後才變得發達起來。比較明清兩

〔註321〕《治世餘聞》的作者陳洪謨。
〔註322〕《治世餘聞》下篇卷之三。

個朝代，清和明一樣，前期道德上也比較嚴肅，同性戀的發生水平比較低。但清前期由於世情小說等的發展已經鞏固下來，因此其同性戀資料要比明前期豐富得多，按筆者自己的統計是 1：15；同時清朝順治—雍正（1644～1735）、乾隆—道光（1736～1850）、咸豐—宣統（1851～1911）前、中、後三個時期相關書籍資料占全部資料的種數比例分別是 20%、42%和 38%，這一組數字要較明朝的相應數字平均。

通過上述比較，我們應當認識到同性戀文獻資料的數量與同性戀實際發生的數量之間並不存在完全對應的關係。具體到明代，其前期與中後期的男風就並沒有質的差異，中後期的面貌大致也可以作為前期的參考。

依據豐富多樣的各種記載，不妨可以通過對明代男風的探討再對第一章中已經講到的同性戀者的產生原因進行說明，下面首先談同性戀者產生的環境誘因。

關於明代四布充斥的男色環境，明人沈德符曾有一段詳細記述，謂：「宇內男色有出於不得已者數家。至於習尚成俗，如京中小唱、閩中契弟之外，則得志士人致孌童為廝役，鍾情年少狎麗豎若友昆，盛於江南而漸染於中原。」甚至連妓女在媚客時都要傚而行之：「至今金陵坊曲有時名者，競以此道博遊婿愛寵，女伴中相詡相謔以為佳事。」〔註323〕萬曆間謝肇淛總結了男色的地域分布規律。首先，同性戀是普遍存在的：「今天下言男色者，動以閩廣為口實，然從吳越至燕雲，未有不知此好者也。」其次，同性戀有地域差別：「大率東南人較西北為甚也。」〔註324〕後面這一點顯然與東南地區經濟文化比較發達有關。

在同性戀環境中，最直接的當屬男妓院了。嚴格地講，不少男妓除去賣身取財外，還會兼事其他生業，或以賣身為跳板替將來另謀它就做準備。男女終究有別，女妓的活動能力就相對有限，她們只可以售色為生，即使脫離淫業也只能為妾做姬，而男妓則不至於這樣過於被動地依靠他人。不過在特定情境下，典型的男妓還是可見的。《弁而釵·情奇紀》寫北京的情形：

> 此南院乃聚小官養漢之所。唐宋有官妓，國朝無官妓，在京官員不帶家小者，飲酒時便叫來司酒。內穿女服，外罩男衣，酒後留宿，便去了罩服，內衣紅紫，一如妓女。也分上下高低，有三錢一

〔註323〕《萬曆野獲編·卷二十四·男色之靡》。
〔註324〕《五雜組》卷八。

夜的,有五錢一夜的,有一兩一夜的,以才貌兼全為第一,故曰南院。

如此靡曼輕柔的所在,士宦嬉遊其中,甚且會因南而忘北。事實上,由於禁止官吏宿娼的規定在北京執行得比較嚴格,男娼確有盛於女妓的傾向。《童婉爭奇》就曾寫道:「長安市中有街曰花柳街,有巷曰胡同巷,立有一男院一女院。男院之門署之曰長春苑,女院之門署之曰不夜宮。二處之變童少女,居則清淨,戶則幽雅。各焚以異香,奏以細樂。縱步其處者,聞其香輒訝曰:『是廣寒宮氣味耶?亦夾馬營氣味耶?』聽其樂輒訝曰:『是昭陽殿音韻耶?抑華清宮音韻耶?』是二院也,男嬖絕俗,女色超群。遊冶之子,或於長春苑中招花弄柳,或於不夜宮中撥雨撩雲。一刻春宵,抵萬金趣甚。第人心□同,好尚或異。愛婉女者若少,戀變童者頗多。長春之苑更覺繁華,不夜之宮近於寂寞,諸姬不勝其忿。」〔註325〕此處的男院類同《弁而釵》中的南院。

與北京遙遙相對,南京也是「世情顛倒,人都好了小官。勾欄裏幾個絕色名妓,見沒有生意,盡搬到別處去賺錢過活。還有幾個沒名的,情願搬到教坊司去,習樂當官」〔註326〕。南京是明代妓業的中心,長板橋邊,桃葉渡口,其為豔冶者多矣。與北京不同,這裡的女妓之禁要寬鬆許多,因此上文所寫當屬誇張之言。不過從中我們至少可以看出那裏南風確實興盛。《醉醒石》謂此地「奇技淫巧之物,衣冠禮樂之流,豔妓變童,九流術士,無不雲屯鱗集」〔註327〕。「豔妓變童」的提法就比較恰當,兩者並舉,說明女色掩不住男風;妓前童後,說明北風終盛於南。清初余懷曾記:「金陵都會之地,南曲靡麗之鄉。紈茵浪子,蕭瑟詞人,往來遊戲。馬如遊龍,車相接也。其間風月樓臺,尊罍絲管,以及變童狎客、雜伎名優,獻媚爭妍,絡繹奔赴。垂楊影外,片玉壺中,秋笛頻吹,春鶯乍囀。雖宋廣平鐵石心腸,不能不為梅花作賦也。」〔註328〕變童名優和「風月樓臺」裏的妓女一起周旋於浪子詞人們中間,成為了繁華世相不可缺少的組成部分。至於變童的具體面目,小官沈七即是一例:「舊院〔註329〕前一個小官,喚做沈七。年紀不過十五六歲,頭髮披肩,生得十分聰俊,更兼圍棋雙陸,擲色呼盧,件件精通。」他長得:

〔註325〕《童婉爭奇》卷之上。長安指北京。
〔註326〕《鼓掌絕塵》第三十三回。
〔註327〕《醉醒石》第一回。
〔註328〕《板橋雜記》下卷。
〔註329〕南京出名的女妓院區。

脸似桃花眉似柳，天生一點櫻桃口。

未語嬌羞兩頰紅，小巧身材嫩如藕。

賽潘安，輸延壽，國色天姿世罕有。

雖然不是女佳人，也向風月場中走。〔註330〕

像北京、南京這樣的地方終屬通都大邑，自然難免常在「風月場中走」的
人物。而像泰山腳下泰安這樣的小城，那裏眾多的廟觀勝景營造出了一種莊嚴
肅穆的特別氛圍，按理男娼似應與此地無緣。可實際上，雖然進香者「其齋戒
盛服，虔心一志，不約而同。即村婦山氓，皆持齋念佛，若臨之在上者云。稍
有不潔，即有疾病，及顛躓之患」。但香客們禱畢下山以後，一入旅舍，則「居
停親識，皆為開齋。宰殺狼籍，醉舞喧哦。變童歌倡，無不狎矣」〔註331〕。
對於所謂「變童歌倡」，張岱曾記其親眼所見：「客店至泰安州，不復敢以客店
目之。余進香泰山，未至店里許，見驢馬槽房二三十間；再近，有戲子寓二十
餘處；再近，則密戶曲房，皆妓女妖冶其中。計其店中，演戲者二十餘處，彈
唱者不勝計，庖廚炊爨亦二十餘所，奔走服役者一二百人。下山後葷酒狎妓惟
所欲，此皆一日事也。」〔註332〕在演戲者、彈唱者中，優而兼娼的變童當不
在少數。時人感慨道：「夫既不能修善於平日，而又不能敬謹於事後，則其持
戒念佛，不過以欺神明耳。曾謂泰山不如林放乎！」〔註333〕

在明代，另有一些普通身份的變童、小官，他們賣淫的性質談不上顯著昭
彰，而只是在和他人發生了性關係之後，憑著這種分桃之誼向對方討取並不固
定的好處，討多討少，討取何物都沒有事先標準。這樣的人通常年青貌美，同
時又鮮于資財。同性戀對他們一方面是一種個人喜好，一方面又能幫補生活所
需。稱之為男妓顯得有些過分，但又終究存具一些賣身的傾向。《型世言》中
有一個小官張繼良，他長得：

雙眸的的凝秋水，臉嬌宛宛荷花蕊。

柳眉瓠齒絕妖妍，貫玉卻疑陳孺子〔註334〕。

〔註330〕《鼓掌絕塵》第三十三回。

〔註331〕《五雜組》卷四。

〔註332〕《陶庵夢憶·卷四·泰安州客店》。

〔註333〕《五雜組》卷四。「曾謂泰山不如林放乎」語出《論語·八佾》，林放，魯人，
曾問禮於孔子。這句話的意思是說泰山之神必不享非禮之祭，若其享之，則
是不如林放也。

〔註334〕陳孺子指《史記》卷五十六所記的漢代美如冠玉的陳平。

十四五歲時，張繼良便開始「與些市井俗流、遊食的光棍，東凹西靠，賺他幾分錢」。後來他父母雙亡，「房錢沒得出，三餐沒人煮，便也捱在一個朋友家裏。不期這朋友是有妻小的，他家婆見他臉色兒有些丰豔，也是疑心。不免高興時也幹些勾當兒，張繼良不好拒得，淺房窄屋，早已被他知覺，去罵這家公道：『早有他，不消討得我。沒廉沒恥，把閒飯養閒人。』」（圖69）就茶不成茶，飯不成飯，不肯拿出來。張繼良也立身不住，又捱到一家朋友。喜是光棍，日間彼此做些茶飯過日，夜間是夫婦般」〔註335〕。張繼良與他各位朋友的同性戀關係就包含著物質供求方面的因素。

在另一部小說當中，小僕王勤一面做家主的男寵，一面又和家主之妾姦通。私情敗露後，他偷偷逃出，開始四處流浪。「在姑蘇沿途雇船，要尋個顯宦家躲雨。年紀兒青，到處有人搭伴。光得著，光人些；光不著，也被人光些。只是說起投靠，沒個收留的。每日飯店安身，會得唱，跟人去趕唱；會得寫，也去與人抄書；撞著風月人，也搭賣。嘴是糊得過，東飄西蕩。」〔註336〕文中的「光得著，光人些」，「撞著風月人，也搭賣」，都是講在和別人發生性關係的同時還要討些銀錢衣食。一路遊走一路「搭賣」的王勤很有些性濫交的意思。

相關文獻裏的小官、龍陽、變童、妖童、麗童等經常可以含指程度不同的少年男娼。小官、龍陽、變童常見一些，妖童、麗童等作為名詞詞語雖然使用較少，但它們所指的人物卻是四處皆有。

在北京，明人薛蕙的《元夕篇》寫道：

> 元宵明月滿蓬萊，春色先從上苑來。
>
> 妖童繡勒五花馬，倡女銀車九華扇。
>
> 妖童倡女繁華子，雙去雙來帝城裏。
>
> 朝來試過狹邪路，墮屬飄花那忍看。〔註337〕

余有丁的《帝京午日歌》寫道：

> 長安大道直如矢，三條九陌無埃塵。
>
> 妖童挾彈臂飛鷹，娼妓凝妝髻盤鳳。
>
> 陌上相望不相知，絡繹追尋海子媚。

〔註335〕《型世言》第三十回。

〔註336〕《醉醒石》第八回。

〔註337〕《宛署雜記‧第二十卷‧志遺三》。

買笑追歡日不足，鏹金鳴玉環水曲。〔註338〕

在河南開封，「多妖姬麗童，其人亦狡猾足使」〔註339〕。

乃至在偏遠的四川建昌，「妖童變姬，比外更勝。山珍海錯，咸獲先嘗」〔註340〕。

從南院到男院，從變童到妖童，具有買賣關係的男風形成了對社會成員的巨大誘惑。真可謂「而今世界盛行男色，久已顛倒陰陽」〔註341〕。流風所及，能夠促進同性戀產生的特定環境也就四處擴展開來。學塾本來是講求聖經賢傳的地方，生徒們應該是去規規矩矩地正心誠意，格物致知，應該存天理，滅人慾。可按照《石點頭》所寫，（圖70）當有「小潘安」之譽的潘文子進入杭州某塾後，按常例他先去拜了同門朋友，「次日眾朋友都來答拜，先後俱到，把文子書房中擠得氣不通風。這些朋友都是少年，又在外遊學，久曠女色。其中還有掛名讀書，專意拐小夥子不三不四的。一見了小潘安這般美貌，個個搖唇吐舌，你張我看，暗暗裏道：『莫非善財童子出現麼？』也有說：『若得這樣朋友同床合被，不要說暫時應急，就是一世不討老婆，也自甘心。』這班朋友答拜，雖則正經道理，其實個個都懷了一個契兄契弟念頭」〔註342〕。耳濡目染，近朱則赤，在這樣的學塾中讀書，難免要一邊口誦四書五經，一邊心向斷袖分桃的。明代有一個同性戀詞彙，稱為「翰林風」，意同男風，也可指肛交。（圖71）依科舉常軌，士子的理想道路是童生—生員—舉人—進士。中進士後，通過館選者便入翰林院做庶吉士（狀元、榜眼、探花直接做翰林院修撰、編修），三年散館，他們或者繼續留在翰林院，或者出為京官、外官，一般都仕途順暢，迅速遷升。科舉制度是明代選官的主要方式，當時官僚階層的主體基本都是進士、翰林出身。具有特定含義的「翰林風」的產生，說明他們當中存在著較明顯的男色嗜好，以致引起了社會普遍關注，竟以一個專門名詞來加以表示。而作為翰林的起始，當他們最先還只是童生時，有些人可能就已在學塾中接觸並接受了男風。所以，「那男色一道，（圖72）讀書人的總題，叫做翰林風月」〔註343〕。中進士、做翰林是書生們青燈孤守，寒窗苦讀時心中

〔註338〕《宛署雜記・第二十卷・志遺四》。
〔註339〕《廣志繹》卷三。
〔註340〕《廣志繹》卷五。
〔註341〕《二刻拍案驚奇》第十七卷。
〔註342〕《石點頭》第十四卷。
〔註343〕《石點頭》第十四卷。

時刻嚮往的目標，一旦實現，他們就一步登天，成為了人上之人。而個中喜好男色者便就可以廣收男寵，一舒愁腸。對於他們來說，「書中自有顏如玉」，只是那如玉之顏卻將會長出滿臉鬍鬚。

就連某些家庭都會成為促發同性戀的小環境。有一個笑話：「有龍陽生子，人謂之曰：『汝已作老官人矣，難道還做小官人事？』龍陽指其子曰：『深欲告致，只恨替代還小。』」〔註344〕按這位龍陽的意思，在自己兒子成長的過程中，他將以同性戀知識加以教導，以使自己家風克繼。雖是笑談，不過如果家庭中的長輩對同性戀持讚賞態度，後輩成為同性戀者的可能性終究要大一些。甚至有的父母竟然縱容兒子去結交契兄大老，以靠從中所得幫補家用。《型世言》中，紈綺子弟朱愷一見寡婦之子陳有容便心神搖盪，於是尋借各種機會進行攏絡，終於把陳有容收買成契弟，其中有一種方式是去拜乾娘：「不過兩日，朱愷備了好些禮來拜乾娘。他母親原待要靠陳有容過活，便假吃跌收了他禮物，與他往來。朱愷嘗借孝順乾娘名色，買些時新物件來，他母親就安排，留他穿房入戶，做了入幕之賓。又假眼瞎，任他做不明不白的勾當。」〔註345〕有如此愛財的母親，兒子廣與人交時還會有什麼顧忌？

在明代，男色的存在可謂無處不有，不妨再觀察幾個特定的層面。

（一）社會下層

下層社會成員的範圍很廣，奴從婢僕、娼優隸卒，以及青皮光棍、乞丐流民等都是。優伶、奴僕中的男色比較常見，其他如：

1. 獄吏

監獄是性壓抑強烈的地方，有的獄吏便借勢和犯人發生性關係，而有的囚犯也樂於承受，以便從自己的監管者那裏得到些照顧。《歡喜冤家》裏，惡人章必英因罪被關入縣監，「牢頭見他生得標緻，留他在座頭上相幫照管，夜間做個伴兒──果然標緻的人到處都有便益的事，故此吃用盡有」。不久章必英出獄回鄉，又去找一個李禁子合謀陷害他人。李禁滿口答應，不過提出一個條件：「今晚陪我一睡。」章必英毫不遲疑：「這事何難，今晚就陪你一睡，只要盡心圖謀。」〔註346〕是後，二人狼狽為奸，把一位無辜誣為罪犯。常講監獄

〔註344〕《笑府・卷三・世襲小官人》。
〔註345〕《型世言》第二十三回。
〔註346〕《歡喜冤家》第三回。

之內有諸多黑幕，帶有利害關係或強制因素的男風便是其中的一種。

《萬曆野獲編・卷二十四・男色之靡》曾載囚犯之內的同性戀：「罪囚久繫狴犴，稍給朝夕者必求一人作偶。亦有同類為之講好，送入監房與偕臥起。其有他淫者，致相毆訐告，提牢官亦有分剖曲直。」

2. 兵卒

《野獲編・男色之靡》尚載：「西北戍卒，貧無夜合之資，每於隊伍中自相配合。其老而無匹者，往往以兩足凹代之。孤苦無聊，計遂出此。」《耳談》曾記：「一市兒色慕兵子，而無地與狎。兵子夜司直通州倉，凡司直出入門者，必籍記之，甚嚴。市兒因代未到者名，入與狎。其夜月明，復有一美者玩月，市兒語兵子曰：『吾姑往調之。』兵子曰：『可往。』而美者大怒，蓋百夫長胤子也。語鬥不已，市兒遂毆美者死，棄屍井中。兵子曰：『出時無美者，勢必索圍中，井屍可立見。君為我至，義不可忘，我當代君死。君可應我名出矣，但囹圄中相願也。』市兒遂出，而兵子自稱殺人，坐死。兵子囚囹圄二年，食皆自市兒所饋。後忽不繼，為私期召之，又匿不至，恚恨久之，訴於司刑者。司刑者出兵子，入市兒，逾年行刑。兵子復曰：『渠雖負義，非我初心，我終不令渠死，我獨生耳！』亦觸木死屍旁。」〔註347〕

3. 剃頭匠

《醉醒石》第十三回曾寫某人「是個好男風的，見個篦頭的小廝好，就搭買了他，常留在寓內歇」。

4. 乞丐

《金瓶梅詞話》第九十三回，浪蕩子陳經濟破落後，「一貧如洗，未幾房錢不給，鑽入冷鋪內存身。花子見他是個富家勤兒，生的清俊，叫他在熱炕上睡，與他燒餅兒吃」。再據第九十六回，陳經濟在冷鋪內曾與人發生過性關係。

（二）農民軍

明朝末期各種亂世景象不一而足，農民起義的發生自有其現實的必然性。以李自成、張獻忠為首的農民軍橫掃大半個中國，兵鋒所及，當地的統治基礎都遭到巨大破壞。士夫豪貴們痛心疾首，於是，相關文獻一時間大量出現，對他們的敵人極盡攻擊責罵之能事。其中涉及同性戀的地方主要集中在對李自

〔註347〕《耳談・卷三・兵子》。

成軍隊攻佔北京後所做所為的記述上。當時北京是全國男色的一個中心，小唱四處可見。

《燕都日記》癸丑二十五曰：「賊初入城，先拿娼妓小唱，漸次良家女，良子弟臉稍白者，輒為拿去。婦女淫污死者，井泙梁屋皆滿。」

《甲申朝事小記》三編卷八：「諸賊將挾妓招童，中夜豪飲，觸其鋒立死。」

《流寇志》卷十：「劉宗敏、李過、田見秀等，呼蓮子衚衕優伶孌童各數十佐酒。高踞几上，環而歌舞，喜則勞以大錢，怒即殺之。諸伶含淚而歌，或犯『闖』字，立斬筵上。」

《定思小記》：「若南人必迫令唱歌，幼者挾之歸，充弄兒。」

《萬古愁曲》：「姣滴滴的女嬌嬈，白日裏恣淫嫖；俊翩翩的縉紳兒，多牽去做供奉龍陽料。」

就連明方官員也都難免：「凡降賊官有年少面白者，為賊輩戲弄百端，甚至作龍陽。」〔註348〕當初，這些降賊官里許多都是蓮子（簾子）胡同裏的常客，如今自己卻做起了小唱勾當，想必反身事人時是能夠應奉裕如的吧？

關於張獻忠，他和一個名叫李二哇的少年被認為具有斷袖之好。清人王應奎記：「李二哇，獻賊孌僮也。美而勇，戰必突陣先出，鋒銳不可當。後為黃得功〔註349〕生擒。亦愛其美，欲與之昵，不從而死。祺芳有詩曰：『花底秦宮馬上飛，每番先陣突重圍。可憐拚得刀頭血，不向勤王隊裏歸。』」〔註350〕清人抱陽生也曾言此事：「張獻忠有美孌童，名二孩子，年十八，技武絕倫。常與靖南侯黃得功對陣，甫出戰，童遽飛矢中其手，黃幾敗陣。怒甚，伏兵擒之。愛其勇，欲令降，童不應。侯笑曰：『聞賊夜臥汝腹上，本鎮亦能撫汝，何不速降？』童堅不允，絕其食死。」〔註351〕

（三）仙鬼

明代社會迷信氣氛很濃，各種妖仙神鬼充斥於地下人間。諸神當中，五通很是惹人側目。五通（五聖、五郎）神至遲於宋代就已經產生，到明代香火最盛。〔註352〕特別在江南地區，據認為他們經常幻化成人，施崇降災，並且還

〔註348〕《明季北略·卷之二十·廿五癸丑拷夾百官》。

〔註349〕明軍將領，崇禎末年曾與張獻忠戰於安徽桐城、潛山等地。

〔註350〕《柳南隨筆·續筆卷一·李二哇》。

〔註351〕《甲申朝事小記》三編卷二。

〔註352〕清初王士禎曾談五通歷史，謂：「嘗見一書言：今江浙所祀五通邪神，乃明太祖伐陳友諒陣亡士卒，詔令五人一隊，得受香火云云。而《武林聞見錄》又

特別好色。不但婦女，就連男子都難免會受到誘擾。萬曆間錢希言在其《獪園》一書裏收集了許多關於五郎神的故事，其中有二則談及男色。第一則講蘇州全大用的女婿「年弱冠，風儀不下」，因而被五郎看中，神人之間「綢繆嬿婉，情甚伉儷」，以致「其室人竟不敢與夫同宿」。後來一位異人以飛篆禳除，五郎才「遂爾絕跡」〔註353〕。再一則講蘇州某店人之子也是「白晳美風儀」，被五郎神「誘與淫亂」。只是這位店家子未能遇到異人，結果被五郎招做隨侍，跟著他去了陰間，陽世上的軀體自然也就成了一具死屍。〔註354〕神鬼亦好男色，這應是人間習尚的一種曲折表現。

　　王同軌《耳談》裏，活人則與五通爭奪美男：「吉安呂子敬秀才，嬖一美男韋國秀。國秀死，呂哭之慟，遂至迷罔，浪遊棄業。先是寧藩（寧王朱宸濠）廢宮有百花臺，呂遊其地，見一人美益甚，非韋可及，因泣下沾襟。是人問故，曰：『對傾國傷妙麗，於我故人耳。』是人曰：『君倘不棄陋劣，以故情視新人，新郎故耳。』呂喜過望，遂與相狎。問其里族，久之始曰：『君無訝，我非人也。我即世所稱善歌汪度。始家北門，不意為寧殿下所嬖，專席傾宮。亡何，為妻妃以妒鳩殺我，埋屍百花臺下，幽靈不昧，得遊人間。見子多情，故不嫌自薦。君之所思韋郎，我亦知之，今在浦城縣南仙霞嶺五通神廟中。五通所畏者天師，倘得符攝之，便可相見。』呂以求天師，治以符祝。三日，韋果來，曰：『五通以我有貌，強奪我去。我思君未忘，但無得脫耳。今幸重歡，又得汪郎與偕，皆天緣所假。』呂遂買舟，挾二男，棄家遊江以南，數歲不歸。後人常見之，或見或隱，猶是三人，疑其化去。然其里人至今請仙問疑，有呂子敬秀才云。」〔註355〕

　　同性戀環境裏同性戀人物的行為、感情特徵因人而異。在有的記述當中，戀伴之間情感深切，《情史‧情外類》載：

　　　　龍子猶《萬生傳》云：萬生者，楚黃之諸生也，所善鄭生曰孟哥。始遇鄭於觀優處，垂髫也，未同而言應，進以雪梨，不卻。萬喜甚，期明日更會於此，將深挑之，而鄭不果來。訪其耗，則已奉

載：『宋嘉泰中，大理寺決一囚，數日後見形獄吏云：泰和樓五通神虛位，某欲充之。求一差檄言，差充某神位，得此為據可矣。如其言，經數月東庫人聞樓上五通神日夜喧哄，如爭競狀。吏乃泄前事，為增塑一神像，遂寂然。』則宋時已有五通之說，不自明初始。」見《香祖筆記》卷三。

〔註353〕《獪園‧卷十二‧五郎神十三》。
〔註354〕《獪園‧卷十二‧五郎神十九》。
〔註355〕《耳談‧卷九‧呂子敬秀才》。

父命從學中州矣。惘然者久之。凡歲餘,復遇諸途,則風霜盈面,殊不似故吾。萬心憐乃更甚,數從周旋,遂締密好。邑少年以為是兔子者,而亦狡童耶?欲相與謫鄭以恥萬生。萬生不顧也,匿鄭他所飲食焉。久之,鄭色澤如故,稍行都市中,前邑少年更相與誇鄭生美,爭調之,鄭亦不顧。蓋萬與鄭出入比目者數年,而鄭齒長矣。萬固貧生,而鄭尤貧。萬乃為鄭擇婚,且分割其舍三之一舍之,而迎其父母養焉。萬行則鄭從,若愛弟;行遠則鄭為經理家事,若干僕;病則侍湯藥,若孝子。齋中設別榻,十日而互宿,兩家之人皆以為固然,不之訝。叩其門,登其堂,亦復忘其為兩家者也。子猶曰:天下之久於情,有如萬、鄭二生者乎?或言鄭生庸庸耳,非有安陵龍陽之資,而承繡被金丸之寵,萬生誤矣。雖然,使安陵龍陽而後寵,是以色升耳。嗚呼,情!且夫顏如桃李,亦安能久而不萎者哉?萬惑曰者言:法當客死。乃預屬其內戚田公子及其友楊曰:萬一如曰者言,二君為政,必令我與鄭同穴。吁!情癡若此。雖有美百倍,吾知萬生亦不與易矣。鄭生恂恂寡言,絕與浮薄子不類,而軀殊渺小,或稱之,才得六十斤,亦異人也。

又:

> 張幼文與張千仞,俱世家子。幼文美如好女,弱不勝衣,而尤善修飾,經坐處,如荀令之留香也。千仞與之交甚密,出入比目。及院試發案,二人連名,人咸異之。既娶,歡好無倦。而婦人之不端,見幼文,無不狂惑失志,百計求合。幼文竟以是犯血症。千仞日侍湯藥,衣不解帶。疾革,目視千仞,不能言。千仞曰:「吾當終身無外交,以此報汝。如違誓,亦傚汝死法。」幼文點頭,含淚而逝,時年未二十也。千仞哀毀,過於伉儷。久之,千仞復與朱生者為密約。半載,亦犯血症。千仞之伯父伯起先生臥園中,夜半,忽夢承塵割開,幼文立於上。伯起招之使下,幼文答曰:「吾不下矣,只待八大來同行耳。」千仞,八房居長,故小名八大也。語畢,忽不見,而叩門聲甚急。伯起驚覺,則千仞家報凶信者也。

萬、鄭二生相交若夫婦,張、張二生彼此談不上絕對忠誠,不過在各自內心深處,對方的地位實際也很重要。在異性戀中從來都有情與欲的區分,如果移之於同性戀,上述事例就像《情史》的書名一樣應是被歸入「情」類的。不

過就同性戀整體而言，真摯的感情終究相對不易確立，所經常可見的還是以偶然的聚散為特徵的欲的追求——當然，情與欲不能絕對分得清楚，情中有欲，欲中有情的事例也很多——平均起來，同性戀者性夥伴的數量要多於異性戀的。

《檮杌閒評》裏有一個朝三暮四、放蕩非為的魏進忠。在該書第八回，他給程中書做長隨，「雖生得長大，卻也皮膚細白。程中書無家眷在此，遂留在身邊做個龍陽。凡百事出入，總是他掌管，不獨辦事停當，而且枕席之間百般承順，引得個程中書滿心歡喜」。在第十二回，他去薊州經商，因獨宿冷清便和一個小夥子侯七「上床同寢」。到十三回，一天他在劉道士廟裏看戲，「取出五錢銀子交與劉道士。那道士見了錢，便歡天喜地邀上樓，又叫出徒弟來陪。進忠又拿錢打酒買菜來吃，劉道士見進忠如此潑撒，遂把徒弟也奉上了。進忠就在他廟中纏了數日，做了幾件衣服與他徒弟元照」。十五回，進忠先是讓一個小唱陪著「住了一夜，次日送他二兩銀子，一方汗巾」。然後又和一個監生及侯七「飲至更深，抵足而睡」。（圖73）在魏進忠與這些人的同性戀交往中，他或者為了受惠於人，或者因為施惠於人，或者僅僅是由於客居無聊，總之，他的同性戀活動是隨隨便便、臨時偶然的，倒能夠符合英文裏 Casual Sex 這個詞的含義，其中很難見到有什麼感情方面的流露。

下面是《一片情》第十一回中的一段情景描寫：

> 須臾，戲箱發到褲子襠中，眾鄰里畢集。還有事外看戲的人，挨擠不開，哄動多少人。串友同鄰里吃了上場飯，生旦丑淨都蹌起來，敲動鼓板，搬演一本《拜月亭幽閨記》男盜女娼的戲文。那苟子美做了貼旦，儼然是個燈人兒一般，在場上扭捏身軀，一惡做作。引得那羊振玉家中規矩頓忘，笪莛子舊興復發。見苟子美下場，便一把捽定道：「我的心肝，我瞧了你如此態度，不由人魂飛天外！到場畢，憑你怎麼樣，要了了我心願去。」那苟子美道：「若奶奶知道，你精皮膚將粗棍抽，我來救你不得。你須小心在意！」那振玉道：「莫要管他！粗棍抽我，我也將粗棍抽他。」巴不著聽見，走攏來道：「既承老哥如此解結，要此不費之惠，何難奉承？」苟子美道：「只要他一個東道，明朝請我們這幾個相知朋友，我就應承。」羊振玉道：「明日是我的小東，邀列位去坐坐，決不食言。」苟子美道：「他夫人做主的。老箕，你做中。」眾人都道：「是了，是了。」直

待戲完吃了散場酒，苟子美與巴不著同送羊振玉一路回家，已是三更天氣。殘月朦朧，羊振玉扯住苟子美，落後一步道：「我的麻鵲兒雜碎，小心肝兒，完了我的心事去。」苟子美道：「到你家擾了東道，自然了你心願。」羊振玉一把摟定道：「你這油嘴小冤家！你曉得我家裏做不得這勾當的，故意刁難我麼？我偏要與你了了去！」於是扯到廊下，褪了褲兒，把那雪白屁股如式起來。正弄得幾抽兒，只見蜜籧箕輕輕掩在側邊道：「你們快來瞧，兩隻狗子戀做一塊，快拿些水來！」羊振玉罵道：「抗牢的，還不輕些！半夜三更的，攪死了人。」蜜籧箕道：「待我撮個頭兒罷。」巴不著連忙來拽他道：「不要惹厭。」扯得去，不上一會兒，又踅來道：「老羊，所說的東道，不要忘了。」羊振玉道：「你這涎臉花子，奈何死人！說有是有了。」蜜籧箕道：「既有了東道，我兒們好好的入搗，不要入脫了肛門，不干我事。」苟子美道：「厭花子，還不快走！」蜜籧箕道：「苟兒，你也怪我？我且去，明日與你搭話。」須臾了事，各散回家。

文內的羊振玉和苟子美以及巴不著、蜜籧箕是一群酒肉朋友，彼此之間至少苟子美和羊振玉、巴不著存在著同性戀關係。在羊、苟由相互逗引到發生性行為的全部過程中，不但他們兩人當時顯得毫無所謂，而且巴、蜜看到後也完全不以為異，就好像這種偶然的性事隨時都有可能發生，是自然而然的行為一樣。如此一種隨意的氛圍，和放蕩的異性性交並沒有多少區別。設想一下，如果有一個少年人偶然窺見，或是由別人那裏聽到了類似的事情，說不定他就會自此對男風產生好奇，乃至由好奇再變為喜好的。

四、同性戀文獻

同性戀文獻也可以成為誘發男風的環境因素，由於這裡要談的內容較多，所以單獨加以記述。

明代有一位士夫，某日獨自觀看《漢書‧佞倖傳》，因其中所載是以斷袖為代表的同性戀事例，便「不覺色動，曰：『是先得於我心矣。』」〔註356〕還有一位學子，一次讀到南朝沈約《懺悔文》中的兩句話：「湛水上宮，不知有幾；分桃斷袖，亦復云多」，細思其事之後，就「不覺春興勃然，心裏想到：『淇水上宮，乃是男女會合之詩，這偷婦人極損陰德；分桃斷袖，卻不傷天

〔註356〕《床麗情集‧曼靡》。

理。不若尋得一個親親熱熱的小朋友，做個契兄契弟，可以常久相處，也免得今日的寂寞。』」〔註357〕這兩人只是觀看了前代的同性戀記載就已經如此，如果讀到同代人所寫情節更具體的男色故事，恐怕尋找契兄契弟的念頭會要更加強烈的。明代同性戀文獻數量繁多，內容豐富。

（一）小說

明代世情、豔情小說裏面經常會有同性戀方面的內容，其中有的是專寫，有的是兼寫。如：

1.《宜春香質》、《弁而釵》

《宜春香質》和《弁而釵》是兩部非常出名的專門描寫男風的色情文學作品，具體性情節觸目可見。它們都刊於明末，作者署名醉西湖心月主人。

《宜春香質》共分風、花、雪、月四集，具體目次及大致內容是：

風集

第一回　書房內明修棧道，臥榻上暗度陳倉。小官孫宜之在學塾中甘被學兄李尊賢雞姦，自覺暢美，又與家僕筠僮相姦，且因筠僮而與自己三兄奸。（圖74）

作者自評：「吾人一身，重之如太山，輕之如鴻毛，不特婦人為然也，士人猶甚。輕用其身，則利令知昏，漸失本來面目。弒父與君，不難甘心，又豈惜區區名義？小孫貪淫失身似小，其輕擲則一也。或問重身之法何如？曰重身無如養心，養心莫善於寡慾。孔子曰：『棖也欲，焉得剛。』兜頭一棒，悟者通身汗下。」

第二回　韋律材痛哭流涕，王廉又臥柳吞花。孫宜之年已十四，去進另一家私塾，自己主動獻身於先生鍾萬祿，後竟一次與十八位同學取樂。事被人知，面覺不雅，便隨富商王謙又離開本鄉去杭州。（圖75）

文中寫鍾生及其私塾的情況道：「經學先生姓鍾名萬祿，是個少年秀才，生得有幾分姿色，小時也替人龍陽，以其色也，號為鍾娘子。如今做了秀才，撞著舊時朋友，也還饒他不過。他卻看了標緻學生，卻也不肯放過。所以館中爭以南風相尚，容貌爭寵。只有一件好處，講書作文，卻十分認真，每考必進幾個，所以從者愈眾。」

第三回　孫宜之才名卓犖，虢里蛆巧計迷心。孫宜之在杭州各處嬉遊，

蕩名漸起，與無賴虢里蛆及一群道士混在一處。王嫌又醋而離杭，小孫自己則被虢里蛆留下，錢鈔漸短，處境漸糟。（圖76）

第四回　楊花趁口遭磨折，太山壓頂送殘生。為求生活，孫宜之只得去賣唱兼賣身，後又被一群棍徒引至京城，落入圈套，屈死街頭。（圖77）

第五回　雪深怨鋤強扶弱，報大德轉劫投胎。孫之冤魂不解，最終冤情得報。自己投生到已為顯宦的王廉又家，得享來生之福。（圖78）

文中慨歎孫宜之生前經歷：「風流綽約美多嬌，賣俏人前興自豪。彌子從來傍國色，豈知好物不堅牢。孫小官、孫小官，男人容貌，女子風騷。鴛鴦帳裏作生活，孽海波中為活計。翻雲覆雨隨心，倒鳳顛鸞如意。恩情索縛住金剛，五慾箭射中石髓。琉璃瓶子擊碎，方知總是虛花。」

花集

第一回　薄情子錢塘觀相，成陽公幽谷傳奇。小官單秀言出身微賤，以賣網巾為生。後因神遇，習得後庭媚人之法。於是便舉體自貨，為一客商謝公綽所寵。（圖79）

文中評論男風男娼：「後庭一路，原非有陰陽之情，男女之趣。無慾海中覓姻緣，般若池內開情竇，夫豈真若男女之間有大慾存焉者乎？或屈於愛，或屈於勢，或利其有，或利其才，勉為應承耳。每見此道初交，指天示日，意氣過於才子佳人。究之按劍切齒，恨不手刃為快者，比比然也。乃有市井小子，藉此為騙錢營生，利身活計，以皮肉為招牌，以色笑為媒妁，賣弄風騷，勾引情竇，坑了多少才人，陷了無數浪子。慣用閃法，那怕你是銅鑄金剛，將來熔為青蚨用；會使防防閃法，任你是鐵打漢子，拿去賣作白鑞行。豈知閃閃無盡，自然法法相生。結局收場日子，免不得搗穿張蟻穴，竭盡愛河流。方知色即是空，閃閃法法一齊撒手。」

芙蓉僻者評：「嘗思作旻之輩，也酸也醋，也肉也麻，不減淫娼蕩婦。身入其中，甜然無恥，原不應以人類待之。」

不不山人評：「以丈夫之軀，效妾婦之淫。劫鬚眉之色，式脂粉之顰。今天下有真中婦，必羞以為夫矣。」

作者自評：「博觀情書，廣羅情海，獨無解於龍陽一道。男專女淫，陽柄陰政。紅顏少婦，起誰適為容之悲；白面郎君，甘我見猶憐之醜。倒男兒之綱，並紊女真之紀；頹陽明之氣，並亂陰順之節。歸之人類，恐亂人紀；列之畜道，慮亂畜群。人而狐，狐而人，此輩之姻緣在耶？否耶？」

第二回　謝公綽財盡情疏，章方伊忠告善道。謝公綽為單秀言所迷惑，傾其所有以與之。但財殫情絕，單見謝銀錢已罄，便不欲相隨，謝憤而離去。單秀言遊走至山東和風鎮，又以媚術見孌於亦士亦商的和相公。（圖80）

文中單秀言見謝公綽金盡，曾對他講：「君今既貧，且不能自食，何能遂吾之願？水盡鵝飛，財窮義薄，天性父子且然，況我你交以財色。色衰，爾自棄我；財盡，我自掉臂。此理勢定然，何足怪者？自古道：壺中無酒難留客，難道這句話你不曉得？你想，我又不是你妻子，又不是女人，肉身相偎，所為何事？不過為你幾貫錢鈔。你沒了錢，我自然要去了，有甚麼捨不得？」

第三回　弄兒奇計籠彥士，淫婦懷春惜落花。和生因事離開和風鎮，單秀言便又投身於一位關外來客鐵生。鐵生樂此不疲，遂把愛妾豔姬冷落。（圖81）

不不山人評：「主翁疲於外，室中不無怨尤。此千古格言。屢見侯門公子，肥癡富兒，外邊貪花戀酒，撒漫使錢，家中獻笑市色，輸身賣俏，日易一夫者不少。主人鬮外，室人鬮內，內外淫淫，是誰之過歟？」

第四回　柳豔姬輸身求樂，汪工弓憐才贈金。單秀言暗裏與鐵生妾婢姦通。私情敗露，單買通官府，將鐵生驅逐出境，娶鐵之妾婢為妻妾。不久，和生返回和風鎮，單秀言閉門不納。和返鄉苦讀，中進士入翰林。因山東有亂領兵往剿，鐵生、謝公綽等皆在軍中。（圖82）

第五回　熊耳山誅叛伐逆，和風鎮報怨酬恩。和公重創賊黨後進兵和風鎮，單秀言被擒獲，遭嚴刑而死。（圖83）

雪集

第一回　嬲兒謀奪青樓寵，龜奴計採後庭花。小官伊人愛因尋生意而去祁家妓院，為祁龜雞姦，卻甚感愜意。（圖84）

文中寫伊人愛的經歷：「淮安府山陽縣有一小官，姓伊名自取，字人愛。生得骨清眼媚，體秀容嬌。幼年在館中，七八歲時便與人做親親，結朋友。到了十二三歲時，就要在此道中做些事業。此地人酷盛此風，到夜夜不得脫空。他卻滿口說相思，心中要錢鈔。有錢的，就是下人奴隸，他也多方奉承；你若沒錢鈔，就是子建潘安，也不在他心上。拿了銀子，又去包土妓，鬮子妹。起初父母也去管他，後來見他不改，且趁得錢拿些家去用，到也喜歡他做這件生意。」

芙蓉僻者評：「伊人愛原是做小官的，為尋生意，把龜子弄了，這也不叫

做失身。獨惜今之鼎族名門，為利達二字，捧心效顰，務以悅人，一經物色，若美女承恩，雖聞諸市朝，不以為恥。而為之父若兄者，且以子弟有售為佳兒佳弟。推此心也，令龜子權力果能利達此輩，此輩當不待謀為而自獻矣。以視伊子，伊子猶是貞男兒！」

第二回　伊人愛平康撒奸，祁暗如青樓刮目。前來祁家嫖妓的大老官商新一見伊人愛便為其吸引，兩人發生性事。（圖85）

第三回　商於鼎仗義疏財，伊自取虧心薄倖。伊人愛恃寵騙盜了商新的許多錢財，後來商新復遭兵禍，處境艱難。（圖86）

第四回　羽敏朋友且周急，蘋娘骨肉起炎涼。商新向伊人愛求助，伊竟不顧。（圖87）

第五回　塵埃中物色英雄，晝錦堂分明德怨。商新考中進士，重新發達。伊人愛則放浪非為，最終窮死。

月集

第一回　鈕子俏題詞問天，圓情老闡明因果。書生鈕俊容貌醜陋，為同學所鄙，常自嗟歎。一日夢入如意國美滿城，三界提情教主、男情教主等將其轉醜為妍。（圖88至圖89）

第二回　醜漢頓更惡面目，美容便受特封贈。鈕俊被送入宜男國，那裏男男相配，不見女子。鈕先中狀元，再成皇后。

文中寫宜男國情形：「此國有池，名為宜男池。池中有一宜男山，山上有一宜男菩薩。國人欲求嗣，帶宜男草一束，齋戒焚香，虔誠叩禱。夜宿山上，有優婆尼入夢交感，記了日子。次年此日，復宿其處，優尼送子來還。奉以金帛彩段，求其撫養。或三年或七年，挈禮到山禱求領回。此夜仍宿交感處，優尼送兒至，帶回養育，便是己子，所以有父無母。」

第三回　宜男池求嗣佳遇，虎羅哪救駕逞兇。鈕俊去宜男池求子，返回途中為虎羅哪國王劫獲，受污幾死。

第四回　毓陰芽顛倒姻緣，呼雷駁無心佳會。鈕俊逃到有女無男的聖陰國，大受國中女主寵遇，後因故重返宜男國。

第五回　迷中不解兩世因，覺來頓悟三生迷。鈕俊正與國王歡會，突然敵國軍隊攻入王宮，鈕痛遭敵兵一番污辱，滿身狼狽，淒切無依。恰與一異人相遇，被引至世尊如來處，洗心革面，萬念俱空。忽猛然驚醒，方知前所經歷只是一夢。遂看破紅塵，入山修行。

《弁而釵》分情貞紀、情俠紀、情烈紀、情奇紀。

情貞紀

第一回　趣翰林改妝尋友，俏書生刮目英雄。書生趙王孫相貌俊美，經常受人勾引。趙生深感厭惡，為避侵擾，只得離開原來學塾，而拜規矩甚嚴的秦春元為師。一日，少年翰林風翔偶然遇之，風好男色，一見趙生而神移。為能與趙相交，遂隱瞞身份去做秦春元的學生。晚間思趙而不得，與小僕得芳交歡。（圖90）

第二回　趙子交際輸贈頭，涂生得隴又望蜀。趙生對風翔也有好感，但不想深入。風翔只能暗戀，其間與趙僕小燕發生了關係。

文中趙生作《憶王孫》以寫自己對風翔的印象：

　　　無端一見便關心，何事關心直恁真？將心問口自沉吟。這牽情，
三生石上舊精魂。

風翔作《訴衷情》以寫對趙生的渴慕：

　　　臨風幾度憶王孫，清淚頻沾巾。相逢不敢訴衷情，背後暗呼
名。　　個中事，付題吟，誰寄卿？骨化形銷，因風萎露死甘心。

第三回　酒中訴出風月懷，病裏了卻相思債。風翔屢次勾引屢不成功，便在侍僕得韻身上泄慾。因長時間思勞過度，又為寒氣所侵，竟至得病。趙生前來看望，風半以甘言半以圈套，終於與趙結為契友。

作者自評：「〔害〕病便了相思，這樣病我也要害。」

第四回　好先生觀文會意，蠢奴才同室操戈。風翔漸使趙生知曉性事之趣，兩人情好彌篤。後來隱私洩露，趙被父親領回家中讀書，與風分離。（圖91）

文中有趙生寫給風翔的別函：「不肖辱蒙雅愛，自謂金蘭契誼，共定千秋。而失意匪人，毀傷天性，家嚴震怒，不敢不歸。豈不欲別？畏人多言。雖玉成有日，會合可期，而一日三秋，難熬此冬夜如年耳。有衣有食，願台兄少留意焉。」（圖92）

風翔回函：「自君之出，靡日不思。仰瞻山斗，痛焉欲絕。錦水有魚，玉山有鹿，嗟世之人兮，苦分離而莫聚。書不盡言，言不盡意，願言珍重，以慰予思。」

呵呵道人評：「二人正得意時，倏然拆散，欲見不可，再會無緣，兩地相思，咫尺千里，遂成了一段佳話。這是『煩惱皆因強出頭』的榜樣。」

作者自評：「但惜趙父知羞，而世之為父者方以其子獻豚請搗，以媚有司，倘得如願，舉家慶幸。而且有東施者，必欲奪寵，穿裙著襖以媚於世。背後其父不知費幾番教誨也。以對趙父，應當愧死。」

第五回　風摩天秘跡奇蹤，趙王孫玉堂金馬。趙生在風翔幫助下，先中秀才再舉人再進士。後兩人一同辭官，挈家隱居，世世相好。（圖93）

情俠紀

第一回　張舍人能文能武，王虎子再戰再勝。天津少年張機文武雙全，名震地方。（圖94）

第二回　美丈夫龍爭虎鬥，難姐妹殢雨尤雲。張機比武時戰勝了勇士王飛豹及其兩女女英、女傑。（圖95）

第三回　鍾子智排迷魂陣，張生誤入阿鼻城。張機娶女英、女傑為妻，「極好南風」的名士鍾圖南用計與張生結為契友。（圖96至圖97）

第四回　救相山兩好分情，獻京師一朝際遇。王飛豹在相山被困，張生領兵往救，與鍾圖南分離。鍾生入京應試，得中二甲，選入翰林。會陝西兵變，鍾奉旨往剿。

第五回　為朋情提軍破賊，辭聖主棄職歸山。幾年後張生亦中進士，陝西告急，率軍救援，與鍾子合力平定叛亂，鍾借機與之重申前好。最終兩人都辭官歸隱，子女互相婚配，世世相好不替。

情烈紀

第一回　賊丈人退親害親，俏女婿編戲入戲。書生文雅全遭遇家禍，不得已遠走南京。盤費將盡，只好入戲班唱旦，受到才子雲天章賞識。（圖98）

文中描寫文雅全之美：

　　　　客貌雖非彌子，嬌姿盡可傾城。
　　　　不必污人脂粉，偏饒出洛精神。
　　　　臉琢無瑕美玉，聲傳出谷新鶯。
　　　　雖是男兒弱質，妖嬈絕勝雙成。

第二回　雲天章物色英雄，文雅全情輸知己。文生演戲時受到俗客欺侮，且被誣告毆辱斯文，雲生趕至縣前將其救下。南京難以立足，兩人前往揚州。文為報答雲之深恩，主動以身自獻，又見資囊不裕，便再搭班演唱，以補助雲生讀書。（圖99）

文中雲、文發生性事後，雲贈文一首五律：

青眼多閱世，心奇獨有君。

義氣高千古，清標絕世棻。

雅意堪銘骨，鍾情可斷魂。

相偎情不厭，自幸足生平。

文回以一首五絕：

義重甘巾幗，情深願不夫。

捨身酬知己，生死應相符。

第三回　狂夫空廢百金，烈士甘酬一劍。王府儀賓乜某看上文生，將在己宅唱戲的他強行留下。文生見無法逃脫，便提出條件，要求乜某資助雲生進京。乜答應條件，雲、文生離死別。幾天後，乜儀賓欲與文生同睡，文自刎明志。魂靈被慈航大士聚形成人，復與雲生相聚。（圖 100）

第四回　情鬼賣屍助友，佳士金榜題名。在「文生」幫助下，雲生中進士，娶妻子。（圖 101）

文中文生勸雲生婚娶：「從古及今，可有兩雄終身之理？不孝有三，無後為大。為朋友而絕祖宗血食，大不孝也。且弟已十七矣，至廿歲無有不告退者。兄肯依弟，弟且相伴，否則，弟請從此辭。」

作者自評：「文雅全做了鬼，尚如此用情。可歎今之為卯孫者，杯酒未寒，寸心千里。此等無情奴才，不特生時算不得是個人，就死了也算不得是個鬼。」

第五回　風流客洞房花燭，志誠種南海成神。「文生」以假身陪伴雲生，三年後去做南海水神總管。雲生助其雪報前仇，乜儀賓未得好死。

情奇紀

第一回　陷北京前世因，落南院冤孽債。少年李摘凡為解父難自賣自身，入南院做男妓。（圖 102）

文中形容李摘凡之貌：

星星含情美盼，纖纖把臂柔荑。檀口欲語又還遲，新月眉兒更異。　面似芙蓉映月，神如秋水湛珠。威儀出洛自稀奇，藐姑仙子降世。

文中形容南院諸小官：

個個趨柔媚，憑誰問丈夫？

狐顏同妾婦，蝸骨似侏儒。

　　　　巾幗滿縫掖，簪笄盈道途。

　　　　誰擺迷魂陣，男女竟模糊！

　　第二回　長歌當哭，細語傳情。李摘凡名冠南院，其遭遇大為才士匡人儱所同情。李深受感動，自願陪匡同睡。（圖 103）

　　文中李摘凡對匡人儱講自己所受的虐待：「夜喚三次，一次應遲，明日便是三十皮鞭，一下也不肯饒。動一動，從新打起，口內含了香油，一滴出口，又要加責。既不敢出聲，又不敢展動，竟如打死人一樣，豈不怕也。」

　　第三回　任義俠濟困扶危，感恩情男扮女裝。匡人儱替李摘凡贖身，救之於水火當中。為報深恩，李改女裝，以姬妾身份隨侍。幾年後，匡氏夫妻被人誣陷，發配到大同，李遂自任保孤育兒之責。（圖 104）

　　第四回　李摘凡語參菩提，匡肇新狀元及第。十幾年後，匡氏之子得中狀元，為父洗冤。正當家人重聚時刻，李摘凡忽然不辭而別。

　　文中李摘凡（名又仙）留給匡人儱一封別書，寫道：「又仙命薄，賣身救父，遂流落南院。每至風清月朗，歎丈夫之無顏；秋帳冬釭，痛鬚眉之削色。自謂身墮火坑，終身難脫。而仁人見憐，一日解懸。期三年之報，甘巾幗之羞。為歡幾何，而仇家又為主翁作祟矣。此正艱投大受之時，忍作偷生掉臂之輩？抱孤遠竄，十有五載，無謂其他，而須凡十拔矣。郎君天子門生，家圓仇雪，存孤一事，業云無負。藐茲我軀，將何著落？歸則江東可羞，留則無可結局。為男子十七歲，為女子十八年，靜言思之，何面目復居人世間？爰有終南，群仙遁跡，絜身而往，以問前因，或者有遇，未可知也。摘須一封，並附照。男妾李又仙叩首辭。」

　　第五回　功成拂袖避世，證果羽化登仙。李摘凡入山修道，他本為玉華真人轉世，遂羽化成仙。匡人儱享壽百歲，一日忽謂摘凡差人相請，語畢而卒。（圖 105）

　　粗讀《宜春香質》和《弁而釵》，會以為兩部小說的風格差異明顯：前一部對小官乃至一般的男風時有指責，後一部卻對男風多加肯定。難道同一作者對同一社會現象會做出不同的價值判斷？其實仔細再讀，《宜》、《弁》兩書是存在內在統一性的。《宜春香質》集中指責的是那些人盡可交、惟錢是好的具有男妓傾向的做旦小官，他們並不代表同性戀者的全體。尤其是與他們相交的王謙又、謝公綽、和生、商生等人，本都是好色之徒。例如和生，他「身為秀士，店在亳州，常帶好馬來此貨賣。賣完定在鎮上耍子，月餘方□。□以此處

行首、窯子、戲子、小官，一聞其至，莫不□笑相迎。一經品題，便成奇貨。
倘加物色，價值千金。既所□在行，又使錢撒漫，諸凡此輩慕其名，願以為
□星慶雲」〔註358〕。除去好的是男色，和生所為和異性戀的風流浪子沒有不
同。在性行為當中，和、商之流都是色慾強烈，「技術」高明。和深諳所謂掇
弄小官的「溫火之法」，商生曾與伊人愛以及一位妓女三人同床，花樣翻新，
放蕩無忌。可和、商諸人在《宜春香質》裏卻都被描寫成了受小官愚弄的正面
人物，如果他們碰到的不是單秀言、伊人愛，而是文雅全、李摘凡，那麼他們
就會成為雲天章、匡人儱了。因此，《宜春香質》的主旨是勸誡無情無義的小
官，希望這樣的人日漸其少，以糾正男色裏的「歪風」，使男風表現得溫文爾
雅，情義纏綿。這種勸誡在月集中表現得就很突出。表面上月集自始至終寫
的幾乎都不是人間情事，而且鈕俊的男色身份也是男后而非孌兒。但把此集
放在風、花、雪、月四集的整體中去看，月集倒可以認為是風、花、雪集的總
結。因為孫宜之、單秀言、伊人愛雖然也都結局不良，但若論受苦，卻是無人
比得上鈕俊的。他遭遇到兩回大受創傷的姦污，後庭被生生刀割過兩次。性交
給孫宜之等人帶來的具體感受主要是快樂，鈕俊卻常為痛苦。作者這樣寫的
目的，是要發洩他對無情小官的厭憤。雖說鈕俊不是典型小官，且還算稍有情
義，但皇后與小官有相似的一面，都是以身事人的被動之輩。作者是以鈕俊做
一象徵，讓他成為以身漁利，最後卻將自取其辱的小官卯孫的代表。庶使此類
人物能懊悔前行，改正得如同文雅全、李摘凡一樣。看不到這一點，把月集和
前三集割裂開來是不能全面理解《宜春香質》的。當然，《宜》書中畢竟有一
些對男風的普遍性批評，講：「後庭一路，原非有陰陽之情，男女之趣。無慾
海中覓姻緣，般若池內開情竇，夫豈真若男女之間有大慾存焉者乎？」對此，
可以認為這是作者痛恨孌兒卯孫的情緒的延伸，是恨屋及烏的結果。若清靜
下來，屋、烏之別作者是分得很清楚的。

　　有破便有立，既破了小官的反面，就要立他們的正面，《弁而釵》情烈紀、
情奇紀就是為此而作的。文雅全、李摘凡能身墮賤業卻用情惟一，如同烏泥
上的蓮花，於是作者把才貌、德行以及美好的來世都賦予他們，讓兩人分別
與雲天章、匡人儱配合在一起，成為了風塵知己模式裏特別的一類。這些人才
是讚賞男風的作者所要竭誠樹立的對象，他希望文、李諸輩越多越好，這樣，
濁污四溢的男風世界才能臻至純淨。同時，情貞紀、情俠紀又把具有平等關

〔註358〕《宜春香質》花集第二回。

係的同性戀夥伴之間的情誼大加誇獎了一番，四紀相合，醉西湖心月主人所追求的男風面貌也就可以一目了然了。而《宜春香質》和《弁而釵》也在一種破─立關係中得到了統一。有不少色情淫穢小說都帶著一種「以淫止淫」的色彩：「余將止天下之淫，而天下已趨矣，人必不受。余以誨之者止之，因其勢而利導焉，人不必不受也。」〔註359〕「欲要止淫，以淫說法；欲要破迷，引迷入悟。」〔註360〕通常手法，一是讓淫蕩主人公結局不良或最終悔悟。如《金瓶梅》裏的西門慶是縱慾身死，《繡榻野史》裏的東門生是出家為僧，而《肉蒲團》裏的未央生不但入山修行，而且還割陽明悔。二是時作一些勸誡自辯性的言論，《肉蒲團》說得最是全面：

> 做這部小說的人，原具一片婆心，要為世人說法。勸人窒慾，不是勸人縱慾；為人秘淫，不是為人宣淫。看官們不可認錯他的主意。說話的：你既要使人過淫窒慾，為甚麼不著一部道學之書維持風化，卻做起風流小說來？看官有所不知。但凡移風易俗之法，要因其勢而利導之，則其言易入。近日的人情，怕讀聖經賢傳，喜看稗官野史。就是稗官野史裏面，又厭聞忠孝節義之事，喜看淫邪誕妄之書。風俗至今日，可謂靡蕩極矣。若還著一部道學之書勸人為善，莫說要使世上的人將銀錢買了去看，就如好善之家施捨經藏的一般，刊刻成書，裝訂成套，賠了貼子送他，他不是拆了塞甕，就是扯了吃煙，那裏肯施捨眼睛去看一看。不如就把色慾之事去歆動他，等他看到津津有味之時，忽然下幾句針砭之語，使他瞿然歎息道：「女色之可好如此，豈可不留行樂之身，常遠受用，而為牡丹花下之鬼，務虛名而丟實際乎？」又等他看到明彰報應之處，輕輕下一二點化之言，使他幡然大悟道：「姦淫之必報如此，豈可不留妻妾之身自家受用，而為隋珠彈雀之事，借虛錢而還實債乎？」思念及此，自然不走邪路。〔註361〕

話雖說得冠冕堂皇，但其實終究只是託辭。就像裸體上的紗衣一樣，欲要掩蓋，結果卻只會是欲蓋彌彰，引發多數讀者更強的閱讀欲望。清初丁耀亢曾這樣指出《金瓶梅》的導淫能力：「眾生妄想結成世界，生下一點色身，就

〔註359〕　《繡榻野史》序。

〔註360〕　《在園雜志》卷二。作者劉廷璣評《金瓶梅》。

〔註361〕　《肉蒲團》第一回。

是蠅子見血，眾蟻逐羶，無一個好漢跳得出閻羅之網，倒把這西門慶像拜成師父一般。看到翡翠軒葡萄架一折，就要動火。看到加官生子，煙火樓臺，花攢錦簇，歌舞淫奢，也就不顧那髓竭腎裂，油盡燈枯之病，反說是及時行樂。把那寡婦哭新墳，春梅遊故館一段冷落炎涼光景，看做平常，救不回那貪淫的色膽，縱慾的狂心。眼見的這部書反做了導慾宣淫話本，少年文人，家家要買一部。還有傳之閨房，念到淫聲邪語，助起興來，只恨那胡僧藥不得到手，照樣做起。」〔註362〕

　　但是，「以淫止淫」雖說只是掩蓋，畢竟比毫無顧忌地以淫導淫收斂一些。《宜春香質》和《弁而釵》都淫，隨處可見繪聲繪影的具體性描寫，兩書是否還有止淫的一面？答案應當是亦有亦無。首先，書中人物孫宜之、單秀言等結局悲慘，這是在止淫；而同時，同是淫人的和相公、風翰林等卻能志得慾滿，這又是在導淫。第二，《宜》、《弁》都對情相當看重，重情客觀上就要求節制性夥伴的數量，這是戒淫；但有些情人如風翔等又性伴較多，這便是導淫。總之，《宜春香質》和《弁而釵》宣揚的同性戀者是既要有情，也可以有不止一個的性伴侶；既能在公眾前做謙謙君子，也可以在床笫間縱肆肉慾。社會生活當中這樣的人可能比較接近實際，若見之於文學作品，就不會像才子佳人小說那樣妍醜分明了。

　　2.《龍陽逸史》

　　明末專寫男風並且情節穢褻的小說還有一部，即《龍陽逸史》。著者題為京江醉竹居士，全書二十回，寫了二十個故事，具體回目及大致內容是：

　　第一回　揮白鏹幾番蝦釣鱉，醉紅樓一夜柳穿魚。洛陽裴幼娘長相十分標緻，是小官魁首。一日隨舅父醫人詹復生郊遊，偶遇秀士韓濤及其身邊小官楊若芝。韓濤因戀念幼娘之色而相思得病，請詹復生來家醫治。詹知病因，乃介紹二人往來。二人去妓家歡會，與妓女衛湘卿同床共寢。詹亦趁機與楊若芝交往。後來韓、楊好言分手，韓、裴自此日夕不離。（圖106）

　　第二回　小做作見面酒三杯，大鋪排倒身錢十貫。巴陵李員外讓使女李翠兒女扮男裝，充當假小官。李員外死，其子李大官人將翠兒配與家童，生子小翠。小翠十三四歲時，牽頭羅海鰍把他介紹給大老官邵囊。後羅又為小翠介紹新主顧，然而生意並不理想。羅乃做中讓小翠復歸邵囊，議定了包養費用，「這遭兩家才又過得熱熱落落起來」。（圖107）

〔註362〕《續金瓶梅》第一回。

　　第三回　喬打合巧誘舊相知，小黃花初識真滋味。麻陽喬打合以牽頭為業，有小官唐半瓊託為其弟半瑤尋找主顧。燈節時見半瑤，知他已與徽州富商汪通相處。喬打合為半瑤介紹大老官湯信之，安排兩人在陳刺史花園幽會。汪通撞入，驚走湯信之，迫姦唐半瑤。喬打合趁機捉住汪通，責斥他竟敢在刺史空房裏拐小官，迫其寫伏辯以後不做此樣事。汪既氣沮，湯、唐兩人遂得安心相好。（圖108）

　　第四回　設奇謀勾入風流隊，撤華筵驚奔快活場。黃州秀士寶樓酷好小官，家業漸漸敗落，妻子麗娘苦勸無效。一次寶樓攜帶兩位小官去長沙府遊玩，麗娘心生一計，去信告訴丈夫家裏新來了四名標緻小廝。寶樓興沖沖趕回，卻見四人實乃形象醜陋的乞丐。急央麗娘遣走，小官之念頓息。麗娘行事有度，主動又為丈夫買來兩名好小廝，早晚伏侍。自此，寶樓開始收心顧家，家業重新興旺起來。（圖109）

　　第五回　行馬扁便宜村漢子，判雞姦斷送老扒頭。酆州駱駝村盛出小官，大家團了行，按年齡分為上中下三等。北地商販鄭東在村裏搭上了下等老小官劉玉，玩耍之後卻不給錢。劉玉憤急，讓父親出名狀告鄭東活逼雞姦。州官一向厭惡這些老小官敗壞風俗，乃判劉玉有罪，笞責三十，擺站一年。村中其他下等小官見此情形，便都改了行另謀生路。（圖110）

　　第六回　六十載都小官出世，兩三年浪蕩子收成。開首講了一個都小官的故事：他是洞玄君之子，因好做小官而被父親拘閉。於是就化作了一團白氣散入空中，自此各處小官之風日盛。正文謂廬陵錢員外一日偶見一絕色小官，追至建寧府甌寧縣終於將他找到。帶回家中，開始甚是寵愛，後來因他年齡已大且放蕩為非，便讓他做了一個幹粗活的小廝。（圖111）

　　第七回　扯嘴皮人前撒假清，賭手段當場打死虎。溧陽小官史小喬在杭州被富家子弟姚瑞包養，事為姚妻所知，姚讓小喬暫避於徽州人程淵如處。程亦喜好男風，見小喬故作矜持撒假清，便與好友唐爾先合謀，把小喬灌醉後打了一隻「死虎」。後來姚瑞得知內情，覺得有失體面，便送些盤纏打發小喬回了溧陽。（圖112）

　　第八回　煙花妓當堂投認狀，巡捕衙出示禁男風。南林縣劉松衚原為娼妓居住，後來因故遭逐。當地光棍魯春買得部分房子造了一個小官塌坊，有絕妙小官范六郎做招牌，生意日漸興隆。諸女妓不勝其憤，因出揭貼罵男妓，雙方都去訴告。官府審理後判禁男風，小官星散，妓女重返劉松衚。（圖113）

第九回　風流客魂斷杏花村，窈窕娘怒倒葡萄架。松江儲玉章好拐小官，一次去蘇州做買賣，行前妻子范氏勸他不要把心思耗費在小官身上，而應娶妾回來。儲在蘇州賺到錢後賞識了小官柳細兒，同返松江時讓他扮作女人，假充妾侍。不久范氏窺見了二人的「姦情」，立時將細兒趕出家門。玉章相思成疾，范氏只好又把細兒接回。後來玉章、細兒一同去上海經商，討妾的討妾，娶妻的娶妻，和樂相處。（圖114）

第十回　小官精白晝現真形，網巾鬼黃昏尋替代。西昌城內有個小官營，小官因平蠻有功，爭做頭目。（圖115）官府乃建一祠堂，塑小官頭目像，遣散眾小官。後遭火災，塑像被埋入地下，成為了一個小官精。官家公子衛逢酷喜男風，此精向他討要網巾戴。衛請道士以法術治之，精怪被制伏，可它頭上的網子卻又變成了網巾鬼。城中未冠的小官怕鬼來尋替代，皆購網巾上頭。（圖116）

第十一回　嬌姐姐無意墮牢籠，俏乖乖有心完孽賬。蘇州韓玉姝、韓玉仙姐弟一為妓女一為小官，因自己生意清淡，玉姝攜弟移至杭州。外郎沈葵愛上了玉仙，走動有兩個年頭。小官在杭州日漸吃香，見自己沒了主顧，玉姝只好重返蘇州，玉仙隨歸。沈葵割捨不下，「帶了家小也搬到姑蘇。就把玉姝娶在身邊，和玉仙開了個老大綢緞鋪子，一家過活。兩個整整又相處了十多年，方才丟手。」（圖117）

第十二回　玉林園癡兒耽寡醋，凝芳院浪子鬥雙雞。錦江城中新橋街上出了兩個小官，一名滿身騷一名滿身臊，大老官高綽在自家花園先見臊後見騷，更喜歡後者，約定第二天再見。次日二人在園中歡會，臊忽闖入，高亦與交。高綽喜歡的終究是騷，乃花錢將臊打發掉，而與騷合樂相處了八九年。（圖118）

第十三回　乖小廝脫身蹲黑地，老丫鬟受屈哭皇天。江南老童生鄭百廿三官在漢陽劉少台家做塾師，教其子劉珠。有附學生蘇惠郎異常標緻，劉珠與之相好。一日劉去赴席，鄭趁機向蘇求歡。歡好之際劉醉酒回家，二人驚散。醉中劉珠把一個老丫鬟誤認作蘇生，強行與交。後來鄭因子死回鄉，不久亦死。劉、蘇相處不上三年，一鬧分手。（圖119）

第十四回　白打白終須到手，光做光落得抽頭。（見圖305）

第十五回　十六七兒童偏鈍運，廿二三已冠也當時。晉陵崔員外靠販賣小官發家，六十多歲生子崔英。英三歲時員外死，家產被族人瓜分。至十五

歲，崔英隨何員外去海外經商。逢海嘯，船隻漂到了海子灣，巧遇販賣小官的同鄉華思橋，隨至汴京準備返鄉，卻被思橋賣作了小官。（圖120）

第十六回　趨大老輕撇布衣貧，獻通衢遠迎朱紫貴。海州秀才達春因與同窗何冕交好而荒廢了學業，歲考時遭宗師降斥，遂出家為道。三年後路遇何冕，何正甚得邠陽大老官唐十萬的寵愛，拒絕再續舊情。達棄道而復儒，幾年後考中進士，出任邠陽知縣。此時唐十萬已死，何冕被唐家掃地出門。達春再次路遇之，不計前嫌，把他收留在了身邊。（圖121）

第十七回　活冤家死裏逃生，倒運漢否中逢泰。并州陳員外寵愛小官馬天姿，員外夫人吃醋，差點兒把天姿浸死，幸被唐窮救起。唐把天姿賣給了湯監生做家優，監生兄弟湯彪也想得到，唐假裝幫忙又從湯彪那裏騙得不少銀子，然後遠逃。陳員外知曉了情況，經過協商把天姿贖回。因怕舊事重演，沒過幾天天姿也逃到了外地，做了一個戲子。（圖122）

第十八回　畫招牌小官賣樣，沖虎寨道士遭殃。廣陽城外紫峰山上有一草寇汗弓孫大王，極好男風。城中小官葛妙兒年齡已大，相貌不美。為招攬生意乃請畫工為自己畫了一張傳真像，掛在門前做小官招牌。洞玄觀韓道士買符誤入，一見妙兒而愛之，邀請他去道觀。路過紫峰山，汗弓孫將妙兒劫留，甚感滿意。派人送錢給道士，並接妙兒母親上山。（圖123）

第十九回　呆骨朵細嚼後庭花，歪烏辣遍貼沒頭榜。延安花姿年青貌美，然而出身低微，與綽號叫做歪烏辣的烏良相交。後遇綽號呆骨朵的大老官范公子，見他有錢有勢，立時就投身靠了過去。歪烏辣忿甚，四處張貼沒頭榜，揭露花小官的底細。范公子感覺不雅，乃將花姿打發出門。幾年後在京師偶遇之，「恐他流落異鄉，便帶了回去。替他上了頭，遂留在家中做個門客」。（圖124）

第二十回　沒人心劍誅有義漢，有天理雷擊沒情兒。雒州石得寶長相俊俏，與族叔石敬岩相好，難免要受到父母的責斥。在敬岩唆使下，他出走遠方，住到了敬岩姐夫王佛兒家裏。在替佛兒經管典鋪時貪財忘義，將不義之財暗中運與敬岩。事發，竟將佛兒殺害。自己趕緊逃亡，路上死於雷劈。敬岩聞說，悔過從善。（圖125）

《龍陽逸史》詳盡描寫了同性戀小官的各種表現。有些小官，如第八、十、十四回中的，依附於特定的組織，男妓傾向比較明顯。而多數小官則是單獨活動的，他們有著平常人的社會身份，名義上與大老官是朋友關係，自恃年

青貌美可又手中乏鈔，便在朋友關係的名義下討求銀錢。這樣的小官只能講是有男妓的少部分特徵，他們是寬鬆的男風環境的產物。只是金錢關係中負面因素較多，所以作者在做評論時譏斥之言不時出現。他希望小官能有情有義，老官能有度有節。於是就寫其反面，以這種方式來求其正。

清初劉廷璣在評論淫書時曾謂：「更甚而下者，《宜春香質》、《弁而釵》、《龍陽逸史》，悉當斧碎棗梨，遍取已印行世者，盡付祖龍一炬，庶快人心。」〔註363〕可見《宜》、《弁》、《龍》三書之淫。相對來看，《龍陽逸史》中的性描寫在露骨程度上要低於《宜》、《弁》兩書。

3.《童婉爭奇》

晚明鄧志謨編，為其風月、蔬果、山水諸種爭奇之一，分上中下三卷，有關同性戀的內容集中在上卷。

上卷寫了一個男娼與女妓爭風的故事，時間假託在元朝，實際則是明代現實：京城當中有一男院和一女院，男院曰長春苑，所處變童皆以「少」為號，「有少都者，謂少於子都；少朝者，謂少於宋朝；少賢者，謂少於董賢；少玠者，謂少於衛玠；少彌者，謂少於彌子瑕。以上諸人，態度閒雅，見之者必驚曰：『何物老嫗，生此寧馨兒。瓊林瑤樹，殆風塵表物矣。』」女院曰不夜宮，所處美女皆以「賽」為號，如賽施、賽真、賽嫱、賽蟬等。時尚流遷，男院生意竟比女院興旺，諸姬不勝其憤。一日，賽真遇少朝於街頭，即出言詈罵，少朝不甘示弱，反唇回罵。（圖126）隨後賽蟬、賽嫱等亦與少都、少彌等彼此惡語相加，罵後繼以相打，第二天雙方又各舉賽褒、少龍去五城兵馬司相告。半路遇到「訬於風情，自號灑灑生」的張俊，他「善讀書善作文，嘗與男院諸變童密背腹之好，與女院諸婉女稔膈膜之交」。少龍、賽褒一見張俊便向他哭訴各自委曲，張生先將二人勸到自己讀書之所，息爭不成，便讓他倆各寫一本雜劇以角勝。龍做《幽王烽火取笑》，褒作《龍陽君泣魚固寵》。張生難以判定優劣，為使雙方都能滿意，遂把龍、褒拉進內室，表示他將與二人同寢，不分軒輊。這才最終使「褒之與龍不藏怒焉，不宿怨焉，忻忻然有喜色而相告曰：『堂堂乎，張也，難以並為仁矣。』」

這個故事的基本主旨是主張男、女兩色應當「以和為貴」，對男妓和女妓可以同時兼好。它反映了當時社會雙性戀者的觀點，也可以反映當時的男風之盛。文中諸女對諸男的責罵尖刻俏利，大有可觀。

〔註363〕《在園雜志》卷二。

（1）怨恨諸男搶走自己的生意。「咬銀牙卻把狡童罵，罵幾聲沒廉恥的小油花。門三戶四難找價。孤老是你接，貪戀你後庭花。只為你攬行雜種，我姊妹們都守寡。」

（2）對諸男的名字加以諷刺性的引申。少朝。「好一個南子的姦夫，人有語云：『既定爾婁豬，盍歸吾艾豭。』艾豭之醜，敢與吾角勝」；少都。「爾為□莊公嬖臣，被宋公偃殺之。子都，子都，你往日之頭□在」；少瑕。「彌子瑕得寵於衛靈公，後靈公罪其啖桃。想爾色衰無舊容，稱甚麼俊俏？」

（3）譏笑諸男身為鬚眉而賣淫是不知羞恥。「昔有看相者謂一後生曰：『你合掙好大的私房。』其人問怎見得？相者曰：『足下已有千七，難道你妻子沒有二三百私房？』小夥子，你而今有千七了，做甚麼行止？」「千七」上下連寫係一「毛」字，是指鬍鬚。

其他還有：

「光陰易謝，你這些童子再過二三載，脫衣卸襖，卻是枯樹精的身材。」

「你小夥子，孤陽豈能育？」

「你無恥之徒，怎忍得將男作女？」

「你做不得風流子，一世老婆。」

「你東邊交個情人，西邊交個情人，畢竟是虛花之債。」

……

《童婉爭奇》卷中輯有一些表達朋友情誼的詩詞、書信等，按輯者的意思是希望讀者能從同性戀的角度去對它們進行體會，但其中大多數並未明寫。卷下所輯反映的是男女之情。

明代的色情小說數量是很多的，《宜春香質》、《弁而釵》、《龍陽逸史》等內容上比較專門特殊，而一般的色情小說當然是以異性淫亂為主題，不過其中經常會雜有一些同性戀的內容，這裡選擇比較有代表性的幾部加以介紹。

4.《癡婆子傳》

此書大致成於明代中葉，文言，作者署名芙蓉主人，以第一人稱的口吻寫了女子阿娜曲折的一生。她由不通人道到情慾無饜，除去丈夫外，先後與表弟、家奴、翁、伯、小叔、寺僧、戲旦、塾師等12人交通，最後遭夫痛打被遣歸母家。書中阿娜曾與夫兄克奢的寵奴盈郎有私：

> 歲餘，夫遊學他郡。予苦閒寂，時共姆沙氏飲食，殊憒憒不適。
>
> 然奢有奴名盈郎者，年廿一二，白而美，如秦宮、馮子都後身，方

以後庭為事，故髮雖總角而未帽。予目屬之曰：「是足助我玩者。」從無人處見盈郎，予呼之。盈郎不敢近，予令婢緋桃召之曰：「二小君致意。傾小君目挑子，子不應；呼之，又不應。小君恨焉，子亟往謝。」盈郎曰：「小君之惠我也大矣。第閫闈嚴，內外毖慎，不敢以身試不測之淵。」緋桃曰：「小君念子少孤而貧，將食子衣子也，毋固辭。」盈郎曰：「自君召之，咎終在君。召而不往，咎將在我。」遂行。時予方午睡起，春暖薰花，倦而無力，對鏡整鈿而盈郎至。予初愧，隨執其手曰：「小兒膽怯，奈何兩邀子而卒不前？」盈郎曰：「夫人玄圃奇葩，小人蟻壞之蚍耳，何敢逼威嚴以取死？拜命之辱，是以翼趨。」予挽之入幃，解衣摟盈郎。……〔註364〕

表面看，盈郎在關係當中是很謹慎的，不過他若未與男主人克奢結有斷袖之情，則他將會更加謹慎。這個故事可以用來說明明代俗語「堂中無俊僕，必是好人家」〔註365〕的含義。

另外，阿娜在未嫁之前就曾與自己父親的寵奴俊有染，與盈郎通情後又在盈郎導引下交接了他的後庭朋友僧人如海。

5.《金瓶梅》

《金瓶梅》是人所共知的淫穢作品，但同時又有重要的文學和社會學價值，堪與通常所說的古典小說四大名著相比肩。鄭振鐸更是以為：「如果除淨了一切的穢褻的章節，她仍不失為一部第一流的小說，其偉大似更過於《水滸》，《西遊》、《三國》更不足和她相提並論。在《金瓶梅》裏所反映的是一個真實的中國的社會。」〔註366〕

《金瓶梅》雖然以寫異性間的情慾為主，但涉及男色的地方也不算少，整個120回中大約有15回出現過。同性戀人物包括西門慶與他的僕從書童、王經，西門慶之婿陳經濟與道士金宗明、土作頭兒侯林兒，以及夥計賁四、秀才溫葵軒、道士石伯才等。其中，敘述較詳的事件發生在西門慶和書童之間。書童負責經理西門書房裏的禮帖信札，他「生的清俊，面如傅粉，齒白唇紅。又識字會寫，善能歌唱南曲」〔註367〕。書童是如此地姣媚，而其主人又性慾強烈到不分男女、皆需與交的地步。一日他在主人面前替人說事：

〔註364〕《癡婆子傳》卷上。
〔註365〕《情史·情外類·馮子都》。
〔註366〕《西諦書話》，第97頁。
〔註367〕《金瓶梅詞話》第三十一回。

西門慶見他吃了酒，臉上透出紅白來，紅馥馥唇兒，露著一口糯更牙兒，如何不愛？於是淫心輒起，摟在懷裏，兩個親嘴咂舌頭。那小郎口噙香茶桂花餅，身上薰的噴鼻香。西門慶用手撩起他衣服，褪了花褲兒，摸弄他屁股。因囑咐他：「少要吃酒，只怕糟了臉。」書童道：「爹吩咐，小的知道。」兩個在屋裏正做一處。（圖 127 至圖 128）忽一個青衣人，騎了一匹馬，走到大門首，跳下馬來，向守門的平安作揖，問道：「這裡是問刑的西門慶老爹家？」那平安兒因書童不請他吃東道，把嘴頭子撅著，正沒好氣，半日不答應。那人只顧立著，說道：「累門上哥稟稟進去，小人還等回話。」那平安方拿了他的轉帖入後邊，打聽西門慶在花園書房內，走到裏面，轉過松牆，只見畫童兒在窗外臺基上坐的，見了平安攆手兒。那平安就知西門慶與書童幹那不急的事，悄悄走在窗下，聽覷半日。（圖 129）聽見裏邊氣呼呼，「跐」的地平一片聲響。西門慶叫道：「我的兒，把身子調正著，休要動。」就半日沒聽見動靜。只見書童出來，與西門慶舀水洗手，看見平安兒、畫童兒在窗子下站立，把臉飛紅了，往後邊拿去了。〔註368〕

五房潘金蓮慣會爭風吃醋，知曉此事後把書童都看成了自己的情敵，心懷怨忿。不久，潘氏指使手下丫鬟春梅差點兒把書房中的一對兒當場「捉姦」。等西門慶一過來，潘金蓮就理直氣壯地埋怨道：「賊沒廉恥的貨。你想有個廉恥，大白日和那奴才平白兩個關著門在屋裏做什麼來？到晚夕還進屋裏，還和俺每沾身睡，好乾淨兒！」（圖 130 至圖 131）西門慶竟也心虛起來，否認道：「我那裏有此勾當？我看著他寫禮帖兒來。」潘氏依然不饒：「巴巴的關著門寫禮帖，什麼機密謠言！什麼三隻腿的金剛、兩個鯨角的象，怕人瞧見！」〔註369〕真不愧是伶牙俐齒，潘金蓮的這番話生動反映了當時社會裏妻妾媵姬們對於丈夫男色活動的真實感受。（圖 132）

6.《繡榻野史》

此書為萬曆年間風流才子呂天成的少年遊戲之筆。主要情節是揚州秀才姚同心自號東門生，以小於自己十幾歲的趙大里為契弟，兩人相昵相愛。東門因而主動提供方便，撮合大里與自己妻子金氏相交。金氏受創深巨，東門心有

〔註368〕《金瓶梅詞話》第三十四回。
〔註369〕《金瓶梅詞話》第三十五回。

不甘，便設計將大里寡母麻氏接來家中，誘而通之。（圖133）自此兩家合為一家，淫亂交媾無度。最後麻氏、金氏死於淫，大里死於疫，東門痛悔前行，出家苦修。

《繡榻野史》在戒淫的點綴下以恣意之筆宣淫，書中這樣描寫東門生對大里、金氏的撮合：

> 一日，東門生和大里正吃酒飯，來喚金氏同坐。金氏搖頭不肯，道：「羞人答答的，怎麼陪了人客坐？」東門生笑起來道：「他便叫做我的阿弟，就像你一樣的老婆，都是我戲過的，說甚麼羞人？」金氏掩著口笑道：「你和他有些緣故，我和他甚麼相干，怎麼好與他同坐呢？」東門生道：「不要論長論短了。」方才走來同坐，因此上三餐定同吃。後遇東門生生日，三人同坐吃酒，大里、金氏偷眼調情，兩人慾火不能禁。大里假意將箸失落地上，拾起時，手將金氏腳尖一捏，金氏微微一笑。金氏取楊梅一個咬了半邊，剩下半邊在桌上，大里見東門生不來看，即偷去吃了，金氏又微笑一聲。看晚酒散，兩下別了。雖日親近，只是有些礙東門生，又沒個冷靜處在兒，兩下裏思量，真是沒計較。

> 一日，東門生和大里在書房裏說起幾年幹事的趣向，東門生把桌拍的敲上一聲，道：「我怎能夠天下極妙的婦人，著實一幹，方才暢快我的心。」大里道：「阿嫂的標緻也是極妙了，哥還要尋那一個。真叫做得福不知，又叫做肉吃厭了思量菜吃。」東門生道：「阿嫂新來的時節原好看，如今也不見怎的了。」大里道：「依我看起來，便是如今滿天下也決沒有像阿嫂的。」東門生笑道：「阿弟道他美貌，怎麼不眼熱呢？」大里笑道：「親嫂嫂便眼熱也沒用。」東門生道：「我肯，有甚麼難？當初蒼梧饒娶了老婆，因他標緻，就讓與阿哥。難道我不好讓與阿弟麼？」大里笑道：「哥哥若做了蒼梧饒，小弟便是陳平了。只不知阿嫂的意思怎的？」東門生道：「婦人家都是水性的，若論阿嫂的心，比你還要些哩。你便晚頭依舊在這書房裏睡了，我就叫他出來。」大里連忙作了兩個揖，道：「哥哥有這樣好心，莫說屁股等哥日日戲，便戲做搗白一般直衕捅，也是甘心的。這好意思，怎麼敢忘記了，我且去望望娘又來。」東門生道：「正是。」大里跳鑽鑽的去了。東門生就進房裏來，見金氏吃過中飯，正要脫下

衣服去睡。東門生抱了親一個嘴，……金氏笑問道：「方才大里說甚
麼風月的話，哄的你這樣興動。便說說與我聽，待我發一發興。」
東門生道：「當初我與他炒茹茹，他還嫌我的龜大，又怪我射的長久。
過了兩年，他的龜倒大似我的，又賣弄自家許多本事，道會整夜不
泄。和他戲的婦人，定弄得龇龇腫破！」……東門生就摟了金氏，
道：「我這心肝的騷龇，必須等這樣大龜戲，才有趣哩。」金氏聽了，
十分過不得，道：「你不要說了，我骨頭裏都酥去了。你稱讚他這樣
本事，待他安排得我討饒，我方才信哩。」東門生道：「晚些我叫他
來書房裏，和我心肝一睡，好麼？」金氏閉了眼，點頭道：「我要死
了。」東門生道：「我心肝這樣愛他，怎麼一向不和他弄弄？」金氏
道：「方才是你說的，怎麼道我愛他。便是我愛他，又十分愛你，怎
麼分了愛與別人呢？」東門生道：「他和我極好的，你是我極愛惜的，
你兩個便好好何妨。我就約他來，只是你用放出手段，弄得他倒。
明日待我笑他，不要等他賣嘴才好。」……〔註370〕

　　東門生的言行一般人是難以想像、難以理解的，而有些同性戀者卻會視為
平常。這集中反映了這些男風中人的忌妒心的缺乏，關鍵之點是他們缺乏對自
己妻子的獨佔性的愛，卻能從自己、妻子和同性戀夥伴之間的雜交當中感受出
一種特別的、新異的刺激與滿足。

　　在明清豔情小說裏，將妻妾與同性戀夥伴共享的情節已經形成為一種模
式，變得套路化了。「這些書中，凡男主人公好龍陽，大多數是妻妾與龍陽交相
淫亂，不以為恥。如《桃花影》中，丘慕南以魏玉卿為龍陽，將妻花氏供玉卿泄
慾；《桃花豔史》中，白守義愛姜勾本，為得其歡心，拱手送上自己的妻妾；
《歡喜緣》中，崔隆以吳蕊為龍陽，任吳蕊與自己的妾及妹歡媾。更有甚者，
在《碧玉樓》、《春情野史》中，王百順、點子漢出外時，乾脆把妻妾丫鬟都移
交給自己的龍陽君使用。這類事，在現實生活中未必沒有，但絕不會如此同出
一轍。我們以前對才子佳人小說的慣套作了多方面的總結，而對寫色情淫穢的
小說的慣套卻從未涉及，這不能不說是小說研究中的一個缺陷。」〔註371〕

　　明代其他豔情小說如《浪史》、《昭陽趣史》、《海陵佚史》、《歡喜冤家》、
《別有香》、《玉閨紅》等也都有同性戀的情節內容。

〔註370〕《繡榻野史》卷之一。
〔註371〕《中國禁燬小說百話》，第83頁。

以描寫男色的程度方式劃分，大致可把明代相關小說歸結為四類。第一類，以《宜春香質》、《弁而釵》為代表，內容主題就是同性戀，存在露骨長篇的具體性描寫。第二類，以《金瓶梅》、《繡榻野史》為代表，主題為異性戀，但由於作品的整體氛圍色情淫褻，因而攙雜其中的同性戀描寫也不時穿文現出。第三類，以《型世言》、《檮杌閒評》為代表，作為一般的世情小說，異性戀內容是主體，同性戀是不可缺少的補充，而行文則通常還不至于令人掩目。這可以《檮杌閒評》第十二回魏進忠和侯七官相交結的過程為例文：「記完帳目，已是傍晚。七官取酒來，吃了數杯，進忠覺得困倦要睡，遂收拾杯盤討茶吃了。進忠道：『我獨宿甚冷靜，你何不出來相伴？』那七官卻也是個濫貨，巴不得有人招攬他，便應允道：『我去拿被來。』進忠道：『不消，同被睡吧。』二人遂上床同寢，共相戲謔，摟在一頭去睡。」第四類，以《三國演義》、《水滸傳》、《西遊記》為代表，它們分別屬於歷史演義、英雄傳奇和神魔宗教小說，由於題材特點，所以不易去寫同性戀方面的內容。明末張大復就曾針對《水滸》發表評論道：「《水滸傳》何所不有，卻無破老一事。非關缺陷，恰是酒肉漢本色如此，以此益知作者之妙。」〔註372〕「破老」指《逸周書·武稱解》中的「美男破老」，是同性戀活動的一個代稱。英雄綠林們整天想著要去替天行道，殺人放火，哪有工夫去進行什麼分桃斷袖？

（二）戲劇

明代戲劇繁榮，除去延自元朝的北曲雜劇，以崑腔為代表的南曲傳奇更是日臻精妙，逐漸在士大夫們的聲色之娛中佔據了愈來愈重要的位置。南曲興盛於江南，劇本作者也多活動於南京、蘇杭、揚州等城市，梁辰魚、沈璟、湯顯祖等都堪稱大家。

戲劇是表演藝術，需要展示於大庭廣眾之前；同性戀則按一般理解應是暗室行為，會儘量避人耳目。但明代許多劇本當中卻時可見到同性戀情節，甚至就像劇中文士最終能中狀元娶佳人一樣成為了一種俗套。戲曲理論家李漁曾針對性地記述道：「插科打諢處，陋習更多。主人偷香竊玉，館童吃醋拈酸。謂尋新不如守舊，說畢必以臀相向，如《玉簪》之進安、《西廂》之琴童是也。」〔註373〕這種現象在一定意義上反映出明人對同性戀是習以為常、自然以待的。

〔註372〕《梅花草堂筆談·卷十一·破老》。
〔註373〕《閒情偶記·卷二·科諢惡習》。

正如李漁所談，同性戀情節主要集中於科諢，而主僕同性戀又是其中特別經常的話題。這方面的例子，如：

陸采《南西廂記》第三十齣：「（生）飯不要吃了，打掃房兒，你就在我腳後睡。（淨）官人欺心，今夜沒了小姐，著俺替。俺還不曾梳攏，不替不替！」

《五鬧蕉帕記》第五齣：「（丑上）昨宵串戲上高臺，無賽。搽脂抹粉恁恢諧，不像。嘴邊鬍子長出來，改外。這翻有紙沒人揩，白帶。（淨）狗才，你又不是婦人，怎麼有白帶？（丑）卻又來，我又不是個婦人，你半夜三更打門敲戶尋我貴幹？（淨）你隨我去請個太醫來。（丑）我的痔瘡又好了，要那太醫何用？（淨）呸！奶奶暴疾，故此去請太醫。」

《西樓記》第二十齣：主人在書房獨坐，忽然燈火被風吹滅，於是喚僕人道：「文豹，點火來。」文豹上場，戲問：「相公，敢是要我應急麼？」

有時婢僕之間會互相嘲弄。《玉合記》第十七齣，丑角小廝先是取笑貼旦丫鬟春心難鎖，丫鬟聽後不甘示弱：「（貼白）這小斯，我也唱個曲兒贈你。（丑）也好，也好。（貼）小哥哥，後庭花早發，背地和人刮。好處把頭抓，忍處將胸掐。幾番兒吹地，坌得那雙眼瞎。（丑倒地哭科）你髒污我死了。（貼）癡孩子，我打桃子你吃。（丑）要你吃半個，我吃半個。（貼）你還要啖我以餘桃哩。」

有時僕人還自作科諢。《懷香記》第二齣，書童、琴童二僕上場後白：「書童生得清標清標，琴童且又蹺蹊蹺蹊。畫堂終日把臀搖，薰風盛忒妝喬，家主見也難饒。」

除去僕人，僧人同樣時而在同性戀科諢中出現。元代王實甫創作有著名的《西廂記》雜劇，明代為適合南曲演唱而產生了幾種傳奇改本。李日華《南西廂》第五齣裏，法聰和尚和他的師父法本曾聯作一首歪詩：「我師父說道：『獨坐禪房靜，忽然覺動情。』我說：『師父，休得出此語，窗外有人聽。』我師父說：『出家皆如此，休要假惺惺。開了聰明孔，好念法華經。』」陸采《南西廂》第六齣，張生到普救寺閒遊，遇到法聰。「（相見科）（淨）官人何來？（生）張珙至此，一來瞻仰佛像，二來拜謁長老。（淨）小僧便是長老。（生）看你的嘴臉！（淨）咦，你道我嘴臉不好，做不得長老？我一生虧了這花臉。（生）怎的？（淨）和尚不仁，見好的便要欺心。小僧若沒有這個花臉，受盡了師父的苦楚。」法聰的師父法本才是寺中長老，按法聰的意思，如果他長相清俊，難免是要常受師父侵擾的。不過法聰本人實際也並非操守清潔，接下來

第七齣中的一段對話表明他和自己的徒弟法朗就是一種不清不白的關係：「（淨）徒弟，你在這裡做什麼？（丑）我掃地。（淨）徒弟，掃地有個方。（丑）什麼方？（淨）別人掃地彎曲了腰，和尚掃地直了腰。（丑）為何？（淨）和尚曲了腰，難為小和尚。譬如徒弟曲了腰，教我的小徒孫，在下頭蕩來蕩去也難熬。（丑）師父，我若直了腰，你又不快活哩！（淨）直說出本相來。師公來了，閉嘴！」

《續西廂升仙記》是《西廂記》的續作，主要人物的結局與原本完全不同，其中同樣寫有同性戀情節。在第四齣中，張生的僕從琴童請法聰作媒說親，法聰便向琴童提條件，先講自己不需要銀錢，又講不需要布帛，琴童便道：「我知道了，你只好南風，待我尋一個俊的小廝與你。」法聰回：「小徒未老還堪用。」就是說他已把徒弟收作男寵，那方面也已沒有什麼需要。最後這一位色僧才明講：如果說媒成功，他也要和新人有一夜之歡。原來法聰是一個南北兩道可以同時兼走的雙性戀和尚。

一部《西廂記》的相關劇本就涉及到了如此多的僧人男風，而徐渭《歌代嘯》雜劇還要更加集中一些。在《歌》劇第一折，張、李二僧是一對師兄弟。張對李講雖然男女之交符合人道，但僧俗有別，僧人若與婦女姦通，不僅有違佛律，而且事發後還將受到官府責罰。然後李、張二人的對話中便開始不時出現「旱路」〔註374〕上的事情：

> （李向介）師兄雖說得是，但既名曰道，便該無物不有，尤該無時不然才是。（張笑介）天下可盡之道尚多，何必拘定此道？（李）此外道復何在？（張）難道李賢弟尚未盡過？豈不聞四書上說得好：瞻之在前，其交也以道；忽焉在後，深造之以道。苟為不得，求之以道；欲有謀焉，得其心有道。非吾徒也，循循善誘人。取諸宮中，綽綽有餘裕。如不容，請嘗試之。將入門，援之以手。其進銳者，不能以寸已，頻蹙曰：有慍乎？徐徐云爾，無所不至。喜色相告：無傷也。及其壯也，故進之，故退之，盡心力而為之，未見其止；力不足者，苟完矣，苟美矣，以其時則可矣，將以復進。或問之：樂在其中，有以異乎？曰：亦人而已矣。（笑介）得其門，欲罷不能，雖有善者，惡吾不與易也。此道之謂也。（李笑介）妙妙！是或一道也。（背介）原來這賊禿水路既窮，又要走旱路了。（向張

〔註374〕與「水路」相對應，指同性性交。

歎介）吾之不得與於彼道，命也！但那些俗子也太便宜了他，既有妻，又有妾；既有妾，又有婢。若與道獨親，那俗妻又吃醋拈酸，偏使他不可以為道，卻是為何？（張）這正是他每各盡其道處。一個要博施於人，一個要皆備於我，正所謂道不同不相為謀也。（李笑介）更妙！弟聞人講道多矣，未有如此痛快者。妙！妙！昨又有一事，我從本州衙前過，只見州里太爺衣冠不整，慌慌張張從裏面跑將出來，隨被奶奶趕上，揪著耳朵兒進去。只聽得州爺說：「奶奶，還與我留體面。」又聽得奶奶說：「歪材料，誰教你去偷丫頭！」連打帶罵，扯進去了。師兄，你說麼，道中既有此苦，便不盡他也罷，何必求道太殷，何不望道未見。（張笑介）這還是州爺走的道路差了，他堂上有許多門子，倘肯走我等適間所講之道，那有此禍？畢竟是我們的道理好，他不能及。（李）他此一道雖不及咱，（伸手抓介）那把刀勝你我多著哩！將回去起屋置田，事事便益，你我拿甚的去比他？（張）任他起甚大房，沒有佛殿大；隨他置下多少田，沒有香火田地多。（李）俺們的香火地在何處？（張唱）

【村裏迓鼓】若論起當日田園，可也十分氣概，連阡整陌，誰承望一絲不在。（李）卻是為何？（張唱）也只因暴殄特多，才生事故，合當頹敗。（李）願聞其詳。（張唱）衝一味的酷愛摴蒱，太貪杯斝，死戀裙釵。（李）風流呀！（張唱）光頭皮，那見他風流骨格？

（李）師兄，適間所講之道，師父豈有不知，又去戀那裙釵怎的？（張）他不知如何肯與賢弟盤桓？（李笑介）又寫在我的帳上來了，未有弟，先有兄來。（張）你師兄是妻死後出家的，難道遞不得這張免票？（李背介）這禿驢不打自招也。（向介）師兄，今日也還想那在家的道味麼？（張唱）

【元和令】我只為曾飽嘗些滋味來，到如今渾不睬。（李）也虧你忘懷。（張唱）我不是死灰槁木硬心懷，也是沒機緣無計策。（李）灰不死，恐還要燃；木不槁，恐還要發。（張）起初尚慮如此，如今手頭空了，便要學師父去戀一戀也難了。賢弟，比當年也覺得蒼古了。（李背介）可惡！這禿驢只管打抹我。（張）人都怕你我和尚狠，又不肯送徒弟來了。漸覺的槍也不疾，馬也不快，連那一道也覺得淡了。（唱）因此上恪遵戒律苦持齋，倒清閒了這數載。

（李）如此看來，師兄兩道俱廢也。還是你，我則不能。難說
人就沒些道氣兒？

馮夢龍《酒家傭》第二十六折，道士唱：「仙自有真仙侶，道豈無同道
妻？這是抽添水火陰陽理，採真陽擁抱著香童背。」僧人唱：「俺單受個邪淫
戒，怎禁他色鬼迷？師徒每常做聯床會，姑婆等盡結兒和妹。」僧罵道：「賊
道自有香童，壞佛法，反纏釋子。」道罵僧：「禿驢不看徒弟，惹風騷，去亂
章臺。」

男色戲謔之中僕人、僧人之所以出現較多，當然有一些具體原因。就僕人
而言，主要是由於主僕同性戀普遍存在，廣為人知；就僧人而言，一方面寺廟
裏的南風確實不為不烈。另一方面，同性戀行為不符合僧侶應當嚴格遵守的戒
慾準則，口頭所誦與身體所行完全相背，這種強烈反差很容易引起人們探究瞭
解的興趣，從而有關情況也就易於傳播，甚至會以一說十，以訛傳訛。

其他像《明珠記》有對茶童和驛丞的取笑，在第二十五齣，末奉主人之命
欲入驛站中堂打探情況，淨、丑當時正在守門。「（淨、丑）兒家門戶重重閉，
春色緣何得入來。你是何人，撞入中堂，有何緣故？（末）小人是茶童。（淨）
吓！怕沒有婦人，要你男子漢入去。（末）你不知，驛中常年是俺煮茶，並沒
有婦人。（丑）你驛丞的老婆在那裏？（末）沒有老婆。（淨、丑笑）你便是他
的老婆了。放你入去，不要則聲。」

《牡丹亭》第三十三齣戲寫地獄裏判官（淨角）對好男風者（外角）的處
罰：「（淨）你是那好男風的李猴，著你做蜜蜂兒去，屁窟里長拖一個針。（外）
哎喲，叫俺釘誰去？」

甚至連至聖先師孔子都會受到牽連。《論語·陽貨》曾載：「陽貨欲見孔子，
孔子不見，歸孔子豚。」陸采《南西廂》第三十一齣裏有一位不肖舉人，據此
作了一篇應試文章，其中寫道：「陽貨饋孔子豚，孔子曰：『吾老矣，不能用也。』
不曰白乎？曰猶白雪之白也。使子路共之，三嗅而作。請何向，曰苟錯諸地而
可矣。始作翕如也，縱之純如也。不能退，不能遂，突如其來如。子曰：『於
我如浮雲，吾不知其乘風雲而上天也。』子樂。」「豚」應按「臀」來理解，
所寫實際是講肛門性交事。無怪考官看後大怒：「畜生！侮聖言該死，皂隸與
我亂棍打出去。」試想在演戲的過程中竟會出現如此情節，在純儒道學看來這
是何其放肆無忌！

關於戲劇的同性戀戲謔還需說明幾點：第一，插科打諢之類的內容講起來

靈活自由，可以隨時進行變動；況且有些劇本並不適合於舞臺表演，而只是案頭文學。因此，本子當中的戲語未必一定會在舞臺上說出。第二，同樣，由於科諢的靈活性，本子當中沒有的戲語也可以由優伶即興編來。第三，不少同性戀戲謔或明或暗地會涉及同性性行為，顯得缺少莊重，體現了當時文學中的一種色情化傾向。

上述戲劇中的同性戀科諢皆非全劇的主體，而只是在劇本中片斷出現。除去此種形式，明代還曾產生過多部專門描寫男風的劇作。以歷史為題材的前面已有介紹，如佚名《龍陽君泣魚固寵》、王驥德《男王后》等。以現實為題材的，佚名所著《男風記》整本已佚，不過《群音類選》官腔卷二十六收有二段佚曲，尚可窺其一斑。第一段寫書生對孌童的迷戀：「【梁州序】青春丰韻，黃昏光景，迅速那堪孤冷。書齋獨坐，何期文旆相臨，況有這丰姿秀麗、體態輕盈，一似牆頭杏。使吾心太喜，戀芳卿，妻在蘭房且暫停。（合）院宇深，亭臺靜，須臾意洽諧秦晉。情兩好，總前定。【前腔】勞如登嶺，艱於穿井，又辱衝寒俄頃。慚無美質，何當幸遇豪英。拚得個捐軀答報，刎頸交遊，朝暮來相並。可人知趣者，孌常經，隨意歡娛盡奉承。（合前）【前腔】市廛間執手陪行，郊野外躬身承應。但得終始不渝，疾徐惟命。強似那嬰童狎婦、客旅爭娼，阻敗陽臺興。古人曾尚此，謾嫌憎，膠漆陳雷可據憑。（合前）【前腔】坐堂前認作賓朋，歸室內充為妾媵。這便宜行事，忻然無競。卻咲他男妝女態，著處污淫，驚恐如投阱。主翁推二理，甚分明，陸路安然水路傾。（合前）【節節高】聽他輕輕作鳳聲，正和鳴。高杯滿酒深相敬，柔逢硬。把鑽鑽，將釘釘，前推後擁都相稱，想溫泉傾瀉無餘剩。異哉春月遇重陽，使咱們豎起褌中撐。【前腔】屯軍守洞庭，戰還耕。玉山並處尋門徑，真形勝。側畔光，中央淨，當場混殺無奇正。出昆岡染了瘋癩病，只圖引水灌低城，不堤防遍體沾泥濘。【尾聲】歡娛莫管他人聽，這風流今宵再整，只恐你日久情疏又變更。」

第二段寫妻妾講孌童的缺點和自身的優點：「【北寄生草】中出穢，黃於醬。外加涎，白似漿。解褌靠凳呆形狀，腿酸腳軟又恐人來撞。怎比我羅衾繡褥起春風，溫香膩玉受用多舒暢。【前腔】身赤赤，掀開帳。膝精精，跪在床。面朝脊背無情況，他問言答語須要回頭望。怎比我妖嬈纖手抱君眠，鶯交燈下咲臉常相向。【前腔】摩兩乳，焉能壯。覷雙蹄，且是長。腰間厥物堅如懟，總然拴住也有三分強。怎比我蘭胸藕腕柳腰肢，金蓮小架在郎肩上。【前腔】

羹數碗，襟懷曠。酒千鍾，體態狂。專收白蠟何爭放，些些主意自把真元喪。怎比我，上滋下補睡沉沉，陰陽配合久戰身無恙。【前腔】毛勝大，如柴憨。腎皮寬，如布囊。木樨花賞番和尚，痔瘡作癢每每求人扰。怎比我生成淺暖緊香乾，可瞧可嗅可舔都停當。【前腔】年紀大，唇消絳。利名空，臉帶瘡。髭髯漆黑光兒樣，那時醜陋與你難相傍。怎比我，花容不老肯從君，大妻小妾到底隨夫唱。」

兩段合在一起，變童是好是壞就說不清楚了。不過從基本傾向上看，《男風記》對男風應是持讚賞的態度。

黃方胤所著《陌花軒雜劇》共十折，其中第九折名為《變童》，專寫把賣身作為一種謀財手段的小官變童的面目。

這位小官「姓皮名嵩，別號三就，年方一十五歲」。他廣交厚取，每天「陪張三回李四，常恐李勝於張；辭趙二留王八，又愁王不如趙。恨不得百家姓，個個都成相識；恰爭奈一身兒，日日應接難周。只為孔方念重，不惜遺體遭殃」。一次，牽頭（皮條客）尹仁欲給皮嵩介紹一位福建客商，但皮卻賣弄身價，見無贄見之禮，便一口回絕，還以為自己受到了輕視。尹仁訕訕而出，恰在街上碰到了蘇州客官常文史。常是個「生平癖性，窩寐變童」的富商，他昨日曾偶見皮小官「扭頭捏頸，一團騷趣；徘徊顧盼，意在撩人」，便想請尹仁幫他撮合。常、尹相見，尹仁得知常文史的來意後提醒道：「只是這小官有些好者，又養漢又撇清。方才我正同個朋友去望他，他怪無贄見之禮，就不見他。」常趕緊表示：「這也容易的事，我如今包三錢銀子，一條汗巾送他便了。」尹仁又去通報，皮嵩見有利可圖便在自家請常、尹喝酒。酒酣之際，尹仁謂：「皮二哥，夜深了，常兄在此睡罷？」皮小官此時想的卻是錢鈔還未到手。

皮：「不曾稱歇錢哩。」

尹：「我明日來自有處。」

皮：「見賜些現的罷了。」

常：「我這裡三錢銀子，權作薄敬，明日再謝。」

真所謂見錢眼開，皮嵩至此就很高興地請常文史留宿下來。《變童》情節簡單，也沒有多少文學性。不過對小官的刻畫卻能夠反映當時社會的一個方面。再如：

皮：「南風日競賽鴻秋，親也容留師也容留，招搖市過逛風流。張也凝眸，李也凝眸。」

皮：「割袖歡娛重昔年，風流不獨在嬋娟。潘鬢沈腰疇不羨，餐桃擲果眾爭妍。慚予不似六郎貌，錯愛虛傳較勝蓮。旦夕華門驚倒屣，案頭堆積識荊箋。堂上笑誇誰快婿，青樓側目暗情牽。座中莫道容魚目，下榻須知定鳳鶵。只為性鶩攻讀懶，芸窗隨喜結人緣。」

尹：「近日南風盛，少年不害羞。見錢解褲帶，忍痛幾回頭。」

明人的男風劇作有些已佚。以歷史為題材的，沈璟《分柑記》第二章第二節已經介紹。另外，金懷玉作有一部《繡被記》，祁彪佳著錄曰：「東漢王忳遇金彥于旅邸，邂逅託以生死。忳卒葬彥而卻其金，蓋大節也。奈何以鄙褻傳之，令觀者如墮雲霧中。」〔註375〕所謂「以鄙褻傳之」，想來就是把王、金的旅邸邂逅寫成為斷袖之交了。按此事本事《後漢書‧王忳傳》有載，謂：「王忳字少林，廣漢新都人也。忳嘗詣京師，於空舍中見一書生疾困，憫而視之。書生謂忳曰：『我當到洛陽，而被病，命在須臾。腰下有金十斤，願以相贈，死後乞藏骸骨。』未及問姓名而絕。忳即鬻金一斤營其殯葬，餘金悉置棺下。」後來王忳義葬金彥而不取其金事為眾所知，「忳由是顯名」。據此，王─金之交是光明正大的，可金懷玉卻以己意進行了推衍，在《繡被記》中加入了本不存在的情節。佚名《分錢記》則更甚，完全是進行杜撰。祁彪佳曰：「此是末了傳奇，非劇體也。鄭生狎朱溫子名友珪者，田令孜從中幫襯，極龍陽之態，此必有所指。」〔註376〕按朱友珪是後梁太祖朱溫之子，田令孜是唐僖宗時的權監。令孜死時，友珪方只四五歲。所以從時間上看，《分錢記》中的故事是根本不可能發生的。

以現實為題材的男風佚劇，吳禮卿作有一部《孌童公案》，《遠山堂明劇品‧能品》評謂：「孌童之曲，《男后》奇矣，至《分柑》而暢，此亦可見一斑。曲不無失韻處。真子方泣前魚，遂爾經雉歡場，止為孽債耳。作者喚醒之思，深矣。」

（三）詩詞

徐學謨所作《頭陀生行》是明代一首著名的同性戀長詩，實有所指，感慨不盡。短詩同樣能表現由男風而生出的各種情緒。

蜀口舟中鄂君入夢
兩眼秋靈妙體裁，烏雲一綰玉皚皚。

〔註375〕《遠山堂明曲品‧具品》。
〔註376〕《遠山堂明劇品‧能品》。

扁舟那得如青翰，驚詫仙兄覓我來。〔註377〕

這首詩描寫了一個男色夢境，作者王思任的感覺是：「素昧平生，妙極。」

> 贈賴篤生
>
> 萬秀千清更百芳，紅霞罩玉出衣雲。
>
> 神仙八素查丹籙，才子三餘寄典墳。
>
> 上苑高眠宜斷袖，南窗寄傲願書裙。
>
> 越人慣會歌山木，何幸瑤枝一傍君。〔註378〕

這首詩表達了一片愛慕之意，語調輕快。而下面一首的情緒則大不相同。

> 詰顧生
>
> 朝登塊垣上，往事已非今。
>
> 新燕舞未歇，前魚泣不禁。
>
> 豈知青眼盼，翻作白頭吟。
>
> 荮菲拚相棄，何論夙昔心。〔註379〕

此詩採用了泣魚的典故，在原故事當中，泣魚並未真的成為事實，魏王對龍陽君的寵愛彌篤愈深。而此詩作者看來是體嘗到了被所歡拋棄的滋味，詩名用一「詰」字，其對舊情雖然投入也只能是無可如何。而有的人在對待同性戀的問題上就並不願意採取太過認真的態度，以免自取其苦。

> 夏日同友戲
>
> 扁舟蕩漾手親操，共摘蓮房對濁醪。
>
> 好語玉郎須著意，他年慎勿比餘桃。〔註380〕

這首詩雖然也表示了對戀情的珍惜，但既是戲作，作者對將來大概是沒有把握的，想必心裏已經做好了隨時放棄的準備。

從明確性來講，同性戀詩歌大致可分兩類。一類，詩中使用了分桃、泣魚、龍陽、斷袖之類的語詞，或有其他方式的明確說明，從而這類詩可以肯定是與同性戀相關。〔註381〕另一類則含義模糊，詩中雖然也表達出了深厚的情誼，但是否因男風而作就不好確定了。

〔註377〕《文飯小品》卷二。

〔註378〕《文飯小品》卷二。

〔註379〕《灑灑篇》卷之四韻語。

〔註380〕《灑灑篇》卷之四韻語。

〔註381〕但以同性戀典故來喻寫異性戀感情的詩歌也並非必無，例如《詰顧生》就有這種可能。

懷友

憶別羅江上，於今又隔年。

參商分卯酉，魚雁阻天淵。

月夕忝新恨，風晨憶舊緣。

相思惟有夢，幾度到君邊。〔註382〕

喜王生再至

已道成離別，思君獨愴神。

寧期忝病裏，復對意中人。

笑語情愈密，偎依興轉頻。

挑燈清漏永，恍忽夢相親。〔註383〕

贈指環

贈郎雙指環，此意郎知否？

願逐掌中珍，把握從郎手。〔註384〕

　　這幾首詩到底表達的是親密友情還是同性戀情？在沒有更進一步線索的情況下是難下定語的，這和《詩經》中《風雨》、《蒹葭》等的情況正好相似。並且有些明詩還有一個特點，即詩作者的性別有時難以確定。如《詰顧生》和《喜王生再至》分別為劉元和李元所作，一般情況下應當視為男子。但明代不少多才多藝的娼妓，她們卻有著顯示男性色彩的名字，據《金陵妓品》所載，楊超、衛朝、鍾留、崔六、楊元等人就都為南京名妓，可她們的姓名卻讓人乍看會以為是男子。而這些妓女又是明代婦女中才藝水平較高者，寫幾首情詩對她們而言當為易事。因而，現在對明詩內容的判定便有了特殊困難之處。〔註385〕

　　不過在《宜春香質》、《弁而釵》等同性戀小說當中，不管詩詞本身如何，我們都能肯定那是在描寫男風。《宜春香質》對放浪小官採取的是批評態度，其詩詞就表現得相當貼切。風集開頭寫小官們朝三暮四的品性：

　　　　蕩情年少，似楊花著處留戀。故妝盡妖嬈，風騷賣遍。蝴蝶枕

〔註382〕《童婉爭奇》卷中。

〔註383〕《灑灑篇》卷之四韻語。

〔註384〕《灑灑篇》卷之四韻語。

〔註385〕筆者後來查檢萬曆間張夢徵所編《青樓韻語》，其中不但劉元、李元，就連《夏日同友戲》、《贈指環》的作者金端行、高迴吾（《韻語》作高鳳翔）亦為女妓。如此，則《夏日同友戲》中的「余桃」係指因色衰而見棄的女子，非關男色。

前，顛倒夢杜鵑。被底溫柔天。嘗滋味，夜夜做新人，心所願。　朝三三，三不厭。暮四四，四欣羨。猛撞著魔頭，風流過犯。正人棄擲羞為伍，流落窮途受苦難。問世上，如今作嫩郎，蕩可賤。

花集開頭寫小官們以身謀財的貪欲：

梟薄惡娶，反臉便無情義。哄得人兒上樓，便掇梯兒去。有錢有酒相隨，財盡掉臂矣。百般相契，獻豚請搗，都為誑錢生活計。　機括太熟，逢人便施拖刀計。閃殺多少情癡，破產心不悔。乖戾到頭有報，陡的冤家至，狹路難避。抽腸活剝，大快人心警當世。

《弁而釵》讚揚男風，其情貞紀第一回描寫同性戀夥伴之間的貞情道：

既可雄飛，亦能雌伏，占盡風華。何須巾幗，遍地皆司馬。翩翩五陵年少，逞風流豔奪嬌娃。情酣處，也醉也醋，也肉也麻。　也慷慨情偏洽。憐同調，太山輕擲增加。妒風嫉雨，愈表性無他。誰是風魔學士，將情癡博得情佳。喜彈冠批鱗解難，萬載堪誇。

情烈紀第一回寫因情而死的小官的烈性：

生死繇來只一情，情真生死總堪旌。
以死論情情始切，將情償死死方貞。
死中欠缺情能補，情內乖張死可盟。
情不真兮身不死，鍾情自古不偷生。

情俠紀第四回，張機和鍾圖南別後難聚，互相思念。張生因「倣王建宮詞一七體《別》、《思》、《夢》、《怨》四首」：

別

別。灰心，結舌。魂黯然，氣鳴咽。長情短情，一惙再惙。鴛鴦譜相思，鶗鴂鳴冤決。淚落一滴一珠，馬行一步一折。曾聞有淚不輕彈，英雄到此應啼血。

思

思。不慣，難支。如醉夢，似顛譆。既去復來，倏定又題。撫弦怨欲絕，展卷意先悲。心灰腸斷在我，忘餐廢寢因伊。古往今來都抱恨，人生最苦是相知。

夢

夢。神交，情恫。留半枕，待一詷。莫往莫來，誰迎誰送？假寐尚如逢，臨征豈無愡。才驚藍橋水溢，又訝祆廟火狃。傷情最是

枝頭鳥，不管離人窗外弄。

怨

怨。易別，難見。慾火熬，凡心咽。咄咄書空，悠悠言唁。對月幾徘徊，臨風頻留戀。淚枯依然還滴，神傷幾曾不悁？阿儂也要斬情根，怎奈情根不受剗。

鍾圖南則「自張生從戎去後，甚是無聊，因題《自君之出矣》十二絕，以紀相思」：

其一

自君之出矣，無日不相思。
借問意中人，此情知不知？

其二

自君之出矣，咄咄日書空。
只見南來雁，不見大江東。

其三

自君之出矣，不言復不笑。
豈是畏人言，奈彼誰同調。

其四

自君之出矣，燈下惜伶仃。
照他偏有豔，對我故熒熒。

其五

自君之出矣，恨把鴛被廢。
不得叫合歡，獨覆相思魂。

其六

自君之出矣，牢騷怕問天。
自古情癡者，多是賦緣慳。

其七

自君之出矣，假寐亦如逢。
淚在人何在，徒自歎飄蓬。

其八

自君之出矣，恨殺碧流匯。

只會送行人，不澆相思壘。

其九

自君之出矣，悵悵欲何歸？
乘風化黃鶴，直向楚天飛。

其十

自君之出矣，揉碎薛濤箋。
不作姻緣譜，只傳別恨篇。

其十一

自君之出矣，歷把癡情寫。
不必笑尾生，我亦情癡者。

其十二

自君之出矣，彈劍唱驪歌。
一曲兩行淚，何處遇荊軻？

　　張、鍾的這些詩詞，如果不聯繫本事而只論內容，那麼明確寫同性戀的可謂無，具有同性戀色彩的可以包括《思》、《自君之出矣》其六、其十一等，其他就和表達摯友相懷思、情人相怨戀的作品沒有什麼區別了。這就提示出一個事實，即在大量的表達一般性的離愁別恨、愛怨悲歡的詩文當中，總會有一些是作者出於同性戀的感慨而作，甚至他們會借用異性戀的語言來寄託同性戀的思緒。只是作者不想明言，讀者也就永遠得不到答案罷了。

　　再回到《弁而釵》上來，情奇紀第二回中，李摘凡失身南院後，含痛忍辱，思親懷鄉，他所寫的幾首感懷之作很讓人讀後生憐。

旅夢

方作還鄉夢，覺來仍異鄉。
凍雲凝古樹，殘月照空床。
身為思親瘦，更因不寐長。
迢遙千里外，夜夜到高堂。

遊湖

畫舫乘風放，猶如鏡裏仙。
濤聲翻巨浪，帆影沒長天。
過眼浮雲亂，沿堤柳色鮮。

此時思故國，一望水連煙。

思親長短句

親在江南兒在北，可憐欲見不可得。

淒淒薄暮強登樓，獨坐寒窗觀雨色。

雨色沉，何時止？今夕思親愁欲死。

在文學作品和實際生活當中，時可見到原本清潔的少女被賣入青樓後依然以言辭或行動堅持她們的清潔。而像李摘凡這樣以男身而行妓事者，也要加入他們異性同行的行列，這倒可以給淫業中的「貞」人增添新的一類。其實不管對女妓還是男妓，這種情況下都要做兩方面的分析：一方面，有人確實如此，她（他）們因貧而賤，卻又以賤為恥，於是感傷身世不幸，悲歎紅顏命薄，在皮肉生涯中依然保持內心的一片純淨。另一方面，有些妓者被描寫得比良家子女還要美妙貞潔，對愛情的專一會達到「在天願作比翼鳥，在地願為連理枝」的地步，這當中描寫者多少是在受一種嫖客心理的影響。那些大老官們既然去嫖，就願意以為所嫖對象是如下凡的天仙一般，如李摘凡的恩客匡人儀曾題五絕數首以言摘凡之美：

題摘凡目

美盼從來少，星星兩鳳瞳。

含情猶剩事，到處識英雄。

題摘凡歌

歌喉發清響，嚦嚦拂雲流。

不是吹簫侶，如何引鳳儔？

題摘凡口

檀口羞樊素，櫻桃一粒紅。

鶯聲初起處，珠玉滿芳叢。

題摘凡顏

之子顏如玉，芙蓉不可班。

疑是嫦娥見，明月自珊珊。〔註386〕

能把色藝雙全的天仙牢控在手，使她（他）們對自己傾心相從，做起嫖客

〔註386〕《弁而釵》情奇紀第三回。此時李已「從良」，不過這幾首詩同樣可以反映其身在南院時的形容。

來更會覺著臉上有光。有時為了達到這一目的，嫖客和他們的幫閒對娼妓甚至是會去做人工宣傳包裝的。明末是出名妓和名嫖的時代，互相映襯，相得益彰，造作出的是多麼「繁華」的一個世界。

（四）散曲

散曲是元明盛行的一種唱曲體式，包括套曲和小令。套曲又稱散套、套數，由同一宮調的若干曲子組成，小令則通常只限於一支曲子。元人散曲的風格較為幽遠開闊，明人則更多地是去描寫風花雪月，女慟男哀。明人散曲的創作集中於江南一帶，在明朝中後期，江南士大夫們普遍去追求一種放達自適的生活方式，散曲創作很能把個中情調表現得淋漓盡致，於是名家大量湧現，《雍熙樂府》、《太霞新奏》、《南音三籟》、《吳騷合編》等曲集紛紛出版。作品內容主要是描摹男女之間的聚散悲歡，而作為一種不相矛盾的補充，男色套令也時或雜出其間，男女二色共同構成了明人戀情的整體。

文化名人馮夢龍曾經作有數篇以同性戀為主題的套曲，其中一篇《為董遐周贈薛彥升》讚美了董、薛二生的深刻相戀。〔註387〕只是喜好男風者情難專一，董斯張（號遐周）還癡迷於一位王小史，作曲以贈，直接寫到了兩男相交的場面。

> 【商調·二郎神】秋雲冷，正扁舟溪寒水靜，寂寞林煙棲鳥定。殘宵野夢，覺來初斷三更。萬種愁腸今夜領，忍不過孤形弔影淚珠凝。都為著送暖偷寒，去住關情。
>
> 【集賢賓】他如花顏色剛妙齡，恍猴山仙客吹笙。玉骨煙姿誰與並，皎臨風翠樹蔥菁。風流俊穎，更俏眼一江秋映。情願等，盼不到半霎兒僥倖。
>
> 【黃鶯兒】乍見喜逢迎，掩書齋不做聲，牽衣下跪忙相倩。他心兒欲應，口兒暫停，非關負約只是憐君病。俏卿卿，今朝就死也死在牡丹亭。
>
> 【簇御林】寬鴛帶，倚雀屏。逞嬌羞，倍可矜。鄂君繡被香魂剩，前生冤債今番訂。喜還驚，燈前細語怕有外人聽。
>
> 【貓兒墜】知心解意，真個惜惺惺。一段深情月下盟，前魚何必泣秋汀。停睛，歡會面無多，別緒縱橫。

〔註387〕見本書第 180～181 頁。

【尾聲】晚鐘才報愁難磬，與味蕭然似野僧。待黃菊開時好夢成。〔註388〕

在馮夢龍所結交知聞的文人圈內，同性戀者遠非一人，前面《情史·情外類》裏曾經記有伯起先生張鳳翼〔註389〕。張鳳翼曾講他於男色是「心經費得多」，他的一套同性戀散曲名稱就是《寫恨》，顯得很費心思。

【雙調·步步嬌】劣冤家多少迷魂處，頃刻難相離，情濃意似癡。暫喜佯嗔，乍來忽逝，暗地自支持。恩情但願常如此。

【江水兒】勝賞觀燈夜，佳辰解粽時。含香豆蔻當年事，風前月下相牽繫。醉鄉醒眼難拋棄，萬種離情愁思。回首從前，一一為伊牢記。

【玉山頹】為伊牢記，問伊家還須念茲。拿不住鏡裏花開，禁不住夢裏雲攜。盈盈一水。佹似回峰迢遞，聚首非容易。也應知這翻不是等閒期。

【川撥棹】曾知你殺風景的乖性兒，霎時間覆水難收，霎時間覆水難收。平白地心成死灰。把殘桃欲贈誰，泣前魚也任伊。

【錦衣香】掀翻了鸚鵡杯，顛倒了鴛鴦字。銷沉了惜玉心，玷辱了鏗金迷。溫柔鄉與合浦藍田都做丘坻，劉郎斂足武陵溪。路當險處，再不教迷。降魔劍近來都做了百鍊鋼的。肯教重繞指，東風傳示。千金一刻，此後休提。

【漿水令】野花枝東牆樹底，沒來由西鄰鳥啼。箕南斗北各天涯，參商牛女。會合分離，都勾卻，休說起。香臺禮佛將心誓。愁城下愁城下打破重圍，迷津裏迷津裏問個端的。

【尾聲】從教酒價高千倍，不飲須知奈我為。急發盞燈前也是遲。〔註390〕

張鳳翼還作有一套《題情》：

【南呂·十樣錦】〔繡帶兒〕燈兒下低頭自忖，消磨了幾個黃昏。夢回時殘月孤篷，花落後細雨重門。思省。〔宜春令〕是前生做下今

〔註388〕《太霞新奏·卷十·贈王小史》。
〔註389〕1527～1613，江蘇蘇州人。嘉靖舉人，著有《虎符記》、《紅拂記》、《灌園記》等多種傳奇。
〔註390〕《彩筆情辭·六卷·南散套》。

生，怕今生又欠來生。愁悶。怎討得一宵恩愛，暫了半生緣分。〔降
黃龍〕難論。無底深恩，月下花前，目成心允。幽期密訂，幽期密
訂，受盡了從前多少寒暄。〔醉太平〕心田。錯將紅豆種愁根，惡根
苗苦縈方寸。思量不盡，這千般旖旎，半天丰韻。〔浣溪沙〕性兒溫，
性兒順。最相應暗裏溫存。可憐冤債告無門，河陽天遠難投奔。〔啄
木兒〕何日方酬斷袖恩，絮叨叨說與你們。相逢非是言無準，匆匆
自恨情難盡。又早是雨打梨花深閉門。〔鮑老催〕此情未伸，花屏雨
餘都減春，韶光九十無半分。人不見，枉歎息，空勞頓。夢冷巫山
一片雲。〔下小樓〕便落得些夢中秦晉。早人前商與參，桃源有路欲
埋輪。羨殺世人薄倖，到省得瘦損精神。〔雙聲子〕水中魚、沙中雁，
怎討得愁中信。〔鶯啼序〕心中事描寫在紙上，又相將化作啼痕。其
間怎言，自甘心寂寞，臥病文園。

　　【尾聲】緣慳咫尺如天塹，相思一曲學啼猿。又恐路上人聞也
斷魂。〔註391〕

　　馮夢龍所記的再一位同性戀文人是俞琬綸〔註392〕。《情史·情外類》引《譚
概》云：「俞進士君宣，於妓中愛周小二，於優童愛小徐。（圖134）嘗言得一
小二，天下可廢郎童；得一小徐，天下可廢女子。」俞琬綸既如此讚賞小徐，
便為他作了一套長長的散曲進行表彰：

　　　　黃必顯偉然男子矣。然弱年奇麗，非人間所有。後來之秀，復
　　得小徐。予嘗言：得一小二，天下可廢郎童；得一小徐，天下可廢
　　女子。或謂過贊。小二不知壓下，小二更無足述，益令小徐擅場矣。
　　此曲蓋為小徐作也，曲成示一友人，友人云：「惜未甚工豔，不能為
　　受者生色。」予曰：「取其不類贊女子者。」友以為然。

　　　　【四朝元】粉郎姣麗，雲絲覆額時。羨新鶯脆語，社燕嬌飛，
　　香膩勻肌理。把花容廝比，那花容怎比，堪憐處酒暈雙頤。歌斂輕
　　眉，不解妝喬，亂排僘媚。嗔喜都風味。嗏，抹殺那侍屏姬小小青
　　衣。偏勝著練裙溪女，睡眼覷迷離，櫻桃笑語微。他是採芳花使，
　　害多少愁愁悶悶，玉樓人意，玉樓人意。

〔註391〕《群音類選》清腔卷二，也見《怡春錦曲·書集》。
〔註392〕1576～1618，字君宣，江蘇蘇州人。萬曆進士，嘗官西安令，後被劾罷官，
　　　　遂以著述自娛。工書，詩詞樂府均有名。

－233－

【其二】春風搖曳，花間擷果歸。看遊蜂成隊，粉蝶相隨，記年華三五初交歲。問春情知未，料知情還未。瘦腰如病，不為幽思。軟怯輕風，非關憔悴。怕擔不起風流字。嗏，休放過少年時。豆蔻含胎，難得東君有主，縱未許卜花期。先把閒情繫，柳絲滿懷心緒。低低俋俋，欲言還住，欲言還住。

【其三】非桃非李，妝成別樣姿。怪天公何事，變作男兒，是男兒越覺憐人意。把千愁付你，費千愁為你。何必弓鞋，自是凌波。不待蘭膏，自饒香膩。不畫山橫翠。嗏，莫說有情癡。看滿座瓊英，也為你紛紛墜。寒月入羅衣，嫦娥也愛玉肌。促花開連夜，莫老卻潛潛等待，弄珠游女，弄珠游女。

【其四】紅芳初蕊，東風好護持。怪的是遊絲拴繫。俗子呼盧，嫩柔條偏惹催花雨。願伊家須記，囑伊家牢記。休得破顏容易，須著意低迴。不是千金，切休賣與。莫愛閒調戲。嗏，占盡了可憐姿。料半世花星，不出身宮裏。巧語妒黃鸝，高歌誤落梅。怕魂勾春睡，快將青璅，重門深閉，重門深閉。

【尾聲】願為君影相依倚，豈忍把風情月思。到鶯花老殘又付誰？〔註393〕

馮夢龍、凌濛初分別編著的三言、二拍是明代著名的話本、擬話本小說集，馮、凌二人也就常被並稱。散曲方面，他倆都有編輯，馮夢龍編的是《太霞新奏》，收有《情仙曲》、《贈王小史》等曲。凌濛初編的是《南音三籟》（其中一部分是劇曲），有關男風的內容在所難免，不過這篇《贈小史》作者佚名。

【黃鍾·畫眉序】人心怎能測，美滿前程天妒嫉。惡根苗種不出，歡條喜實。怎討他吐膽傾心，空博得言甜意蜜。知音何處好尋覓，這滋味教人難吃。

【浣溪沙犯】心如醉，腸似刺，這離愁不關春色。被百磨打散雙鸂鶒，並頭花蟄手擘。

【啄木兒】好似金瓶落井無消息，打撈起，教人空費力。〔玉漏遲序〕怎禁受形單影隻，療相思，那裏有藥石？

【三段子犯】追今悼昔，似雷陳膠共漆。尋蹤問跡，似參辰南與北。〔繡衣郎〕良緣未緝。龍陽有淚因誰滴，怕前魚向中道拋擲。

〔註393〕《自娛集·詩餘·無題》。

端不是殘桃愛釋。

【滴溜子】銷魂處，銷魂處，暗裏思憶。傷情處，傷情處，明中飲泣。教我寸腸越窄，來眉去眼，心一旦失。追想那相逢地，別離轉迫。

【下小樓】痛悲。天津路隔，惡思量無擺劃。空勞夢繞楚臺側。誰料天涯咫尺，頃刻存濟不得。

【永團圓犯】〔永團圓〕陽關路斷誰沾設，搵青衫紅淚濕。桃源豈比尋常陌，阮途窮，人共惜。縈腸掛臆。天臺不拒重來客，只恐花狼藉。匆匆話澀，從前事轉脈脈。〔鬧樊樓〕風遞馬程疾，月送檣烏沒。〔望吾鄉〕雙情繫，兩下魄，暗數回程日。〔永團圓〕目空盼，水雲碧。

【尾聲】眼前便是天山隔，這冤債倩誰收拾。怎做得白雲飛向絕域。〔註394〕

《吳騷合編》也是一部重要的散曲集，它的編者是明末張楚叔、張旭初兄弟。其中收有張旭初自作的散套《為顧旦偶題》，描寫士優之間的同性相戀。

顧郎芙初，眉修蛾綠，眼映波秋。燁燁如待春之華，亭亭若臨風之玉。歌飛白雪，蒲東巧囀上林鶯。舞殢行雲，聖湖驚見章臺柳。更情耽問字，與快傳觴。既半醉之堪憐，復獨醒之可喜。予盟明侯兄與之纏綿夙昔，牽戀非常。旁觀共詫其情癡，彼亦自干其鳩拙。乃偶泛苕水之舟，遂不勝各天之痛，情可知已。秋香可把，南浦堪邀。因代撰斯篇，以佐佳話。

【仙呂入雙調‧桂花遍南枝】〔桂枝香〕前生冤債，今生禁害。眼前花惹禍招非，心上事千魔百怪。〔鎖南枝〕喬才，想占卻風流寨。直恁的妒殺裙釵，嬌冶偏無賽。頭纏錦，腰半窄，歌似囀春鶯，舞似柳條擺。

【孝南枝】〔孝順歌〕閒時待，忙裏來，撩人促急呆處乖。蕭瑟冷書齋，窗前且浮白。休教浪猜，是分定緣該。相憐相愛，在那平地波瀾，且自安心耐。〔鎖南枝〕難道空消受，風月差。為甚醒時言，常是醉中改。

【鎖南枝】想起無聊賴，待丟開難擺劃。為甚方才別去，卻蚤

〔註394〕《南音三籟》散曲上卷。

掛肚牽懷。愁慼雙眉黛。非是癡，還自揣。怕有蝶和蜂，度春色。

【江頭金桂】〔五馬江兒水〕你須守燈前盟戒，切莫學閒藤纏野蔓。多少餘桃話柄，玉碎香埋。下場頭真可哀。〔柳搖金〕這都是烈火乾柴，風塵買賣。牢記江心把舵，勒馬臨崖，願伊行自主裁。〔桂枝香〕這情山義海，肯教摧敗。莫生尷尬避風臺。從今緊扣鴛鴦帶，會看牢封錦砌苔。〔註395〕

最後再錄一篇《分柑記》傳奇的作者戲曲作家沈璟的《贈外》，該曲收於《太霞新奏》卷六當中。

【南呂·梁州序】三生業鏡，十年宿戒，照破餘桃情債。今逢新運，花星又惹根荄。最喜江南春早，別館人閒，邂逅蒙垂睞。盼得個朝雲一片飛下楚陽臺。又早十謁朱門九不開。這深迷，好難猜。

【前腔】又不是不諳情事，又不是將咱嗔怪，又不是無人擔帶。卻是蜂猜蝶妒，無端不放花開。拼取焚舟擊楫，夜去明來。打破連環寨，誰想春風來後俏似不曾來。那些個日近日親情漸諧。沒人處，只得問乖乖。

【前腔】他道瘦東陽不用疑猜，舊德言誓盟難改。欲求歡須是待咱十載。歎我年逾強仕，若再十年，知是和尚在缽盂在。誰要你憐新棄舊薄劣少恩哉。休把我做拾得個孤兒落得摔。和你共三個，同去誓蓮臺。

【前腔】勸得他笑逐顏開，眼見那愁隨容改。霎時將望夫頑石喚下山來。這是心堅穿鐵，苦盡回甘，還徹相思債。抵多少蒺藜沙上有日野花開。休慮那淚灑前魚江上哀，把前事撇東海。

原稿尚有尾聲云：「非是種情偏重色，愛殺你知音的俊才，那更高歌堪暢懷。」色、葉、灑既借北韻，而語弱味淡，使全篇無色。墨憨齋〔註396〕定本去之，良是。蓋一調連用數曲，原可不用尾也。

上述散曲都是套曲，小令如陳子升的《贈繁華子》：

【南呂·楚江情】〔香羅帶〕雙飛未必甘，專房也堪。越裳授車原指南。龍黎一樣合瓊函也，繁華特館，屠蘇小庵。巫山舊夢青出藍。〔一江風〕粲粲朝霞，翻覺秦樓暗。絲絲馬與蠶，絲絲馬與蠶。

〔註395〕《吳騷合編》卷四。
〔註396〕馮夢龍，號墨憨齋主人。

卿卿爵是男，進退個觴非濫。〔註397〕

　　明人同性戀散曲或者是記述作者個人的同性戀經歷或者是反映他人的同性戀活動，對男風大體是採取一種支持的態度。在形式表現上，如果曲中不是有標誌性詞語如分桃、龍陽等的話，粗看起來幾乎就像是寫的異性戀。而實際上，這些男色散曲的作者寫起女色題材來確實同樣是得心應手，駕輕就熟的。例如張鳳翼《寫恨》寫的是同性戀，《題恨》就寫的是異性戀：

　　　　【中呂·泣顏回】解語一枝花，被霜凌雪妒芳華。香消玉減，零落了鬢髻堆鴉。雙蛾恨瑣，遠山橫冷淡無人畫。一霎時平地風波，兩邊廂對面天涯。

　　　　【前腔】堪憐。紙帳冷梅花，相思夜夜空到窗紗。夢中親見，訴不出許多情話。魂搖魄亂，那些兒一刻千金價。陰霾障二六巫峰，邊聲噪十八胡笳。

　　　　【長拍】悶擁離鸞，悶擁離鸞，愁縈意馬。兩鴛鴦驚散汀沙。檻猿籠鳥，更那堪路遠途賒。血淚灑杜鵑花。雁聲狐，漏沉沉怎禁牽掛。一紙魚箋難盡寫，轉教人萬縷春情亂似麻。眼前雖望斷七香車，豈無緣向太湖石畔，帽仄烏紗。

　　　　【短拍】子晉風流，子晉風流，潘郎溫雅。奈不在宋玉東家。空懸望，眼巴巴，悄無言妝聾做啞。待得債緣滿也，看彩鸞飛雙駕赤城霞。

　　　　【餘文】強寬懷抱終難罷，鎮日無端自咬牙。恨一似明妃馬上琵琶。〔註398〕

　　而下面張鳳翼這篇《志恨》，它的主題難以確定，到底是寫同性戀還是異性戀因人可以有不同的理解：

　　　　【雙調·步步嬌】玉壺一夜冰澌泛，斗帳巫山間，烏啼金井寒。抱影無眠，怎生挨趲。白茫茫禍水漲波瀾，救不住袄火然心燦。

　　　　【江兒水】約訂三生誤，禪參五蘊難。撒不開紅豆埋心限，水盼蘭情都虛幻。遊蜂浪蝶空羈絆，漫把春絲牽挽。好惡姻緣，沒個衡陽回雁。

　　　　【園林好】曾惹得相思病殫，害殺我風流體孱。填不滿鵲橋天

───────────────

〔註397〕《中洲草堂遺集》卷之二十。
〔註398〕《吳騷合編》卷二。

棧。舉首處，九嶷山。行步裏，鬼門關。

【川撥棹】空嗟歎，倩誰將心事攀。夢寥寥雨澀雲慳，夢寥寥雨澀雲慳。夜迢迢愁隨漏繁。盡薰爐燒夜殘，把梅花獨自看。

【尾聲】秦源路阻羊腸曼，一任綠迷紅綻。都付與枕上杯閒。

〔註399〕

（五）尺牘

不忌將男色書信刊刻出來以供世人觀覽，這很能體現出社會對男風習以為常的一面。這些同性戀書信經常是和異性戀書信雜收在一起，男女二色豔態並陳，競相爭風。

可以想見，若讓堅定的同性戀者在女男孰優孰劣、孰美孰惡的問題上表明態度，他們自是要優後劣前的。有一位李生即是如此，他的朋友陳生因而相戲道：「聞君新寵龍陽君，得意哉！得意哉！弟以為不若虞美人也。蓋虞美人握雨攜雲時，以心對心，以口對口，龍陽君能然乎否？雖然，抑有可嘉者，在恭賀長兄：玉莖頭上常帶些木樨花耳。一咲。」李生卻不以為然，反認為不好龍陽者是不知真趣：「龍陽君之趣，惟妙人得之，非俗人可與喙也。昔漢文帝寵鄧通，賜之銅山；漢成帝（當為漢哀帝）嬖董賢，割斷袁袖。彼二君者，三千美人八百嬌姝，猶然鍾愛此輩，真知趣之君也。足下不入此窠臼，寧知妙趣？宜夫海上人逐臭者反惡香蘭也。」〔註400〕由對自身性取向所做價值判斷的不同可把同性戀者分為兩類，一類是對自身有正面評價者，不以同性戀為反常，而是對個人的性向充滿自豪，對異性戀者身在事外不解真情感到可笑；另一類則是負面評價者，以同性戀是陰陽反背的醜行，身入其中卻在內心充滿擔憂和愧悔。當然也還有一些可能是忽而正面忽而反面，不知如何是好的。李生顯屬前類，他對逐臭之夫的理解就很有特點。按《呂氏春秋‧孝行覽》曾載：「人有大臭者，其親戚、兄弟、妻妾、知識無能與居者，自苦而居海上。海上人有說其臭者，晝夜隨之，而弗能去。」《六臣注文選》曹植《與楊德祖書》：「人各有好尚，蘭茞蓀蕙之芳，眾人所好，而海畔有逐臭之夫。」以一般人的觀點，逐臭之夫總是一個具有怪癖的人物，可李生卻對他欣賞有加。其原因，不但「逐臭」可以和同性性行為相關，而且李生還會認為「海上人逐臭者反惡香蘭」和自己不重美女重美男的情形正復相似，真是所謂同氣相求。

〔註399〕《彩筆情辭‧六卷‧南散套》。
〔註400〕《瀧瀧篇》卷之二情札。

　　而如果有人由重男開始變得重女，他的相契立刻就會醋意頓生，很是要劉切規勸一番。「閩中孫全初與馮玉融為友，情投膠漆。馮有青樓之興，孫作書誡之。」孫書先是言情：「前日訪足下奈不面。渴心歸去生塵埃，奚啻萬斛哉！歸家時夜闌不寐，見梁月娟娟，宛然照足下顏色耳。」接著相勸：「聞足下有情興，固妙也，弟以為足下握隋侯珠乎？願以紅綃十襲之勿輕擲於桃葉柳枝間，以逢人之按劍。況楚娃宋豔，伐性斧斤，願足下服上士異床中士異被，不至於內作色荒耳。」最後相邀：「晚稻登場，弟釀有薄醪數斗。兄肯顧我，且當剖金柑，切玉藕，夜分坐半日山房，促膝譚心，共吸杯中明月。」面對如此強大的感情攻勢，馮生全面投降，趕緊又棄女向男：「別來憶兄丰韻，五中鬱結。前日駕臨，乃不等弟一見，使東籬金菊，笑人寂寞，弟鬱結中更加鬱結。黃花似我瘦，我瘦似黃花也。弟近不檢，耽青樓薄倖名，□□此有情何？足下賜之教言，謹當以智慧劍割斷此愛欲緣耳。承翰示云云，弟九月之望敬謁山房，相對卮酒，細話生平。喜此時此夜，水與天一色，人與月俱圓，何如？何如？謹復。」〔註401〕

　　已有妻室卻不能收心，這是許多同性戀者都要面臨的尷尬處境：不結婚不行，因為有環境壓力；結婚後只守著妻子也不行，因為以往的夙習不會因婚娶而消失。蘇、魏兩生都是江西豫章（今南昌）人，他倆「相與友情極眷戀。魏館於閩，蘇在外讀書，以書相往來，且各寓謔之之意」。蘇之去書曰：「昨登潯陽城，見蒹葭蒼蒼，白露為霜，遣動我有美人兮，宛在水中坻之想。弟別兄後頓沾痰疾，伏枕如飴，今既數月矣，猶未甚愈。新娶阿嬌好否？足下不半月遽爾遠遊，豈傷弓之鳥驚曲木飛者乎？不然，必他鄉有心知也。尊嫂獨居，寧無悲秋感？弟欲為尊嫂賦《深閨怨》、《薄倖詞》，才一伸紙，不勝其憮，容病癒時賦來。他日足下持此歸見尊嫂，尊嫂覽之，得毋曰：『蘇生賢乎哉！惜乎予蠢奴不聽良言也。』足下又得毋謂蘇生病身何不病手？」魏之回書曰：「別足下汶溪頭，見柳色依依，兄曾謂弟曰：『恨隨溪水溢，情共柳絲長。』記此時正春之暮也，今不覺秋暮矣。接華翰知兄臥病，病三月猶未起，兄亦善病者哉！此何以故？弟知其客窗孤另，有得意人繫慮之耳。弟續娶後不半月而行，豈輕離別哉？不得已也。兄乃欲賦《深閨怨》、《薄倖詞》，何不付來一觀？兄今外讀，交有心知，越數月不一歸，尊嫂得無岑寂乎？弟亦欲為尊嫂賦《阮郎歸》，又為兄賦《虞美人》之詞。倘尊嫂見之，必謂足下曰：『蠢奴，我只道爾病身，原

來病心也。薄倖相如，何不如顏回短命死哉！』兄無可奈何，必罵曰：『魏生，天殺的，弄死人也呵。』」〔註402〕兩封信開頭所表達的思念之情說明蘇、魏二人極有可能是一對契兄契弟，他倆各有妻室，卻一個「數月不一歸」，一個「不半月遽爾遠遊」。因都有薄內厚外的表徵，所以各自都拿對方取笑。態度不嚴肅，對對方妻子的處境實際並沒有深刻的同情，而對自己妻子同樣也並不甚感負疚。男權社會裏婦女處於弱勢地位，男性向來擁有明顯的性特權，他們可以合法公開地納妾收婢，這是最使正室夫人痛心妒嫉之事。相對而言，妻子會以為丈夫好外無非是一時的興之所至，家庭的責任終究會把他們收束回來。而且丈夫因好男色就會傾向於疏淡女色，不甚喜歡拈花惹草，對自己倒能比較「專一」。因此，她們對男風行為雖然不滿卻妒嫉的程度要稍弱一些。體會到妻子們的心理，丈夫們在交契弟尋龍陽時是相對地心情輕鬆的。

　　既尋龍陽又娶妻子就是雙性戀。雙性戀者情形不一，有的偏向同性，有的卻可以對同性、異性兩方一樣喜好。「許君信、孔願之，吳下士也。孔外有小友，內有佳冶，而掌中尚未捧明珠，許作書以謔」，云：「相如為一文君便害消渴瘦矣，仙郎之為文君者數輩，頭臚腰肢當作何狀？且也鍾愛龍陽君，平分風月。倘亦有泣魚爭寵之事，仙郎將潛入後園花下，以拒眾文君乎？抑從藍田種玉，割斷龍陽愛耶？寡慾多子，此四字金丹，吾為仙郎藥之。」可孔願之這位仙郎卻對金丹妙藥嗤之以鼻，答道：「入則粉黛，出則龍陽，此屬之放浪子，孰謂謹厚者亦復為之耶？所語云云又大不然。截董賢之袖者，婕好豈至無歡？啖彌子之桃者，南子未聞冷落。一天子一諸侯，何嘗無儲君無世子者？所惠金丹拜而受之曰：『某未達，不敢嘗。』」〔註403〕孔生不懼多慾寡子，而吳中楊生更是不懼杖流之刑。先是，楊生的朋友周生曾作書戲恫：「一夫一婦，人道大倫。乃足下薄於結髮愛，日狎龍陽君，夜則杜秋娘，既瞻之在前，又忽焉在後。惜乎尊夫人不醋之，使其醋，必鳴之公庭，執法者且依律問曰：『汝耽於龍陽君，將男作女也，杖九十；汝寵於杜秋娘，以妾為妻也，杖九十。此風流公案，必不汝逭也。且解汝雁門關外戴一鐵帽子，何如？』」和孔生一樣，楊生對自己的嗜好毫無改變的念頭，他理直氣壯地回答道：「承翰示，知君規誡我也。第唐人有云：『勸君莫惜金縷衣，勸君須惜少年時。花開堪折直須折，

〔註402〕《丰韻情書》卷二。

〔註403〕《丰韻情書》卷二，也見《折梅箋》卷八、《尺牘類便》卷之三。在《尺牘類便》中，許君信名以忠。

莫待無花空折枝。』此教人行樂也。吾所以行樂者，不負其青春也。況杜秋娘難忘其前情，龍陽君深感其厚意。此可與知趣人兒道，難與固執之士言也。尊語云云，既曰杖九十，復曰杖九十，二九一百八，弟其無完膚乎？然有此古怪律法，無此古怪官長。蓋官長內側室外門子，人人而有也。善酒者不斷人以酒，惜花者豈禁人以花？必欲弟之戴鐵帽，須足下戴紗帽；若足下戴紗帽，則鐵樹開花乎？一噱。」〔註404〕明末是一個享樂主義的時代，楊生此信當是普通士人無所顧忌地追求享樂的具體表白。單獨的女色或男色已不能滿足他們的慾望，亦男亦女才能給他們提供最充分的刺激和快感。

　　男色和女色相比較，差異明顯存在，但同性戀夥伴之間的關係特徵也有與異性戀情人大致相似之處。這可以由明人尺牘中的如下幾個側面加以說明。

1. 相思

　　「鄭維貞，豫章人，與熊仁所友，共讀書福林寺，極相契洽。熊生歸，鄭思之不置，有書招其來」，云：「日前唱《陽關》，一出溪亭，便路歧南北，不覺青衫濕□。彼時分手，曾問來期，兄曰：『天上有雙星，星聚人亦聚。』今七夕又過七日矣，明日中元，月光正圓。月圓而人不圓，何耶？伻來可與就道，慰我望懷。不然，豈不爾思。竊恐祆廟之火，又在福林矣。」熊復書云：「季夏一別，聽樹上蟬聲嗚嗚咽咽，正為我兩人訴怨思也。七夕不果來，正為家事所羈。天上佳期，人間離別，能為情哉？日復一日，恰至中元者，豈不知兄之念弟，弟亦念念於兄，恐冷落促膝處矣。伻來復書訂來期，五日為期，勿使兄六日不詹。來時細話離情，兄如怪弟行遲，肩頭上拼有兄口痕耳。」〔註405〕

　　在《尺牘青蓮缽》卷十二中，一位名「英」者對他的契友寫到：「英與足下才結新盟，便當分別，好事多磨折耳。分手之日，實望尋一靜處，與足下將種種情懷、種種囑語，舉杯細說。不意行至碧峰寺，見車馬簇擁，意欲前進，恐伺察者知之，只得入寺。又遇他客先在座，苦不可言。候多時，足下至，共出玉鵝鬆奩，相視嗚咽。共話未終，又即促飲。與足下舉杯時，英心魂如醉夢。霎時又促去，聽去罷一聲，如萬針刺我五內。欲隨不可，欲捨不能，此時此刻，寸寸柔腸，絲絲痛斷。足下別後，又復還席共飲。惟英悲苦難言，見他人冷冷不著痛熱的眼，只得以酒自遣，不覺大醉。歸家入房，寂寂無聲，淒淒盡是離況。既無情當此，能不淚流？思昨與足下促膝談心，今忽東西相隔，此夜必難

〔註404〕《丰韻情書》卷二。
〔註405〕《丰韻情書》卷二。

成寐，寧不思及我苦況乎？即此夜思量光景，筆不能盡，況其他乎？」

在《士民萬用正宗不求人全編》卷六中，一位文士明言曾與其契友同床交歡：「不佞與足下別幾載矣！計年時芸窗聚首，朝夕談經，抵掌話心，綢繆繾綣。月夕花晨，側肩攜手，聯床共枕，並體交眠。此情此愛，曷眷曷忘。私喜獲侍文旌，長親體教，奈何遽爾分袂，遂成參商。孤眠情況，淒涼滋味，有不可對人言者。或寤寐之須，恍如接面，笑謔歡呼。醒來時，惟覺血淚之在枕耳。近詢文體亨嘉，德崇業茂，非復吾下蒙，自當刮目待者。僕則日怠進修，墮落坑塹，不知後日竟作何狀。風便漫布，寸忱暇時，期過我否？則僕奔盛齋以晤，再定牛耳於雞壇，共全友道於終始。」

2. 相饋

「董仲和，新安人，與弱冠沈英發為友，情極款曲。董欲市絹，製衣以贈沈。」書曰：「別足下於藕花池上，今秋風颯颯然。在梧桐樹間憶念玉人，衣得無薄乎？茲欲市以色絹一端為裁一服，表鄙人絲絲之愛，亦以見綈袍戀戀情也。但不知長短何如？乞示以尺寸為禱。」董生這封信尚無特別之處，沈生復函則不然，他回道：「別君數月，木落淮南天際頭，倍起悲秋之感。承翰示，欲為弟市絹裁衣。與子同袍，愛何渥者。解衣衣我，惠孰大焉，弟無任感感。」至此也還是稍過一般的客套，接著話鋒一轉：「但區區問以尺寸，兄忘之耶？今有鄙句，乞詳之何如：『色絹隨兄買，何須問短長。吾身曾抱過，尺寸自思量。』」〔註406〕通過「鄙句」，沈、董之間的同性戀關係就盡顯無遺了。

3. 相怨

薄情郎，癡怨女，這在異性情人中時時可見，發生在同性戀夥伴之間者，如：「張元雋與夏孔順俱吳中人，兩人結為兄弟，極相契洽。時有陳幸所者，又欲與夏生契。張醋之，乃遺書達其意。」曰：「弟與兄本異姓也，一邂逅而結為兄弟。心腹之，骨肉之，生死之。雞壇獻血，上叩皇天，下呼后土，此盟此誓，金鏃可朽而心不可壞也。乃者風吹別調，月入鄰家，兄有易交之心，厚於幸所而薄於不佞。嗟嗟，兄何以翻手雲而覆手雨耶？昔者固膠漆，今日相矛盾。孔順，孔順，如雞壇之盟何？上欺皇天下欺后土。孔順，孔順，心術壞矣！雖然，琉璃易脆，彩雲易散，事所必然也。弟與兄恩絕矣，情斷矣，請勿復敢見矣。書往神馳，不勝淚下，謹白。」這封信就是一篇斷交書，斬釘截鐵，不

〔註406〕《丰韻情書》卷二。

容置辯。夏孔順怎樣回答呢？他復信道：「天假以緣，弟得與兄春風握手，夜雨連床，為丹雞白犬之盟，叩天叩地以為證佐。嗟乎，海可枯石可爛，此心那可背哉！弟自是向日葵花，不傚隨風柳絮。兄乃不諒，遽然謂弟有他腸。弟如皇天何？如后土何？弟恨無秦宮之鏡，一照此心之耿耿耳。兄謂請復勿敢見者，斯言誠過也。兄不見弟，弟自見兄。相見時任兄拳之矣，掌之矣，牙之矣，弟不敢恨。弟自謂弟之心肝，太山石、瑤池冰也。兄如不信，請引刀剖胸，與兄一視之，兄當釋然。雖然，此必有間之者，雋哥、雋哥，勿信人之言，人實誑汝。謹復。」〔註407〕夏生如此信誓旦旦，張生不知能否回心轉意？

　　而如果往還書信中的第一封是表示「謝罪」，結果怎樣就能夠清楚了。有一位吳生因結新歡俊卿而得罪了舊契馮生，為修舊好他去函云：「同硯席者年餘矣，前以小忿，兄乃浩然而歸。竊料之，兄之怪弟者深乎？弟昔者固膠漆，今胡作參商？昔者聯金蘭，今胡成矛盾？真裂碎不佞之心，笑破旁人之口。今而後，尚乞包涵宿怨，冰釋前愆。吞刀剜腸，弟願傚韓退之低頭拜孟東野負荊謝罪。兄豈不傚藺大夫回心禮廉將軍哉？螢館燈火不可冷，雉壇盟誓未可寒，盍歸乎來？予日望之。」馮生見吳生願當廉頗，自己便順水推船做起了藺相如，不過首先還是要發一通怨氣：「弟之待兄一意耳，奈兄有二心何？兄所可怪者，食則與俊卿同案，臥則與俊卿共衾，行則與俊卿並肩，坐則與俊卿促膝。若待弟，則如秦人視越人之休戚，漫不加意也。然俊卿昔之薄者，今何厚？弟昔之親者，今何疏乎？弟始忿然而歸耳。」然後才變換話鋒，消釋前嫌：「雖然，怪兄者，憐兄之情猶在；別兄者，戀兄之意猶深。弟明日來矣。」〔註408〕

　　像夏生和吳生都只是新交了一位契弟，還有人盡可交者，即如使何生嗟怨不已的方生：「與兄共事三年，時不為不久，情不為不篤。兄乃薄於知己厚於不知己，甲既邀飲，乙又拉遊。兄且如狐綏綏、鶉奔奔，儂比之風中絮飄泊者何定耶？又譬之水上萍聚散者何常耶？兄何不傚中流砥柱，滿江風浪不能移耶？兄何不傚碧洞乾坤，一室煙霞長是鎖耶？勸兄只好尋鷗侶，勸兄不可作雉囮。兄不見伯夷乎？耿耿介介不與鄉人處，真千載人也。」何生的指責當屬實情，可方生卻不予承認，強要表明「清白」：「領教者三載，蒙愛者三載，弟何敢厚他人薄足下。然弟有青眼無白眼，弟有一心無二心。君謂我狐綏綏、鶉奔奔，過矣，誤矣。君不見關某乎？曹公待之甚厚，匹馬單刀竟歸玄德。弟亦赤

〔註407〕《丰韻情書》卷二。
〔註408〕《灑灑篇》卷之二情札。

膽忠心人也，君勿謂我隨風柳絮，君且謂我向日葵心。一復。」〔註409〕這樣的辨白和情郎事發後向情女所表「忠心」大致也沒有什麼兩樣。

無論相思、相贈還是相怨，這些在異性戀中都是司空見慣的普遍存在，情人之間的愛與恨、即與離演就出了一幕幕的人間喜劇、悲劇、正劇和諧劇。同性戀又加入其中，更使得大千世界、芸芸眾生變得紛繁複雜起來。

和異性戀相比較，同性戀者對性持有更加自由放縱的態度，所言所行有時會大大超乎常人預想，略舉數例：

1. 欲與二人同寢

> 足下與鄭兄交好，以天為帳，以地為氈，吹灰伏地，弗雅也。余館中絕無俗塵，絕無人跡，兩足下來，不佞且具以一卮，聊為合卺，豈不清雅？何必從茂林樹底、芳草叢中作風月哉？下榻以俟，不知足下與鄭兄肯儼然臨之否？〔註410〕

2. 欲分他人所愛

其一：

> 熊生一我者，態度從容，丰姿婉媚。子都耶？龍陽耶？宋朝耶？余慕之愛之。不意中原逐鹿，先得於兄之奇材捷足。余此心快快，茲欲乞惠於兄，平分風月。蓋一我者，余愛其肖邊之人〔註411〕，足下者當賜以止下之月〔註412〕。一我若與我女邊之子〔註413〕，不佞當酬君咸底之心〔註414〕。不知我丈以為何如？

其二：

> 儂乞愛一我，他若不半天之月〔註415〕，我那肯四下之能〔註416〕。兄何不慰我田下之心〔註417〕，更吃甚酉邊之昔〔註418〕？我是鬧亂天宮孫行者，攪翻世界大魔王。兄果不允，我將搖動天關，撥轉地

〔註409〕《灑灑篇》卷之二情札。
〔註410〕《灑灑篇》卷之二情札。
〔註411〕「俏」字。
〔註412〕「肯」字。
〔註413〕「好」字。
〔註414〕「感」字。
〔註415〕「有」字。
〔註416〕「罷」字。
〔註417〕「思」字。
〔註418〕「醋」字。

軸，與兄大鬧一場。告一片犬〔註419〕，我且用三寸舌劍左衝右突。諒我必月邊之券〔註420〕，兄將俞畔之車〔註421〕，兄還有嘴臉見我否？〔註422〕

3. 欲人與孌童、美女同床共寢

足下乏寡慾道，不龍陽君則絳樹女，水陸並進，樂乎，樂乎？弟竊計之，龍陽君穀道也，絳樹女水道也。前後不同科，乾濕不同等。彼善於此則有之矣，但兄則無差等也。既愛龍陽君，朝造龍陽之館；又愛絳樹女，暮詣絳樹之廬。無朝無暮，迭往迭來，何不憚煩？若此，莫若拉龍陽君與絳樹女共處，相與笑傲，相與盤桓。三人聚樂一處，共被同床。兩頭眠成「品」字，一頭眠成「川」字，重疊眠成三夾阱。快哉，快哉！〔註423〕

看完這幾封信，用「大開眼界」進行評論的一定大有人在。

（六）戲謔作品

明代出現過多部笑話集，最著名的當屬《笑府》，其他還有《笑林》、《笑贊》、《四書笑》等。同時，其他類型的一些著作如筆記當中也曾載收一些單篇笑話。這種戲謔作品向來慣會涉及性戀方面的話題，異性戀為多，同性戀較少，但也並不鮮見。

就《笑府》而言，該書卷二・教法，卷三・痛、丟西瓜、綢衣、門子，卷五・和尚宿娼、椿糞、響屁、對穿、天報、開葷、傳法，卷六・採藥、好外、精童，卷九・抹唾，卷十・責臀諸條目都講到了男色，對同性性行為以及參與同性戀活動的小官、龍陽、優伶、僧道等進行了多方面的戲笑。只是文字之中葷多素少，下面舉幾個較「素」的例子。

1.《卷三・夫夫》

反映小官的被動性。

有與小官人厚者，及長為之娶妻，講過通家不避。一日撞入房中，適親家母在。問女曰：「何親？」女答曰：「夫夫。」

〔註419〕　「狀」字。
〔註420〕　「勝」字。
〔註421〕　「輸」字。
〔註422〕　《灑灑篇》卷之二情札。
〔註423〕　《灑灑篇》卷之二情札。

2.《卷三‧龍陽新婚》

反映妻子對丈夫男色行為的不滿。

> 一龍陽畢姻後，日就外宿。妻走母家訴曰：「我不願從他了。」母驚問故。答曰：「我是好人家女兒，倒去與他做烏龜。」

3.《卷三‧壽木》

諷刺老年同性戀者。

> 有好男色者，夜深投宿飯店，與一無須老翁同宿。暗中以為少童也，調之。此翁素有臀風，欣然樂就。極歡之際，因許以製衣、買鞋，俱云不願。問所欲何物？答曰：「願得壽板一副。」

4.《卷三‧門子》〔註424〕

以諧音諷刺門子。

> 鄉間蚊蟲最大，有居鄉者苦之，遷往城中。至縣前，聞有喚門子者，鄉人見之大驚曰：「汝城中蚊（門）子恁大，不釘死人乎？」答曰：「不然，鄉間蚊子是釘人的，城裏蚊子是與人釘的。」

5.《卷六‧好外》

嘲笑小官人有體臭，大老官逐臭。

> 有好外者，見糞船過，以手招風而嗅之。客問其故，答曰：「小官人來。」所幸童在側，愧甚，為之俯首。其人遽謂曰：「汝吃醋耶？」

6.《卷十二‧妻給食》

反映人窮志短，乃至夫欲傲妻。

〔註424〕先秦時期，門子指適子、嫡子。《周禮‧春官》：「正室皆謂之門子。」鄭玄注曰：「正室，適子也，將代父當門者也」；也可指門生、門客，《韓非子‧亡徵》：「群臣為學，門子好辯，可亡也」。南北朝時期，縣僮有明清門子之意。《梁書‧沈瑀傳》：「縣南有豪族數百家，子弟縱橫，百姓甚患之。瑀召其老者為石頭倉監，少者補縣僮。皆號泣道路，自是權右屏跡。」唐代，在《舊唐書‧李德裕傳》中，門子指看守城門之閽者：「吐蕃潛將婦人嫁與此州門子。二十年後，兩男長成，竊開壘門，引兵夜入，因茲陷沒。」宋代，據《道山清話》，門子的含義已與明清比較接近：「都下有一賣藥老翁，自言少時嘗為尚書省中門子。」明清時期，作為官府裏的使役，門子、長隨等需經常隨侍於官長左右，容易導致同性戀的產生。當時，官僚與門子的同性戀和主僕同性戀、僧人同性戀一樣都具有模式化的特徵。只要一講某門子言行乖巧、相貌俊俏，就幾乎是在暗示他是一個龍陽人物。

　　一窮漢婦美，頗有調之者，夫不許。然夫每出覓食，輒竟日不歸，婦因為私交以自給。一日夫歸，呼餓甚，婦曰：「前某某願給我朝夕，汝自不肯耳。」夫悔恨久之。妻知其意急，因使視鍋中，則有白米飯及肉在。欣然飽餐，問何從來，妻曰：「此即某所遺也，因忍餓不過，姑與私通耳。」夫喜曰：「問此人好男風否？」

　　《耳談・卷五・秦興令》所寫與《笑府・卷三・夫夫》在題材上相近，不過構思卻顯著複雜：「秦興令某，嬖一門子。忽見一傒挑之與密語，以為嫌。問傒何語，傒急遽曰：『渠是小人表弟，語家事耳。』令即出一對曰：『表弟非表兄表子，汝能對，免責。』傒即應聲曰：『丈人是丈母丈夫。』令笑，觴之以酒。」文中的「表子」是指「婊子」。

　　以扶杖之年而講分桃之好的老年人甚易為旁人所竊笑，《笑府》裏已有一事，《續笑林評》亦載：「雲間有張姓者，素有龍陽之癖，年已七十而此好不衰。時有一生頗以姿豔擅譽，張慕之，饋柿霜餅為贄。生笑曰：『先生一息尚存，霜餅之惠云何？』張拱手曰：『此志不容少懈。』」除去表面的諧謔戲弄，其實這段笑話尚有含義。《李卓吾先生批點四書笑》同樣寫：「雲間張姓者，素有龍陽之癖，年已七十而此好不衰。時有一生以姿豔擅譽，張慕之，饋物為質。生笑曰：『盛惠之意云何？先生一息尚存耳。』張拱手曰：『此志不容少懈。』」〔註425〕聯繫載述此笑話的書名，原來「一息尚存」是與四書相關，《論語・泰伯》：「死而後已，不亦遠乎！」朱熹注曰：「一息尚存，此志不容少懈，可謂遠矣。」〔註426〕包括《大學》、《中庸》、《論語》、《孟子》在內的四書以及朱熹的章句集注是明代社會裏的聖經，所載被認為是先聖先賢關於理家治國的至理名言。《四書笑》卻將其中的內容寫進笑話，可見編著者竟能不懼去「侮聖言」，這是何等的一種放達和放肆。

　　男色笑話在《四書笑》裏且非止一條。《邦君樹塞門》：「一裁衣一屠戶共延師教其子。裁衣者聞讀『貧而無諂，富而無驕』〔註427〕，誤謂『裙而無藺，褲而無腰』，曰：『此譏我也。』屠戶者聞讀『大車無輗，小車無軏』〔註428〕，誤謂『大豬無皮，小豬無血』，曰：『此譏我也。』各具狀訟之官。官閱其姓，一姓邦，一姓管，笑曰：『此二人俱放屁不通。』令各以木針塞其糞門。或

〔註425〕《李卓吾先生批點四書笑・一息尚存》。
〔註426〕《論語集注》卷四。
〔註427〕見《論語・學而》。
〔註428〕見《論語・為政》。

曰：『此何刑也？』曰：『彼引經告狀，我引經斷獄。邦君樹塞門，管氏亦樹塞門〔註429〕。』評曰：今之為龍陽者，不知姓邦、管與否？」

《南子》〔註430〕：「世之好外者名之為南風；晉賈后〔註431〕好淫，亦名南風；衛靈夫人而名曰南子，亦必有謂。不然，何以夫人自稱曰小童〔註432〕乎？」

《夫人自稱曰小童》：「夫人自稱曰小童。有嘲好龍陽者為之破曰：『觀夫人之所稱，而邦君之好可知已。』」夫人是指邦君（國君）之妻，她們對丈夫以「小童」自稱，這只是一般性地在表示自謙，並無特別之處。而好弄者卻加以引申，戲謂這是因為國君們癖好變童，以竟尊貴的夫人也不得不向外嬖服輸，通過把自己稱為男性意義的「小童」來博取君主的歡心，好能從外嬖那裏奪些寵愛。如此解釋，與其說是國君好男風，倒不如說是明人好男風。

與笑話的功能相同，明代中後期為適應市井口味而大量刊行的民眾通俗讀物中可堪一笑的內容還有許多。《博笑珠璣·卷三·笑談詩選》載有一首《嘲小官》：

世上材人有幾多，將男作女事如何？
當初結納為朋友，今日番成當老婆。
伏地恰如牛與馬，仰天渾似鴨與鵝。
陰陽不順當天責，好把雷公打殺他。

《大明天下春》對小官的描寫更是形象。《卷之四·新增一封書》：

張三哥，計較多，專與小官打成夥。東交個，西交個，只望相交當老婆。三分銀子捨不得，東走西捱沒奈何。問哥哥，笑哥哥，捨不得錢時休想我。

《卷之六·新編百妓品評·小官》：

誰家俊娃娃，好芳容，似粉搽。冰肌雪膚難描畫，六郎不似他，蓮花更爭差。黃金難買春無價。知音話，勸君開口，休教老了後庭花。

又：

絕色賽嬌娘，向書幃，看文章。知心量有情朋伴，垂髮不多長，

〔註429〕見《論語·八佾》。
〔註430〕《論語·雍也》：「子見南子。」
〔註431〕晉惠帝皇后賈南風，以淫蕩聞名。
〔註432〕見《論語·季氏》。

衣裳更素妝。動人眉目春風蕩。細思量，則除是文章溯腹，夜雨自
聯床。

又：

平康一俊英，臉桃花，體似銀。六街三市閒遊戲，鄉人也相知，
客人也相知。兼愛墨子無差次。得青蚨，酒樓歌肆又飲兩三壺。

《大明天下春》還以一種獨特的方式對同性戀少年進行戲笑，在《卷七·
新增協韻耍兒》當中，地名含義被巧妙地加以利用，從而把「小夥」們自由放
縱的同性戀舉動充分地反映了出來：

桐城小夥好唱哥，聲聲唱出小登科。不覺秀才知道了，扯到家
中當老婆。咲呵呵，我的哥，這樣嬌嬌有幾多。

銅陵小夥似白銅，任君敲打面難紅。光光滑滑皮膚嫩，錦繡衣
裳重復重。咲融融，著實□，比那尋常大不同。

鄱陽小夥娶老婆，問他何事苦吟哦。我們當初結朋友，比你前
頭少一窩。叫哥哥，莫管他，任是艱難處不過。

徽州小夥似石灰，清清白白自成堆。中間放著些兒水，熱氣烘
烘任你抔。笑嗯嗯，慢慢推，只要哥哥記在懷。

麻城小夥臉襯霞，逢人便把指尖爬。連爬三下肯不肯，何必調
情弄齒牙。俊嬌娃，兩情□，蘸著些兒滿體麻。

京山小夥不著驚，朝朝打扮做人情。交趾排草送一兩，任你從
容打個釘。重與輕，不做聲，惺惺自古惜惺惺。

沙市小夥穿縐紗，搖搖擺擺去人家。十分顏色多光彩，好似團
團錦上花。抱琵琶，非我誇，出塞昭君難比他。

團風小夥貌堂堂，巧語花言任你盤。逢人謾說三分話，遇著知
音便下房。事已完，不要忙，抱住情哥懶下床。

蘄州小夥分外奇，與人方便最多時。任君做到艱難處，喜地歡
天不皺眉。哭啼啼，行步遲，扯住君衣不忍離。

漳州小夥有主張，少年辛苦學文章。青燈獨坐無人伴，夜半思
量實慘傷。這壁廂，那壁廂，成就多少探花郎。

上清小夥生得清，道人見了懶看輕。夜來覆雨翻雲後，睡得濃
濃到五更。夢已醒，叫幾聲，莫把奴奴看得輕。

上述地名首先被用來在整個一段「耍兒」中確定音韻，如「上清小夥生得

清」裏，由「上清」的「清」，然後輕、更、醒、聲、輕，從而整段文字顯得
一氣連貫。而更重要的，地名的含義還可以被進行引申。如把上清小夥說成長
得清秀，特別上清還是一個重要的道教名詞，江西貴溪上清鎮則是道教正一派
祖庭嗣漢天師府的所在地，這樣就比較自然地引出了道人。因此，上清小夥
如何如何並非是在完全紀實地講上清地方的男風如何如何。不過，如果把銅
陵、鄱陽、漳州、上清等地合在一起，從中也可在一定意義上看出男風在各地
的廣泛存在。

下面再舉幾條涉及到男風的歇後語。

（1）小廝背著芙蓉叫。

（2）扯蓬往北。

（3）朋友換妻子。

（4）調小官。

（5）小官養娼妓。〔註 433〕

熟悉男風的明人對這樣的歇後語比喻大概一望即知所言為何意，即如第
（2）、（4）兩條的說明就分別是「好南風」和「窮計較」。

至於戲謔文章對同性戀現象所進行的調侃，《開卷一笑》卷之三輯有觀點
互相對立的兩篇短文。一篇為《開男風曉喻》：

> 凡京外教坊、蓮子胡同，奉欽點男色長天下風齋都總管，為選
> 報小唱以便宜遊支應事。照得彌子奪衛宮之嬖，傳來翰苑清風。董
> 賢分漢閫之娛，釀下瓊林別趣。豈陰陽之犯義，非男女之瀆倫。年
> 少斯佳，標清益妙。二七以外，二八以內，且及青春。頭髮齊眉，
> 頭髮披肩，休教白放。唇若塗朱個個美，狡童中少艾。面如傅粉人
> 人誇，才子內佳人。腰間物不語知音，無嫌掛礙。股道毛尚未出
> 肉，最切精研。私下何消鑽穴逾牆，人前任取整冠納履。破體未曾
> 經，褌袴從來潔淨。受精不成孕，身材只恁輕盈。陋死三路梳頭愚
> 婦人，俗殺兩節穿衣蠢妮子。雅稱繡衾中朋友，絕是文房內夫妻。
> 微用麝蘭而從容抵進，木樨花反臭為香。多加津溜而款曲施為，荷
> 包口有收無放。香皆沾腦，灣灣若轄。肥臀貼腹，軟軟如綿。尾閭
> 粉肉柄，春幾下，不論枯樹盤根。玉柱帶皮枷，擺一回，馬數隔山

〔註 433〕　（1）、（2）兩條見《博笑珠璣・卷之二・江湖俏語》，（3）、（4）、（5）三條見
　　　　　《大明天下春・卷之八・通方俏語》。

取火。無論僧道風流，半世全憑作妻子。試看士夫曠達，一日不可少此君。曉諭一出，仰各童人等，設遇匿年者合令加冠，倘應出幼者難容漏網。僅與數十皮錢，休云定價。便包一年綺服，莫謂弘恩。兩下既已通情，一任便宜行事。或從背後插來，兩眼朦朧相地。或從面前放入，兩腳直豎向天。初起時，革去半推半就模樣。久戰後，憑做如醉如癡風麼。貪嘴小官，希圖醉飽，便是鎮日無休，也需憑几順受。貪得童子，只要錢鈔，縱然通宵不歇，自宜撫枕應承。如有抽送不及百數，只應反己無能。甚至雲雨不消半刻，毋得催他太緊。與眾通知，各遵曉喻。

一篇為《禁男風告示》：

欽差振作民風，乾旋陽教，江門道清奸御史某為禁革雞姦事。照得本院所轄地方，有等無恥惡少，慣一匿年不冠，恃貌婪財，髻挽紅絲，裙拖藍絹。兩浙有弄苦春之號，三吳多撻豆腐之名。非天使客之門子，安用以臀代毬？豈出家人之徒孫，何故將男作女。白紬褲寬繫後邊，以便作事。黃汗巾硬拴前件，惟恐人憎。傷成腹瀉，卻云身上月經來。錯出丫濁，自比陰中臊水發。方進而屁彈龜頭，吹塘灰之言有所試也。既出而屎蒙塵柄，帶木樨之說豈虛語哉？雖曰寬毬不如窄臀，實則男風損於女色。事關習染，理合作新。自曉喻之後，各應撫髀追痛，回首興慚。思腸胃乃藏食之區，穀道中豈容著一物？念肛門非受精之所，背皮上何堪載一人？拜下風者終非大丈夫，為雙膝者不作奇男子。縱使今時無血色，恣意淫奔。管教他日有釁眉，何顏相見？彼以腎莖入人糞門淫戲者，伏睹明條中一百之杖，既云確矣。此以糞門受人腎莖淫戲者，尚宜議歟？於各杖之外，更有加焉。鞭背非刑，姑以懲俯背從人之罪。笞臀有律，再以示獻臀取辱之羞。須至示者。

不但第一篇，即使第二篇短文，由於態度不嚴肅，又有太多不潔語詞，所以名義上禁止，實際卻是在誘放男風。《開卷一笑》的輯者據書所題是嘉萬之間的著名思想家李贄（號卓吾、溫陵居士），從袁中道所作的傳記來看，李贄的個人生活是相當嚴謹的：「攜妻女客黃安，體素羸，澹於聲色。又癖潔惡近婦人，故雖無子，不置妾婢。後妻女欲歸，趣歸之。自稱流寓客子，既無家累，又斷俗緣，參求乘理，極其超悟。……公不入季女之室，不登孌童之床。而吾

輩不斷情慾，未絕嬖寵，不能學也。」〔註434〕同樣還是李贄，卻以其駭世的言行對晚明社會自由——貶義地講為恣肆風氣的形成發揮了重要影響。他寫有《焚書》、《續焚書》、《藏書》、《續藏書》等著作，「掊擊道學，抉摘情偽。胥天下之為偽學者，莫不膽張心動，惡其害己，於是咸以為妖為幻」〔註435〕。從追求人的個性自由的角度，李贄思想值得肯定，中國傳統社會在這方面實在缺乏。但是換一視角，至少就明人而言，他們當中不以道學為準則的許多人——若與李贄同時或在其後，難免要受他的影響——卻並不能在自由和責任之間確立一種平衡，自由經常流於放縱，講求生活情趣往往導致不再剛健有為。怎樣才能確立一種收放有度、剛柔相濟的文化特性，這對中國社會和中國人向來都是至關重要的一個問題。

五、他人、境遇、利益引誘下的男風

上面文獻部分裏的相關資料已可以說明同性戀者產生的這幾方面的原因。這裡再略做一些具體分析。

> 周用齋〔註436〕，吳之崑山人。文名籍甚，舉南畿解元。久未第，館於湖州南潯董宗伯家。賦性樸茂，幼無二色。在塾稍久，輒告歸。主人知其不堪寂寞，又不敢強留。微及龍陽子都之說，即恚怒變色，謂此禽獸盜丐所為，蓋生平未解男色也。主人素念其憨，乃令童子善淫者，乘醉納其莖，夢中不覺，歡洽驚醒。其童愈嬲之不休，益暢適稱快。密問童子，知出主人意，乃大呼曰：「龍山真聖人！」數十聲不絕。明日其事傳佈，遠近怪笑。龍山為主人別號。自是遂溺於男寵，不問妍媸老幼，必求通體。其後舉丁丑進士，竟以好外羸憊而歿。〔註437〕

這是一個經他人誘導而喜好男色的事例。應當講，多數同性戀者開始時都會有這方面的經歷。因為不管外界的各種同性戀促進因素（環境、境遇、利益等）如何強烈，終究不如實際體驗給人帶來的刺激更具體、更明確。當然，不同人有不同的特點，有的可能一點即通，他會覺得那種引誘只是把自己模糊的感覺變得明晰，所邁出的這一步雖然關鍵卻不艱難。有的則不然，他原先對

〔註434〕《珂雪齋集・卷之十七・李溫陵傳》。
〔註435〕《列朝詩集・閏集第四・卓吾先生李贄》。
〔註436〕名汝礪，萬曆五年（1577）進士。
〔註437〕《萬曆野獲編・補遺卷三・周解元淳樸》。

同性戀無所瞭解，或有瞭解但卻視之為一種過惡。若要把這樣的人拖拉下水，就很需花費一番工夫了。《弁而釵・情貞紀》中，「潛心功名性命」的趙生本來「自知艷冶招侮，更深自韜光隱耀，絕不與人應酬」。但他終於未能擺脫風翰林的百計勾引，只是初次之後依然感到羞愧：「感兄情癡，至弟失身，雖江河莫可洗濯。弟丈夫也，讀書守禮，方將建白於世。而甘為婦人女子之事，恥孰甚焉，惟兄憐而密之。」風翔則「開導」道：「情之所鍾，正在我輩。今日之事，論理自是不該，論情則男可女，女亦可男。可以由生而之死，亦可以自死而之生。局於女男生死之說者，皆非情之至也。我當道，海可枯石可爛，惟情不可埋滅。」聽了這一番理論，趙生才終於對「恥」不再有懼，感歎道：「由此言之，兄真情種也。」真心實意地和風翔建立起了「貞情」。

境遇型同性戀比較典型的情形如：

（一）旅途客路

士子要去遊學，商賈要去逐利，諸如此類的情況產生了性需求迫切卻又不易解決的人群。他們攜帶女眷多有不便，而嫖妓宿娼一方面要考慮聲名和錢財，一方面又不能隨時隨地。這時，把身邊的侍僕收作男寵就成為了一種方便的發洩性慾的方式。著名文學家袁中道（字小修）曾講他「分桃斷袖，極難排豁，自恨與沈約同癖。皆由遠遊，偶染此習，吳越江南，以為配偶，恬不知恥」。（圖135至圖138）袁中道受習尚的影響而在年青時深好男風，自身且色慾強烈。「吾因少年縱酒色，致有血疾。每一發動，咽喉壅塞，脾胃脹滿，胸中有如積石，夜不得眠。見痰中血，五內驚悸，自歎必死。追悔前事，恨不抽腸滌浣。及至疾愈，漸漸遺忘，縱情肆意，輒復如故。」〔註438〕這位公安文學的健將一生簡直就是在路途上度過的，其兄袁宏道《敘小修詩》謂「其視妻子之相聚，如鹿豕之與群而不相屬也；其視鄉里小兒，如牛馬之尾行而不可與一日居也。泛舟西陵，走馬塞上，窮覽燕、趙、齊、魯、吳、越之地，足跡所至，幾半天下」〔註439〕。其間他自然會結交不少豔妓名優，但終究也常有只是主僕相對的時候，此時僕恐怕就要亦婦了。再像《金瓶梅》裏，有一次西門慶帶著小廝王經等進京營幹，夜宿無聊，「晚夕令王經拿鋪蓋來，書房地平上睡。半夜叫上床，脫的精赤條，摟在被窩內。兩個口吐丁香，舌融甜唾。正是：

〔註438〕《珂雪齋集・卷之二十二・心律》。
〔註439〕《錦帆集》卷二。

不能得與鶯鶯會，且把紅娘去解饞」〔註440〕。這句詩是對境遇型同性戀非常生動的寫照。

（二）巡按監察

明代在都察院內設有巡按御史等官，代天子巡視地方，職掌甚重。由於自身就是做的糾整風憲之事，所以巡按們在地方上總要存些體面，不便恣意妄為、公然尋歡。而如果讓作為使役的門子、長隨等來陪侍床笫，情事就能做得比較隱密，不易為外人所知。《型世言》第三十回曾寫一位陳代巡到常州巡察時，無錫縣令把自己的男寵張繼良送來做門役。「那張繼良已十七歲了，反把頭髮放下，做個披肩。代巡一見，見他矬小標緻竟收了。他故意做一個小心不曉事光景，不敢上前。那代巡越喜，道是個篤實人。代巡道：『你是要早晚伏侍我的，不要怕得。』晚間就留在房中。」然後怎樣當然可想而知了。（圖139）

有一則笑談：「昔有車御史按陝西某州，愛一拽轎小童。至州署易門子，吏目強應以無。車謂即途之拽轎童，何不可？吏目又謂童乃遞運所夫。馹丞解其意，進曰：『童往來亦曾答應上司。』秦藩強長史晟因戲作《拽轎行》曰：『拽轎、拽轎，彼狡童兮大人要。』末云：『可惜吏目卻不知，好個馹丞到知道。』遂相誦一笑云。」〔註441〕馹丞的職責即迎送過往官員，很清楚他們私生活上的各種特點，所以對車御史的要求能立刻心領神會，趕快去奉承滿足。

其他像海船、軍營、監獄當中，都是境遇型同性戀容易發生的場合。

關於實際利益引誘下的同性戀，只要當事雙方存在需求和給予的關係，這一因素就會自然存在。明代的社會分層相當明顯，不同等級的社會成員之間差距很大。像恩客對優伶、主人對僕人、官員對門役，後者如果是做前者的男寵，就難免事先會懷有一種獲取回報的願望。事實上，這樣的願望確也能不同程度地得到滿足。《金瓶梅》裏的書童靠西門慶的寵愛可以替別人說事，自己從中撈取一些好處；《型世言》裏的張繼良更是敢於包攬詞訟，招權納賄；至於京城裏的小唱，在不少人眼裏實是和男妓等同在一起的。

不過，反過來講，以身體為本錢去謀取衣食，自身也就處於了一種被動的低人一等的位置。既然性近乞取，所以乞取者便不能指望總會獲得滿足。還是

────────────

〔註440〕《金瓶梅詞話》第七十一回。
〔註441〕《磯園稗史》卷之三。

那個書童，有一次他和丫鬟玉簫偷情被潘金蓮發現。一想潘氏會把此事告訴西門慶，主人一定饒不過自己，書童只好趕緊逃走：

> 那書童見潘金蓮冷笑，領進玉簫去了，知此事有幾分不諧。向書房廚櫃內收拾了許多手帕汗巾、捶牙簪紐，並收的人情，他自己也攢勾十來兩銀子。又到前邊櫃上，誆了傅夥計二十兩，只說要買孝絹。逕出城外，顧了長行頭口，到碼頭上搭在城裏船上，往蘇州原籍家去了。〔註442〕

陪歡幾年，只有十幾兩的積蓄；潛逃遠方，恓惶如驚弓之鳥。觀察如此的男寵，只能看出做人的悲哀。

六、道德、法律與男風

那麼，同性戀是受怎樣的道德評價呢？

明代社會裏支持或同情同性戀的勢力是存在的，並且力量不能說小。但即使到明末，社會公開標榜的畢竟是理學。理學具有一套完備的禁慾主義理論，時人可能並不去嚴格遵守，不過至少表面上要表示認可。男風很容易和淫慾反常相關聯，因而難以避免地會受到各種批評和指責。綜合各種言論，同性戀所受批評集中在以下幾點。

（一）違背陰陽之道，不合自然常規。如謂：

> 自有天地，便有陰陽配合。夫婦五倫之始，此乃正經道理，自不必說。就是納妾置婢，也還古禮所有，亦是常事。至若愛風月的，秦樓楚館，買笑追歡；壞行止的，桑間濮上，暗約私期。雖然是個邪淫，畢竟還是男女情慾，也未足為怪。獨好唑有一等人，偏好後庭花的滋味，將男作女，一般樣交歡淫樂意亂心迷，豈非是件異事？〔註443〕

（二）破壞家庭穩定，損害夫妻感情。如通過婦女之口講：

> 男子娶小老婆，偷婦人，已是異常可恨之事了，怎生又突出一種男風來？奪俺們的樂事，搶俺們的衣食飯碗。那不知趣的男兒，偏生耽戀著男風，就像分外有一種妙處的一般，我斷斷解說不出。〔註444〕

《禪真逸史》第二十四回，幫閒管賢士因「和幾箇舊相處小官來往」，導

〔註442〕《金瓶梅詞話》第六十四回。
〔註443〕《石點頭》第十四卷。
〔註444〕《西湖二集》第十一卷。

致「每每夫妻爭鬧」。鄰人為此編了幾隻曲子，其中代妻罵夫道：

愛你龐兒俊俏，怪你心兒奸狡。不念我結髮深恩，反道那無端
惡要，心旌自搖。心旌自搖，慢罵你薄情輕佻，耽誤奴青春年少。

暗魂消，幾番枕冷衾寒夜，縮腳孤眠獨自熬。

妻子對好外丈夫的怨怒躍然紙上。

（三）放肆無忌，實屬淫慾。

《二刻拍案驚奇》第十七卷，某書生先開玩笑道：「而今世界盛行男色，
久已顛倒陰陽，那見得兩男便嫁娶不得？」另一位聞而正色言曰：

我輩俱是孔門弟子，以文藝相知，彼此愛重，豈不有趣？若想著
淫昵，便把面目放在何處？我輩堂堂男子，誰肯把身子做頑童手？

勸善書提倡積善去惡，最能把理學觀點通俗化，明代這類書籍已經大量刊
刻流佈。在反反覆覆的戒淫聲中，好男風者也受到了勸誡。

早在明朝前期，於宣德八年（1433）中狀元的曹鼐作有《防淫篇》一文，
先是普遍性地論「淫」：「天道禍淫，何舉世樂淫而不加防耶？若輩有恬不以為
罪者，有明知為罪不能自禁者。其間或以勢逼，或以情誘，只顧淫歡，不顧陰
騭之立喪，良可悲也。」邪淫的種類和方式包括：「僕婦之侍側，乳婢之近帳，
往淫至便也；尼姑之索居，寡婦之孤宿，勾淫至易也；他如貪迷娼妓，狎弄狡
童，染賤類之瘡毒，乖人道之常理，穢淫也；諸如喜談閨閫，好編豔詞，玷良
家之門風，引稚子之慾竇，導淫也。」「狎弄狡童」被作為「穢淫」列為淫行
的一種，「凡此淫行，皆天怒不可測者，可勿防歟？防之者何？視其面，應比
我姊之梳妝，我妹之修飾，而淫心為之一消；接其語，應思我父之臨上，我母
之來前，而淫心為之一息；就其身，應想竈神之申奏，三尸神之奔告，而淫心
為之盡灰。兼之邪徑弗由，褻語勿述，則不惟無罪，而陰騭無涯也。然此就未
犯者言之耳，若素犯淫行，又有速悔之法在。昔賢云：『天道禍淫，不加悔罪
之人。』從此見色力拒，見善力行，久之而色惡抵贖，善量充滿，即可以轉禍
為福也夫」〔註445〕。

崇禎七年（1634）進士福建人顏茂猷編撰有著名的善書《迪吉錄》。《玉塵
新譚》記其人品經歷曰：「顏光衷茂猷，福建龍溪人。孝友端靜，出自天性。
乙丑（天啟五年，1625）落第歸，構雲起堂於城南。設會講德，從者如雲。有

───────────────

〔註445〕《陰騭文像注》。

樹品會，人無雅俗皆得與聞。又有文藝會、經濟會、博雅會，三會皆文士，而
總不離於修品。又有善緣會，亦不分雅俗，各隨願力出資，貯之公櫃，賑恤危
急死喪。其教人以仁慈謙虛為本，嘗云：『人能消除勝心，則戾氣盡而元和
復。觸處相迎，誰非同體？』鄉人稱為今顏子。」〔註446〕顏茂猷可謂是一位
大善人了，在清代、民國刊印的一些勸善書中，時可見到他的一篇《遏淫
說》，由於寫得恰合眾意，所以得到了廣泛傳播。據《太上感應篇集傳》卷弟
三所載，該文開始是一段總論：「諸惡業中惟淫為最。蓋淫念一萌，便思邪緣
湊合，生幻妄心；設計引誘，生機械心；少有阻礙，生嗔恨心；忌人之有，生
妒毒心；奪人之愛，生殺害心。種種善念由此消，種種惡業由此起。此森羅鐵
榜，必以淫為萬惡首者。」關乎同性戀的淫行有三類，一是發生在家主之子和
家主奸生子之間：「婢女僕婦，尤易行姦。不知家政不肅，家道不和，大都由
此。或妒妻鞭撻以傷生，或悍僕反顏以叛主。或父子不知而聚麀，或兄弟交遊
而薦寢。甚者以骨肉胞胎淪為賤媵，後人無知，誤行褻狎，明為主僕之分，陰
有兄弟之戚。傷風敗俗，所不忍言。」二是發生在社會地位平等的同性之間：
「更有別種狂且，漁獵男色。往往外借朋友之名，而陰圖夫婦之好。彼既見鄙
於眾人，我亦不齒於正士。且若彼惟慕少年，頓忘齒誼，淫其幼者，何異於吾
子吾孫，淫其稍長者，何異於吾弟吾姪。父事兄事之謂何，而淪污若此？稍知
禮義者，當必汗流浹背，翻然愧悔矣。」三是發生在社會地位不平等者之間：
「等而下之，狎優童，昵俊僕。心因慾亂，內外不分。我既引水入牆，彼必乘
風縱火，其間蓋有不可知者。」（圖140）

　　不同版本的《遏淫說》內容上存在著一些差異，請看下面所言：

　　　　至婢女僕婦，原易狎昵，人皆以此為家常茶飯矣。不知家政不
　　　肅，家道不和，莫不由此。或妒妻鞭撻以傷生，或悍僕反唇以叛主。
　　　或父子不知而聚麀，或兄弟傚尤而爭寵。若懷暗昧之胞胎，還屬誰
　　　人之骨血。若夫貧婦村姑，易於利動，但羞惡之心人皆有之，為其
　　　夫者寧甘心而不憤愧乎？更有偏嗜龍陽，侵漁男色。外託朋友之名，
　　　狂逞雞鶩之慾。創天地未有之穢行，蹈神人共怒之邪淫。〔註447〕

　　　　至若婢女僕婦，尤易行姦。不知家政不肅，家道不和，強半由
　　　此。或妒妻鞭撻以傷生，或悍僕反顏以叛主。或父子不知而聚麀，

〔註446〕《玉塵新譚‧雋區卷之一‧品雋》。
〔註447〕《蕉窗十則注解‧上‧戒淫行》。

或兄弟交迷而薦寢。甚者以骨肉胞胎淪為賤騰，後人不知誤狎，明有主僕之名，陰有兄妹之戚，傷風敗俗，所不忍言。更有別種狂癡，漁獵男色。往往外借朋友之名，陰圖夫婦之好。彼既不齒於眾人，我亦見鄙於正士。夫女淫以人學豕，男淫豕所不為。創天地未有之奇淫，踏神人共憤之穢行。〔註448〕（圖141）

佚名《聖朝鼎盛萬年青》把《遏淫說》的內容寫入己書之內，其中評論道：

世有別種狂癡，漁獵男女。往往外借朋友之名，陰圖夫婦之好。以同形體，創天地未有之殺。淫其幼者，何異吾子吾孫，淫其稍長者，何異吾弟吾侄？兄與之謂何而淪污若此？而稍知禮義者，當必翻然改悟矣！夫男女私媾，已同禽獸。或更比昵孌童，以同形體，巧為淫合。倘私心竊思，成何面目？且群小狎邪，變亂家規，引狼入室，害更有不可勝言者。〔註449〕

另外，《勸孝戒淫寶箋》謂《遏淫說》是關聖帝君所諭。這並不奇怪，把凡人的作品放在神靈名下，這是勸善書裏的套路。按：顏茂猷《迪吉錄》中未見《遏淫說》一文，不過該書卷之八《功過格‧奢儉格》有關於主僕同性戀的禁止性規戒：「戲妓俊僕在家，致啟邪淫，百過。」

在法律上，明代是制定了針對男風的律條的。《開卷一笑‧禁男風告示》曾謂：「以腎莖入人糞門淫戲者，伏睹明條中有一百之杖。」《言鯖‧卷上‧比頑童》也曾指出：「明代律有雞姦之條。」按這一條例係嘉靖年間制定，屬比附律條，文曰：「將腎莖放入人糞門內淫戲，比依穢物灌入人口律，杖一百。」〔註450〕

和清律的相關規定做比較，明律第一是簡單，僅有短短的幾十字。第二是模糊，例文未對強姦與和姦進行區分。第三是處罰較輕，即使和姦，清律尚是處以「杖一百，枷號一個月」的懲罰。明末蘇茂相所輯《官板律例臨民寶鏡》卷九載一案例：「審得□和尚等，乃地方無籍惡少。三五成群，暮夜潑撒遊蕩，途中遇某課文歸晚，典狂強擁，輪姦穀道。不知卯角渺弱之躬，難受降魔之杵；髫齡嬌雅之年，不堪螳臂之輪。此時此際，三凶耽樂，一生受苦。汝既以肉塵傷人，吾當以笞杖儆汝。」惡徒夥眾輪姦良人子弟，這在清代一定會

〔註448〕 《全人矩矱‧卷二‧先儒論說‧顏光衷〈遏淫說〉》。
〔註449〕 《聖朝鼎盛萬年青》第三十八回。
〔註450〕 《大明律例附解‧附錄》。

被判處死刑，可□和尚等人所承受的卻僅是笞杖之責。

　　隆慶進士，累官至貴州巡撫、兵部尚書的郭子章（號青螺）是萬曆年間的有名清官，善於斷獄。他曾經遇到一樁案件，基本情節是：賊人周靈在野外把魏仁殺死，劫取了他的數十兩白銀和一根金簪。周「遂將十兩紋銀在海陽（屬廣東潮州）南門交結一個小唱，名喚習翠兒。年約二八，十分美麗，善能彈唱，人人愛之，不啻美姬。那翠兒與周靈時常往來飲酒，見周靈頭上有一根錯銀金簪，遂抽去插在頭上。時有城中兩個幫閒謝良、陰順，原亦與翠兒相厚。及見他頭上那根金簪，遂問曰：『誰人送與你的？』翠兒初然不認，謝良再三詢究，翠兒報說是周靈哥送我的。謝良一向嫌他佔了他小唱，常要擺佈他無由。及見金簪，即對陰順曰：『此賊今日死在我手中了。』」原來謝良認出金簪本屬已經死去的魏仁，於是便去告知魏仁之子，仁子乃將周靈告官。

　　郭子章察明案情，判決是將周靈處斬，而習翠兒則無罪，「遷出不問」〔註451〕。這裡，習翠兒顯然與周靈存在和姦關係。若在清代，雖然和姦之事經常不會單獨成案，但若作為主案的附案被連帶查出後，和姦者一般便會受罰。因此習翠兒若是清人的話，他就不能輕輕鬆鬆走出公堂了。類似事件，判詞集《折獄新語》的作者，崇禎年間曾任浙江寧波府推官的李清也遇到過，他曾審理一件追捕逃僕的案子：「審得鄞縣生員宋承諤之告，蓋為逃僕潘彩發也。夫彩一孌童耳，愛深斷袖者，未聞前魚之獲棄於後釣。而何彩二三其心者，且超然為離丘之遁狐也。承諤故急之，捕盜陳明故緩之，蓋將以遷延為勒索計耳。泣之目盡腫，無乃復蹈前人癡，而戀之悵悵者，故不禁呶呶乎？茲屢提之餘，竟同捕風。云彩往姑蘇，楊花飄蕩，已落南家。負心哉！彩棄越音而吳音矣。牽腸有絲，請抽刀斬。無謂飛燕之銜花，猶入窩有期，而欲再咀餘桃之味也。陳明緝捕不力，應杖。」〔註452〕

　　此案當中，宋承諤的僕人潘彩因故逃離主家，承諤念往日斷袖之情懇望捕吏陳明能將潘追還以續舊好。陳明故意拖延，導致宋承諤向推官李清訴告。結果，陳明被處以杖罰，承諤得到溫言勸慰。李清明知宋承諤是一位同性戀者，既與寵僕有染，自會做出「將腎莖放入人糞門內淫戲」之事。對這種和姦行為，他並未進行懲處。所以，看來明律中有關雞姦的規定主要是針對強姦案件的。

〔註451〕《郭青螺六省聽訟錄新民公案》卷二。
〔註452〕《折獄新語》卷四。